西方传统文化导论

杨滨章　编著

東北林業大學出版社

·哈尔滨·

图书在版编目（CIP）数据

西方传统文化导论 / 杨滨章编著. —2 版. —哈尔滨：东北林业大学出版社，2016.7（2025.4 重印）
ISBN 978-7-5674-0792-3

Ⅰ.①西… Ⅱ.①杨… Ⅲ.①传统文化-概论-西方国家 Ⅳ.①G11

中国版本图书馆 CIP 数据核字（2016）第 150513 号

责任编辑： 姜俊清
封面设计： 彭　宇
出版发行： 东北林业大学出版社（哈尔滨市香坊区哈平六道街 6 号　邮编：150040）
印　　装： 三河市佳星印装有限公司
开　　本： 850mm × 1168mm　1/32
印　　张： 15.5
字　　数： 388 千字
版　　次： 2016 年 8 月第 2 版
印　　次： 2025 年 4 月第 3 次印刷
定　　价： 93.00 元

前　言

古往今来，中国与西方有着一种十分微妙的关系，而中国人与西方人之间也有着复杂难解的情结。曾几何时，在中国古人的观念中，认为天圆地方，自己则居住在正中央，受四方朝拜与纳供。而四周则是蛮夷之地，是未开化之民族。这种夜郎自大的心态，一方面来自于我们对自己以外的西方世界知之甚少；另一方面则来自于古人对自身政治、社会、经济和文化等方面先进性和优越感。无独有偶，在历史上曾经有过这种心态的民族还不只限于我们中国人。例如，古希腊在其发展的鼎盛时期，也曾把环绕在自己周围的其他民族视为野蛮人。

客观地说，在中国封建制度发展的中前期，中华民族和文化确实在相当长的时期内，与少数几个文明古国，如古埃及、古希腊、古印度等，在诸多方面都要大大领先于世界上同一时期的许多国家，其中就包括西方国家。中国出产的各类物品在世界各地都受到广泛的欢迎，文化的影响力和辐射力也比较强。例如，中国的许多近邻国家，像日本、韩国等都从中国文化中学到许多东西，甚至干脆直接使用中国文化。被誉为伊斯兰世界的伟大旅行家伊本. 贝图达（1304—1377），从1325年起便开始了足迹遍及亚、非、欧三大洲的旅行，其行程累计达12万千米。1355年，他完成了自己的《游记》（Rihla）一书的写作。书中记录了他30年间在世界各地旅行的所见所闻。从书中可以看出，他是一位对伊斯兰、拜占廷、印度和非洲以及亚洲各国有着深入观察和深刻思考的旅行家。他以自己的亲身经历得出结论认为，中国的农业和水利灌溉是极为完善的，瓷器是世界上屈指可数的；在当时的许多国家里丝绸服装只有贵族和少数富人才能穿得起，而在中国则是遍及到普通百姓的身上；中国不仅出产的小麦数量最多，而且糖的产量和质量也远胜于埃及。他在中国旅行的半年中，亲眼目睹了中国人的日常生活和文化，羡慕中国社会的安定和有序，称颂“中国人是各民族中手艺最高明和富有艺术才华的人民”，“至于绘画，中国人在这方面的才能是非凡的，世界上没有一个民族——不管是基督徒或非基督徒，能与之相比”。① 以郑和下西洋为例：1403 年 6 月当明成祖朱棣在南京即位后，便决意以大明雄厚的国库为后盾，开展积极的官方贸易，加强与海外各国的联系，取得贸易的主动权。于 1405 年下令郑和组织船队下西洋。从 1405 年 12 月首次出海，到 1433 年 7 月最后一次返航，中国的航海家们驾驶自己的船队，在东起琉球、菲律宾，西到莫桑比克和南非沿海的广大海域定期往返，与亚非两大洲的许多国家建立起了联系，不仅发展了彼此间的贸易，也交流了文化和技术。当时，郑和所率船队，按照大小和性能可分为宝船、马船、粮船、座船和战船。其中宝船是运输货物的主要船只。据史料记载，它的长度按照现代单位换算，约为 138. 084 米，宽为 56 米，船上耸立有 9 桅。宝船“体势巍然，巨无与敌，篷帆锚舵，非二三百人莫能举动。”② 其长度已与现代船舶相仿，它的载重量约为 1 500 吨，除容纳四五百人以外，尚有充足的货位可供装载货物之用。而 16 世纪葡萄牙赖以称霸印度洋的舰队，其吨位也不过 800 吨左右。郑和下西洋时每次动用的宝船数量一般都在 40 艘以上，最多时达过 63 艘。第一次出航时大小船只数量达到千艘（另一说为 208 艘），人员达 27 870 人。美国当代学

① 转引自沈福伟著.《中西文化交流史》.（台湾）东华书局印行，1989 年 12 月版，第 227 页。

② 转引自沈福伟著.《中西文化交流史》. 第 307 页。

者保罗·肯尼迪（Paul Kennedy）就郑和下西洋这一段历史写道："中国有了文化和技术的进步，于是将其注意力转向海外探险和海外贸易，这是并不令人感到意外的。磁罗盘是中国人的另一项发明。他们有些平底帆船同西班牙后来的大型帆船一般大。与东印度群岛和太平洋诸岛的贸易可能与往返于沙漠的商队进行的贸易一样有利可图。早在几十年前，即13世纪60年代，在长江进行过水战，忽必烈汗为了征服宋朝的船只被迫建立由战船组成的大船队，在这些船上装有投弹机。14世纪初期，沿海谷物贸易迅速发展。据有关记载，1420年明代海军拥有1 350艘战船，其中包括400个大型浮动要塞和250艘远程巡航船只。这支船队不包括许多私人经营的船只，后者比起海军，不免相形见绌。但这些私营船只当时已与朝鲜、日本、东南亚乃至东非进行贸易往来，中国政府通过对这类海上贸易征税，还增加了国家的财政收入。"① 由此可知当时中国的造船和航海技术，以及贸易交易的数量。然而，到了中国封建制度发展的中后期，长达数千年的封建统治和文化上的故步自封，扼杀了中华民族和文化发展的活力与动力。中国开始走向下坡之路，当其势渐弱、力渐衰时，不但在世界上的影响越来越低，而且也沦落到人见人欺的地步。

虽然那时由于地理因素的阻隔，对东西方来说对方都是那样的神秘和远不可及，但东西方在人员、贸易和文化交流上也还是绵延不断的。例如，公元166年（即东汉延熹九年），罗马皇帝安敦（Marcus Aurelius，121—180）就曾经派遣使者抵汉，这也是中西方第一次有史籍可查的外交接触。此后，在公元636年（即唐贞观十年）又有景教（即基督教的聂斯托理派）经波斯传

① ［美］保罗．肯尼迪著．《大国的兴衰》．蒋葆英译．北京：中国经济出版社，1989年4月版，第7页。

入我国。这是中西方较早的文化交流。后来，比伊本·贝图达更早到 达中国的意大利人马可·波罗（1254—1324），历时数年从欧洲大陆来到中国，他对中国的一切都感到新奇，犹如进了仙境一般。由于他的聪明和才智，使其博得了元太祖忽必烈的赏识。他住过京城，也下过江南，以至于乐不思蜀，一下子在中国旅居了17年。当他返回意大利若干年之后，因一次战事不利被捕入狱，并被打入囚牢。后同室囚犯听他讲起在中国的所见所闻，将此事告诉牢头。主事将领得知此事后将信将疑，但对发生在遥远中国的一切实在是非常着迷，便命其写下自己在中国十余年的生活经历，于是便留下了风靡欧洲数世纪的《马可·波罗游记》。他在书中第一次向欧洲人介绍了中国的驿政、钞法、印刷、航海和造船等方方面面。不过，他的游记也招来许多非议，受到荒唐的指责，但它使更多的欧洲人为中国的富庶和文化的昌盛而倾倒。从这段历史上的小插曲中可以看出，当时的中国，在欧洲人眼中是那样的神奇和不可思议。同样，对古代的中国人来说，对方亦是如此。

然而，虽然通往西域的古代丝绸之路，和被日本陶瓷学者三上次男称为“陶瓷之路”的海路的开通，以及后来郑和下西洋的远航，打开了国人的眼界，了解了中国以外的世界，但对西方的真正了解还是甚少。而且对我们今天所言的西方，也是了解得极为有限和肤浅，况且也没有很好地将这种了解内化为我们自己文化中的有机部分。等到了近代之后，中国持续了几千年的封建制度已经百弊丛生，内乱不断，气数将近时，文化也因统治者的愚民政策和墨守成规，而不思进取，裹足不前。与此同时，西方国家则在经历了中世纪的黑暗之后，经过短短几个世纪持续不断地内修外炼，强取豪夺，扩张敛财，积累能量，开始了崛起。此消彼长的变化，使我们由过去受人景仰的“巨人”，一下子变成了任人宰割的“病夫”。特别是我们在与西方人打交道的过程中，几乎是屡战屡败吃尽了苦头，不仅割地赔款，而且饱受屈辱。一代枭雄拿破仑当时曾经说过“中国是头熟睡的雄狮”。虽然在情感上和心态上，我们依然痴迷于自己过去的辉煌，梦想有朝一日历史还能重新再现往日帝国的神威与美梦，但现实却一再无情地粉碎了这一厢情愿的一切。同时，令国人着实大惑不解的是，西方人何以能够造出坚船厉炮？我泱泱大国何以沦落到这等地步？应该说，最先走出这种文化困惑的是那些仁人志士们。当他们睁开眼睛看世界时，发现中国已经在不知不觉中被历史抛在了后面。他们看到了我们在政治、经济、社会以及文化等方面与西方存在着的巨大差距，希望通过自身的变法，来励精图治，重整河山；希望拜西方人为师，取人家之长，补己之短，以摆脱“东亚病夫”的积弱积贫、被动挨打的局面，从而达到中兴国家之目的。然而事与愿违，在整个近代史上，变法之方也难救早已病入膏肓的封建制度；我们这个贫弱的“学生”也始终处于挨“老师”打的境地。直到1949年中国成立之后，我们才彻底摆脱了这种局面。不过，由于长期封建统治造成的社会停滞、文化落后局面，特别是在现代工业和现代科学技术几乎是空白的基础上，要想在几代人、数十年的努力下就能弥补和缩小这种差距，是非常困难的事。因此，时至今日，向西方学习，特别是学习西方赖以崛起的基础——西方文化，仍是摆在我们面前的一个重要课题。

20世纪70年代末，由于国内外形势和条件的变化，我们终于能够而且有勇气打开了国门，实行了改革开放的政策，也使我们终于能够认真学习和研究一些外国文化，特别是西方文化。随着2001年中国历史性地加入了世界贸易组织，中国真正加快了融入国际社会大家庭的进程。在与国际社会接轨的同时，我们也重新面临着学习和了解世界的问题，以便熟悉规则，驾驭规则，参与规则的修改和制定。在这其中，了解外国文化特别是西方文化，是增进彼此理解与合作的基础和前提。

现在，随着交通业和通讯业的迅速发展，人们了解西方文化的途径也越来越宽，材料也越来越多。特别是对于渴望获得新知识的青年朋友来说，系统学习和了解西方文化的愿望也越来越强。但是，勿庸讳言，一方面，由于西方文化自身中精华与糟粕并存，先进与腐朽共生。例如，两次世界大战都爆发于西方文化的发源地——欧洲大陆，这不能不引起人们的思考。如何取其精华去其糟粕，习之先进东西弃其腐朽内容，使之被吸收和融合到我们自己优秀的民族文化之中，还是一个需要探索的问题。另一方面，由于现在介绍西方文化的材料五花八门，既有严谨、深邃的著作，也有浮躁、花哨的文章。如何在浩繁纷杂的知识和信息中理出一条线索，做到既丰富自己的知识结构，加强自身修养；又不迷失方向，这也是青年学生要解决好的一个问题。正是出于这样的想法，我们认为开设“西方传统文化”一课是非常必要的。这也是本书的由来，并希望通过它能为青年朋友们提供一点帮助。因为“少年智则国智，少年强则国强”。随着一代代青年朋友的成长，随着他们博古通今、学贯中西，中华民族还会续写出新的灿烂文化来。

需要指出的是，产生于19世纪的马克思主义是西方文化中的重要内容和伟大成果之一，也是世界文化史中的一笔宝贵财富。由于学校开设了相关的课程，因此本书中没有涉及这方面的内容。同时，在本书的编写上，作者引用了不少西方学者文章或著作中的内容，主要是希望读者能够较为确切和具体地了解他们的观点，对此还请读者朋友自。己能够把握和判断这些观点的正确与否。

最后还需要指出的是，现在市面上常见的有关此类著作和读物，绝大多数是以编年体的形式写作或编排的。它的方便之处在于可以使读者对西方文化的历史发展有一个总体而清晰的了解；

不足之处在于同一方面或专题的材料被混在不同的章节和年代之中，这样就显得比较分散和零乱。所以，本书编写的方式既吸收了它的优点，用一章的篇幅介绍了西方传统文化形成与发展的概况；也避免了它的不足，本书用 4 章的篇幅将西方传统文化分为政治文化、宗教文化、科技文化和艺术文化等专题来具体介绍。这样分综结合，可能更便于青年朋友们掌握。由于西方传统文化本身也是博大精深的，因此在这样一本小册子里，要想面面俱到是不可能的。这里既有作者学识不及的因素，也有学校教学时数限制的原因，所以我们仅就几个专题进行一下介绍。对此，还望青年朋友们谅解。

杨滨章

2016 年 6 月

[illegible]

[illegible]2016年6月

目　录

绪　论

常言道：一方水土养一方人。就一般意义上而言，这里所指的“水土”既包括物质的“水土”，也包括精神（即文化）的“水土”，即所谓的环境。人是环境的产物，环境也是人类活动和改造的结果。特别是对于形成人类文化的社会环境而言，人的主观能动性更是起到了无法估量的作用。所以，文化在启民智、聚民心、承民俗、塑民性、延种族、创财富等方面起着巨大的作用。从这个意义上说“人是文化的动物”。

中国与外国文化的交流源远流长，学习外国文化也并非始于今天。特别是在经历了近代史上的屈辱之后，不少仁人志士都提出了以洋人为师的主张。不过由于认识上的偏差和自己在建设国家过程中所出现的种种失误，我们不仅没有学好西方文化，而且还贻误了许多宝贵的时间。对于本国、本民族之外的其他一切文化，“拿来主义”是鲁迅先生的观点；“古为今用，洋为中用”是毛泽东同志的主张；“改革开放”则是邓小平同志的倡导。这些思想对于我们今天学习西方传统文化，同样是具有启迪意义的。

一、何谓西方

我们学习西方传统文化，首先遇到的问题就是何谓西方？照理说这是一个不难回答的问题，其实却不尽然。

（一）地理含义上的西方

西方首先是一个方位概念。相对于我们所在的东方而言，是指太阳落下去的一边。这是我们东方人对西方的最初理解。

不过，作为地理含义上的西方，它的内涵在我们古人那里却是有着一个变化的过程。中国古典文学作品《西游记》中所说的去西天取经，就是指前往西方天国取经的意思。佛教中的西天是指阿弥陀经所说的西方极乐世界，因为印度是佛教的发源地，所以古人便认为印度即是西天。而在此之前，我国自汉朝起，便将我国当时疆域以西之地称为西域。明史中“郑和下西洋”的记载，则将西方的概念大大地向前发展了一步，它不仅是指现在的东南亚一带，而且也延伸到阿拉伯海和红海周围。清代后特别是鸦片战争以后，“中西”和“中外”两词常常混用，没有明确界定，直到清代末期，才逐渐将“西方”这一概念限定在指欧洲和北美大陆。

所以，我们现在所称的西方即是指欧洲和北美洲。欧洲和亚洲虽然同属一个地理板块，却被分为两大洲。欧、亚两大洲以乌拉尔山、乌拉尔河、里海、高加索山脉、博斯普鲁斯海峡和达达尼海峡为界。在世界 7 大洲中，欧洲的面积为 1 016 万平方千米，仅次于大洋洲，是世界上第 6 大洲。欧洲的面积不大，高度在 200 米以下的平原约占总面积的 60%，丘陵和山地约占 40%。

北美洲位于西半球的北部。它东临太平洋，北濒北冰洋，南濒墨西哥和加勒比海；东北隔格陵兰海、丹麦海峡与欧洲相望；西北隔白令海峡与亚洲相对；它与南北美洲一般以巴拿马运河为界，包括中美地峡、西印度群岛、加拿大北极群岛和格陵兰岛等，总面积为 2 435 万平方千米。北美洲的地貌以高山和山地为主，两者约占总面积的 58%，海拔 500 米以下的平原和丘陵占 42%。

从人种上来看，世界上人种可分为白色人种（欧罗巴人种）、黄色人种（亚细亚人种）、黑色人种（阿非利加人种）和其他人种等。而欧洲和北美洲的大多数人种则属白色人种。他们皮肤呈白红色到深棕色，毛发多而软，表现为波浪状金发或棕发，体毛中等或者较多，鼻子高而眼睛蓝。

显然，东西方在地理上和环境上的差异，为东西方文化的形成提供了各自独特的条件。

（二）政治含义上的西方

如果说地理上的遥远是造成东西方彼此产生陌生感的主要原因的话，那么政治文化和政治制度的不同，也是双方产生认同感的主要障碍。特别是第二次世界大战结束之后到20世纪90年代，世界政治、军事和经济格局形成美苏两强对峙，东西方阵容可谓泾渭分明。中国作为以苏联为盟主的东方阵营（即社会主义阵营）的一员，自然而然地与美国为首的西方阵营（即资本主义阵营）是水火不相容的。这里既有当时错综复杂国际环境的因素，也有夹在两强争斗中的无奈。

很明显，从这一政治层面上看，按照当年毛泽东同志“三个世界”理论的划分，西方国家就成了资本主义国家、资产阶级的代名词。这种以政治制度和意识形态为标准划分敌、我、友的方式，将西欧、北美以外其他一些国家，如日本、澳大利亚、新西兰等在地理上不属于西方的国家，也都划到西方国家的行列。

在这一时期，出于国际政治、经济和军事上的需要，从整体上说，我们对西方，其中也包括文化方面，都采取了否定和排斥的态度。当然，在一些具体的领域也还保持最低限度的交流。不过，在主观上我们也想学习一些人家的先进东西。比如，毛泽东同志在20世纪60年代《论十大关系》一文中，就提出过要有分析、有批判地学习外国先进文化的思想。特别是提出了学习资本主义国家先进科学技术和科学管理经验的主张。遗憾的是，在当时的国际和国内背景下，我们不可能真正而有效地学习外国的先进文化，特别是西方的先进文化。直到20世纪70年代末期，随着国际形势的变化，随着我国实行改革开放政策之后，了解和学习西方文化才有了可能。

（三）文化含义上的西方

一般而言，文化是环境的产物，是人、社会与自然相互作用的结果。由于人类所具有的共同属性，因此人类所创造出的文化，在其本质上说有许多共性的东西。同时，也由于各种文化发展环境与条件的差异，加上在其发展过程中一些偶然性和必然性因素的相互交织与影响，使得各种文化也表现出各自的特殊性和差异性。

作为文化含义上的西方，最初也是指它所起源、发展和成熟的欧洲大陆。不过，由于欧洲人所具有的扩张性和外侵性，西方文化也就带有扩张的本性。随着欧洲人向欧洲以外大陆和地区的扩张，西方文化也就随之扩张到欧洲以外的这些大陆和地区。特别是近、现代以来，随着这些欧洲人在世界霸主地位的确立，西方文化也逐渐占据了世界文化的主导地位。如今，随着经济全球化、一体化进程的加快，西方文化也渗透到世界的各个角落，已经构成了对世界文化多样性的瓦解与破坏。所以，作为文化含义上的西方，其范围显然要比它在政治含义上所覆盖的地域要宽得多。

由于西方无论是在地理上还是在政治上都是一个广大的区域，仅就西欧而言，它也有众多的国家和民族。这些国家和民族又都有着自己的历史和民族特点，因此在文化上也是有很大差别的。比如，同为基督教国家，在南欧势力强大的天主教，与在北方占主导地位的路德教派就有许多不同；同是君主立宪制国家，英国的政体与北欧国家也有不同。所以西方文化内部也是共性与个性共存的混合体。但这并不影响它与其他文化的比较，因为就总体而言它们自身的共性还是远大于它们的差异性的，特别是与我们中国文化相比。

二、何谓文化

文化是一个说起来似乎人人明白，但要说清楚却又是十分困难的事。它在我们的生活中无时不有也无处不在。那么，什么是文化呢？

（一）文化的含义

从某种角度上说，人与动物的最大区别在于人是会思考的动物。而文化则可以说是人类思考和创造的最伟大的成果，而且它与人类生活是密不可分的。“从人类学家的观点（来看），文化是人类从生到死持续不断的生存要素，就好像鱼儿必须生存在水中一样，文化也是提供个人生存所必须的‘生态环境’，从诞生的那一刻，个人就是生活在社会所提供的文化环境（中），这（种）环境就不断刺激个人，影响他对周围人与事的态度及行为，无论是潜移默化或明示教诲，久而久之，个人就发展出一套适应社会的思维及举止。这一过程在社会学家看来，就是（人的）‘社会化’（过程）。”❶ 可见，文化对于人类生活的重要性。

1. 文化的多样性

文化是有种类之分的。这首先表现在，它是一个包罗万象的事物。说它包罗万象，是因为人们日常生活中的吃喝拉撒睡、衣食住用行等诸多方面都与它有关。其次，它也是一种纷繁复杂的社会现象。说它纷繁复杂，是因为人们日常生活中的喜怒哀乐、忧思愁苦等也都与它相关。即便是在古代，人们在自己的劳作、狩猎、生存等与自然相抗争的过程中，也在积累和创造着自己的文化，尽管他们经历了漫长的从不自觉到自觉的过程。而且随着人类社会不断向前发展，文化的内涵和外延也都在不断地扩大，

❶ 彭怀恩编译.《政治学》.（台湾）风云论坛出版社，1990 年 10 月版，第 75 页。

新产品、新事物、新观念、新词汇、新现象等随着时代的发展而层出不穷。特别是到了现代，这种发展更到了令人目不暇接，甚至到了令人瞠目结舌的地步。从新式服装、建筑、烟酒、电影、音乐、药物等，到吸毒、同性恋、丁克家庭等，甚至到转基因工程、太空技术、核武器等。暂不论这些事物和现象的出现正常与否、正确与否、合理与否，也不论它们是社会发展的必然趋势或是人类催生出来的怪胎，还是有悖于自然规律或人类的伦理道德，然而人们无法回避的是，它们中的任何一项都是文化在不同形态、不同领域的衍生物。

2. 文化的层次性

文化除了有其基本的共性之外，还是有层次之别的。这表现在根据不同的分类标准，人们可以把它分为大众文化与精英文化、主流文化与非主流文化、正统文化与前卫文化、先进文化与落后文化、雅文化与俗文化等。人们的社会地位不同、教育背景不同、经济状况不同、职业性质不同，对文化的需求也自然不同。这些都会影响人们的价值取向和文化取向，以及日常的行为举止，从而在国家或民族的大文化圈内，选择适合自身的亚文化。在现代社会中，人们最常见到的现象就是将消费某些类商业品牌的产品，看成是自身地位和文化品位的象征。例如，在爱车族里，买得起豪华跑车的人，肯定不会是那些普通的发烧友；又如，同为大众媒体的报纸，有些报纸则专以刊登“八卦,，新闻等庸俗文章为主，而有些则以刊登较为严肃的话题和专业的文章为主。

3. 文化的地域性

文化也是有着地域之分的。由于受地域的分割与阻隔，人类在其相当长的时间内，是生活在彼此隔绝的状态下。各个国家和民族生活的环境不同，历史发展进程和阶段不同，所形成的文化也就自然不同。就如同生活在地球上的民族存在着多样性一样，在文化领域内也同样存在着多样性的问题。从大的方面来说，在世界范围内文化既存在着东西方的不同，也存在着南北方的差异。从小的方面来看，即使是在一个国家之内，不同地区之间也是存在着差异的。因此，这也就带来了各种文化之间的相互交流问题和理解问题。美国人类学家基辛（R. Keesing）在其所著的《文化人类学》（Cultural Anthropology）里讲过这样一个事例："有一位保加利亚籍的主妇招待她美籍丈夫的朋友晚餐上，客人里有（一位）亚洲来的留学生。当客人把盘子里的菜吃光以后，这位主妇就问客人要不要再来一盘。因为在保加利亚，如果女主人没让客人吃饱的话，是件很丢脸的事。那位亚洲学生接受了第二盘，紧接着又是第三盘，使得女主人忧心忡忡地又到厨房准备了下一盘。结果，那位亚洲学生吃第四盘的时候竟（然）撑得摔倒在地板上了。因为在他的国家，宁可撑死也不能以吃不下来侮辱女主人。"❶ 又如，被中国人视为吉祥和威武象征的龙，在一些西方人眼中却是邪恶的象征。由此可见，不同文化间的交流与理解是多么重要。当然，这种交流和理解的前提是应该彼此尊重对方的文化，而不应持惟我独尊的心态。

总之，尽管要说明文化、解释文化并非易事，但它作为人类社会的特有产物，始终是人们热衷研究和讨论的话题，也是许多科学研究的对象。

（二）文化的概念

关于文化的概念，长期以来学术界是众说纷纭。学者们从各自学科和各自占有的材料出发，提出了许多不同的见解和观点。有的过于宽泛笼统，有的则相对狭窄具体。1952 年，美国人类学家克鲁伯和克拉洪在他们的《文化：关于概念和定义的探讨》

---

❶ ［美］基辛著.《文化人类学》. 张恭启等译.（台湾）巨流图书公司印行，1989 年 9 月版. 第 13 页。

一书中，罗列了各国学者提出的161种文化定义。到20世纪末为止，世界上有关文化的定义多达300种。它恐怕是在所有社会科学的概念中，引起争议最多的一个。其实，这也并不奇怪。因为在几乎所有社会科学中，例如人类学、社会学、历史学、政治学、宗教学等，都要涉及这一概念。现在，甚至在一些技术科学中，也在讨论有关文化的问题。由此，我们也可以看出文化这一概念的广泛性和重要性。

我们以人类学家对文化的概念为例，在他们那里文化这一概念在人类学中已不再包含有艺术修养和上流社会所具有的社会风度含义，而是指通过学习所积累的经验。基辛在《文化人类学》中，对人类学家们就文化所给出的几个有代表性的定义，进行了整理和分析，认为这些概念不过是揭示了文化一词的不同侧面。例如，①“人因身为社会的成员所获得的复合整体（Complex Whole），包括知识、信仰、艺术、道德、法律、风俗等，以及其他能力和习惯。”（Tylor，1871）②“某特定社会的成员所共享并相互传递的知识、态度、习惯性行为模式等总和。”（Linton，1940）③“（一切）在历史的进展中为生活而创造出的设计；包括外现的和潜隐的，也包括理性的（Rational）、不理性的（lnratinal）和非理性的（Nonmtional）一切；在某特定时间内，人类行为潜在的指南。”（Kelly，1945）④“学习性的和传递性的肌肉反应（神经肌肉反应），习惯、技术、观念、价值观等——以及与之产生的行为——所构成的集合（Mass）。”（Herskovits，1955）⑤“构成人类群体独特成就（包括表现于器物者）的模式，包括外现的和潜隐的模式，也包括属于行为（of behavior）或指引行为（for behavior）的模式，它是借着象征来获得并传递的。”[1] 英国当

---

[1] （Kroeber and Kluckholn，1952）转引自［美］基辛著.《文化人类学》. 张恭启等译. 第36～37页。

代马克思主义文学评论家和文化理论家伊格尔顿曾考察了文化一词在当代的各种定义，其中的一个定义是：文化是“一个社会的所谓情感结构，是社会的生活方式、习俗、道德、价值观等组成的不断变迁但无法触摸的综合体，是习惯行为和信念所形成的渗透性氛围，它将自己相当含混地记在社会意识里，即躲躲闪闪地、辩证融入所谓看不见的日常生活本身的色彩’。”[1]

我国青年学者裔昭印在他主编的《世界文化史》中，也对英国人类学家泰勒（即 Tylor）所提出的文化概念加以了介绍。同时，他还对其他学者有关文化的概念进行了介绍。如英国社会学家兰贝格认为“文化可以被定义为是一套从社会活动中习得并传递判断标准、信念、行为，以及因此出现的行为的习惯模式，及物质的和象征意义上的产物。”美国学者赫斯科维兹认为：“文化是个人适应其整个环境的工具，是表达其创造性的手段。”[2]

除了学者们的个人观点之外，各类辞书对文化的定义也各有千秋。如英国《社会科学百科全书》（The Social Science Encvclopedia）中，将文化定义为“文化是构成人们的生活方式。它是由人们约定俗成的思想和行为方式构成的，包括价值、信仰、行为准则、经济活动等类似的事物，是基于学习而非生理遗传并得到世代相传的”。[3] 在英国《枫丹娜现代思潮词典》中，将文化定义为“一个共同体的‘社会遗产’由一个民族在他们特殊生活条件下不断发展的活动中创造并且从一代传向另一代的物质手工艺品，集体的思想和精神制品，以及各种不同的行为方

---

[1] 转引自《人民日报》（海外版），2003 年 7 月 4 日。

[2] 转引自裔昭印主编．《世界文化史》．华东师范大学出版社，2000 年 11 月版，导言第 2 页。

[3] Adam Kuper and Jessica Kuper Edited：The Social Science Encyclopedia（《社会科学百科今书》），London，1985，P．178。

式的总和。”[1] 我国《辞海》（1999 年版）中，则对文化作了如下表述：“文化分为广义和狭义两种。广义的文化是指人类社会实际过程中所获得的物质、精神的生产能力和创造的物质、精神财富的总和。狭义的文化是指精神生产能力和精神产品，包括一切社会意识形态；自然科学、技术科学、社会意识形态。”

通过上面的介绍我们可以看出，尽管中外学者们对文化的解释各有特点，各有侧重，其主要的区别在于他们划定的文化范畴的宽与窄、广与狭。将人类创造的一切都收入文化范畴的学者，应属于广义文化论者；而仅将观念形态、行为方式等精神类成果纳入文化范畴的学者，应属于狭义文化论者。但他们的共同之处在于，都承认文化是由人类创造的，是人类社会自身特有的属性。

总之，综合各家之言，取各家观点之所长，我们可以将文化划分为以下四个方面：一是物质文化，它包括人类所从事的物质劳动、与物质生产相关的劳动工具、生活器具及其材料和技术等；二是精神文化，它包括人们的思想、信念、价值观以及心态等；三是行为文化，它包括人们在社会活动和社会交往中所形成的行为模式、习俗等；四是制度文化，它包括人们在社会生产、组织管理、社会管理、政府运作等方面形成的各种、各类具有规范性、指导性、系统性的操作体系等。

本书所采用的文化概念，则兼顾广、狭两个方面的含义，并侧重于狭义的概念。这种考虑主要是出于教学上的便利，以使学生更好地掌握西方传统文化方面的知识。

---

[1] 转引自裔昭印主编.《世界文化史》. 华东师范大学出版社，2000 年 11 月版，导言第 2 页。

三、何谓西方传统文化

伴随着人类社会的发展与进步，文化也在延续与传承的过程中不断地演变和发展，而且随着社会发展的加快，文化的变化也在加速。在新与旧的转换的过程中，文化也在被反复的提炼与筛选。那些有价值的内容得到了积淀与升华，而无价值的则遭到了淘汰。

（一）传统文化的含义

人类社会是向前发展的，文化也是始终处于发展和新陈代谢过程之中的。现代社会发展越来越快，文化的新陈代谢速度也在加快。不过，文化在其发展的同时，文化中那些富有生命力的成分，具有恒久价值的部分，也经过大浪淘沙般地筛选与提炼，经过千百年的不断积累与创造，而形成了相对稳定性的文化内涵和结构。而那些昙花一现的或缺少生命力的内容则被不断扬弃。那些富有生命力的内容就构成了人类最重要的和宝贵的文化遗产和精神财富。例如，中国的《史记》和古希腊的《荷马史诗》等。传统文化含义的第一个层面就是指那些人类所创造出来的宝贵文化遗产。它是文化发展的基石，是文化得以延续的命脉，是构成人类精神家园的支柱。离开了这些精髓，文化的发展就成了无源之水，无本之木。从这个意义上说，传统文化也是人类社会发展的重要基础。所以，我们远的不说，当第二次世界大战结束之后，战败国德国和日本之所以能够很快从废墟上重新崛起，一个重要的原因就在于它的文化基础尚存。

传统文化是相对于现代文化而言的，这是传统文化含义的第二个层面。前面我们是从文化的积淀角度来看传统文化的，现在我们再从文化的延续性和继承性上来看传统文化。现代文化是过去文化的传承，是人类在新的环境和条件下的创造。这种创造离不开传统文化的基础和成果，是在对传统文化的扬弃。因此，它具有较强的新鲜感和冲动力。同时，它的发展也具有较大的不确定性和较强的易变性。比如，西方现代音乐和绘画艺术，形式和风格林林种种，多如牛毛，但真正能够被社会大多数人所接受和认可的却为数不多。而传统文化经过长期的积累，则具有较强的稳定性和持久性，同时也带有一定的历史结论性和综合性，揭示了文化发展过程的某种内在规律性。

（二）西方传统文化的含义

在了解了西方文化和传统文化之后，我们就便于理解西方传统文化了。它是指在欧洲，特别是在西欧形成和发展起来的传统文化。具体地说，我们这里所指的就是以古希腊、古罗马文化为源头，经过中世纪的基督教文化，到14世纪以后历经文艺复兴运动、宗教改革运动和启蒙运动等发展阶段，再到19世纪中期左右科学革命所带来的文化大发展期间所积累下来的丰富文化遗产。

1. 西方文化是学习和借鉴其他文化的结果

西方文化从来就不仅仅是由西方人自己独创的，而是在各种文化融合的基础上发展起来的。英国著名学者李约瑟曾经写道："现在人们普遍都承认，希腊人从巴比伦和古埃及人那里受益之多简直是无法估计的。但是还有大量的事实欧洲人至今还没有充分认识。根据已有的材料证明，在纪元后最初的14个世纪中，欢洲从亚洲接受了许许多多基本的科学发明与发现，往往不知道它们来自何处。在切斯特的罗伯特和巴斯的阿德拉特时代，欧洲人必须学习阿拉伯语才能获得最好的科学知识；他们从阿拉伯人阳大草原人那里获得了不少的技术知识，后来成为文艺复兴时期建设的基础。有多少人知道现在全世界天文学者普遍使用的星位坐标系是中国人而不是希腊人创制的？有多少人认识到现在给全世界带来燃料和石油的深井钻探技术（据可靠资料证明），是古代的中国工程师发明的。欧洲人以哥伦布及其他航海家的探险功绩而感到自豪，但是欧洲人却不肯问一问，使航海事业得以实现的那些重要发明是从何而来的——指南针和船尾骨舵来自中国，多层桅樯来自印度和印度尼西亚；尾桅三角帆来自伊斯兰的航海家。”❶ 针对东西方文化的比较问题上，保罗·肯尼迪写道：“同亚洲的伟大文明比较的话，也不能说欧洲在文化、数学、工程学、航海和其他技术领域占据优势。欧洲很大一部分文化和科学遗产是从伊斯兰国家借用的，同穆斯林社会通过几个世纪的相互贸易、征服和殖民是从中国借来的一样。回顾历史，可以看到：到15世纪末，欧洲在商业上和技术上加快了发展；也许最公正的评价是，当时各主要世界文明中心处于大致相同的的发展阶段，有的在某方面比较先进，而在另方面又落后一点。在技术上，从而也在军事上，奥斯曼帝国、明代中国、稍后莫卧儿人统治的北印度和欧洲各国及其俄国各族人都远远超过非洲、美洲和大洋洲的社会，虽然这一切说明公元1500年的欧洲称得上最重要的文化权力中心之一，但当时毫无迹象表明欧洲有朝一日登峰造极。”❷ 从这些论述中我们可以看到，在严谨而又客观的学者那里，他们对于自己文化发展的渊源是有科学而理智认识的。

尽管有些西方人，甚至一些有影响的学者，对自己文化持一种优越的心态，而忽视甚至贬低其他民族和地区人们在文化上所取得的成就，但历史事实却是无法改变的。德国现代著名学者马克斯·韦伯（Marx Web）的态度就具有一定的代表性。他曾写道：“惟有在西方，科学才处于这样一个发展阶段：人们今日一致公认它是合法有效的。经验的知识，对宇宙及生命问题的沉

❶ ［英］李约瑟著.《四海之内》. 劳陇译. 三联书社，1987年10月版，第11页。

❷ ［美］保罗. 肯尼迪著. 《大国的兴衰》. 蒋葆英等译. 中国经济出版社，1989年4月版，第4页。

思，以及高深莫测的那类哲学与神学的洞见，都不在科学的范围之内（虽然一种成系统的神学之充分发展说道底仍须归到受希腊文化影响的基督教之名下，因为在伊斯兰教和几个印度教派中仅只有不成系统的神学）。”“简单地说，具有高度精确性的知识与观测在其他地方也都存在，尤其是在印度、中国、巴比伦和埃及；但是，在埃及以及其他地方，天文学缺乏古希腊人最早获得的那种数学基础（这当然使得这些地方天文学的发展更为令人赞叹）；印度的几何学则根本没有推理的（Rational）证明，而这恰是希腊才智的另一产物，也是力学和物理学之母；印度的自然科学尽管在观察方面非常发达，却缺乏实验的方法，而这种实验方法，若撇开其远古的起始不谈，那就像近代的实验室一样，基本上是文艺复兴时期的产物；因此医学（尤其是在印度）尽管在经验的技术方面高度发达，却没有生物学特别是生物化学的基础。一种理性的（Rational）化学，除了在西方以外，在其他任何文化地域都一直付诸阙如。”[1] 他还在接下来的文字中，从历史学、法学、艺术以及建筑等方面，也以同样高傲的态度对东西方进行了比较。

对于这种观点，李约瑟指出：“有人说，欧洲文化与其他一切文化不同，它具有的适应性，它富有创造性和生命力，因而具有更高的优越性……西方人对自己的文化做出了普遍性和优越性的结论，这是很可以自慰的。但是，这个结论是不正确的。”[2] 他说：“有些人往往认为只有西欧的文明才具有真正的历史价值，这种观点是不正确的。如果真正要说具有历史价值的文明的话，那么，光荣应归于中国。中国浩瀚的《二十四史》追溯到纪元

[1] ［德］马克斯·韦伯著．《新伦理与资本主义精神》．于晓，陈维纲等译．生活·读书·新知三联书店，1987年12月版，第4~5页。

[2] ［英］李约瑟著．《四海之内》．劳陇译．第2页。

前90年，集国家主纂的（但大部分是私人著述）历史文献之大成，是世界上任何国家所不能企及的。”[1] 对此问题，李约瑟在他的另一篇文章——《现代中国的古代传统》中也曾经指出："从广义说，我们可以说，在纪元前3世纪至公元1世纪，中国比欧洲的科学技术（除了希腊光辉灿烂的理论建设高潮之外）要进步得多，但是从文艺复兴以后，欧洲的科学就开始占领先地位了。确实，到了伽利略时代，可以说科学发明的技术本身被发现了，其结果就产生了现代科学的统一世界，科学为全人类所公有，从而消除了中古世纪标志各种科学技术形式的种族烙印。我以前已经说过，文艺复兴后欧洲产生的并不是'欧洲的科学'，而是全世界普遍适用的现代科学，所有各种文化的男男女女都可以自由地享受的。虽然这一突破是在欧洲发生，而且只是在欧洲发生的……也不能以此为理由而像某些作家那样坚持要把欧洲文化列为最高级的，'世界性文化'。因为欧洲有许多特殊的因素必须考虑进去：欧洲历史发展的具体条件，欧洲封建制度的形式，欧洲的重商主义和工业化建设日益增长的需要，希腊人从先苏格拉底时期以后对欧洲文化历史一贯的推动和促进作用——所有这一切以及其他类似的因素都足以充分解释那个'伽利略奇迹'之谜；因此，我们没有理由把现代科学在欧洲的产生和成长归之于什么欧洲精神的神秘命运或者欧洲人的天赋才智。同时，看到其他民族对于现代科学的建立所做出的伟大贡献，我们更觉得不应该这样说。”[2] 所以，可以说如果没有来自东方和其他地区丰富的文化养料，欧洲文化不可能有后来的发展成就，欧洲文化是学习和借鉴其他文化的结果。从这一点说，欧洲人也是十分善于从其他地区和民族的文化中进行学习的，也表明文化是人类共有的财富。

---

[1] ［英］李约瑟著．《四海之内》．劳陇译．第4~5页。

[2] ［英］李约瑟著．《四海之内》．劳陇译．第78~79页。

由于西方传统文化，不是在西方哪一个具体国度内形成和发展起来的，而是在一个相对广大的区域内，经由不同国家和民族的共同创造，加上在这一过程中与世界上其他地区和文化的交流，而相互借鉴、相互启发所形成和发展起来的。所以，尽管它的发展有时是以一国、一地为主，有时则会在一个国家内或几个国家同时出现几个比较活跃的发展中心。但从总体而言，自欧洲文艺复兴运动之后，由于政治、经济、社会和文化发展的不平衡性，其文化中心先由意大利转到法国，再由法国转到英国和德国，最后到达美国。因此，西方传统文化不可避免地会打上这些时期或这些国家与民族文化的烙印。

2. 西方文化发展的地域性

虽然，西方传统文化主要是在西欧区域内形成的，但是由于在现代社会以前，东西欧在文化交流和人员往来方面是非常频繁的。东欧地区与西欧在文化的联系上是无法分割的，这对西欧文化的发展也有着巨大的贡献，因此双方文化从本质上说具有同质性和一致性。不过，出于历史上的恩怨与隔阂，西方学者总是有意或无意地回避对方的贡献，而且总热衷于将这份历史遗产记在自己的名下。

需要指出的是，我们这里使用的西方传统文化这一概念，首先是为了与西方现代文化进行区别。因为，我们这门课的主要目的是要向学生较为系统地介绍一下西方文化的主要历史遗产。这样我们将课程内容的跨度划定在从古代到近代这一时间范围内。其次是为了适应我们中国人自身的文化习惯。因为在中国文化中，我们常将从古代到近代这一历史时期的文化称为传统文化，这已是约定俗成了。其实，将这一段文化称为古典文化似乎更为贴切。而在西方学者那里，他们似乎没有传统文化这一概念，而只有古典文化（Classical Culture）、近代文化（Early Modern Culmre）和现代文化（Modem Culture）之分。有时他们则干脆将其称为西方文化（Westem Culture）。还有的学者更愿意将他们的文化称为西方文明（Westem Civilization）。虽然，文明和文化有相通的地方，但两者还是存在着不少差异。文明是与不文明和野蛮相对的，含有进步和科学的意思；而文化则不一定都带着进步与科学的含义，如落后的文化、野蛮的文化等。

四、中国文化对西方文化的影响

（一）中国文化对西方文化影响的几个主要阶段

中国与西方国家的交流可以追溯到2000多年前，因此对西方文化的影响也一直持续到了近代。这种影响既包括物质文化层面，也包括精神文化层面。

1．对古希腊和罗马时期的影响

这一时期的影响主要是通过服饰文化的形式。中国是世界上最早开始养蚕织丝的国家，而且在大约公元6世纪，也是世界上惟一饲养家蚕和纺织丝绸的国家。1958年在我国浙江吴兴发现的钱山漾新石器遗址距今已有4700多年，经对遗址出土绢片、丝带和丝线的鉴定表明，它每平方厘米所含经线和纬线密度各达到40根。自商代以后，中国的丝织品已经成批地向外推销。这一点在中亚等地考古遗址中出土的文物也得到了证实。在古丝绸之路的西端，古希腊人在雕刻和绘画中所展示的人物服装细薄透明。据此，有外国学者推测，在公元前5世纪时中国的丝绸就已经成为希腊上层社会人们所喜爱的衣料。例如，以雅典巴特侬神庙（Paitllenon）中的命运女神（公元前438—前431）为代表的雕像就是这一时期的作品。她们身着的透明长袍（Chiton），质地轻薄柔软，衣褶典雅华丽，较好地表现出了女性的身体美。而这些服装所用衣料均为丝绸织物。如公元前5世纪雕刻家埃里契西翁的加里亚狄（Karyatid）、雅可波利斯的科莱（Kore）女神大理石雕像等。特别是在克里米亚半岛库尔·奥巴（Kul Oba）出土的公元前3世纪绘画作品——“波利斯的裁判”，将女神身上穿着的精细衣料表现得十分完美。透明的丝质薄纱将女神的胸部和脐部完全表现出来。从中可以断定，这种衣料只有中国才能制造，而决非野蚕丝织成。[1] 中国出产的丝绸，不仅满足了希腊人对服饰的需要，而且也对希腊的艺术产生了很大的影响。同时，通过这条丝绸之路，希腊人对中国也有所了解。后来，随着对丝绸需求量的增加，中国的养蚕织丝技术也逐渐外传到波斯、印度和拜占廷等地。

亚历山大（Alexander the Great，前356—前323）率领大军向东方远征时，曾一直达到阿姆河上游叶赫什河旁的霍阐，并且进入五河流域，几乎打到了中国的大门口。亚历山大的部将尼亚斯和奥尼西克里特，在那时至少已经知道再往东便是赛里斯国（Seres）了（这是古希腊人对中国的称呼——引者）。公元前130年到前87年间的阿帕洛杜勒斯曾记述，巴克特里亚欧多台墨王的领土在公元前201年已扩展到了赛里斯和赛里斯接壤区。这些赛里斯人据称都是碧眼红发的民族，显然都是操东伊朗语的塞人或月氏人。对古希腊人来说，养蚕吐丝并织成文绮简直是不可思议的事。而且他们认为丝是长在树上的。所以，这种错误的观念一直延续很长一段时间。例如，到了公元1世纪时，当时罗马最伟大的作家之一普林尼（Pulini），在他著名的《博物志》[VI，17（20）] 中写道：“赛里斯国以树林中出产细丝著名，灰色的丝生在树上，他们用水浸湿后，由妇女加以梳理，再织成文绮。由那里运销世界各地，实是非常艰巨的事。”[2] 大约在这同一时期，希腊的航海家除了知道印度北方有一个赛里斯国外，从海上

---

[1] 转引自沈福伟著.《中西文化交流史》.（台湾）东华书局印行，1989年12月版，第22～23页。

[2] 转引自沈福伟著.《中西文化交流史》. 第28页。

也可到达一个出产丝的国家。在《厄立特里环海航记》中就曾写道："过克利斯国（马来半岛）进入支那（Thin）（这是波斯人和古印度人对中国的称呼——引者）海便到了终点。有都城叫支那（Thinae），尚在内地，远处北方。"❶ 这里所说的支那其实与赛里斯应为同一地方，只是对陆路和海路的不同叫法而已。

中国古代将罗马称为大秦。奥古斯都（Augustus，公元前30—公元14）时代，罗马以埃及的亚历山大为基地，积极向东方扩大自己的影响，开展贸易，于是海上运输开始活跃起来，中国也与罗马帝国发展起贸易往来。《后汉书》卷八八上记载："大秦国一名犁楗，已在海西，亦云海西国。地方数千里，有四百余城。小国役属数十。"❷ 当时汉代中国人用大秦或海西来代表位于中国极西面的国家，认为罗马是秦西之国。这如同罗马人把赛里斯国当做亚细亚极东的国家一样。例如，公元5世纪罗马历史学家波庞尼斯·梅拉在自己的书中写道："亚细亚极东地方有印度人、赛里斯人、斯基泰人。印度人地处最南，斯基泰人居于极北，而赛里斯人则住在正中。"❸ 当时从事这类贸易的中国人，主要是新疆人，期间有时还通过中间的其他国家或民族。普林尼就曾在书中写道："赛里斯人并不等待出售商货，贸易都由外人到来成交。"❹ 从海路上，有资料表明3世纪时中国的帆船，通过印度洋最远到过的大秦港口是厄立特里亚的祖拉湾旁的阿杜利，就是现在的马萨瓦港附近。当时的大宗商品主要是丝绸、漆器和铁器等。通过这些贸易往来，建立起东西方的联系，不仅将中国的商品传到了西方，而且也将中国的文化带到了西方，同样

❶ 转引自沈福伟著.《中西文化交流史》. 第28页。

❷ 转引自沈福伟著.《中西文化交流史》. 第51页。

❸ 转引自沈福伟著.《中西文化交流史》. 第52页。

❹ 转弓I自沈福伟著.《中西文化交流史》. 第57页。

这种交流也使中国受益匪浅。

除了陆路和海上的丝绸之路以外，后来瓷器也成为对西方国家贸易的大宗贸易品。陶瓷的外销也直接推动了海运业的发展。日本陶瓷学者三上次男把通往西亚的海路称为“陶瓷之路”。陶瓷之路和海上丝绸之路也成为唐代以后，中西交通的新动脉。在唐朝和五代时期，中国瓷器生产的工艺已经有了长足的发展。唐朝时出产的瓷器有“南青北白”之说。从海路出口的多半是青瓷，而陆路主要以白瓷为主。同丝绸的外销一样，瓷器的外传也是先从阿拉伯国家开始的，然后扩展到了西方。最早到过中国并亲眼看见瓷器制造过程的阿拉伯商人苏莱曼，他在所写的《中印游记》（851 年）中说：“中国人能用一种优质陶土，制造出各种器皿，透明可比玻璃，里面加酒，外头可以看见。”[1] 在阿拉伯人阿布·法德尔·百哈基（Abtl’ l ~ Fadl baihaki）写于 1059 年的一本书中，曾提到过中国早期瓷器运往巴格达的情景。他写道：“呼罗珊总督阿里·伊本·伊萨（áii Bn'isa）向阿里发阿仑·拉希德（Harunn al ~ Rashīd，786—809）进献过 20 件精美的中国御用瓷器，以及数量达 2 030 件的民用瓷器。这在阿里发宫廷中是从未见到过的。”[2] 在这些瓷器中，有碗、杯、盏、瓶、壶等，都是通过骆驼商队运去的。阿拉伯古代地理学家伊本·法基在他的《地理志》（903 年）中，将来自中国的丝绸、瓷器和灯具列为三大名牌货。由于中国瓷器的广受欢迎，中亚和西亚各国便也开始以中国瓷器为楷模进行仿造。到了 10 ~ 12 世纪他们所烧制的瓷器，在风格、式样、图案上都有着浓厚的中国色彩。

2. 对中世纪早期的影响

当西方处于落后的中世纪“黑暗时代”时，中国正处于唐

---

[1] 转引自沈福伟著.《中西文化交流史》. 第 205 页。

[2] 转引自沈福伟著.《中西文化交流史》. 第 204 页。

宋盛世（即 7～12 世纪）。它吸引了许多国家学者来华取经，仅留学长安的日本留学生就多达五六百人。正如英国学者威尔斯所指出的那样："当西方人的心灵为神学所缠迷而处于愚昧黑暗之中，中国人的思想却是开放的，兼收并蓄而好探求。"英国科学史家李约瑟在《中国科学技术史》中，以详实的史料论述道："中国古代的发明和发现往往是超过同时代的欧洲，特别是 15 世纪以前更是如此，这可以毫不费力地加以证明：在 3—13 世纪，中国保持一个让西方人望尘莫及的科学知识水平。"❶ 法国学者阿里·马扎海里在其所著的《丝绸之路——中国—波斯文化交流史》一书中也曾写道："在'中世纪'，中国文化从东到西慢慢地取代了希腊文化。中国文化形成了我们文化的基础，我们那种由文艺复兴造成的新希腊文化仅仅是晚期的一层美丽的外表。"❷ 可见，中国文化对西方中世纪文化的影响。

这一时期的影响主要是通过蒙古西征的形式进行的。12 世纪位于中国北方的蒙古部落的崛起，对后来世界历史的发展进程产生了难以估量的影响。1206 年，孛儿只斤氏族的铁木真（116—1227）统一蒙古之后，被推选为蒙古大汗，并尊称为成吉思汗，意思是"天赐之汗"。'成吉思汗在打败中原之后，在 1218～1223 年，率领大军进行蒙古汗国的第一次西征。他使用了汉族和西辽先进的军事技术，配备了弩炮、火箭和飞火枪等武器，首先对位于里海周围的中亚各国和俄罗斯发动进攻。结果，由于他所使用的武器和战术是当时各国见所未见、闻所未闻的，因此大军所到之处攻无不克，战无不胜。他死后，1223～1244

---

❶ 转引自宋健主编.《现代科学技术基础知识》. 科学出版社，1994 年 3 月版，第 14 页。

❷ 转引自冯承柏等编著.《西方文化精义》. 华中理工大学出版社，1998 年 9 月版. 第 7 页。

年，他的次子钦察汗拔都和速不台又率领25万大军发动了第二次西征，把征服欧洲的计划正式付之行动。他们先后克钦察、平俄罗斯、破波兰、战匈牙利等，取得了节节胜利。1253～1260年，旭列兀又率军进行了第三次西征。在这次征战中，蒙古人占领了里海和美索不达米亚，同时还完成了破巴格达，夺叙利亚等既定目标。这三次西征，不仅扩大了蒙古的版图，而且也带来了欧洲各种族的大迁移。伴随着种族间的迁移，东方的文化和影响得到了扩大，各地方之间的文化也得到了交流。

蒙古统治者自身也利用军事上的胜利，将大批被征服民族的人口迁移到东方。在这些移民中，既有普通百姓和各种工匠，也有归顺的上层人物和自愿投奔的商人。他们中又以信仰伊斯兰教的回人为多。他们迁入中国后，多数人从事手工业和农业，也有的从事贸易和宗教，还有少数人当了地方的官员。他们的到来，无疑也带来了中亚和西欧各国的文化，对中国文化的发展也起到了促进作用。

蒙古的西征和东西方交通的畅通，使得许多来自欧洲、西亚和中亚，甚至非洲等地国家的使节、商人、旅行家和传教士们也都纷纷来到中国，而与此同时，成批的汉人和蒙古人也移居到印度和阿拉伯国家等地。这种民族和人口的迁移与交往，强有力地推动了东西方文化的交流和融合，为人类文化发展史写上了多彩的一页。

3. 对欧洲思想启蒙运动的影响

18世纪在欧洲兴起的启蒙运动，又一次将中国文化对西方文化的影响推向一个新的高度。当时欧洲有觉悟的思想家为了反对宗教和封建专制，倡导回归自然和尊重理性，开始向欧洲之外的非基督教世界寻求榜样借鉴、知识来源和思想武器，于是，他们把目光投向了遥远的东方。因为，在当时思想家们的眼睛中，只有中国具有与欧洲截然不同的文明，而且取得了辉煌的成就。

在此之前，由于来自商人、旅行家和传教士的介绍，特别是在知识阶层，人们对中国的历史、地理、政治、艺术、科技等方面都有了一定的了解。中国的四书五经也已被译为各种欧洲文字，成为受过一定教育的人们喜爱的读物。他们认为中国古代的哲学，尤其以孔子为代表的儒家学说，主张以“天”为自然法则，以“道”为理性原则，以“仁”为核心的伦理道德和倡导教育的思想，使欧洲人耳目一新。而且当时的中国，正处于清初康熙年间，社会安康和繁荣，使主张开明君主专制的启蒙思想家们认准中国是他们所追求的理想社会的楷模。1687 年就有受法国国王路易十四（Louis 罗马教，1638—1715）派往中国的 5 位科学家，他们由政府资助专门来华进行调查研究。这项研究几乎持续了 1 个世纪。这些研究原本是法国王室为了巩固和发展自己的统治，扩大海外势力和市场而进行的，不想却为埋葬自己准备了基础。它们被新生的资产阶级和启蒙主义者用来做思想武器和精神食粮，给予莱布尼兹（Gotffried Wilhelm Leibniz，1646—1716）的古典思辨哲学、伏尔泰（Voltaire，1694—1778）的自然神学、魁奈（Fran ois Quesenay，1694—1774）和杜尔哥（Turgot，1727—1781）的重农学说以丰富的养料，从而掀起了一场影响空前的思想解放运动。

参与这项研究工作的人员之一洪若翰，在 1687 年 11 月 8 日写给法国科学院的信中简要介绍他们在中国考察和研究的学科，主要为天文学、地理学、编年史、自然科学和医学，以及中国政治、经济和社会的现状等。他们的研究成果，后来汇总成3 部巨著。第一部为系统介绍中国过去和现在、社会和科学的《中华帝国志》（Descriptin G60graphique，Historique，Chronologique Politique et Physique de l’Empire de la China et de la Tartarie Chinoise），共分为 4 册，1735 年在巴黎出版，后被译为英文传遍了整个欧洲。该书第一册介绍了当时中国各省地理和中国历朝历代的编年史，第二册主要是介绍政治、经济、经典和教育，第三册介绍了宗教、道德、医药等方面，第四册是专门研究满、蒙、西藏和朝鲜等方面的内容。在此期间，从1702～1776年，还陆续刊印了34期《耶稣会士书简集》(Lettres édifiantes etcurieuses écrites des missionsétrangsres par quelqties Missionnairs de la Compagnie de Jésus)。1776—1814年，又刊印了16期《北京教士报告》(或译为《中国论著集刊》)(Mémoires concemant es I' Histoire, les Sciences, les Ars, lesMoeurs, les Usages etc, des Chinois par les Missionaires de Pékin)。

莱布尼兹是一位德国的哲学家，也是西方第一位确认中国文化有助于欧洲文化发展的哲学家。莱布尼兹从21岁时便开始研究中国文化，1687年就通读过巴黎出版的孔子传记和论著。1697年，他根据耶稣教士的著述和提供的有关材料，出版了《中国近况》(Novissima Sinica)一书。1699年该书再版时，又附上他翻译的《康熙帝传》(Histoire del' Empereur de la Chine)。他在《中国近况》一书的序言中写道："我们从前谁也不信任在这世界上还有比我们伦理更完善，立身处世之道更进步的民族存在，现在从东方的中国，竟使我们觉醒了。""在我看来，我们目前已处于道德沦落难以自拔之境，我甚至认为必须请中国派遣人员，前来教导我们关于自然神学的目的和实践，正如我们派遣教士到中国去传授上帝启示的神学一样。"❶ 他将中西文化比较后认为："欧洲文化的特长在于数学的、思辨的科学，就是在军事方面，中国也不如欧洲；但在实践哲学方面，欧洲人就大不如中国人了。"❷作为哲学家，莱布尼兹对中国儒家哲学中的自然神论思想倍加推崇。他在《论中国哲学》一文中曾写道："这种哲学学说或自然神论是从三千年以前建立的，并且极有权威，远在希腊人的哲学

❶ 转引自沈福伟著.《中西文化交流史》. 第449页。
❷ 转引自沈福伟著.《中西文化交流史》. 第316页。

很久很久以前。”[1] 而在他之前的法国哲学家笛卡尔（René Descartes，1596—1650）所倡导的理性主义，其主要思想来源则受启于儒家学说。

中国文化对法国启蒙运动的影响，主要是通过狄德罗（Denis Dideret，1713—1784）主持的百科全书派来传播和扩散的。在他们当中有许多人都热心于研究中国文化，如孟德斯鸠（Montesqieu，1689—1755）、霍尔巴哈、伏尔泰、波维尔、魁奈等根据传教士们所翻译的中国典籍和资料，及其有关报道，开展了对中国的全面研究。范围包括中国的历史、思想、法律、社会习俗、政治制度等方面，而这些方面也正是令这些思想家们苦恼和头疼的问题。他们希望能够从东方的文明与经验中获得启示和答案。凭借中国文明的楷模，无情地抨击受基督教神学禁锢而自誉为世上最为文明的欧洲社会。比如，伏尔泰就以中国为例来批判西方基督教世界的妄自尊大。他在《哲学辞典》关于“光荣”的词条中写道：中国是“举世最优美、最古老、最广大、人口最多和治理得最好的国家”。[2] 他毫不留情地讽刺欧洲那些自以为自己的文明是最高文明的基督徒们，指出当中国早已是文明富强，且形成完善而富有成效制度时，“我们还只是一小撮在阿尔登森林中流浪的野人哩！”[3] 他还通过对几个文明古国的比较，来说明中国文化的优点。他说，不像埃及人和希腊人的历史著作，中国人的历史书中既没有任何虚构的东西，也没有任何所谓的奇迹，更没有任何得到神启的人物。这个民族从一开始写作历史时，就写得合情合理。他还说，当迦勒底人还只是在粗糙的砖

---

[1] 转引自沈福伟著.《中西文化交流史》. 第448～449页。

[2] 转引自沈福伟著.《中西文化交流史》. 第451页。

[3] 转引自沈福伟著.《中西文化交流史》. 第451页。

坯上刻字的时候，中国人已经在轻便的竹简上刻字了。[1] 魁奈享有“欧洲的孔子”之称。他在政治上主张以“自然法则”和“自然秩序”来代替上帝的神示。他在1758年发表了《经济图表的分析》，1767年发表了《中国的专制制度》，为推广中国的政治制度和农业制度而大声疾呼。在《自然法则》一书中写道：“自然法则是人类立法的基础和人类行动的最高准则”，“但所有的国家都忽视了这一点，只有中国是例外。”[2] 他非常赞赏中国重视农业的政策，主张以农业为本，认为只有农业才能增加财富。总之，伏尔泰和其他启蒙思想家们，通过对中国政治和儒家思想的研究与赞美，表达了对神权控制下欧洲君主政治的残暴统治的强烈不满和反对。当时欧洲的启蒙思想家们之所以对中国和中国文化有许多溢美之词，这主要是出于对当时欧洲特别是法国封建专制制度批判的需要。

除了政治和思想方面以外，来自遥远东方国度的艺术也对欧洲，特别是法国的艺术产生了巨大的影响。中国艺术以它所特有的风格和风韵，使法国人如醉如痴，也促进了罗可可（Rococo）艺术形式的兴起与发展。从一定意义上说，罗可可艺术就是中国艺术风格在欧洲的某种翻版。于是，一时间中国的陶瓷艺术、绘画艺术、园林艺术、建筑艺术以及家具艺术等与中国相关的问题，成了法国人最热门的话题之一。因为当时法国是欧洲文学、艺术、美术、服饰、建筑艺术等的中心，所以，通过法国这个中介，“中国风格”也很快在欧洲大陆风行开来。

4. 对西方近代科技发展的影响

英国著名的中国科技史学者李约瑟博士在《东方和西方的对话》中，当谈到中国科学技术对西方的影响时指出：“人们大多

[1] 转引自裔昭印主编.《世界文化史》. 第370页。

[2] 转引自沈福伟著.《中西文化交流史》. 第452页。

不知道欧洲在技术上取得优越地位只不过是最近几个世纪的事。马可·波罗（大约纪元后 1280 年）发现当时的杭州和他所认识的欧洲相比，简直就是个天堂。直到 1675 年俄国沙皇还得聘请中国的桥梁工程师去工作。在 19 世纪初期以前，中国对于欧洲的产品简直毫无需要，而相反地，欧洲却派遣了不少的调查团到中国去探求中国传统工艺（如陶瓷、纺织、印染、茶叶、漆器等）的奥秘。”❶ 他在另一篇题为《中国科学对世界的影响》中也曾写道“至少在技术领域里，我们可能发觉，由亚洲，主要是中国来的新发明，都是成群结队的，我将称之为‘团’(Clusters)。例如，在公元第四世纪与第六世纪间，大家看到绫机与胸带式马具携手而来。第八世纪时，马镫对欧洲发挥不寻常的影响力，不久卡当平衡环装置出现了。第十世纪初，颈圈式马具拖着简单的抛石机到欧洲来。第十一世纪时我们看到印度数字、数位，零的符号传遍全欧。在第十二世纪要接近尾声时，磁罗盘、船尾骨舵、造纸术、风车的构想，团簇而来，后面还紧跟着独轮车与用平衡力操作的抛石机。这正是托雷登星表(Toledan Tables）出现的时代。13 世纪末与 14 世纪初，又来了另一组发明物：火药、缫丝机、机械钟与拱桥，这是亚丰朔星表(Alfonsine Tables）时代。相当时间以后，我们看到铸铁鼓风炉、木版印刷的到来，不久后又来了活字版印刷，不过这些仍属于第二团这一部分。15 世纪时，旋转运动与直线往复运动互换之标准方法在欧洲建立起来了，而东亚在其他工程上的构想，诸如燃气叶轮、竹蜻蜓、卧式的风车、球链飞轮、运河的闸门等也纷纷出现。16 世纪时带来了风筝，赤道式枢架与坐标，无穷空间理论，铁链吊桥，帆车，诊脉术的重视，及音乐声学上的平均律。

❶ ［英］李约瑟著.《四海之内》. 劳陇译. 第 10 页。

18世纪殿后者，则是种痘术（疫苗接种法之前身）、瓷器技术、飏扇簸谷机、防水隔舱，以及一些以后引进来的东西，像医学健身法及文官考试制度等所组成的一团……早期的传播年代较为模糊，有进一步研究的必要，但我们可以清楚地看到世界受惠于东亚，尤其是中国技术之全盘图像。”❶ 虽然，我们今天仍然无法确切知道究竟曾经有多少中国的科技传播到了欧洲以及世界其他地区，但仅从李约瑟博士的研究和论文中，我们可以确切知道来自中国的科学技术曾经对欧洲文明和文化的发展起到的作用。

（二）中国古代四大发明的西传

中国古代文化对西方文化曾经产生过积极的促进作用。这里特别介绍一下中国古代“四大发明”对西方社会进步和文化发展的影响。借用马克思的一段话：“火药、罗盘、印刷术——这是预兆资产阶级社会到来的三项伟大发明。火药把骑士阶层炸得粉碎，罗盘打开了世界市场并建立了殖民地，而印刷术却变成新教的工具，并且一般地说变成科学复兴的手段，变成创造精神发展的必要前提的最强大的推动力。”❷ 可见，“四大发明”在西方文明发展过程中所起的作用非同一般。

1. 造纸术的西传

纸是中国古代最伟大的发明之一。1782年欧洲人巴尔马的安德莱斯（Andrez）曾针对造纸术的传播过程写道：“中国古代以丝造纸，这种造纸法约在652年传到波斯，706年传到麦加。阿拉伯人以棉代丝，并将造纸法传人非洲和西班牙。”❸ 虽然他

❶ 转引自文池主编．《宇宙简史》．线装书局（北京）．2003年1月版，第358～359页。

❷ 马克思．《机器、自然力和科学的应用》．转引自沈福伟著．《中西文化交流史》．第452页。

❸ 转引自沈福伟著．《中西文化交流史》．第316页。

在文中提到的造纸材料并不确切，但从中我们可以看出造纸术传播的大体路线。公元105年蔡伦改革造纸工艺之前，在我国已经出现了真正的纸，即植物纤维纸。我国考古学家的考古发现也证实了这种古纸的存在。例如，1957年在西安东郊灞桥西汉墓出土的灞桥纸，就是迄今为止世人所知的最早的植物纤维纸。该墓年代应不晚于汉武帝（公元前140—公元前87），它所用的原料主要是由旧麻头和破布的麻纤维组成。当时这一时期生产的纸，还都无法用于书写，仅供包裹等杂用，所以没有发现带有文字的纸。可供书写所用之纸，最早见于东汉。据《风俗通》记载，光武帝（公元25—57）在迁都洛阳时，“载素、简、纸经凡二千车”。❶ 这表明在蔡伦造纸之前，我国古代已经有了可供书写用的植物纤维纸。而到了蔡伦时代，他在总结前人造纸工艺的经验上，确立了纤维纸制作的新工艺，创造性地生产出了便于书写的麻类纤维纸和皮纸。

纸在2世纪初由洛阳成批制作，向全国推广。由于军事和贸易的需要，新发明的纸也迅速传人河西走廊和新疆一带。3世纪时，纸张已在楼兰一带使用，并经由波斯商人或粟特商人的介绍，传到了伊拉克。当时在地中海沿岸使用的是埃及的苇纸和羊皮纸，而波斯等中亚各国都以羊皮纸作为官方和商业文书用纸。这两种纸与中国发明的植物纤维纸相比，中国纸的优点就显得非常突出。它成本低廉，质地轻软，而且比苇纸细腻洁白耐磨，因此引起亚洲各国的注意。一直到751年，阿拉伯人在与唐朝军队作战中，将所俘获的2万兵丁中精通造纸术的工匠送往撒马尔罕，并在那里建成了造纸厂，才由此了解并掌握了造纸的技术，中国的造纸术便开始传入了阿拉伯地区。在以后的若干世纪中，

❶ 转引自沈福伟著.《中西文化交流史》. 第318页。

撒马尔罕一直都是阿拉伯世界最重要的纸张供应中心，纸也成为其大宗的贸易品。

大约在9世纪时，阿拉伯纸开始传人欧洲。先在法国被广泛采用，后传到其他国家。起初造纸的技术秘密一直由阿拉伯人掌握，到了1189年欧洲的造纸法才超过穆斯林国家，成为基督教国家的新工艺。这一年在比利牛斯山麓的卡塔伦尼亚的赫洛尔，建成了基督教世界的第一座造纸厂，其技术仍是由穆斯林工匠传授的。从15世纪起，造纸技术开始以德国为中心向东西欧传播。直到18世纪时，欧洲为了提高其造纸技术，还在向中国学习。

2. 雕版印刷技术的西传

雕版印刷技术起源于我国已成定论。一般认为，它是在道教和佛教的影响下产生的，起源时间以唐代为正式开始。在文献上比较可靠记述雕版印刷起源的，是明代邵经邦（1491—1565）的《弘简录》。该书卷四十六上记载了唐太宗李世民后长孙氏，年36而卒，“及官司上其所撰《女则》十篇，采古妇人善事，……帝览而嘉欢。以后此书足垂后代，令梓行之。”❶

在纸张用于书写之后，在保存和传播上仍有不足之处，因而雕版印刷技术的发明便应运而生。当时，在中国直接推动雕版印刷发明的因素有三个：一是碑拓和反书写字，北魏太和22年（227年）洛阳老君洞造像石刻就有了阳刻凸起的文字，晋代以后砖瓦上也出现了阳刻凸起的反写字。可以说阳文反书对雕版印刷有着直接的启发作用。二是木刻符印，古代印章都是反写文字，据史料记载，在汉代就有了桃木大印，晋代道家方士也用枣心木刻制印符，北魏时则进一步改用朱印印纸簿。这距雕版印刷已只是一步之遥。三是在木板上写字刻画，自汉桓帝以后在史料

---

❶ 转引自沈福伟著.《中西文化交流史》. 第340页。

上也常有在门板上墨书的记载，而到了隋代道家方士在木刻图案上还刻有星辰日月等。在这些因素的作用下，于是人们采用木刻阳文反书的方法，借用六朝以来的拓碑方式，涂墨印行于纸张上便发明出了雕版印刷技术。它的出现使纸张发挥了更大的作用，为文化的传播和社会的发展起到了巨大的推动作用。

印刷术发明之后，一直到蒙古民族兴起后的近六七个世纪中，首先向东传到日本、朝鲜、越南等中国的近邻国家。而在阿拉伯世界，却没有像造纸术那样很快流传开来。其主要原因在于，穆斯林教徒听说印刷工具中的刷子是用猪鬃制成的，而对他们来说这属于宗教禁忌，所以就一直采取在国内刻板，到国外秘密印刷的方式。到了13世纪时，由于蒙古势力的扩张，雕版印刷技术才再度形成一股向西传播的浪潮。而在这次西传过程中，波斯人起到了积极的作用，并推动了印刷术进入了欧洲，因为当时波斯人对中国的印刷术已经有了较为深入的了解。比如，波斯人巴纳卡地在《智慧的园林》（1317年）一书中就曾写道："按照他们的习惯，直到现在他们一向在抄写书本时，不容正义有任何篡改。因此当他们想将任何有价值的书本正确缮写而无错误，就请书法高明的人，先照原书每页手工抄在木板之上，再请有学问的人仔细校勘，并署名于板后，然后才由技艺高强的刻工把字全都刻出。全部刻成以后，将木板依次编号，封装袋中，好像铸币厂的印模一样。并由可靠的专人保管，妥藏官署中，上加特制的印戳。如有人希望重印此书，即可向官署申请，缴付规定费用，由官署将板取出，用纸拓印，好像用印模铸币一样，然后将印好的纸交给要印书的人。因此他们的书籍不会有任何增减，可以对它完全信赖。中国的史籍就是靠这种办法，得以流传。"

在欧洲文献中第一次提到过中国印刷术的是《世俗史》，它于1550年出版。作者保罗·约维是一位历史学家，曾在莫斯科出任过使节。他在《世俗史》第一册第十四章首次提出，中国的印刷术是经俄罗斯传到欧洲的观点。他写道：“在广州有印刷工匠采用和我们相同的办法，印刷‘各种书籍，包括历史和礼仪的书。”❶ 因为，在此之前，蒙古人刚刚结束了对俄罗斯的统治。而且当时他也恰巧得到过一本由葡萄牙国王送给教皇利奥十世（1513—1521）的中国印制的书籍。所以他得出结论说：“因而我们可以很容易相信，早在葡萄牙人到达印度之前，塞人（即中国人——引者）和俄罗斯人已经把这种可以无限的促进学问的样本传给我们了。”❷ 事实上也极有可能是在蒙古人统治俄罗斯期间，由他们将中国的印刷术传到那里的。

3. 航海罗盘的西传

中国古人很早就发现了磁石和它的指极性。随着唐代以后航海业的发展，发明了指南针。它是缝纫使用的钢针经人工磁化而成的。我国北宋时期的科学家沈括，在《梦溪笔谈》中对当时四种形式的指南针逐一进行了描述。

世界上最早记载指南针用于航海的是《萍洲可谈》一书，它由朱（彧）写于 1119 ~ 1125 年的宣和年间。书中就写道：“舟师识地理，夜则观星，昼则观日，阴晦观指南针。”❸ 到了 13 世纪，罗盘已经成为海上航行的惟一依据。1225 年的《诸蕃志》上写道：“舟舶来往，惟以指南针为则，昼夜守视惟谨，毫厘之失，生死系矣。”❹ 由此可见，罗盘在当时船舶的导航中已经发挥了重要的作用。

使用罗盘导航不仅大大提高了航路的正确性，而且也为船舶的定期往返提供了保证，为海上贸易发展提供了有利的条件。同

---

❶ 转引自沈福伟著.《中西文化交流史》. 第 231 页。
❷ 转引自沈福伟著.《中西文化交流史》. 第 231 页。
❸ 转引自沈福伟著.《中西文化交流史》. 第 346 页。
❹ 转引自沈福伟著.《中西文化交流史》. 第 346 页。

时，伴随着罗盘的应用，中国航海家们还绘制出了针路和航海地图，确保了船只沿着一定的方向航行。所以，罗盘和航海图的出现，带来了航海业的革命。它们一经问世，便很快被阿拉伯和欧洲的航海家们所采用。阿拉伯和威尼斯、热那亚等地的意大利航海家，通过与活跃在地中海的中国航海家以及侨居在这一地区的汉人和蒙古人接触，学到了有关罗盘和航海图的知识。

欧洲人采用中国罗盘以后，又经过不断改进，将中国的水罗盘发展为“旱罗盘”，即采用支轴装置，将指针中心置于支轴的顶尖，使磁针能够水平旋转，使其在航海中使用更加方便。同时，欧洲人又在模仿中国航海地图的基础上，结合古希腊人的测量制图学，绘制了更加精密的地图。

4. 火药和火器的西传

火药的发明与炼丹术和本草学有很大的关系。它最初是由炼丹家在炼丹过程中，由于某些成分失当或失控时引发火焰和燃烧而引起人们注意的。它一经发现，便被首先用于军事的火攻上。据唐朝资料记载，当时便有了使用“飞火”攻城记录。到了北宋时即公元1000年左右，更出现了火箭、火炮、火蒺藜等新式火攻方法。到后来，火箭、火炮已成为宋军的常备火器。元初用金属制造筒身的“火铳”，是在原有“火筒”的基础上发展而来的。它是一种上宽下窄的能够发射火焰的管形火器。在明初洪武年间（1368—1398）我国在铜炮制造上，已经达到了比较完善的地步。

火药和火器一经发明，也是最早在阿拉伯国家流传开来的。阿拉伯地区原本出产硫磺，但仅将硝用于医药和炼丹术上，而把它用于火药制造上的知识则是由中国人传授给他们的。这样，大约在13世纪时，阿拉伯人才开始把它用在火药上。起初。当中国产的硝运到阿拉伯国家后，波斯人把它称为“中国盐”，而阿拉伯人则叫它“中国雪”（talj al ~sīnī），而埃及人和西班牙人把它叫为“巴鲁得”（bārūd）。硝由中国盐、中国雪再到巴鲁得，这不仅清楚地勾画出了硝由中国传入波斯和埃及的线路，而且也将硝由最初在阿拉伯地区仅作为药用和化学元素，到后来演变为火器燃料的过程勾画得十分清楚。

后来，中国的火枪和火箭等火器也流传到了阿拉伯地区。在1285～1295年由阿拉伯人哈桑·拉曼（al—Hasanal－Rammah Naimal－din al－Ahdab）所著的一部阿拉伯兵书《马术和军械》（Kitabalfurusiya）中，提到了一种名为契丹（十三四世纪西方人都称中国为“契丹”——引者）火枪的武器。枪头叫“契丹火箭”（Sahm xatai），它可能是仿制金代的飞火枪而成，以火箭为燃烧体。在14世纪初期的另一本阿拉伯兵书《为阿拉而战》（Kitab al～firussie birasm al jihad fi allab）中，也记载有陆战时用火枪，水战时用火箭，它们都叫契丹火箭的内容。大约在13世纪末14世纪初，管形火器传入阿拉伯国家，他们将蒙古人传去的火筒和突火枪进行改进，发展为两种名为“马达发”（midfa’a）的火器。而“马达发”在阿拉伯语中就是火器的意思。这两种火器，一种为木制的短筒，另一种为长筒。可见，当时中国的火药和火器在阿拉伯地区的使用，已是非常普遍了。

欧洲人有关火药和火器方面的知识也是从阿拉伯人那里学到的。大约在13世纪下半叶，欧洲人将一本阿拉伯人所写的《制敌燃烧火攻书》（Liber ignium and Comburendos hostes）翻译成拉丁文。它成为欧洲最早的讲火攻的书。在这前后被翻译为拉丁文的阿拉伯著作，还有一本名为《八十八自然实验法》的书。它里面所讲的许多用于军事上火攻的配方，与《制敌燃烧火攻书》所讲的内容是相同的。至于火器的使用，根据文献记载意大利、法国、英国和德国等西欧国家，都是在1348年以后才使用各类火器的。这主要是因为这些国家在与阿拉伯国家交战中，都深深领教过这些新式武器的厉害。例如，在1290年的阿卡（Akka）战役中，马木鲁克人使用了92座抛石机不停地攻击阿卡城。抛石机不仅抛投石块，还抛投各种火球、火瓶、火罐等物，使得与之交战的法兰克人难以招架，不得不从亚洲大陆最后一个堡垒撤走，这一役宣告了十字军东征的彻底失败。西班牙人和意大利人是最先从阿拉伯人那里学会使用火器的。大约在1326年，意大利人掌握了火器的秘密，并造出了欧洲最早一批金属材料的管形火器。欧洲现存最早的一张火器图，是1326年在牛津教堂墙上的一张瓶形火炮的图画。此外，在意大利也发现了多幅类似的壁画和古画。不过，画面上不仅有火炮，还有手铳和节形火铳。绘画的时间跨度在1345～1364年。英国还是欧洲较早制造和使用火炮的国家，因为英国人在1342年参加阿耳黑拉斯战役时，从摩洛哥人那里学会了使用火炮。继意大利和英国之后，德国也开始在1348年间制造了火器。欧洲早期管形火器与中国相比，中国一般都是采用铜铸的方法，而欧洲大都使用铁铸。与铜铸相比铁铸管不仅工艺难，且笨重、易爆裂，而铜火铳在携带和使用上以及工艺上就较有优势。

火药和火器传人欧洲的更大意义在于，“火器一开始就是城市和以城市为依靠的新兴君主政体反对封建贵族的武器”。[1] 在削弱和打败封建势力之后，欧洲人还使用火器向非洲、亚洲和北美洲进行殖民侵略与扩张，以满足他们对土地和财产的贪欲与追求，使它成为自己得力的帮凶与工具。

总之，中国古代四大发明的西传对西方社会和文化的发展进程起到了难以估量的作用。17世纪英国哲学家弗兰西斯·培根（Francis Becon）在他的《新工具》一书中写道：“我们应该注意各种发明的威力、效用与后果。最显著的例子便是印刷术、火药和指南针……这三种东西曾经改变了整个世界事物的面貌和状

[1] ［德］马克思恩格斯著.《马克思恩格斯全集》第三卷. 第2所页。

态。第一种在文学上，第二种在战争上，第三种在航海上，并由此产生了无数的变化。这种变化是如此之大，以至没有一个帝国，没有一个教派，没有一个赫赫有名的人物，能比这三种技术的发明在人类事物中产生更大的动力与影响。”[1] 可惜，如李约瑟所言，事实上培根并不知道这些发明都来自中国。

五、如何学习西方传统文化

（一）以什么态度对待西方文化

有人曾经说过“态度决定一切”，这话有一定的道理。不同的态度会带来不同的结果。就拿我们学习西方文化而言，有人认为“外国的月亮比中国的圆”，既然中国落后，那就说明中国的一切都不行，‘因此需要全盘西化；也有人则认为“外国的月亮并不比中国的圆”，相反，中国文化的薪火历经5000年而未断，就足以说明它具有顽强的生命力；还有人认为“外国的月亮和中国的一样圆”，中国人注重人与人之间的关系，所以中国出“精神文明”，而西方人关注人与自然的关系，则产“物质文明”，等。以上各种观点都有自己的道理，但也都难以自圆其说，更谈不上说服别人了。中国文化是一种具有很强守成性的大陆文化，而西方文化则是一种外向型的海洋文化，具有很强的扩张性和渗透。性。应该说这两种文化中各有其积极的一面，也都有其消极的一面。它们之间的取长补短，既为世界和后人保留文化的多样性和丰富性，又可以两种文化互为借鉴、共同发展。

中国文化是世界上最古老、最悠久、最具影响力的文化之一，也是当今世界历史上保留最为完整的古老文化之一。中华民族又是2000多年来世界上人口最多的民族，中国不仅应该对世

---

[1] 转引自裔昭印主编.《世界文化史》. 第294～295页。

界文明和人类的进步做出较大贡献，而且事实上也确实曾经做出过较大的贡献。美国当代学者保罗·肯尼迪在曾轰动一时的著作《大国的兴衰》一书中就曾写道：“在中古时期的所有文明中，没有一个国家的文明比中国的更先进和更优越，在15世纪时，中国人口众多，有1亿~1.3亿，而当时欧洲的人口为5 000万~5 500万，它的文化灿烂辉煌，平原土地肥沃，灌溉发达，与11世纪开凿的蔚为壮观的运河系统相连，并形成了一个由受过儒家良好教育的官吏管理的统一的等级制政府，这一切使中国社会发达具有一种内聚力，以致外国来客羡慕不已。中国文明曾受蒙古游牧部落的严重破坏，并在忽必烈汗入侵之后受其统治。但是，中国一贯能改造征服者，而不是被征服者同化。1368年明朝重新统一帝国并最后打败蒙古人时，大部分旧秩序和专门知识都保存了下来。”[1]“尊重西方科学的读者必定认为，技术上的早熟是中国文明最引入注目的特点。中国很早就有大型藏书楼。11世纪已出现活字印刷，不久大量书籍流传于世。开凿运河和人口增长促使贸易和工业都很发达。中国的城市比中世纪欧洲的城市大得多，商品也分布很广。纸币早已加快了商业流通和市场发展。到11世纪的最后几十年，华北已有规模很大的炼铁工业，年产量约12.5万吨，主要供军队和政府使用。例如，一支100多万人的军队就是一个铁制品的大市场，值得一提的是，上述生产数字远远超过700年后产业革命早期英国的的铁产量！中国也许还是最早发明真正黑色火药的国家，14世纪后期明朝曾用大炮推翻蒙古的统治。”[2] 当然，我们不会因为西方学者对我们过去历史的赞扬就飘飘然，而是说我们对自己的历史和文化应该有一个客观的认识。正如在1988年1月全世界75位诺贝尔奖获得

---

[1] ［美］保罗·肯尼迪著.《大国的兴衰》.蒋葆英等译.第4~7页。

[2] ［美］保罗·肯尼迪著.《大国的兴衰》.蒋葆英等译.第7页。

者在巴黎的一次会议上，其发表的一份宣言有这样一段文字："如果人类要在21世纪生存下去，必须回到2500年前，去吸取孔子的智慧。"❶ 它表明世界上的有识之士，对中国文化的宝贵价值是有着清醒认识的。同时，我们也不回避这样的问题，那就是我们这样一个曾经对人类做出过较大贡献的民族，为什么会在近代落后呢？这是一个既令国人想起来便会心疼，也令西方人想找到答案的问题。

这里我们以科学技术为例。英国学者李约瑟曾指出："中国文献清楚地向我们展示了一个又一个不平凡的发明与发现，考古证据或绘画实物证实中国的发明与发现比欧洲类似的或照搬采用的发明与发现一般往往领先很长一段时间。无论是二项式系数排列，还是旋转运动与直线运动相互转换的标准方法，或第一台时钟中的擒纵装置，或韧性犁铧，或植物学与土壤学的开创，或皮肤与内脏的关系，或天花痘苗接种的发现——不管你探究哪一项，中国总是一个接一个地位居"世界第一"。❷ 既然中国在古代和近代之前，在许多方面都要比西方先进和发达，那么为什么近代科学在世界上产生仅仅出现在了欧洲呢？对此，李约瑟从社会的层面进行了分析，他认为国情是一个不可否认的因素，他指出："中国官僚机构在其早期阶段有力地促进了科学的发展，仅仅是在其后期阶段，它才妨碍科学的进一步发展，尤其是妨碍出现像欧洲那样的突破。例如，在公元8世纪初，世界上没有其他国家能够像中国那样进行南北跨度共达4 023千米的子午线弧度测定工作，也没有其他国家能够在那时派出一个考察队，去观察直到南极20之内的南半天球的恒星。的确，当时还没有另一个

---

❶ 转引自《人民日报》(海外版). 2003年6月27日

❷ 转引自文池主编.《宇宙简史》. 线装书局，第355页。

国家想要这样做。”[1] 而且，“中国社会具有某种自然趋于平衡的能力，而欧洲则具有与生俱有的不稳定性格。……中国是一个能自己调节的，保持缓慢的变动之平衡有机体，一个恒温器……这种文明，好像装有一架自动控制器，一组回馈的机构，在一切骚扰之后仍回复到‘现状’，尽管有些是基本的发现与发明所产生的骚扰。”[2] 从地理层面上，李约瑟指出：“欧洲是多岛地带，一直有独立城邦的传统。这个传统是以海上贸易，以及统治小块土地之贵族武士为基础，欧洲又特别缺乏贵金属，对不能自制的商品（特别像丝、棉、香料、茶、瓷器、漆器）有持续的需要，而表音文字又使欧洲趋于分裂。于是产生了许多战国方言歧异，蛮语绕舌。相形之下，中国为一紧密相连的农业大陆，自公元前第三世纪以来就是统一的帝国，其行政传统在古代无人与之匹敌者，又极富于矿物、植物、动物，而由适合于单音节语言的表意文字系统将之凝结起来。欧洲是浪人文化、海盗文化，在其疆域之内总觉得不自在，而神经兮兮的向外四处探求，看看能找到什么东西……中国有较多的人口，自给自足，几乎对外界无所需求……大体上只做偶然的探险，而根本不关心未受王化的远方土地。”[3] 从思想方法层面上，美国学者戴维·博达尼斯在《为什么现代科学在中国不曾发展起来》中也曾指出：“中国人不相信整个宇宙都是按一种精确的、数理结构不断运转的。相比之下，现在这种信念在欧洲倒很流行，同时也正是由于这种信念，才使牛顿以及其他科学发明家的工作成为可能。”[4] 从思想层面上，美

---

[1] 转引自文池主编.《宇宙简史》. 第 357 页。

[2] 转引自文池主编.《宇宙简史》. 第 362 ~ 363 页。

[3] 转引自文池主编.《宇宙简史》. 第 363 ~ 364 页。

[4] 转引自清华大学自然辩证法教研室编.《科学技术史讲义》. 清华大学出版社，1982 年 8 月版，第 29 页。

国学者保罗·肯尼迪写道："除经费和其他阻碍因素之外，中国倒退的一重大原因完全是儒家官吏的保守思想作祟，这种保守思想到了明代因对蒙古人过去强加给他们的变化的憎恨而愈益严重。

在这种"复旧"的气氛中，整个上层官吏关心的是维持和恢复旧秩序，而不是在向海外扩张和进行贸易的基础上创造更加灿烂的未来。"❶ 虽然，李约瑟等人的论述只是一家之言，但他们的观点还是非常有见地的。它表明科学技术的发展，不仅受其自身各种因素的制约，而且还受到来自社会各种因素的影响。中国科学技术发展的历程，不也同样在一定程度上反映出中国传统文化其他方面发展的命运吗？

中国与世界各国文化交流长达3 000多年的历史表明，中国不是一个盲目排外、闭关锁国的国家，而是一个乐于了解自己以外国家的民族。从历史上看，中西方在文化上的交流曾经有过三次较大的高潮。第一次出现在1582～1773年，当时欧洲天主教耶稣会教士利玛窦、艾儒略、邓玉函、汤若望等403多人，先后来华传教。一方面他们给中国带来了一些较为先进的自然科学知识，另一方面也将中国文化介绍给了欧洲。第二次出现在1840～1918年，这期间的鸦片战争使中国人开始意识到自己的落后。欧洲侵略者依靠着洋枪洋炮，把西方文化强行带进中国。而中国的有识之士也开始把目光投向西方，以寻求救国救民的真理。第三次则是始于20世纪80年代，以邓小平同志提出的改革开放方针为指导，中国开始了新一轮在规模和范围都更加广泛的学习运动。

学习和研究其他民族或国家文化的过程中，我们所遇到的困难之一，就是观察和分析的角度问题。以我们自己特有的文化视角去看待其他民族的生活方式，就会自觉或不自觉的带有自己的

---

❶ ［美］保罗·肯尼迪著.《大国的兴衰》. 蒋葆英等译. 第9页。

主观色彩，即形成所谓的民族本位偏见（Ethnocentrism）。虽然人们有时很难自觉的摘掉这种“文化眼镜”，但它确实影响我们更客观、更全面地了解别人的文化内涵和精神实质。就像英国学者肯尼斯·克拉克（Kenneth Clark）在《文明史》（Civilisation）一书中，所谈到的如何看待欧洲大理石雕刻“阿波罗”头像与非洲木刻“面具”谁优谁劣问题时的观点。他写道：“作为艺术品的价值，我不认为‘阿波罗’头像所体现出文明程度要高于‘面具’，因为它们各自代表着不同世界的精神，传递不同的信息。也就是说，它们都来自于我们各自想像中的世界。对于黑人来说，那是一个令人恐惧和黑暗的世界，只要人们稍微触犯一下被禁止的东西，就会遭到它可怕的惩罚。对于希腊人来说，那是一个明亮而充满自信的世界，因为诸神也像我们人类自身一样，只是比人更为美丽一些罢了，而且是为了唤醒人类的理性和帮助人们掌握自然法则才屈尊来到人世的。”❶ 这里我们再引用美国学者基辛的一段话以便更好地说明这一问题。他写道：“许多‘原始’民族其宇宙论的完备和复杂已推翻了早期学者的看法。早期学者认为‘土著’的心智像小孩，很容易欺哄，他们的宗教以恐惧、死板的仪式、迷信、无意义的咒语等为主。澳洲土著人的物质虽然简单，但他们具有精细得难以置信、在哲学上深具挑战性的神秘宇宙论，这个宇宙论设定一个灵界的存在面。以前这个层面要重于感官经验的世界（在‘做梦时’）。现在则平行于经验世界或屈居其后。”❷ 他虽然是针对宗教问题而言的，但对于我们看待外来文化时是同样具有借鉴意义的。

我们应该承认，中西方文化是两种不同质的文化，而且两种文化的发展也处在不同的阶段上。因此，它们在许多方面上是存

---

❶ （Kenneth Clark，Civilisation，London，1971，P. 2）

❷ 转引自［美］基辛著.《文化人类学》. 张恭启等译. 第387~388页。

在着差异，甚至是对抗与冲突的。这既是事实也是十分正常的事。正是由于存在着差距，我们才有必要向人家学习。然而事物的另一方面是，现在有一些人则走到了另一个极端，即所谓的民族虚无主义立场。在他们中的一些人看来，西方文化中的一切都是好的，都是进步和科学的。而本民族的文化则一无是处，需要全盘照抄、照搬别人的东西。应该说，夜郎自大固然不对，但“月亮是人家的圆”也同样不足取。因此，我们没有理由妄自菲薄，也没有理由对西方文化五体投地。我们还是看看西方学者是如何看待这个问题的吧。李约瑟在《东方和西方的对话》一文中，曾经深刻地指出：“在西欧及欧洲体系的美洲的许许多多的人深受所谓精神优越之害。他们坚持认为只有他自己的文明才是惟一具有世界性的文明。他们对于其他人民的社会文化思想的传统一无所知，所以觉得理所当然地该把他的思想意识和传统习惯（无论在法律、社会民主或政治体方面）都强加给其他的人民。但是他们所宣扬的那种文化本身却多少带有一种自相矛盾的性质，因为欧洲人始终没有能够把物质与精神，理性认识和浪漫精神，这两方面调动起来。他们的那种生活方式势必要侵蚀或者破坏其周围具有不同文化的人民的生活方式，而后者都有一些却可能含有更为合理的生活准则。”❶ 所以，在学习西方文化的问题上，我们应该采取理智而科学的态度。特别是应该提高自己的鉴别能力，既不可以偏盖全，也不可东施效颦。

就一般意义而言，文化本身是有其共性的，但各种文化之间的差异性可能远远大于其共性方面。从人类文化学的角度来看，学习和引入外来文化都会影响自身文化的变迁过程与方向。承认自己文化中存在的不足需要勇气，学习和接纳外来文化需要胸

❶ ［英］李约瑟著.《四海之内》. 劳陇译. 第1～2页。

怀，而能够找出自己存在的问题和所要学习的内容则需要智慧。我们学习西方文化的目的是为了取人家之长，补自己之短，以便使自己的文化得到更好的、更快的、更健康的发展，使它能够适应人们对文化日益增长的新的需要，适应现代化建设对文化的新的需要。过去，列宁曾经说过这样的话，只有汲取人类所创造一切有益的成果，才有可能建成共产主义。那么，我们今天可以这样说，中华民族只有不断学习和借鉴人类所创造的一切文明成果和智慧，我们才有可能在科技发展日新月异的今天，在文明民主进步深入人心的今天，在全面建设小康社会如火如荼的今天，逐步接近和赶上世界发达国家。在此过程中，才能创造出新的、富有时代特色的新文化。这是历史的重任，是时代的召唤。因此，在这样一个大的背景之下，我们就会对如何学习和吸收西方文化有一个比较清醒的认识。

如同中国传统文化一样，在西方文化中也是优秀与糟粕并存，先进与腐朽共生的。正如邓小平同志所比喻的那样，学习西方先进技术好比打开窗户一样，既会得到新鲜空气也不可避免地会进来一些苍蝇。所以，我们对西方文化应持客观、全面和科学的分析方法，取其精华，在弘扬中华文化中优秀、进步、有益成分的基础上，融合西方文化中那些先进和文明的成果与成分，从而形成和发展出更具影响力、创新力和凝聚力的新文化。20 世纪 70 年代美国未来学学者阿尔文·托夫勒就曾经预言说：在不久的将来“中国自己就可以成为科学、思想发展的源泉。中国不仅是一个知识消费者，它还是一个制造者。文化产品或者文化的生产，过去一直是西方向东方流动，现在它可以由东方流向西方”。[1] 我们完全有理由相信这一天是一定会到来的。这里我们

[1] 转引自《人民日报》（海外版）第 2 版，2003 年 8. 月 8 日

仅从改革开放以来中文在世界的影响力便可看到一斑。有研究者称，在“未来的十年里，新的‘必修语言’可能是中国的普通话。”❶也有报道说，随着中国经济的发展，国际地位的提高，文化交流的频繁，“目前在国外学习汉语的人数已经超过了2 500万人，使用汉语的人数更是几千万人以上，约有100个国家的各级各类的教学机构教授中文课程。……在美国的大学入学统考ACT 2的统考中，汉语和法语、西班牙语一样，作为大学高考的一个认定的外语项目。汉语课程已经在众多国家被列为正课。”❷从这些报道中我们可以看到，随着中国的和平崛起，中国文化不仅在中国大地上会不断得到发展，而且在世界上也将不断地扩大它的影响力。

（二）怎样学习西方文化

从总体上说，在中西方文化持续数千年的交流中，双方都从中获得了益处，也都从对方文化中得到借鉴，从而丰富和发展了自己的文化。我国著名史学家陈寅洛先生在谈到中外文化交流时就曾说过这样一段话：“其真能于思想上自成体系者，必须一方面吸收输入外来之学说，一方面不忘本民族之地位。❸

过去，我们在学习西方文化时还是存在许多不够正确的地方，就拿我们实行改革开放政策之后，在一段时间内，我们只是片面强调学习西方现代科学技术和管理经验的重要性，而忽视了对其他积极、有益、健康内容的学习。认为只要我们能够引进和掌握人家先进的技术与设备，就能加快我们自己实现现代化的步伐。其实，现代化是花钱买不来的，徒有现代化的技术和装备，

---

❶ 《人民日报》（海外版）第7版．2004年4月24日。

❷ 《人民日报》（海外版）第2版．2004年4月27日。

❸ 转引自冯承柏等著．《西方文化精义》．华中理工大学出版社，1998年9月，第11页。

而缺乏现代化的思想与观念，一句话，缺少与现代化相适应的文化，缺少掌握现代文化的人民，再先进的技术和设备也只能提高一时的生产水平及管理水平，也只能提高人们一时的生活水平，而不可能真正实现人的发展与社会进步相协调、相适应的现代化。在这方面的例子也是不少的。比如，伊朗国王巴列维在20世纪六七十年代所搞的所谓“白色革命”便是一例。当时，巴列维希望利用石油所换来的美元实现国家的现代化，于是便在国内大兴土木，建起了许多现代化的炼油厂和工厂，建起了现代化的飞机场、医院、商店和学校，建成了宽阔的公路网，同时也建起了许多现代化的居民住宅，改善了人们的生活水平，总之在短短的10年中，伊朗的“现代化”程度大大提高。但是好景不长，巴列维的统治很快就被推翻了。究其原因，就在于巴列维是一位叶公好龙似的“现代化向往者”。他以为只要用金钱就可以买到现代化，就可以换来人民的拥护和爱戴，而他本人则还沉迷于维护其家族式的专制统治，没有处理好现代化与本国民族传统和宗教传统的关系，没有处理好经济发展与政治发展的关系等，最后导致他背井离乡、客死异乡的境地。所以，英国有位学者曾经写过一本书，名为《人的现代化》。书中明确提出现代化的关键在于“人”的现代化，而不是“物”的现代化。伊朗的例子，从另一个方面为我们提供了怎样学习西方文化的教训。

在历史上，中国在向西方文化学习时，一直存在着主动学与被动学两种情形。当我们处于与人家同等地位时，常常是主动地学和相互地学；而当我们处于落后甚至挨打地位时，就只能是被动地学、被迫地学，而且在有些方面常常自己想学而人家又不让你学，而你不想学的东西他又强迫你去学。马克思在《路易·波拿巴的雾月十八日》中写道：“人们自己创造自己的历史，但是他们并不是随心所欲地创造，并不是在他们自己选定的条件下创造，而是在直接碰到的、既定的、从过去承继下来的条件下创造。[1]“历史发展到今天，当中华民族经过种种曲折与磨难重新走上中兴之路时，我们以自己的勤劳和智慧又重新赢得了世界的尊敬，这也为我们更好地学习西方文化创造有利的条件。

正如举世公认的那样，经过20多年的发展，中国的经济实力和综合国力也有了进一步的增强。但同时我们也更加清楚，我们在文化进步的许多方面，还远远没有跟上经济发展的步伐，也还远远落后于先进国家。肯尼斯·克拉克在《文明史》中曾经写道：“当然，文明要求一定的物质繁荣——足以提供富裕的精力和时间。但还需要自信——在人们所生存的社会上的自信。在其哲学上的信念，法律上的信念及自身的道德力量上的自信。用石头建造加德大桥的方法不仅是技术的胜利，同时也显示了在法律与纪律上的坚强信念。活力、精力、生命力：所有伟大的文明——或文明的阶段一后面都有活力的重量。”[2] 显然，克拉克所说的自信心，离不开文化的作用。所以，我们有理由相信以今天这样一个有利的国内条件和国际环境，我们完全可以比过去更好地学习和借鉴西方的有益文化。对于青年学生来说，学习西方文化首先应学好西方的历史。要熟悉各个重大历史阶段的发展情况，熟悉相关的历史事件和人物，熟悉西方文化发展的社会背景和民族背景，这样才能对西方文化的发展有更好的理解。在此基础上，可以有重点地阅读一些专门史，如西方文化史、西方政治思想史、基督教史、西方艺术史、西方科学技术史、西方文学史等，以便更好地理解和掌握西方文化。

---

[1] ［德］马克思恩格斯著.《马克思恩格斯选集》第3卷. 人民出版社，1972年5月版，第603页。

[2] Kenneth Clark，Civilisation，London，1971，P. 1《艺术与文明》. 易英译. 东方出版中心，2001年1月版，第7页。

其次，应尽可能地多阅读一些西方思想家和学者有代表性的原著。阅读原著可以使我们更好地了解这些思想家和学者的观点与主张，了解他们思想的内核与精神实质，了解他们对其同时代流行的各种理论的态度和评价，这样有助于我们更好地了解各个学派的观点，和各个有代表性人物的理论主张。

再次，在学习过程中，要尽可能地结合中国的实际，即中国社会在由传统型向现代型转变过程中的实际，现代化建设和发展的实际，中国文化在适应现代化建设过程中自身发展的实际，使我们的学习更有针对性，做到有目的的学，而不是为了学习而学习，为了时髦而学习。骄傲常常是无知的表现，自卑也同样和无知密不可分。在学习过程中应该本着实事求是的精神和科学的原则，有意识地培养自己的分析和判断能力，做到既不崇洋媚外，也不抵触排斥。

第四，在学习的过程中，在认真学好书本知识的同时，应利用一切机会与我们所能遇到和交流的西方人，包括在华工作、旅行的各类人员，使我们尽可能地多了解书本以外的知识，以丰富和充实自己的知识。当然，如果能有条件出国学习一段时间则会对理解西方文化更有益处。蒋庆在其所译的《基督的人生观》一书的译序中写道："文化问题实质上是一个人生问题，一种文化代表了一种特定的人生方式；我们只有使我们的整个生命激情进入到某种人生方式中去，获得了这种人生方式，我们才能真正理解从这种人生方式中产生出来的文化。"[1] 所以，要了解和学习西方文化，就有必要了解西方人的生活，这比仅仅从书本上获得的知识更为丰富。即使是走马观花似的考察，也比没见过还是要好得多。不过，走马观花似的考察，有时也难免出错或闹出笑

[1] ［英］詹姆士. 里德著.《基督的人生观》. 蒋庆译. 三联书店出版社，1989年5月版，译序第1、2页。

话来。比如，余秋雨先生在其所著的《行者无疆》中，在谈到丹麦童话作家安徒生一节时写道："安徒生家更是贫穷，祖母做过乞丐，父亲是个木匠，母亲替别人洗衣……""他肯定已经塑造了世道人心，证据是，很少悬挂国旗的丹麦，把一面国旗端端正正地升起在那幢红顶房上。"[1] 事实上，安徒生的父亲是一位鞋匠，而在丹麦国旗使用的场所、时间和方式则是极为普通的事。在普通民众的日常生活中，处处可以见到国旗，甚至小到孩子过生日，有时蛋糕店里的蛋糕上也插有国旗。就连国旗的形式也是各式各样的，除了标准的长方形外，还有燕尾状、长条状等。人们还把它制成围巾、T恤衫等。

第五，为了更好的学习西方文化，在可能的情况下，应尽可能的学好一二门西方语言，它是我们理解、学习和交流的桥梁。当然，在有条件的情况下，多阅读一些原版的西方文化的经典之作，则更是锦上添花了。

总之，只要我们坚持"古为今用，洋为中用"，坚持实事求是、比较分析的原则，就能够从西方文化中汲取有益的养分，丰富和提高自己。

---

[1] 余秋雨著.《行者无疆》. 华艺出版社，2001 年 10 月第一版，第 315 ~ 316 页。

第一章　西方传统文化发展进程

西方传统文化以古希腊为起点，历经古罗马时期，以及长达千年的中世纪教会统治时期，再经过宗教改革和文艺复兴等几个时期的发展，最终形成了今天我们所见到的内容丰富、关系复杂和规模庞大的知识体系。尽管历时2000多年，地域横跨众多国家，但就其文化的发展过程和内在特质而言，它是存在着一定的整体性、延续性和继承性的。

第一节　古代西方文化

任何文化的产生都不是孤立地、凭空地，它都要受到它所处的历史条件和环境的影响和制约。西方文化也是在与世界上其他国家和地区人们交往的过程中，在与其他文化交流和借鉴的基础上逐渐形成和发展起来的。

一、历史背景

（一）希腊文化是西方文化的源头

古希腊文化是西方文化的摇篮和文明的发源地，也是西方文化发展的第一个高峰。德国哲学家黑格尔（Georg Friedrich Hegel，1770—1831）曾经深情地说过：一提到希腊这个名字，在有文化的欧洲人心中，尤其在德国人心中，自然会引起一种家园之感。他把希腊文化看做是西方人精神的家园，这确实是非常形象的比喻。古希腊文化的产生和发展，虽然受其本民族特点、地理位置、气候条件等影响，但更与外来文化以和相邻国家等的影响分不开。

1. 希腊的地理环境

根据古希腊的传说，希腊人的祖先是盗火给人类的普罗米修斯的孙子希伦。所以，大约从公元前7世纪时始，希腊人便认为自己是希伦的后人，并自称为希伦人。“希腊”（Heladus）一词则是由希伦（Hellar）一词演变而来，意为希伦人居住的地方。

从地理环境上说，希腊地区的生活以海洋为中心。无论是散布于爱琴海中各岛屿和沿地中海岸边分布的各城邦，还是希腊半岛上的居民，其生活都依存于海洋，深入内地而远离海洋的城邦是很少的。这是因为希腊半岛多山地，少平原，而且土地也不十分肥沃，只适宜种植一些橄榄、葡萄和少量的谷物，故农业很不发达。俗话说靠山吃山，靠海吃海。由于海洋环绕，希腊文明与内陆文明不同，它具有开放、活跃和多样的特征。地理环境的另一个特点，就是它纷零的地理版图。除了被海洋分割开的星罗棋布的岛屿和沿岸各城邦外，惟一的一块大陆——希腊半岛也被纵横交错的山川分割成一块块小的区域。不少地区彼此隔绝。在这样的地理环境中，不但无法形成的规模的农业生产，而且也不容易形成统一的政治中心，建立中央集权的国家。所以，古希腊形成了众多城邦林立的极其多元化的政治局面和发达的海上贸易，是与其地理环境和条件分不开的。

2. 希腊世界的形成

所谓“希腊世界”，并不是一个统一的国家，而是一个地理和文化概念。它以爱琴海地区为中心，包括希腊半岛、爱琴海中各岛屿和小亚细亚沿海地区，其边缘延伸到黑海沿岸和意大利南部及西西里岛等地区。大约在公元前1400年至前1100年，一支操印欧语的希腊人南下进入希腊半岛，以伯罗奔尼撒（Poloponnesia）地区为中心，创造了上古的迈锡尼文明（Mycenae Civilization）。迈锡尼文明曾建立过具有显赫王权的专制国家，但到公元前12世纪末，巴尔干半岛出现了一次较大的部落大迁徙，另一支未开化的希腊部落多利斯人（Dorians）南下，摧毁了迈锡尼文明，使希腊文明出现了一次大规模地倒退，致使希腊世界又重新回到分散的部落生活状态。所以，公元前 12 世纪至公元前 8 世纪，被史学家称为“希腊的中世纪”。著名的《荷马史诗》被认为是这段历史的宝贵史料，它记述了当时希腊社会的一些情况。故这段时期也被称为“荷马时代”（Homer）。数百年之后，希腊人才从这次倒退中恢复过来。到公元前 8 世纪，他们已经结束了部落迁徙，并且开始了由部落向民族形成的过渡。氏族制度也开始解体，阶级关系已经出现。总之，希腊人已经站在了一个即将开始的新的文明时代的门槛前——城邦时代（即希腊的奴隶制社会）。一般而言，城邦被认为是人类社会在最早期从原始社会自行演变的一种公民集体性的经济、政治、文化和意识形态的集合体。公元前 8 世纪至前 6 世纪，希腊世界进入了城邦形成时期，遍布希腊世界的大大小小的城邦出现在历史舞台上。从公元前 6 世纪至前 5 世纪，被认为是城邦时代的繁荣期。公元前 5 世纪至前 4 世纪后半期，是希腊城邦的衰落期。根据亚里士多德的记载，在城邦时期，希腊本土及本土以外的殖民地共出现了 158 个城邦国家。其中在希腊本土上的两个最大城邦是雅典（Athens）和斯巴达（Sparta），本土外比较著名的有米利都、爱菲斯、科林斯等。希腊的城邦制度是希腊文明在当时历史发展的结果。而现代学者经过研究认为，当时希腊的城邦数量在 600 ~ 700（或 750）个。随着城邦的形成与发展，在借鉴和吸收前人文明的成果中希腊人的理智也开始苏醒，他们在哲学、科学以及文学艺术等领域，都取得了辉煌的成就。

3．希腊化世界的形成

当希腊各城邦国家形成后，公元前 546 年东方的波斯帝国在国王居鲁士（Cyrus，前 590—前 529）的领导下开始崛起。公元前492年国王大流士（Darius，前550—前486）开始率兵进犯希腊。公元前490年9月12日，雅典军民奋起抵抗并战胜了2倍于己的敌人取得了胜利。10年后，大流士之子泽尔士（又译薛西斯，Xerxes，前486—前465）又率大军来犯，这次尽管希腊各城邦国家联合抵抗，终因敌强我弱，节节失利，但是泽尔士的军队也陷人进退两难的境地，最后双方签署和约。不过，和约对希腊是比较有利的，其中规定不仅位于小亚细亚地区的希腊城邦保持独立，而且波斯还放弃了对爱琴海地区的统治。

外部的危险解除后，希腊内部由于不同政体的存在，在波希战争结束后，大约在公元5世纪时便形成了分别以雅典民主制为首和以斯巴达专制为首的两大同盟。前者被称为“提洛同盟”（Delian League），后者被称为“伯罗奔尼撒同盟”。它们双方为了争夺对希腊世界的控制权，展开了长达近30年的战争。由于是伯罗奔尼撒同盟首先向雅典开战的，因此，历史上将其称为“伯罗奔尼撒战争”（Pcloponnesian War），最后以雅典失败而告结束。长期的战争既削弱了双方的实力，也使各城邦国家内部陷入危机和衰弱，出现了分崩离析和同盟解体，从而导致了希腊的没落。正是应了“螳螂捕蝉，黄雀在后”的话，公元前338年，来自马其顿（Macedonia）的亚历山大又给了它致命的一击。

在公元前4世纪之前，马其顿王国还是默默无闻的，希腊人认为它是“野蛮”、落后的。当时该国的一个王子菲利普（Philip），被掠到提佛作为人质。在那的3年生活里，他亲眼睹了提佛的财富与文化，尤其他那威武的军队和那埃米农达斯的作战方阵。提佛是那时希腊城邦中比较好战的，所以他的军队非常强大。当菲利普接过王位之后，便按照希腊人的方式训练自己的步兵方阵，而且还把士兵们的长矛加长79. 2厘米（24寸）。他还训练了自己的骑兵。当他一切都准备好之后，便开始一个接一个地征讨希腊的诸城邦。雅典是当时希腊城邦同盟的盟主，它也组建了一支军队，但在菲利普的方阵和骑兵猛烈进攻下，在公元前 338 年凯洛斯一战中，希腊人遭到了惨败。尽管希腊人失败了，但在马其顿的强迫下，希腊人得到了统一。正当他雄心勃勃地准备向小亚细亚发动进攻时，他却被杀害了。继承王位的就是他的儿子亚历山大。当时他仅有 20 岁，是历史上第一个有计划地把西方文化扩展到全世界的君主。西方文化与其他文化不是通过兼并而是通过融合获得共存，为全人类文化的繁荣做出贡献。亚历山大虽是马其顿人，但他所受的教育却是希腊式的。他的老师就是亚里士多德（Aristotle，前 384—前 322）。

亚历山大指挥大军统一了希腊半岛，然后于公元前 334 年渡过赫勒斯滂海峡。仅带了 3 万～4 万士兵侵入了小亚细亚、叙利亚。然后，他从叙利亚出发，进入了处于波斯统治下的埃及，并自封为法老，接受当地人们把他当做阿蒙神的儿子进行膜拜。离开埃及之后，亚历山大又挥师返回叙利亚，继续向东方进发。他遇到了波斯皇帝大流士的军队，但他以熟练和大胆的战术，击溃了对手的军队，大流士从战场上逃走了。公元前 331 年，亚历山大在阿尔比勒一役中，取得了决定性的胜利。接着他又从波斯出发，越过伊朗等地，直达印度的旁遮普。公元前 323 年，亚历山大在巴比伦因病去世，时年 33 岁。由于亚历山大的远征遍及了当时希腊人所知道的东方文明地区。希腊人随即在欧、亚、非三大洲建立起自己的帝国。亚历山大死后，他所建立的帝国一分为三，麾下三名部将建立了三个中等规模的王朝，即马其顿、埃及和西亚。亚历山大部将托勒密在埃及建立法老式的王朝；另一部将塞琉古在中东、伊朗和西亚沿袭波斯帝国的旧制，成立了自己的帝国；而在帝国的核心——希腊半岛，亚历山大的另一位部将安提戈努斯，则用中央集权的王国制代替了城邦制。

亚历山大所到之处，都建立了希腊式城邦，从希腊腹地到非洲、中东直至印度，绵延不绝的希腊化城邦像驿站一样把希腊文化传播到四面八方。文化传播到异地不可避免地会发生变化。亚历山大及后继者清醒地认识到并且巧妙地利用了文化的变异。他们接受东方的风俗习惯、婚姻家庭乃至政权形式和国家体制。但是就文化的核心——精神层面而言，希腊文化始终保持自己的主体性和主导地位。希腊精神文化包括哲学、文学、艺术道德，它根基深厚，博大精深，已渗透到希腊人的思维方式、言谈举止和情感心理的每一个细胞。同时，由于希腊世界建立所带来的空前规模的文化交流，希腊文化在吸收异族文化的营养后，也变得更加丰富和成熟。以后，各地的希腊化王国仍延续二三百年之久，使得希腊文化得以继续保存，并经过各民族和各地区人民的吸收和发展，成为世界文化遗产中的重要部分。

4. 古希腊文化的渊源

西方远古文明的直接起源应是爱琴海地区，而它则受到过比它更为悠久的埃及文明和东方的美索不达米亚的影响。就爱琴海地区而言，克里特（Crete）和迈锡尼文明应该被视为古希腊文化的源头。克里特岛坐落于爱琴海南端，是爱琴海中的最大岛屿。克里特岛的米诺斯文明（Minoan Civilization）是比迈锡尼更早一些的文明，大约在公元前2000年进入了它的繁荣期，于公元前1700～前1500年达至鼎盛。它最突出的一个特点就是大大小小的宫殿在各地纷纷涌现，从而形成了一个以宫殿为中心的文化。其中尤以克诺索斯（Knossos）王宫的规模最为宏大。关于这些神奇的宫殿还有一个传说，它也可能是西方最为古老的神话。兹拉特科夫斯卡雅著的《欧洲文化的起源》中这样记述了这个传说，她写道：“传说腓尼基国王有个女儿叫欧罗巴，有一次她和女友在海边嬉戏，被最权威的雷神宙斯看见。宙斯爱上了她并决定把她抢走。怕惊动了他的爱人，宙斯变成一只非常美丽的公牛，它的毛像黄金一样闪闪发光，双角弯弯像银色的新月。公牛宙斯走到公主跟前，躺在她的脚旁，示意她坐在它的背上，公主刚坐上公牛的背，牛便跳了起来，向大海奔去。奔腾的海浪一下子平静下来，牛在平滑如镜的海面上浮游。欧罗巴惊恐地看着蔚蓝的天空和无边的海洋，问道：‘古怪的公牛，你是谁？你要把我背到哪儿去？’公牛说出了自己的名字，并告诉她抢走她是因为爱她，要同她一起去克里特。就这样，欧罗巴成了宙斯的妻子。不久。他们的儿子米诺斯诞生了，米诺斯长大后，成了一个英明的统治者，他建立了城市，制定了最早的成文法典。但成就和权力冲昏了米诺斯的头脑，他以为自己是神，而不是人。宙斯为了警告他，让他生下一个牛头人身的怪物。克里特人把米诺斯的这个儿子称做‘米诺牛’（Minotaur——引者注），意即‘米诺斯之牛，米诺牛是吃人肉的。米诺斯为了这只可怕的牛建造了巨大的建筑物——迷宫”[1] 这神话中讲述的便是克里特的由来，它也是希腊最古老的神话之一。这个神话中的地方，后来被英国考古学家阿尔图·伊文斯（1851~1941）在1900~1905年在克里特岛上的发掘所证实。它与像古埃及等地的大河流域文明相比，有着自己的特色——那就是海上文明。所以，被看做是欧洲文化的源头。

希腊文化的另一个渊源是来自迈锡尼的文明。迈锡尼文明属于青铜时代的文明，在地理上它以伯罗奔尼撒地区为中心，这是由古希腊人创造的一种文明。只是当时他们被称为“亚该亚人”。亚该亚人的故乡应该是在多瑙河与顿河一带。大约在公元前2200年，这个尚未开化的民族来到了巴尔干半岛，并逐渐南下于公兀前1600年，征服了希腊本土。就文明的程度来说他们远落后于米诺斯人，在与米诺斯人的往来中，他们学到了许多先进的东西。大约在公元前1400年，亚该亚人又打败了米诺斯人，他们继承了米诺斯人的文化遗产，成为了这一地区的新的海上霸

---

[1] 转引自董小燕著.《西方文明史纲》. 浙江大学出版社，2001年11月版，第6页。

主。他们通过海上贸易和战争取得了大量的财富，并且创造出了有别于米诺斯文明“线形文字 A”的“线形文字 B”，而且他们的文字已经被后人成功地破译出来，而米诺斯人的“线形文字 A”则今仍未被破译。大约在公元前 1200 年至公元前 1170 年，亚该亚人向强大而遥远的小亚细亚的特洛伊（也被译为特洛耶，Troy）发动了一场旷日持久的战争。尽管亚该亚人取得了胜利，衰弱的它被另一个民族——印欧种族的多利亚人乘虚而入，至此迈锡尼文明宣告结束。

在希腊人的世界形成后，他们也依然从埃及和东方各文化先进国家身上学到了许多宝贵的东西。古希腊有一句著名的谚语：“光明来自东方”，就是对这一情形的生动描述。在谈到希腊科学繁荣的原因时，有的西方学者也认为，“东方的各种影响，具有持久和深刻的作用”。英国现代科学史学者贝尔纳在《科学的社会功能》中写道：“古希腊人的科学成果极少是纯由他们创造的，很多是直接从巴比伦人和埃及人那里引进来的。例如希腊人的天文学就是在别人进行几百年有系统的观察的基础上取得的，而在那几百年中，他们还仅是毫无教养的野蛮人。[1] 所以，人们也有理由把古埃及和东方国家的文化视为古希腊文化的一个重要源头。

（二）古罗马文化是对希腊文化的继承和发展

古罗马文化是西方文化的另一个源头，它与希腊文化一起汇成了西方文化的源头。古罗马文化是西方古典文化的重要组成部分，它与希腊文化有着不可分割的历史渊源。一方面，罗马文化是希腊文化的继承者，它在诸多的文化领域中受到了希腊文化的巨大影响，如理性主义和人本主义传统；另一方面，罗马文化又不仅仅是对希腊文化的简单模仿，它是罗马人在开拓疆土和建设

[1] 转引自裔昭印主编．《世界文化史》．第 117 页。

自己的帝国的过程中，根据自身发展的需要，对希腊文化进行了吸收和改造的基础上，而形成一种具有自己特点的文化，如世界主义的心态，独特的政体和法律制度等。所以，人们常说“光荣属于希腊，伟大属于罗马”，“希腊的科学，罗马的技术”，以表明两者之间的关系和各自的贡献。

1. 罗马的地理环境与条件

罗马人与希腊人一样同属于印欧欧罗巴种族，当多利亚人沿巴尔干半岛涌人希腊时，拉丁人则沿着意大利半岛进入了台伯河（Tiber）的南岸，开始了创造罗马文明的使命。“罗马”起先只是一个城市的名字，后来发展成为整个国家的称号。古罗马发源于意大利中部的拉丁姆平原及台伯河小游的东南地区。与希腊沿海、多山、多岛屿、土地贫瘠相比，罗马则是沃野千里，极适于农业的发展。它虽然也有漫长的海岸线，但与希腊邻海而建的城邦相比，罗马城还是偏于内陆一些。此外，罗马还有一条纵贯半岛南北的亚平宁山脉，但不像希腊那样崇山峻岭林立。

早在久远的石器时代，意大利半岛就有人类居住。大约在公元前2000年，一些操印欧语的部落越过阿尔卑斯山，陆续进入意大利各地区。在这些部落中，在台伯河流域定居是拉丁人部落。由于这一部落的人数较多并逐渐成为古罗马居民的主体，其文化也比其他部族发展得更早一些，所以，后来拉丁文化就成了罗马文化的同义词。一般认为，罗马建城的时间是公元前753年。它最初只是台伯河东岸拉丁姆地区的一个小城邦。它离台伯河只有5千米，离海也较近便于从事贸易，又处在内地可以躲避出没无常的海盗。在台伯河的中心有一个小岛，人们架起木桥便与两岸交流与联系。而小岛的四周则分布有7个低山丘，这为城里居民提供了建城和防御的便利条件。

罗马早期的各部落以从事畜牧与农耕为主，他们还广泛学会了使用青铜来制造工具和武器，并掌握了一定的纺织和制陶技艺。在公元前900年左右，他们学会了冶铁，开始进入铁器时代。公元前8世纪左右，埃特鲁坎人（也被译为伊达拉里亚人）进入了意大利，他们的文明发展程度要高于原有的意大利部落。他们不仅推动了罗马社会、经济和文化发展，而且也给罗马的早期文化打上了埃特鲁坎文化的烙印。

2. 罗马城和罗马国家的形成

据传说，罗马城是特洛伊城失陷后，该城逃到意大利的居民的后裔罗米勒斯和罗姆斯（也有人将他们译为罗慕路斯和雷木斯、罗慕洛和莫勒，Romulus and Remus）两位孪生兄弟建立的。传说中说："当希腊联军攻陷特洛耶时，特洛耶城的英雄埃涅阿斯（Aeneas——引者注）率领儿子和一部分残余逃出了特洛耶。他们经历10年的漫游，最后在神的指点下，来到拉丁姆。与当地部落一番酣战，土著人败下阵来。后来埃涅阿斯的儿子阿斯卡纽斯在拉丁姆建立了阿尔巴·隆加城，成为了国王。约300年后，阿尔巴·隆加城的国王努密托尔被其弟阿穆留斯篡位，国王的儿子也被杀而只剩女儿伊丽亚。由于阿穆留斯害怕伊丽亚的子嗣推翻，遂强迫伊丽亚充任女祭司终身保持童贞，不得婚配；后又将伊丽亚囚于孤塔中。但伊丽亚暗中与战神马尔斯相爱，并生下罗慕路斯和雷木斯。阿穆留斯知道后，将孪生兄弟投入台伯河。战神马尔斯设法让双婴漂到岸边，由一只母狼哺养（罗马传说认为狼是归马尔斯驱使的野兽）。后来孪生兄弟又辗转由一位牧人收养。兄弟俩长大成人后，杀死阿穆留斯，使努密托尔重登王位。但他们不愿在伤心之地阿尔巴·隆加城生活，兄弟俩来到台伯河畔母狼哺养他们的地方建了一座新城。经过一番争斗，新城以罗慕路斯的名字命名，遂称罗马。"[1]

---

[1] 转引自董小燕著.《西方文明史纲》.第32页。

罗马城起初受埃特鲁坎人的统治，后在公元前510年（又一说为公元前509年）罗马人驱逐了埃特鲁坎米王高傲者塔克文，第二年建立了共和国。埃特鲁坎人不甘心放弃对罗马的统治，克鲁西乌姆城的统治者波尔谢纳攻占罗马并迫使罗马缔结一个屈辱性条约。大约在公元前506年，波尔谢纳的军队同希腊城市库麦和拉丁城市联军在阿里西亚会战失败后，罗马才得以恢复独立。在共和国建立的初期，罗马始终处于诸强的环绕之下。大约从公元前406～前265年，罗马经历了一系列不间断的战争，先后征服了意大利的中部、南部和北部地区，最后将意大利的全境均都落入了罗马的控制之下。由于罗马军队的强大和对征服地区的宽容态度，使得它得以能够较顺利地巩固了自己的统治。

3. 罗马帝国的形成

在征服了意大利本土之后，罗马又开始了向外扩张。第一个目标便是迦泰基（也被译为迦太基）。迦泰基是腓尼基最大的殖民地，它比罗马更为古老和富裕，它控制着西西里岛和直布罗陀海峡，而地中海则变成了它的一个内湖。当时一位迦泰基的船长就曾说过："罗马人不得到我们的允许就不能在海里洗手。"所以，罗马对迦泰基的进攻，一方面是出于贪婪，希望获得更多的土地和财富；另一个原因是出于对它的恐惧，害怕有一天它会吞掉自己。罗马人从公元前264年开始，一直到公元前149年，经过三次断断续续119年的史称"布匿战争"（布匿，是腓尼基人的拉丁称呼——编者注。），才取得了最后的胜利。三次"布匿战争"使罗马人抢得了大量的财物和希腊的艺术品，也使的罗马人对希腊文化和艺术等更为热衷。于是，在"布匿战争"的间歇期间，罗马人又开始向地中海的东部地区扩张，对希腊各城邦进行征伐，将其各个击破。然后，在公元前192～前188年，通过与叙利亚的战争，占领了小亚细亚西部和中部的许多地区。

从公元前509年罗马共和国建立开始，在以后几个世纪的时间内，它经过不断地向外侵略扩张，最终罗马由台伯河畔的一个小国寡民的城邦发展成为地横跨欧洲、亚洲和非洲的奴隶制帝国，把地中海变成了“罗马人的内湖”。

罗马人每征服一个地方便巩固一个地方。其办法之一就是建立罗马化的城市和修筑四通八达的公路网。当时仅在高卢一省，就建有公路数千千米。罗马帝国本身的人口只有800万左右，而它统治的人口却高达1亿以上。罗马帝国的地域横跨欧、亚、非三大洲，其公路网担负着物资、人员、资金及信息的传递任务，故有“条条大路通罗马”之说。

维持这一庞大帝国运转的支柱主要有三个。一是军事方面。罗马既有训练有素且善战的士兵，又有精通战术且指挥有方的元帅。二是权力方面。权力分为最高统治者和政府两个方面，最高统治者一般掌握有立法、司法和执法的大权，并有任命各行省长官的权力；而政府方面的权力则比较小，主要负责日常的事物和管理工作。三是地方自治制度。各地按照帝国统治者的统一要求和法令去落实和执行，以保证政令和法律的统一；同时各地又享有较大的自主权。

4. 罗马帝国的衰落

在罗马帝国的扩张过程中，罗马帝国也经历了许多坎坷。这里既有罗马帝国内部的种种矛盾和冲突，也有被征服民族的反抗。在这期间，罗马帝国内部的矛盾既有统治阶级内部的权力之争，也有平民阶级对为维护自己的权利而同统治集团的斗争。就统治阶层内部而言，追逐权力和财富则是他们相互倾轧的主要原因。仅在公元217～270年，罗马就先后出过30位皇帝，平均差不多每两年就有一位，这还不包括自封为王的在内。可见其对权力争夺的程度。这些争夺无疑也给帝国带来了许多内耗和混乱，它导致了专制政体的盛行，破坏了经济的发展，也削弱了帝国在边疆的防御能力。直到公元284～305年，戴克里先（Diocletian）

成为罗马皇帝期间，才恢复了秩序，平息了叛乱，收复了失去的行省。他退位后，又出现了群雄相争的局面。到了 312 年君士坦丁（Constantine）成为罗马皇帝时，情况才又有了改观。他首先赢得了对帝国西半部的控制，然后又征服了东方，最后在 324～337 年，成为了帝国统一的也是惟一的皇帝。在他的统治期间，他把帝国的首都从罗马迁到了拜占廷，并命名为“君士坦丁堡”。君士坦丁大帝死后，罗马便出现了东西两个皇帝并立的局面。西罗马帝国仍以罗马为首都，而东罗马帝国则继续以君士坦丁堡为都。到了 5 世纪时，西方的帝国在众多外来民族的进攻之下，便不复存在。继君士坦丁之后，在 6 世纪查士丁尼（Justinian，483—565）成为东罗马帝国皇帝时，曾一度恢复了帝国的统一局面。不过他死后，东西两个帝国又重新分裂了。一直到公元 1453 年前，东罗马帝国一直得以保持。

5. 罗马文化的渊源

罗马文化的渊源有三个。其一是埃特鲁坎文化。埃特鲁坎人以希腊字母为基础创造出了伊达拉里亚字母，并且给意大利原有部落带来较为先进的手工业生产技术和建筑艺术。同时，埃特鲁、坎人也把自己信奉的男女诸神，以及弓架结构、拱门知识、王权仪仗、凯旋仪式、体育表演（包括残酷的角斗）等的传统留给了罗马人。他们曾一度统治过罗马，并把罗马建成了一个初具规模的城市。在埃特鲁坎人入住意大利以后不久，希腊人也来到了这块富有魅力的土地，他们主要定居在意大利南部和西西里，并在那里建立了叙拉古、他林敦、那不勒斯等许多殖民城邦。他们带来了希腊人的社会制度、字母符号、葡萄和橄榄的栽培技术、军事战略战术、建筑雕刻艺术、精美的希腊青铜器和陶器、大量的宗教观念和神话传说等，使希腊文化在那里扎下了根。

其二是希腊文化。古罗马是古希腊文化的继承者，它在文化的许多方面上都体现出了希腊文化的特质。希腊文化对罗马的影响是通过三种形式进行的：一是通过埃特鲁坎人的传播，因为埃特鲁坎人早于罗马人之前就已经接触到了希腊文化。比如，就罗马人引以为自豪的帝国军队而言，它最初就是从埃特鲁坎人那里学会了希腊方阵，同时他们也从埃特鲁坎人那学会使用希腊的甲胄，使罗马的军队增强了威力。二是通过希腊化时期的意大利南部的殖民地，罗马人通过这一中转站从公元前3世纪开始直接接触与大量吸收到希腊文化。尽管罗马吸收古典时代的希腊文化遗产的渠道始终畅通，但他们直接接触和吸收最多的还是希腊时代的希腊文化。这一时期的罗马也一直都对来自叙利亚、小亚细亚、埃及和希腊的学者持欢迎的态度。三是通过对希腊的兼并。到了公元前2世纪（即公元前146年），罗马以武力把包括希腊半岛在内都纳入自己的帝国范围内时，罗马文化则更直接地受到了希腊文化的影响。当时不仅大量的希腊学者或避难、或被俘而滞留在罗马，其中多数人以教书为生。此外，罗马军团还把许多希腊典籍运回罗马，一时间，希腊文化和社会方式成为了罗马人的时尚。尤其是一些贵族，专门聘请希腊学者为家庭教师。所以，通过这些渠道和形式，罗马文化不论是在哲学、文学、戏剧、美术等许多方面都秉承了希腊文化的精神，就连罗马的文字也是在希腊字母的基础上发展起来并创造出了拉丁字母。从而使拉丁字母成为了世界上应用最为广泛的字母体系，成为欧洲大部分语言的标准字母。希腊神话传入罗马后，也被罗马人赋予了本民族的名字。例如，希腊的天神宙斯（Zeus）成为了罗马的朱庇特（Jupiter），天后赫拉（Hera）成为了朱诺（Juno），诸神的使者赫耳墨斯（Hermes）被称为墨丘利（Mercury），爱情女神阿佛洛狄忒变成了维纳斯，狩猎女神阿尔忒弥斯与罗马的月神狄安娜化成一体等。这也难怪人们常把“希腊——罗马神话”混为一谈。所以，罗马大诗人贺拉斯曾经写出这样的诗句：“被征服者希腊反而战胜了征服者罗马，使粗野的拉丁民族迈向文明开化。”

其三是希伯来文化（即犹太文化），它主要是通过基督教在罗马帝国境内的传播。它不仅改变了帝国的宗教信仰，而且基督教的精神和文化渗透到了帝国的各个方面与领域，也使罗马文化深深打上了基督教的烙印。

总之，在这三种文化的影响和综合作用下，罗马人在继承和发展的基础上，使自己的文化后来居上，成为一种更有气势的文化，并且由罗马远征军把这种文化传到它所控制的世界各地，使罗马人在人类文明史上建立了不朽之功。

二、古希腊和罗马对文化的贡献

古希腊和罗马文化，对于后来西方文化形成的作用和影响是难以低估的。这种影响是多方面、多层次的，不仅影响到了西方人的生活改变，也直接影响到了他们的精神世界。诚如恩格斯所说："没有希腊和罗马帝国所奠定的基础，也就没有现代的欧洲。"❶

（一）古希腊文化的贡献

1. 希腊文化的发展阶段

希腊文化的发展大体上经历了三个时期：一是外来化时期（即古风时代，指公元前8世纪至前6世纪）。外来化时期是希腊文化产生的前奏，也是希腊学习和借鉴埃及文明、克里特文明、迈锡尼文明、苏美尔文明（Surmerian Civilization）等地中海及小亚细亚地区（Asia Minor）文明的时期。这些地区的文明和文化成功为希腊文化提供了发展的基础与养分，也是希腊文明形成和发展的时期。其实对这个问题，古希腊时期的一些学者就曾经探讨过。例如，米利都的赫卡太厄斯就认为，希腊文明长期以来就

---

❶ 转引自张延风著.《西方文化艺术巡礼》. 中国青年出版社，1998年12月版. 第34页。

是埃及文明的子孙。希罗多德在他所写的《历史》一书中指出，古希腊底比斯城邦的创建人卡德摩斯是腓尼基的一个王子，希腊人许多神的名字来自于埃及。只是随着时间的推移，这些外来文化已经完全融人到了古希腊文化之中而被人们淡忘了而已。到了文艺复兴时期，法国古典学者约瑟夫·斯卡利杰还念念不忘，希腊人从非希腊人身上所受到的益处。随着近代考古学的兴起，不少研究古希腊艺术史的学者发现，在公元前8世纪中期到前7世纪中期的一个世纪里，希腊艺术中的一个突出特点就是受东方文化的影响，所以这些学者便将该时期的希腊艺术称之为“东方化时期”的艺术。现代美国杰出的科学史专家乔治·萨顿在《科学史和新人文主义》一书中写道：“希腊科学的基础完全是东方的，不论希腊的天才多么深刻，没有这些基础，它并不一定能够创立任何可与其实际成就相比的东西。……我们没有权利无视希腊天才的埃及父亲和美索不达米亚母亲。”❶ 20世纪90年代初期，英国学者奥斯文·穆瑞经过多年的研究，首次提出了希腊文化的“东方化时代”观点，并很快得到了学术界的普遍接受。在他的观点中认为，在希腊的古风时代初期，东方文化对古希腊文化的影响是多方面的，包括诸如宗教、艺术、科学、风习、文字等。总而言之，外来文化对希腊人的影响既广泛又深远。可以说，它是古希腊人走出“黑暗时代”踏上创新之路的启蒙老师。

二是本土化时期（即古典时代，指公元前6世纪至前4世纪）。它是希腊文化在吸收和消化他人文明成功的基础上，形成和发展具有本民族特色文化的阶段，也是希腊文明发展的鼎盛时期。

三是希腊化时期（指公元前4世纪至前1世纪）。希腊化时期，是希腊利用自身当时政治、经济等方面的优势，将自己的文

---

❶ 转引自裔昭印主编.《世界文化史》. 第92页。

化向外传播与扩散的时期，它也是希腊文明走向衰落的时期。这些内容后面将陆续提到。

2. 古希腊文化独特性

在谈到古希腊文化的贡献时，恩格斯曾指出："……我们在哲学中以及在其他许多领域中常常不得不回到这个小民族的成就方面来……他们的无所不包的才能与活动，给他们保证了在人类发展史上为其他任何民族所不能企求的地位。"❶ 事实也确实是这样，希腊人在学习与借鉴他人文明成功的基础上，根据自身的条件又创造出了更为灿烂和辉煌的文化成果。古希腊文化与世界上其他古代文化相比，在对世界文化的发展上有着自己独特的贡献。它以商业为其经济之本，以城邦的民主制度为其政治之本，以奴隶制度为其社会之本，以抽象的理性为其思维之本，以人本主义为其精神之本，以描摹现实人生为其文学之本，以人格神为其宗教之本，以分门别类的学科研究为其科学技术之本，以开放娱乐为其生活之本。正是由于它所独有的这些特点，才造就了它在世界文化史上的独特贡献，并奠定了西方文化的基础。

希腊人以浓厚的兴趣和热情，以科学的态度和精神，对与人们生活、社会、国家以及自然界等一切相关的领域，都进行了分门别类地研究。特别是在哲学、神学、政治学、伦理学等方面，都取得了卓越的成就。

3. 希腊的社会制度

大约在公元前8世纪至6世纪时，希腊社会便进入了奴隶制的形成阶段。奴隶制对希腊社会的发展产生了重要的影响。正如恩格斯所说："没有奴隶制，就没有希腊国家，就没有希腊的艺

❶ ［德］马克思，恩格斯著．《马克思恩格斯选集》．第3卷，人民出版社，972年．468页。

术和科学。”[1] 当时，希腊各地的社会生产力水平有了普遍的发展，农业种植技术的改进、铁矿的开采，冶炼技术的普及，为农业、手工业的生产创造了更好的条件。随着生产规模的不断扩大，特别是造船、冶金和制陶工业的发达，也带动了商业贸易的发展和范围的扩大，从而使希腊成为爱琴海和地中海地区的商业和贸易中心。伴随着商业和贸易的活跃，各地也涌现出了一大批的职业商人。他们的出现改变原有的社会关系，原来的土地私有制不仅日益确立并集中在氏族贵族手里，而新形成了工商业奴隶主则逐渐地通过财产关系取代了旧目的氏族关系。自由民与奴隶的阶级关系也逐渐形成，使奴隶制遍行于希腊社会，同时也出现了以城市为中心的城邦国家。

就社会关系而言，城邦中的奴隶是希腊城邦经济发展的主要力量。其来源主要是战争中的俘虏和从未开化地区贩卖的所谓野蛮人，以后随着高利贷的发展，许多无力偿还债务的农民和自由民因而沦为债权者的奴隶。当时，奴隶们主要从事艰苦而繁重的农业和手工业劳动，也有的从事家庭劳务、公共事业等。而城邦中的自由民则成分较为复杂，少数人是大土地所有者即氏族贵族，大部分人则是商人和包括农民、手工业者在内的小生产者等。就城邦的阶级关系而言，除存在着奴隶与奴隶主之间的阶级对立外，还存在着农民与氏族贵族之间的阶级对立。此外，在工商业奴隶主与氏族贵族之间，他们在维护奴隶制方面有利益一致的方面，但也存在着经济、政治上的利益冲突，有时甚至存在着尖锐的矛盾和斗争。从社会发展的角度上看，工商业奴隶主是先进生产力的代表，而氏族贵族则代表着落后势力。因为这种缘故，在每个城邦内部几乎都自然地形成了两个基本对立的党派，

---

[1] 转引自冯承柏等编著.《西方文化精义》. 华中理工大学出版社，1998 年 9 月版，第 17 页。

一个是代表氏族贵族势力的贵族党，另一个则是代表工商业者阵营的民主党。

4. 希腊的哲学

希腊哲学在古希腊文化中占有十分重要的地位，这不仅是因为它所取得的成就本身，而且还因为它对后世哲学发展的深刻影响。因此，希腊哲学被誉为欧洲哲学发展史上的第一个高峰。在这一时期，不仅涌现出了许多杰出的思想家和哲学家及丰富的哲学思想，而且哲学家们也非常活跃，在社会生活中起到了重要的作用。希腊的哲学经历了三个发展阶段。

第一个阶段被称为“自然哲学”阶段，大约在公元前 7 ~ 前 6 世纪。这一时期哲学家们所关心的主要文化是本体论方面，即宇宙的本原问题。由于哲学家们所在地区的不同，也就形成了许多不同的学派。最早的学派——米利都学派是建立于经验的基础上。其创始人泰勒斯被誉为“欧洲哲学之父”。他提出了古希腊的第一个哲学命题：世上万物始于水，万物生于水，又复归于水。这是与希腊人生活在海边，尊重海洋的观念是分不开的。爱菲斯学派的代表人物是赫拉克利特（Heraclitus）。他提出：“这个世界，对于一切存在物都是一样的，它不是神创造的，也不是任何人所创造的，它过去、现在、未来永远是一团永恒的活火，在一定分寸上燃烧，在一定分寸上熄灭”，“我们不能两次踏人同一条河流”，“太阳啊，每天都是新的，永远不断地更新！”❶

第二个阶段是人文哲学阶段。这一时期始于公元前 6 世纪，在随后到来的两个世纪里，希腊处于比较稳定的时期，也是古希腊的全盛时期，被称为“古典时代”。人文哲学就是关于“人的存在”和“生活本质”的学说。所以，这一阶段人们关注点由

❶ 转引自冯承柏等编著.《西方文化精义》. 第 21 页。

对自然的认识转为对社会和人自身的认识上。它以“智者学派”的出现为标志。其代表人物是普罗泰戈拉（Protagoras，前480—前408），他的至今仍被流传的名言是：“人是万物的尺度，是存在者存在的尺度，也是不存在者不存在的尺度。”这其实就是提出了哲学中认识论的基本命题——主体与客体的关系问题。苏格拉底（Socrates，前468—前400）被视为人文哲学的真正开创者。他认为万物的本原是神，自然界是神的领域，而哲学的研究对象应该是人本身，也就是说人的任务是“认识自己”。他提出“美德即知识”，认为无知即罪恶，理性是人的灵魂的本质等。他被视为欧洲理性主义的奠基人。

第三阶段则是哲学理论系统化阶段。从黑格尔的观点来说，哲学作为科学是始于柏拉图（Plato，前427—前347）的，完成于亚里士多德。柏拉图是苏格拉底的学生，流传至今的著作是近30篇对话体文章，范围涉及哲学、政治、道德、艺术等方面。他的哲学体系以“理念论”为核心，即认为在自然和人之外还存在至高无上的“理念”，理念高于现实。亚里士多德则是苏格拉底的学生，他以“我爱我师，但我更爱真理”为名言，深思好问，博学多才，其成就也远胜于其师。他在当时几乎所有的领域均有建树，创立了堪称古代最伟大的学术体系，故被誉为百科全书式的学者。在哲学上，亚里士多德提出了哲学的研究对象应是存在本身，哲学应该研究最基本的存在问题。

5. 希腊的民主政治

当希腊人从黑暗时代苏醒之后，以氏族制度为基础的原始公社组织开始让位于新型的政治单位——城邦（polis）。这种新型的政治组织最早诞生于小亚细亚的希腊移民中间，目的是为了抵御弗里吉亚人、吕底亚人的威胁。城邦一词源于“卫城”（acropolis，“acro”是“高”的意思）。卫城一般是指与不设防的乡村相对应的有设防的居民点。起初，卫城设在山头，人们在遭到敌人攻击或海盗威胁时，就以它为庇护所。经过很长时间，卫城及周围一片地区才变成经济、政治、宗教和文化中心。从公元前8世纪始，城邦才具有政治意义，成为一种特殊形式的国家组织。它也是古典时代惟一的国家组织形式。

从形式上看，城邦最引人注目的特征是它的小国寡民的规模。典型的城邦是以一个城市或城堡为中心，包括附近数千米以内的若干村落组成。在中心城市可以看到供奉重要神祇的庙宇、设有法庭的简陋建筑物以及可作为集市和用来举行政治集会的广场。这种城邦既不同于古代东方那种包括众多城市和地区的领土广大的国家，也不同于现在意义上的国家。居住在城邦领土上的人并不都是公民。在一些城邦（如斯巴达）中，只有极少数人享有全部公民权。在所有希腊城邦中，奴隶都排除在公民之外。而外邦人也无公民权，除非他获得特许。据记载，一般城邦面积为50～100平方千米，居住在每一个城邦的狭小疆域中的城乡公民人数在625～1250人。总人口一般为数千人，达到数万人的并不多见。

从本质上看，城邦的特征是一个以公民权概念为核心的政治集体。公民大会在各城邦都是最重要的权力机构，城邦的一切重大问题必须由公民集体决定。由于绝大多数公民实际上都参与公共事务，所以这种团体格外具有凝聚力。各城邦政治制度的区别主要在于地域大小、公民数量的多寡、公民参政的广度和深度、政治生活是否活跃、公民内部集团事实上对城邦的影响力等。

城邦对外独立，对内享有完全的自主权。在经济上，它以自给自足为目标；在政治上，城邦之间没有隶属关系，它们都是独立的主权国家。城邦之间常处于你争我夺的状态之中，战争是最常见的解决争端的方法。虽然在历史上不断出现若干城邦结成的联盟，但联盟一般并没有使人盟各邦丧失独立，相反，各邦的独立和平等一般都是联盟的基础，并且所有的联盟都非常的脆弱、松散。城邦的这一特征不同于我国春秋时期林立的小国。因为这些小国有一个凌驾于它们之上的神授的最高王权的政治权威。古希腊在政治上不曾出现过君临一切城邦的专制皇帝。城邦本位主义和多中心是古希腊政治上的一个特点。

雅典是当时希腊世界中的规模和影响力最大的一个城邦，它的民主政治制度成为古希腊世界中发展得最为完备、最具代表性的一个。而与它相反的则是以斯巴达克为代表的军事集权制。

除了上面谈到的有关社会制度、哲学等方面外，希腊文化在艺术上也取得了辉煌的成就，为后来罗马时期的艺术发展奠定了基础。城邦一般都投入巨额资金来建造剧场，组织剧作家创作剧本并演出。同时，为了便于人们观看演出，城邦还为人们放假并发放看剧津贴。为鼓励艺术创作，城邦还组织雕刻作品竞赛，为城邦中杰出的政治家、学者、卫国英雄等造像。

（二）希腊化时期的文化

1. 希腊文化的发展与变化

希腊化时期是指希腊文化传播及扩散时期。在希腊化时期，希腊文化最初是伴随着亚历山大大帝东征的步伐，跨出本土疆界，传播到东方各地的。同时东方文化也以自己独特的魅力令西方人眼花缭乱，并不断地潜移默化地影响着征服者。因此，希腊化时代的文化也吸收了许多东方文化的过程，所以，它呈现出与过去不同的一些的特色。

在文化的发展上，一是表现在对希腊文化的延续和创新上。希腊人注重逻辑的思想，勤于思考，长于思辨的特点，在希腊化时代的哲学中也同样表现出来，尽管由于历史条件的变化使它在形式和内容上都有一些不同。希腊时代的文化成就主要的表现在人文科学方面。一般认为，公元前6世纪至前5世纪是文学的黄金时代，公元前5世纪至前4世纪则是哲学的黄金时代。而到了希腊化时代（主要在公元前3世纪），它的文化成就则主要表现在自然科学方面。希腊时代所取得的科学成就于经验，为希腊化时代的科学革命提供了基础。二是表现在对希腊文化的丰富和发展上。虽然由于地域的扩大和人口的大量增加，各地各民族也有他们自己的传统和习俗，但这一方面出于统治者的压力，另一方面是出于对新文化的好奇，各地的人们也愿意接受一些希腊文化。这些民族在接受希腊文化的过程中无疑也增加了许多自己民族的色彩，这样也丰富了希腊文化。

在文化的变化上，一是在政治、社会和经济方面。古典的民主政治思想已经被这一时期的专制主义所代替。希腊城邦制度的形式在希腊本土的一些地方虽还存在，但其性质也已经发生了质的变化。而在其他地方城邦国家的形式也早已被大君主国的形式所取代。二是在艺术方面，希腊时代人们所推崇的朴素和中庸思想，也已经让位于铺张奢侈和放荡无节制。希腊文化中的这种消极和颓废的变化，也是导致希腊文化失去活力并最终被罗马人所战胜的一个重要原因。

2. 希腊化时期的文化中心

随着希腊世界的形成，希腊的文化中心也逐渐地由原来的雅典转移到外地，特别是东方各地。具体有尼罗河口的亚历山大里亚、小亚细亚的帕加马、叙利亚的安条克和小亚细亚海岸外的罗得岛。而且这些地方在以后的数世纪中，一直都起着欧亚非文明的汇聚地和传播地的作用。这一是由于亚历山大帝国几乎囊括了当时人类的主要文明发源地——波斯、埃及、亚细亚以及印度的一部分，更主要的是由于当时埃及和东方的文化仍然具有活力和吸引力；二是由于帝国的建立，使整个欧亚大陆的交通被连接起来；三是外邦人不愿意远离故土，相反希腊人则热衷于旅行。这样，就使得埃及的亚历山大里亚和东方的帕加马成为了希腊化时期的文化中心。

在众多文化中心中，亚历山大里亚可称得上是希腊化时代的文化轴心。这主要得益于它的地理位置。到公元前4世纪末至公元前3世纪初，它已经成为地中海东部地区最大的商业与手工业中心。亚历山大里亚不仅是希腊化世界中最重要的城市，而且也充分体现了希腊城市建筑艺术的水平。该城周围长达24千米（15英里），两条长达6千米的宽敞大街把城市分为四个大居住区，即埃及人区、犹太人区、希腊—马其顿人区和皇家区。其中城内最繁华之处便是皇家区。著名的博物院就建于王宫里，属于王宫的一部分。它是得到托勒密王朝庇荫的一个学术机构。由于得到了王室的大力支持，使博物院得以吸引大量希腊化世界各地的著名学者，其中包括诗人、哲学家、语言学家、天文学家、地理学家、医生、艺术家以及当时不少希腊著名的数学家。这些人的到来，使得亚历山大里亚成为当时名副其实的国际性文化和学术中心。

当时所谓的博物院，就是一个从事文化交流、科学研究和教育教学的学术机构，它的组织有点像现在的大学。它包括一座大型的图书馆、供研究使用的动物园和植物园，以及展览厅、演讲厅和供学者们工作和生活的建筑物等。斯特拉波曾对之做过如下描述："王宫也包括博物院，博物院里有一个散步的场地，一个会议室和一个大厅，博物院的语言学家在大厅里一起用餐。有一笔总的资金供养全院人员。"[1] 整体上看博物院依然保留了希腊的精神，学者们可以自由研究、充分讨论、广泛交流各自的观点。托勒密王朝之所以重视它、支持它，给予大量资助，提供优厚待遇，聘请各方学者，一方面出于发展文化的考虑，但另一方面则更主要是为了把它视为展示统治业绩的橱窗。不过这些在客观上确实起到了促进和发展文化与科学的作用，比如当时所兴起考古热和考据热，对学术研究取得的成就是十分巨大的，这种研究方法时至今日依然具有指导性。特别值得一提的是亚历山大里

[1] 转引自裔昭印主编.《世界文化史》. 第118页。

亚图书馆，它的收藏之富，为古代之冠。其藏书量大在 40 万。100 万册，不仅包括了当时已知的一切希腊著作，还收藏了地中海、中近东和古代印度等地的典籍。这反映了亚历山大里亚时期崇尚自由的学风。

帕加马城是希腊世界的另一个文化中心。它被认为是一个典型的希腊化繁华都市，有“小雅典”之称，故它也被人称为是“希腊文化的避难所”。帕加马卫城也和雅典卫城一样，是仿造雅典的形式建在一个丘陵上，上面也设有公民大会和元老院等政府机关。此外，卫城山顶上还建有豪华的王宫、神殿、竞技场、图书馆等。希腊人在山腰居住着，山麓则居住着原居民。该城的卫城是其文化精华主要集中场所。它的图书馆可与亚历山大里亚图书馆相媲美。它不仅收藏了大量的典籍，而且还搜集了无数名家杰作的原稿和真迹。帕加马不仅在学术上取得了很多成就，而且在文学、美术和雕刻方面也成就显赫。比如，西方美术史上著名的作品——“垂死的高卢人”，就是帕加马艺术家的杰作。因此，卫城既是帕加马王国的学术文化中心，也是王国的政治、军事中心。有趣的是当年为了阻碍帕加马文化事业的发展，托勒密王朝竟然下令严禁向帕加马输出埃及的纸草纸。但这没有难倒帕加马人，反倒促使他们发明了羊皮纸。至今，英语中还把羊皮纸叫做“parchment”，而这个词则是从“pergamon”（即帕加马）演变而来的。这种纸两面光滑，便于书写，比纸草更加适用，只是价格昂贵。帕加马图书馆的一些藏书就是用它制成的。

3. 希腊化时期的文学与艺术

文学是社会的一面镜子。希腊时代的雅典文学所以称为“大众文学”，因为当时一般平民都能有机会了解它。而希腊化时代的文学却与大众脱节，成了少数文化人孤芳自赏的一门艺术，其他人则无法领略。造成这种现象的原因，主要是由于希腊时代的文学题材已经基本被用尽，那时的文学题材主要是神话故事和英雄传说等，例如，当时雅典的三大悲剧作家之一，有着“悲剧之父”称号的埃斯库罗斯（Aeschylu，前525～前456），就曾经创做出79部悲剧，流传至今的仍有7部，其中取材于希腊神话的《被缚的普罗米修斯》就是其代表作之一。而三大悲剧作家中的索福克勒斯（Sophocles，前497 一前406），则相传写下了大约130部作品，其中《俄狄蒲斯王》就是他的作品之一。所以，希腊化时代的文学便向民间传说、传奇故事、恋爱故事等拓展，希腊化时代文学的题材更加多样化。这样一来，希腊化时代的文学在增加了“世俗化”的同时，也损害了希腊文学原有的纯真性。所以，这一时期是希腊文学的创作被称为“白银时代”。

希腊化时代的文学形式，以戏剧和田园诗为主。这一时期的戏剧形式几乎都是喜剧，它与古希腊时期几乎全部为悲剧形成了对照。那时的悲剧着重表现主人公的英雄壮举上，给人以气势磅礴的震撼力。虽是悲剧但并没有悲观的色彩。而希腊化时代的戏剧，则少了过去完美高大的英雄形象，取而代之的是更为生活化、自然化的形象。当时著名的戏剧家米南德（前342—前281）则是其中的杰出代表。他被人们誉为“荷马第二”。其戏剧的特色是自然主义的，而不是讽刺性的；侧重关注生活的黑暗面，而不是政治或文化问题；主要的情节多为浪漫爱情。

就诗歌而言，希腊自荷马时代就有着良好的传统。荷马史诗不仅在西方文学史上占有非常重要的位置，堪称开山之作，而且其写作方式也为后人提供了“一种规范和高不可及的范本”。除了史诗这种表达重大题材的形式外，古希腊还涌现出了一批抒情诗人，可算是西方抒情诗的鼻祖。到了希腊化时代，诗人们所关注的问题与兴趣也与剧作家们一样发生了变化，出现了赞美生活、享受生活的田园诗形式。其中，他们中成就突出的是出生于续拉古的提奥克里图（？—前270）。他曾经前往亚历山大里亚并当了托勒密二世的宫廷诗人，但他后来不愿为托勒密王朝歌功颂德，因此退隐故乡西西里岛（Sicily）。提奥克里图热衷于田园生活，喜大爱自然。所以，他的笔下多以描写乡村农夫和牧人的生活为主，刻画人微，技巧高超，意境独特，是希腊田园诗歌中的杰作。他的创作风格和写作手法被后来的罗马诗人维吉尔所效法，在欧洲文学史也占有一席之地。

在艺术方面，希腊化时期的艺术也发生了许多变化，总体而言充满了浮华和享受的氛围，与古希腊时期简朴实用、美观庄重的风格形成了较大的反差。在建筑上，过去简朴的多利亚式和爱奥尼亚式的神庙，也已经被奢华的皇宫和官邸象征权力和炫耀财富的豪华的各类大型公共建筑所取代。例如，亚历山大里亚城的大灯塔高约 135 米，由四个部分组成。它上面的许多雕像和浮雕不仅体量庞大，而且非常华丽怪异。在雕刻上，希腊化时代的作品更加注重现实主义，技巧也更为成熟，同时在表现人物情感和心理活动方面也有一定的发展。这一时期产生了许多伟大的作品，例如老妇人像、胜利女神像、米洛的维纳斯、拉奥孔群像等。此外，在希腊化时代，希腊的艺术作品和艺术形式流传得更为广泛，其影响也是前所未有的。从埃及的亚历山大里亚、叙利亚的安条克、小亚细亚的帕加马，甚至到印度都有希腊风格的建筑和艺术。但遗憾的是，这一时期的许多艺术品都遭到罗马军队的抢劫和焚毁，有幸保存下来的完好作品也并不太多。总之，这一时期是希腊艺术发展的又一个高峰。

（三）罗马时期在文化上的贡献

1. 罗马文化独特性

罗马人能够从一个小村庄发展成为城邦国家，然后奇迹般地迅速称雄于地中海，最后又扩张成为一个庞大的帝国是有诸多原因的，其中一个重要原因是罗马民族所具有的独特精神和文化，这是罗马人取得成功的重要保证。这种民族精神是一种深层的文化形态的表现，是一个民族的体质特征、自然环境与文化积淀诸种因素综合作用的产物。当然，单凭民族精神是不足以支撑一个帝国的大厦的。比如，古希腊学者波利比阿（前208—前126）在评价罗马人成功的经验时，就曾经从政治制度的角度指出："一切事物成败的首要原因是国家制度的形式。国家制度是所有设想行动计划的源泉，也使其得以实现的保证。"[1] 但是，我们知道任何制度也都是需要由人来执行和完成的。所以，探讨民族精神也是十分必要的。

罗马人与希腊人虽然同是西方古典文化的创造者，但这两个民族在心态和品格上却有很大差异。我国学者刘文荣评价说："一般来说，古希腊人倾向于沉思默想而且多愁善感，古罗马人则倾向身体力行而且注重实际。古希腊人讲究个人自由；古罗马人注重遵纪守法。"[2] 德国学者蒙森在自己的名著《罗马史》中，曾对希腊人和包括罗马人在内的意大利人的精神差异做了分析，他说："古代文明在两个民族中都达到登峰造极，可是，在两个民族既渊源相同，又发展悬殊。希腊人的优胜之处比意大利人易为人们较为广泛了解，其余辉较为壮丽；但是，普遍性寓于特殊性的深切情感，个人的献身和牺牲精神，对自己的神祇笃信不移，这些是意大利民族的瑰宝。"[3] 而英国学者威尔曼，则将古罗马人的性格概括为"坚韧、善辩、求实、好胜"。应该说他们的分析和概括是很有道理的，从中可以帮助我们更好地理解这两个民族在文化上差异，也更好地理解罗马文化的特性。

在罗马民族精神的影响下，讲究现实和求实致用成了罗马文化中的一个最重要特征。比如，在雕刻艺术中，他们着力追求真

---

[1] 转引自徐大同主编.《西方政治思想史》. 天津教育出版社，2000年1月版，第54页。

[2] 刘文荣著.《西方文化之旅》. 第34页。

[3] 转引自裔昭印主编.《世界文化史》. 第124页。

实地表现人物的本来面貌，甚至不惜把刻画对象的丑陋之处也再现出来。在文学上，他们欣赏便于群众接受的简明扼要而又清雅纯净的文风。在科学上，他们积极发展与人们生活密切相关的实用科学技术；在政治上，他们创造出了符合帝国情况需要的政治体制及行省和自治城市制度；在法律上，他们在司法实践中不断探索，不断积累案例，逐渐制定出符合当时社会经济政治生活需要的法律，使罗马的法学思想成为了后世的典范。此外，它还表现在对外来文化的开放心态。

罗马把古代先哲们有关国家的理想变成为实实在在的现实，他们建立起了庞大的帝国，制定了统一而完备的法律。如果说文艺复兴运动的旗手以希腊思想来武装头脑的话，那么法国大革命的英雄则是以罗马共和国为建国楷模。罗马虽然没有涌现出像希腊那样多的思想家和科学家，但它却造就了一大批政治家、统帅、法学家和工程师等。所以我们可以这样说，如果没有古希腊文化就没有现代西方文明的话，那么没有罗马文化也同样不可能有现代的西方文明。

2. 罗马的法律

罗马人以崇尚法律和法制而闻名，所以，罗马法律和法学思想是他们留给人类最宝贵的精神文化遗产，也补充了希腊文化中的不足之处。诚如美国学者赞恩指出："当今世界对其法律的划分、一般理论和实施方法都应归功于罗马。如果罗马法理学家几个世纪以来没有刻意研究逐渐形成罗马法的一般原理和特殊原则，那么就无法想像我们今天的法律体系会是何种模样……正如罗马的古老神庙和公共建筑成为后来的建筑的材料储藏室，罗马法律成为现代世界法律推理和原则的永不枯竭的宝库。"[1] 恩格

[1] 转引自裔昭印主编.《世界文化史》. 第129页。

斯对罗马法也曾称赞道：罗马法是“我们所知道的以私有制为基础的法律的最完备的形式”。[1]

所谓的罗马法并不是指某一具体的法律，而是整个罗马奴隶制国家全部法律制度和法学思想体系的总称。罗马法从萌芽到发展为完备的体系经历了一个长期的发展过程。根据其历史发展的过程可以分为王政时代（约前753~前509）、共和时代（前509~前30）和帝国时代（前30~公元476）三个时期。在王政时代和共和初期罗马人主要是依靠习惯法来调整社会关系，其法律的解释权掌握在贵族手中，他们借此来欺压平民。为了缓和矛盾、稳定社会，大约在公元前450年颁布了《十二表法》。其内容涉及诉讼程序、债权、所有权、家长权、继承权、宗教法以及犯罪和刑罚等方面的内容。从罗马建国到中世纪中叶，罗马的法律被称为市民法。它的适用范围比较窄，仅限于罗马公民。随着帝国疆域的不断扩大，如何处理罗马公民与外族市民的法律权利，并做到“公平合理”；是一个突出的问题。经过不断的斗争和长期的实践，最后形成了“万民法”——即适用于罗马人和异邦人的法律。在西罗马帝国覆灭之后，东罗马帝国皇帝查士丁尼又对罗马法进行了整理。他本人对法律也有着很深的理解和研究，他曾说过这样的话：“法学是科学兼艺术”，“法学是是与非的科学——是善良与公平的艺术。”[2] 在当时的历史条件下，查士丁尼对法律有如此的认为实在难能可贵。在他的主持下，法学家们编纂了《查士丁尼法典》、《学说汇纂》、《法学阶梯》和《新律》等四部法典。

罗马法通常可以分为人法、物法和诉讼法三部分。人法是关于人的权力能力、行为能力、法律地位、权力的取得和丧失，以

---

[1] 转引自冯承柏等编著.《西方文化精义》. 第31页。

[2] 转引自冯承柏等编著.《西方文化精义》. 第33页。

及家庭婚姻等方面的法律。物法是包括物权、债权和继承权三个方面。诉讼法是有关诉讼程序的法律总称，分为法定诉讼、程式诉讼和非常诉讼三种形式。罗马法的内容非常丰富，体系也非常完善，是古代世界最为完备的法律。恩格斯曾经指出："罗马法是纯粹私有制占统治的社会生产条件和冲突的十分经典性的法律表现，以至一切后来的法律都不能对它作任何实质性的修改。"[1]

罗马法在西方文化上的意义远远不止于那些具体的法律条款和那些深邃的法律思想，借用19世纪德国著名的罗马法学家耶林在其《罗马法精神》一书中的话来说："罗马人三次统一西方世界：第一次是在罗马鼎盛时期，他们以武力统一了西方世界；第二次在罗马衰亡时期，他们是以宗教统一西方世界的；第三次是在中世纪以后，早已不复存在的罗马又以罗马法再度统一了西方世界。"[2] 从他的这番话中，我们可以站在一个新的角度来审视罗马法的价值。

（四）罗马帝国时期在文化上的贡献

1. 对文化传播上的贡献

罗马帝国把四分五裂的西方世界又一次统一起来，从而实现了继希腊之后的第二次文化扩张。罗马帝国不仅把希腊—罗马文化向地中海以东、以南地区又进行了重新传播，而且还向地中海以北的高卢地区（即今日的法国南部地区），以及更远的英伦三岛传播。

在罗马帝国的扩张和文化传播的过程中，罗马人继亚历山大之后以一种更为成熟的世界意识，向自己的殖民地输出自己的文化。罗马人自认为罗马是世界的中心，自己是天生的世界统治

---

[1] ［德］马克思，恩格斯著.《马克思恩格斯著全集》. 第21卷，人民出版社，1974年，第454页。

[2] 转引自刘文荣著.《西方文化之旅》. 第32页。

者，所以自己的文化也当然是世界上最优秀的文化。这种文化上的优越心态，也促使他们热心传播自己的文化。

在罗马帝国兴起之前，地中海一带是一个争霸与战争的舞台。它一直都在上演着血腥的悲剧，这不仅给百姓带来了痛苦，而且也极大地阻碍着经济和文化的发展。尽管罗马是靠武力征服了这一地区，但它相对来说也给这一地区带来了较长时期的和平，建立了数十个兴旺繁荣的城市。从而使地中海世界的文化和艺术得到了空前的兴盛，也使地中海世界的古典文明达到了顶峰。

2. 对文化发展上的贡献

崇尚智慧的希腊人和讲求实际的罗马人以自己的才干，为世界文化的宝库增添了宝贵的财富。如果说在文学、史学和哲学领域中，罗马人的原创性要比希腊人稍逊风骚的话，那么在政治、法律和建筑等方面，罗马的创新和成就则比希腊人更胜一筹。罗马文化在希腊文化和中世纪及近代西方文化之间起着承前启后的作用，因而在西方文化史上有着不容忽视的重要地位。

在文学方面，罗马帝国也曾涌现出了许多著名的作家，留下了不朽的作品。就连恺撒大帝在行军打仗和治理国家之余，也亲自动手写下了自己的著作。在奥古斯都统治期间更出现了所谓的“黄金时代”，文学和艺术都取得了辉煌的成就。从风格和形式上看，这一时期的作品在很大程度上是希腊化艺术的延续，而且大多数作品是希腊和近东地区的艺术家们的作品。但罗马本身的艺术家们也不是完全地模仿古希腊时期的作品风格和形式，而是有自己的创新和发展。在“白银时代”，出现了像老普林尼这样的作家。他所写的巨著《自然的历史》一书，包括了植物学、地理学、农学等许多领域。为了写好这部著作，他曾参考了2 000多本书。

在教育方面，在罗马帝国的城市里初等学校遍布各地。在较大的城市里，还聘请教授为有抱负的青年讲授修辞学，即演说、作文和辩论的艺术。有钱人家甚至还送自己的孩子去罗马或雅典接受教育。

在建筑方面，罗马人在从希腊人那里继承了许多宝贵的遗产之后，又有许多自己的发明和创造。在建筑艺术中，罗马人极力体现自己国家的伟大，并把“实用”放在了建筑原则的首位。他们不仅在城市的规划上，而且在建筑的世纪与建造上，都被后人誉为“天才”。如拱顶结构、混凝土等技术的应用等。

第二节　中世纪西方文化

以公元476年西罗马帝国的覆灭为止，到15世纪文艺复兴运动的兴起的这段时期，被称为西方历史上的中世纪（Middle Ages）。从总体上说，这一时期的西方文化，在发展上受到来自内外两个方面的干扰，其中尤以内部的基督教会的影响更甚。虽然它对有利于自己的文化采取鼓励和纵容的态度，而对那些不利于自己统治的文化，则加以限制甚至迫害。而外部的因素则是相对与罗马帝国而言，它既包括罗马以外的其他西欧地区，也指欧洲以外的其他国家。

一、历史背景

在长达千年的中世纪里，影响文化发展的因素和事件是很多的。它们既有偶然的也有必然的，文化就是在这种重重因素的作用下顽强地发展起来的。

（一）外部民族的入侵

1. 日尔曼人的入侵

西罗马帝国在来自北方哥特人（Goths）、西哥特人（Visigoths）和旺多尔人（Vandals）（被他们称为野蛮的日尔曼人）的不断进攻下，终于在5世纪时陷落。同时，也由于这些民族的胜利，造成了西罗马帝国的瓦解，为后来各民族国家的形成和发展创造了条件。虽然这些民族在文化上都或多或少地受到过罗马帝国的影响，但从总体上看，由于他们的入侵，打破了罗马帝国原有文化发展的节律和进程，加上他们自身的因素，所以，他们所到之处对罗马帝国的文化都起到了破坏和阻碍的作用。日尔曼各民族在建立和形成自己诸王国的过程中，他们从总体上对罗马文化是持否定和排斥态度的。因而使西方文化原有的文化基础受到了很大的破坏，文化也大为倒退。而惟一受到日尔曼人所青睐的是基督教，并使它在其庇护下得到发展，最终在中世纪成为西方社会的最高精神主宰。

2. 阿拉伯人的入侵

在中世纪初期，从阿拉伯半岛崛起的穆斯林，在其强大的政治、军事和宗教信仰驱使下，对西方的基督教世界发起了进攻。8世纪初他们首先征服了西班牙，然后越过直布罗陀海峡（Gibraltar），在711～713年推翻了西哥特王国，并控制了整个伊利比亚半岛。之后，阿拉伯人又开始向北挺进，跨过比利牛斯山脉（Pyrenees），进入高卢（Gaul）地区。而高卢地区诸多小王国都无法抵御阿拉伯人的入侵。后来，在邻邦法兰克人首领丕平（Pippin）及其儿子的努力下，于732年在普瓦捷（Poitiers）的一次重大战役中打败了阿拉伯人的进攻。不仅保住了高卢地区，而且也挫败了阿拉伯人的锋芒，使他们放弃了称霸欧洲的野心。虽然阿拉伯人在领土扩张上受到了重创，但却在伊利比亚半岛上成功地将穆斯林文化深深地植根在那，使穆斯林文化以此为基地向西欧其他地区深人传播和渗透，如在建筑艺术、装饰艺术等方面。

（二）外来文化的影响

在中世纪时期，对西欧文化发展影响的外来文化主要是来自伊斯兰文化和东方文化。

1．对伊斯兰文化的学习与吸收

在中世纪时期，来自阿拉伯地区的伊斯兰文化曾对西欧产生了很大的影响，以致在中世纪盛期还出现了一股很强的“伊斯兰文化热”。那时，带有浓厚穆斯林文化特色的饮食和服装大行其道，就是穆斯林的科学、哲学、文学和艺术等，也深受西欧人的欢迎。阿拉伯人不仅将自己的本土文化传到了西欧，而且还把自己从东方的印度和中国所学到的文化也传到了西欧。例如，印度的水稻种植技术，就是先传到西亚地区，然后经过那里再传到西班牙。到了15世纪时，它又从西班牙传到了意大利。而中国的菊花、山茶花、柠檬、橘子等植物品种，也是以类似的方式被传到西方的。

有意思的是就连亚里士多德的《政治学》也是13世纪经由阿拉伯人再次传会到西方的。它为后来的神学家托马斯·阿奎那等人，将亚里士多德的政治学说吸收到基督教神学之中提供了必要的准备。

2．对东方文化的学习和吸收

这种学习首先是通过与拜占廷之间的交往来进行的。由于拜占廷所处的特殊地理位置，不论它是作为罗马帝国的一部分，还是后来成为阿拉伯帝国的天下，它在东西方文化交流方面一直扮演过重要的角色。尽管由于政治和宗教等方面的原因，自罗马帝国分裂东西两个部分以后，双方相互攻击不断，关系一直处于低潮。但在文化上却始终保持着较多的联系。当西欧的拉丁世界受到日尔曼人统治，文化处于倒退之时，东方的拜占廷却一方面保留下了大量的古希腊文明成果，另一方面又在从东方各国的交流中，学到了许多先进的文化。在十字军东征后，拜占廷首都君士坦丁堡随即成为了西欧的翻译中心。许多由拜占廷保留下来的古希腊著作，被重新传回西欧。特别是当君士坦丁堡被奥斯曼帝国攻陷后，大批拜占廷的学者逃往意大利，他们又将大量古希腊的经典带到了意大利。这又从客观上促进了古希腊文化在西欧的传播。

除了古希腊文化经拜占廷传回西欧外，拜占廷的建筑艺术、镶嵌画艺术和壁画艺术等，也给西欧的建筑和艺术的发展注人了活力。此外，中国古代的四大发明，也是以拜占廷作为中转站而传到西方的。

其次是在通过十字军东征的过程中进行的。由于十字军接连不断的七次东征，不仅使西欧重新控制了地中海沿岸地区，而且在与东方的交战中打开了东西方交通的要道，使双方在人员交往上也更加频繁，对东方的文明有了更深入地了解，这从一个侧面也为文化的交流起到了促进作用。比如，正是十字军的东征才使甘蔗种植业和制糖业在西方得到广泛的传播。尽管在此之前穆斯林曾通过对西班牙的占领，将甘蔗种植和制糖业带人了西班牙，使得西方上层社会对糖有所了解，但对普通民众来说仍是新鲜事物。东征才使西方人真正认识了甘蔗，并了解了它的制造技术，并由此对西方人的饮食文化的改变产生了不小的影响。除了物质形态文化以外，西方还学到了大量的知识形态的文化。

（三）内部因素的作用

除了外部因素对中世纪文化的影响以外，就西方问题内部而言，教会和王室对权力及利益的争夺，教会和王室之间的相互勾结与利用，是左右其文化发展的主要因素。西罗马帝国的灭亡，标志着原有西欧一统的政治格局被打破，标志着西方奴隶社会的终结，同时也为封建社会的形成和发展铺平了道路。

1. 日尔曼各民族对罗马帝国的瓜分

在西罗马帝国的废墟上，日尔曼各民族纷纷建立起了封建国家。东哥特人以意大利和西西里岛为领地，建立了东哥特王国；西哥特人则占据了西班牙和高卢的南部地区，建起了西哥特王国；法兰克人则在高卢地区的中部和北部建立了法兰克王国；汪达尔人在包括北非、西部地中海一带和撒丁岛、科西嘉岛在内的王国；勃艮第人在高卢的东南部建起了自己的王国；而盎格鲁人（Angles）和撒克逊人（Saxons）则渡过英吉利海峡，在不列颠设立了自己的家园。这些王国的建立，不仅为日后西欧民族国家的形成奠定了基础，而且由于在政治、经济和社会制度等诸多方面与旧的罗马帝国不同，为西方文化的发展注入了新的动力。

在这些王国之中，法兰克王国在与其他王国的交战中逐渐脱颖而出。到5世纪末、6世纪初，在其首领克洛维（Clovis 481—511）的领导下，经过东打西杀建立起了墨洛温王朝（Merovingian dynasty），成为势力最强大的一个。在墨洛温王朝的后期，法兰克王国又陷入了四分五裂之中。直到丕平三世（Pepin Ⅲ，714—768）建立起加洛林王朝（Carolingian dynasty）时为止，它又得到了统一和壮大。到丕平之子查理（Chades，742—814）——史称查理曼（Charlemagne）继位之后，他通过一系列的战争，建立了一个西起大西洋、东抵多瑙河、南达地中海、北到波罗的海的大帝国，使法兰克王国的势力达到了顶点。

而这一时期处于风雨飘摇之中的罗马教廷，需要得到世俗政权的支持与帮助，用以维护自己的利益。800年，罗马教皇利奥三世（Leo III）为查理曼举行了加冕仪式，任命他为“伟大的、罗马人的皇帝”。由此也开创了由教皇为世俗君王来说，都是互有好处的事。从教廷的角度来说，教皇为君王们授权象征着教权高于王权，君王们有义务维护教皇和教廷的权威，保护教会的权益。从王室的角度来说，教皇和教会的授权与加冕，则象征着自己通过战争或其他不义手段获得的路途和权力得到了承认与支持，使自己在与竞争对手和敌对势力的争夺中得到支持。

2. 教权与王权之争

随着各封建国家的巩固和民族意识的增强，封建王室为维护自己的利益，逐渐地不满足于罗马教廷和教皇的发号施令，不甘心听命于教会的控制，而教会则更热衷于扩大自己的权力。关于两者之间的关系，教皇格雷戈里曾经这样说过：“神圣的教会怀着深思熟虑的意图，主动把治理国家或帝国的权利交给某些人，这不是为了这些人的转瞬即逝的荣华，而是为了大多数人的福利，因此这些人必须对教会恭顺虔敬。”[1] 但是，支持世俗政权的人则提出了“君权神授论”以抗衡。于是，便出现了教权与王权之争。这一时期最突出的例子便是罗马教廷与德国皇帝亨利四世的权力之争。经过几番较量，最终以拥有世俗权力的亨利四世为胜。就总体而言，在中世纪初期，双方基本上是互有所求，相安相处；到了中世纪中期，教会则占据了上峰，处于绝对的统治地位；但到了中世纪末期，教会则气数已尽，走向了末路，而世俗政权则逐渐发展成一权独大的格局。

3．宗教裁判所的罪恶

除了教权与王权之争外，教会的许多政策和做法也极大地抑制了文化的活力。这其中尤以宗教裁判所为一个极端的例子。宗教裁判所（Inquisition），又被称为宗教法庭，是罗马天主教会审判异端的机构，是镇压一切反对教会思想主张、言论行为、甚至同情异端人的工具。而他们所谓的异端实际上就是指在当时与教会准则、圣经思想相抵触的言行。它从1200年（有的材料说为1231年）建立到1700年废除，在其后的500年间，包括文艺复兴的鼎盛时期，它采取严刑逼供、秘密审判的形式，采取没有物证、没有人证，只有屈打成招的方式，无数对教会持反对态度的人，甚至仅仅是持怀疑态度的人就被罗织罪名，无情地镇压。轻者被没收财产，判处监禁；重者则被判处公刑，由世俗政权执行，如被火刑处死的著名科学家布鲁诺（Giordano Bruno，1548—1600）。仅

[1] ［美］G·F·穆尔著.《基督教简史》. 郭舜平等译. 第171页。

在西班牙一地，被宗教裁判所判刑的就达 38 万人。在中世纪，它不仅成为教皇权威的象征，也成为黑暗和恐怖的象征。根据理查德·扎克斯（Richard Zacks）《西方文明的另类历史》一书记载："教皇英诺森四世在 1252 年特许拷打，以帮助宗教裁判所的官员们迫使异教徒招供。他的特许令说：'如果折磨对于那些践踏人类纲常的人是适用的，那么，对于践踏上帝之法的人来说就更是适用了。'一开始牧师们只得将其刑具转让于当地的世俗刽子手，可是，4 年之后，也就是 1256 年，第二份教皇手谕给了牧师们另一项权利，使他们能够因为种种'此类的反常举措'而免罪。"。[1] 不仅如此，教皇们还对不愿意使用拷打和折磨的教区进行非难。如教皇克雷芒五世（1284—1327）就曾经给当时的英国国王爱德华二世写信说："我们听说，你禁止拷问，说拷问，查办这些人……你已经使你的灵魂陷入了异教徒的保护者的危险之中了。"[2] 有教皇的支持与纵容，那些道貌岸然的牧师们发明了许多折磨人的恐怖方法，使宗教裁判所成了教会统治社会控制人们思想的一个极其残忍的工具。因此，在它的淫威下，极大地阻碍了除基督教文化外其他文化的发展，特别是极大地束缚了人们的思想。

二、中世纪文化发展的情况

由于连年的征战和瘟疫的流行，再加上封建统治，使得西欧地区经济和文化的发展受到了极大的限制。在这样一个动荡不安的情况下，人们只有把更多的希望寄托在宗教上，祈求上帝的保

---

[1] ［美］理查德·扎克斯著.《西方文明的另类历史》. 李斯译. 海南出版社，2003 年 4 月版，第 99 页。

[2] ［美］理查德·扎克斯著.《西方文明的另类历史》. 李斯译. 海南出版社，2003 年 4 月版，第 99 页。

佑与赐福，基督教也因此成为了人们的精神支柱，并在新的社会条件下得到了不断的发展和壮大，且一步步地成为了西欧封建社会的最高精神主宰。由此，中世纪的西方文化也深深地打下了基督教的烙印。

（一）加洛林王朝对文化的贡献

1. 兴办教育

查理曼大帝——用克拉克的话来形容，“他是一个自命不凡的人，身高六英尺多，有着锐利的蓝眼睛……”，“他是一个不知疲倦的统治者。对征服的领土——巴伐利亚、萨克森、伦巴侬——有着良好的治理，远远超过半野蛮时代的能力”。[1] 克拉克‘还称赞道：“如果没有查理·马特尔（Charles Martel）于732年在普瓦捷战胜摩尔人，西欧文明就决不可能存在，没有查理曼大帝不停的征战，我们决不会有一个统一的欧洲观念。”[2] 可见他的功绩非同一般。

在通过武力建立起庞大帝国的同时，查理曼也认识到了由于长年的战争，西方的文化和艺术受到了很大的破坏，不仅普通民众多为文盲，就连许多统治者也是目不识丁。就连他自己，克拉克写道：“查理曼大帝学会了识字，但从不会书写。他有一块蜡书版搁在床边，但据说并不知道上面写了什么，只是用来骗人的。”[3] 所以，“查理曼强烈地感受到教育的价值，特别是他看到了世俗教育的重要性。”[4] 因此，他下令在帝国境内建立教区和修道院学校，并且采取得力的措施加以推行。例如，788年查理曼在一次诏书中提出：“要设立学校教育孩子读书，要在每一个

---

[1] ［英］肯尼斯·克拉克著.《艺术与文明》.易英译.第22页。
[2] ［英］肯尼斯·克拉克著.《艺术与文明》.易英译.第23页。
[3] ［英］肯尼斯·克拉克著.《艺术与文明》.易英译.第20页。
[4] ［英］肯尼斯·克拉克著.《艺术与文明》.易英译.第24页。

主教区和每一个修道院里教授赞美诗及其曲调，教授圣咏、计算和语法，要让教士们都有一丝不苟订正过的书。”❶ 在倡导世俗教育的同时，查理曼还在王室和贵族中创办了所谓的“宫廷学校”。为了办好教育，他还广纳贤士和学者到学校任教。

2. 搜集和抄写古代经典

为了解决图书和典籍问题，查理曼又组织人力搜集和抄写古代保留下来的书籍，这样又在帝国范围内兴起了抄写古代典籍和建立图书馆之风。在这其中，来自英国约克的阿尔琴（Alcuin of York，又被译为阿尔克温）起到了很大的作用，他的位置在当时相当于现在的教育部长。他不仅身兼“宫廷学校”的校长，而且还是一位图书馆学者。在他的帮助下，许多珍贵的典籍被人们从尘土中重新发现出来。因为，在当时由于战乱等个种原因造成了书籍非常匮乏。以至 796 年当阿尔琴刚到图尔（Tours）时，曾经给查理曼写信称：“您谦卑的仆人在这里没有发现任何在他自己国家中并不罕见的那种杰出的学术著作，而这一点就他对于主人的忠心和他自己的研究而言是亟待弥补的。”❷ 根据他的报告，查理曼下令从各地搜集图书。与此同时，教士们则日以继夜的加以抄写和复制。为了提高抄写的速度，教士们发明了更为优美、实用的字体，被称为“加洛林小字体”，这种字体延续到现代也没有太大的变化。

这些抄写的书籍，不仅在文字上而且在插图和装帧上都十分具有艺术性。由于教士们的辛勤劳动，在查理曼时代建起了一大批规模不等的图书馆。它们中有的藏书上千册，少的也有几百册。许多精美的书籍还被作为礼物送到整个欧洲。一时间，这些陈列有书籍的宫廷图书馆成为宫廷中最令人瞩目的地方。

❶ 转引自裔昭印主编.《世界文化史》. 第 252 页。

❷ 转引自裔昭印主编.《世界文化史》. 第 252 页。

3．翻译运动的兴起

在加洛林王朝的鼓励下，人们由最初的搜集和抄写图书，很快就发展为主动学习和吸收希腊古典文化及阿拉伯文化上来，并且在11世纪末到13世纪末期间，形成了一场规模很大的翻译运动，有时也被人们称为“学术复兴”。当时的翻译中心，主要分布在西班牙、意大利和法国南部等地区。据有关学者的不完全统计，有93位学者参与了这场翻译运动，他们共计翻译了大约470部希腊文和阿拉伯文的经典著作。这些著作填补了中世纪西方在许多领域的空白，如代数学、几何学、天文学、光学、化学、水利学、医学、药学，等。同时，通过大规模的翻译运动，也培养了一大批西方自己的哲学家和科学家。所以，在谈到加洛林王朝时，英国学者克拉克写道：“我们关于古代文学的全部知识应该归功于从查理曼领导下开始的收集与抄写，到8世纪为止幸存下来的几乎所有古典文本留存到了今天。”[1] 这一评价对于其后出现的翻译运动也同样是适合的。

（二）教会对文化的贡献

1．教会影响下的文化

中世纪是一个信仰至上的时代，大多数人对天主教所宣言的理论和观念都是坚信不移的。而天主教也正是在其基本教义的支撑下，在广大信徒的支持下，自上而下地形成了一套独立于世俗政权的神圣体制，左右着人们的政治和日常生活。教会通过占有大量良田、地产，成为西欧最大的封建主。同时，也把罗马教廷树成了欧洲的最高宗教权威，乃至国际的神权政治中心。教会不仅在繁华的城市而且在穷乡僻壤，都派有专职人员从事传教活动，其影响是无所不在的。就像英国学者肯尼斯·克拉克在《文

[1] ［英］肯尼斯·克拉克著.《艺术与文明》. 易英译. 第23页。

明》（中译名为《艺术与文明》）中所写的那样，如果你问生活在那个时代的人，你是哪个国家的人，他可能会不理解，因为他只知道自己属于哪个教区。在这一时期宗教文化占据了主导地位，基督教渗透到西方社会生活和文化活动的各个领域及层面，各个阶层的精神生活和物质生活无不打上了深深的宗教烙印。所以，哲学成了神学的奴仆，教育成了宗教的工具，文学和艺术也变为了教义的衍生物。因此，人们常常把这一时期西欧文化的落后状况，完全归咎于基督教，并称这一时期为“黑暗时代”。由于基督教会是这一时代西欧文化的垄断者和意识形态的支配者，作为麻痹和统治人民的必要手段，教会倡导蒙昧与禁欲这确实是造成文化落后和沉寂的一个主要原因。但同时，我们也应该看到在中世纪文化教育掌握在教会手中，它也做了一些有利于文化和教育发展的事，只不过带有较强的基督教文化的特色。

2. 为上帝服务的文化

教会在大肆宣言愚昧主义思想和理论，极力阻止任何可能危及自己统治地位及利益的新思想、新科学的出现与传播。但同时，为了歌颂和神话自己的宗教思想和理论，美化教会和吸引人们皈依教会，他们也鼓励和支持那些可以为自己服务的科学、技术和艺术的发展。例如，在建筑上，教堂在结构、功能和装饰及材料的运用上，都经历了一个由简到繁、由粗到精的发展过程。这里固然有科学技术自身发展的内在规律，但教会在弘扬和赞美上帝过程中所形成的信仰权威，对人们创造力的激发也起到了巨大的推动作用。在艺术领域也是如此。即便是到了中世纪的末期，甚至是文艺复兴时期，这种影响依然是巨大的。所以，克拉克写道：“这种信仰扩散到社会的各个部分，我们现在假定这个社会天然是反抗的。令人吃惊的是，我们看到当时伟大的艺术家，除了一个例外，都忠诚地与基督教保持一致。奎尔契诺（Guercino）的大部分早晨都是在祈祷中度过；贝尼尼总是隐居起来，修火圣伊格纳蒂乌斯（St. Ignatus）的精神练习；鲁本斯（Rubens）每天上午在工作之前都要参加弥撒。只有卡拉瓦乔（Garavaggio）是个例外，他像一幕现代剧中的英雄，只是他碰巧画得很好。”[1] 从一定意义上说，正是出于对基督教的信仰，使得这些艺术家在艺术创作上取得了辉煌的成就，同时也为西方艺术的发展奠定了基础。

3. 修道院对文化的保留与传承

针对中世纪的社会混乱状况，一些虔诚的基督徒逃避到远离人烟的地方进行修行。他们在这些地方建立起了供自己祈祷上帝、研究圣经和自给自足的修道院（Monastery）。与当时不断进行的领土纠纷、权力争夺、世风萎靡的情形相比，修道院还称得上是一块世外净土。它不仅为修道士们提供了相对安全和清净的场所，而且可以使他们安下心来研究神学和其他方面的知识。它不仅是集体修行的场所，而且还是文化保留和传承的场所。在西方早期的修道院中，努西亚的本尼狄克（Benedict ofNursia，480—547）于529年在意大利南部卡西诺山上创立了天主教最早期的修会本尼狄克会（通常被译为本笃会）。到了8世纪，该会的修道院已经遍及欧洲各地，成为欧洲最主要的修会。他为修道院制定的原则是：“一切都不可过分。”既要有足够的、简单的而富有营养的食物，适合季节的、舒适的而朴素的衣着，而且还要有充足的睡眠。此外，他还规定了每天要保证有一定的时间进行读书和思考，以培养修道士们的才学。该会的修道院对以后几个世纪文明的影响是十分巨大的。在当时的情况下，修道士们白天开荒种地，生产粮食，饲养家畜，自酿酒类；晚上则潜心研究古代遗留下来的文化。他们研究的领域几乎覆盖了所有的方面。

---

[1] ［英］肯尼斯·克拉克著.《艺术与文明》. 易英译. 东方出版中心，2001年1月版，第203~204页。

在昏暗的烛光下，他们抄写下了无数的古希腊和罗马的学术著作及文学作品。当然，在这个过程中修道士们也毁坏了许多古代的文献。因为在中世纪的初期，纸张还是只用羊皮纸，所以，他们常常毁掉一些不符合自己标准的书籍，用以抄写他们认为有保留价值的作品。由于许多修道院之间也有联系，他们彼此之间也常常交换一些自己抄写的书籍。因此，客观的说正是修道士们在追求上帝和探索自然过程的同时，为保留和传承古代文明方面做出了难以估量的贡献。修道士们在封门修炼的同时，也走出修道院向外界传播基督教的知识，也为人们提供一些法律、医疗和药物方面的帮助。通过这一途径，也使文化得以在民间流传。所以，正如美国学者穆尔对本尼狄克会所做的评论那样："在黑暗时代，它们保持学问的灯光长明不熄。在它们的图书馆里，保存了我们今天所有的古代罗马和早期的基督教拉丁文文献。"❶

4．教皇们对文化的贡献

在中世纪，特别是到了中世纪的后半期，一些教皇是比较开明，也有一些教皇则是出于享乐的目的。用穆尔的话来说："在15世纪后半期和16世纪初期的教皇，发挥了显著的作用。他们中的好些人的生活中，都突出地体现了文艺复兴时期所特有的那种优美的鉴赏能力和放任不羁的道德观念。他们不少人本来是意大利的王公贵族，政治野心和家族的荣誉富贵，对于他们比教会的高尚宗旨更为重要。"❷ 所以，从这个角度理解，就能理解他们为什么对人文主义也持有一定的鼓励和支持态度。也是由于这一原因，它不仅促进了基督教文化的发展，而且也带动了世俗文化的发展。

---

❶ ［美］G·F·穆尔著.《基督教简史》. 郭舜平等译. 商务印书馆，1981年6月版，第116页。

❷ ［美］G·F·穆尔著.《基督教简史》. 郭舜平等译. 第212页。

（三）大学出现对文化的贡献

中世纪出现的新型教育机构——大学，对西方文化的发展产生了重要的影响。大学一词“Universitas”源于拉丁文，是从罗马法中借用过来的，意为经法律认可的社团或同业公会。当时借用这个词，是指由学生或教师为共同利益而正式联合起来形成的，类似行会或同业公会性质的组织。起初它只是一些层次较高的学习中心，后来才逐渐成为具有合法地位，享有专门特权的高等教育机构——大学。

1. 大学出现的原因

开始时，大学都是在基督教会的指导下形成和开展活动的。因为，在当时学问都已经被教士们所垄断，而以前为培养上流人士的所谓“学艺”，即所谓的文法、论理、修辞、算术、几何、音乐、天文等7科，则只剩下了简单的“三科”和“四科”，即神学、民法及教会法、医学等专业学院的预备班，而神学则凌驾于其他一切学问与科学之上。但随着时代和社会的发展，在中世纪时期除了战乱以外，社会和经济的发展还是比较快的，城市的数量和规模在不断扩大，也出现了一些资本主义的萌芽。这样就格外需要法律、医药、神学和艺术等方面的人才。而这些人才的培养，仅仅依靠过去师傅带徒弟的方式是远远无法满足的。因此，大学的角色和任务也在悄悄地发生着变化，那就是要培养和训练当时社会所需要的人才。此外，基督教经院哲学本身的发展，也在客观上激发了大学教育的出现。因为，经院哲学在后期的发展过程中，与古希腊和阿拉伯哲学的传人，特别是与亚里士多德学说有着密切的关系。在十二三世纪亚里士多德的著作被重新介绍回西欧后，以托马斯·阿奎那为代表的温和派学者，以折中主义的面目和手法，将亚里士多德的理论吸收进经院哲学。这样一来，托马斯就承认了人们在认识上帝真理的时，存在着信仰真理和哲学真理两条道路，只不过神学要高于哲学而已。承认哲学在认识真理上的作用，就等于承认了人的理性作用。而相信人的理性力量和宇宙的理性，也就为大学教育和近代科学的产生打开了一扇门。

而中世纪的教会学校则可以看做是大学的一个渊源。当时的教会学校有三种形式，一是修道院学校，也被称为僧侣学校；它出现在约6世纪，规模较小，以培养僧侣为主。二是主教学院，也称大教堂学校，出现于7世纪；开始时由主教本人担任教师，后设有专门的教学人员。三是教区学校，一般设在小教堂或牧师家里，以讲授生活中所需要的知识为主，如读书、写字和唱赞美诗等。大学的另一个渊源则被视为学习和模仿阿拉伯人的结果。因为阿拉伯人早在10世纪时就已经在大马士革和巴格达等地建立了庞大的伊斯兰学院。在那里从事学术活动的有许多当时著名的阿拉伯学者，其水平远在西欧学者之上。在十字军东征的过程中，西方人逐渐认识到了自己与阿拉伯人的差距，便开始建立自己的大学。所以，西欧最早期的大学就是在阿拉伯人的影响下，由修道院学校脱胎而来的。此外，由加洛林王朝开创的“学术复兴”也是一个不可忽视的因素。对此，美国学者哈斯金斯在谈到大学兴起的原因时写道：“在这纷乱扰攘的岁月里，西方人却创造了一种更高级的学校，这恰恰是学术复兴而至……大学自然随着这一时期知识的扩张而产生。知识革命与知识机构的革命手挽手地前行。”❶

2. 中世纪大学的形式

中世纪的大学大体上有三种发展形式。一是以巴黎大学为代表，它是以社团的形式发展起来的，社团的成立主要是教士（即教师），他们都是被从欧洲各地吸引来的，学校由他们来进行管理，并由校长具体负责。这种形式为法国北部、英国及北欧多数

---

❶ 转引自裔昭印主编.《世界文化史》. 第257页。

以从世俗政权那里取得特许状和特权的形式发展起来的。它的特点是由学生自己组成社团来管理学校，并且有权解雇和聘请教师，有权处罚不称职的教师。这种形式被意大利、西班牙和法国南部的多数大学所采纳。三是由教会直接办的修道院学校和大教堂学校。前者侧重于培养文科、法律、医学和药学方面的人才，后者注重于专门培养神学和法典方面的人才。

从12世纪大学出现到13世纪末，大学就涌现出24所，其中意大利10所、法国5所、西班牙5所、英国2所、葡萄牙2所。而到了14世纪，欧洲的大学则达40所，其中意大利就达18所、法国16所。当今一些在世界上仍享有盛誉的大学，都是在这一时期创建的。如建于1160年的巴黎大学、1167年的牛津大学、1209年的剑桥大学等。这一时期的大学常有数千学生之众，教师也多达数百人。以巴黎大学为例，1300年它的学生就达6 000多人，教师也有几百人。[1]

在大学出现之后，又出现了学院的形式。当时的大学一般都设有四个学院，即神学院、法学院、艺术学院和医学院。其中神学院的学制为8年，其他学院为6年。艺术学院主要是进行人文科学的教育。学生在各学院毕业后可获得硕士学位，而且只有获得硕士学位的人才能取得在大学任教的资格。

中世纪大学的出现，既为社会培养了各方面的人才，也为传播文化、发展科学做出了重要的贡献。从推动科学发展方面来看，大学则成为了科学家的摇篮，这一点到文艺复兴时期表现得尤为突出。从设立“人文科学”的方面看，它主要以人和自然作为研究对象，使哲学、文学、法学和艺术等方面都有较大的发展，这也为后来人文主义思想的发展创造了条件。

---

[1] （参见 Joseph Ben ~ David，The Scientist’s Role in Society（《科学家在社会中的作用》），Prentice ~ Hall，Englewood Cliffs，New Jersey，1971，P. 48）

第三节　近代西方文化

在经历了千年的中世纪时期后，西方文化的发展呈现出了加快的态势，且尤以封建文化为主要特征的中世纪文化向近代文化的转变。由于各民族国家自身内部政治、经济、社会、文化等方面发展的不平衡，使得西方近代文化的发展也打破了过去基督教文化在西方的一统天下，使其不论是在内容上还是在形态上，都达到了一个前所未有的高度，从而也奠定了西方文化在现代社会这的领先地位。

一、历史背景

西方文化在从中世纪向近代转变的过程中，既有文化自身积累和创造的内在发展规律，更有社会政治、经济、宗教、军事等方面的外在因素。

（一）思想因素的影响

思想因素的影响，主要体现在两次“思想解放”运动的出现，和夹杂在期间的宗教改革运动，它们都对当时人们的思想观念和思想方法产生了深刻的影响，为西方社会的发展起到了难以估量的作用。

1. 文艺复兴

从15世纪初显端倪到16世纪精彩四射的文艺复兴（Renaissance），被誉为西方近代史上“第一次思想解放运动”。它最初始于意大利，其后便传播到英国、法国、德国以及其他国家。由于各地的条件和环境不同，它的反映方式和表现形式也有所不同。“文艺复兴在意大利，是在古代文化的故乡和遗址中进行的，因此它的威力之猛，大有重建罗马异教文化之势。但在阿尔卑斯山以北，它便比较温和，只是通过研究古典文献以复兴学术而已。”[1] 尽管如此，它的影响所至不仅仅局限于文学和艺术范围，而且对各国的社会、经济等方面都带来了巨大的冲击。不仅极大地削弱了教会和封建贵族的势力，促进了社会生产力的发展，刺激了资本主义生产关系的出现与发展，而且也促进文学、艺术的繁荣和科学的诞生，标志着人类开始迈向近代社会。

文艺复兴运动之所以首先出现在意大利并不是偶然的现象，而是与意大利所具有的独特地理和文化优势有关，与其比较发达的商业和经济有关。就地理方面来讲，意大利在当时一直是地中海上的航线中心。这一方面使它成为古希腊之后的政治和文化中心，使它在文明程度和物质财富上处于优势地位，也使资本主义生产关系的萌芽得以率先在意大利出现。另一方面优越的地理环境，也使它能够较早、较多地接触到其他地区的文明和文化，为自己的文化提供了丰富的养料。就文化渊源上看，意大利为古罗马文化的故乡，而古罗马文明又是在吸收古希腊及其地中海地区文化成果的基础上形成的。尽管由于罗马帝国的瓦解和蛮族的人侵，使意大利的文化出现了倒退，但由于后来出现的翻译运动，以及意大利保留下来的古希腊经典著作和艺术作品，使它的文化界、学术界和艺术界得以系统地对古典文化成果进行研究。而这些研究又极大地激发了思想家和艺术家们的学习热情，启发了他们在歌颂和宣扬古典文化过程中的创造热情。而这正是形成文艺复兴运动的直接原因。

不过，正如肯尼斯·克拉克所言：“事实是早期意大利文艺复，兴的文明并没有广泛的基础。少数精英离大众太远，不仅在知识和智慧上——他们永远的追求——而且也在基础的假设上。当最初的两代人文主义者去世之后，他们的运动没有留下真正的

---

[1] ［美］G·F·穆尔著.《基督教简史》. 郭舜平等译. 第213页。

分量，留下的是远离人的价值尺度的反映。幸运的是，他们留下了雕塑、绘画和建筑，为每代人留下了价值理性、清晰与和谐的比例和个人信仰的信息。”❶ 虽然意大利的文艺复兴运动只是出现在文化圈内，也只是被上层社会和处于象牙之塔的人们所津津乐道。但当它一经传播到阿尔卑斯山的北部地区，其影响和范围则远远超出了它的发源地。它不仅促进了文学艺术和人文科学的复兴，使过去只为上帝和宗教服务的文学艺术，也开始为人类服务了，而且它也为近代科学技术的发展打开了大门。同时，也为随后出现的宗教改革和启蒙运动提供了思想基础。

2. 启蒙运动

从 17 世纪中期到 18 世纪末，陆续在英国、法国和德国等国家出现的启蒙运动（Enlightenment），被称为西方近代史上“第二次思想解放运动”。这次运动可以说是第一次思想解放运动的深入和继续。它所倡导的反对封建制度和宗教迷信，尊重理性，崇尚科学，弘扬自由、平等、民主及法制的思想，一直到今天都对西方人的思想观念和社会制度产生着深刻而持久的影响。

所谓“启蒙”，在法语中就是光明的意思。这里所说的启蒙就是针对中世纪的宗教蒙昧主义而言的，是用以理性主义为核心的思想主张，反对中世纪的宗教蒙昧主义。而理性，在启蒙思想家的眼中则包括两个方面的含义。一是指人类的一种自然能力，而这种自然能力是人类先天就具有的，只是由于中世纪的黑暗统治，使它被种种愚昧和偏见所掩盖了。所以人类需要用理性来重新进行启迪，使其自身所具有的这种理性和能力得到觉醒。二是指相对于基督教所宣言的宗教信仰而言的。启蒙思想家们倡导以自然和人类自身的知识来建立适合自己的各种理论与制度，即资

---

❶ ［英］肯尼斯·克拉克著.《艺术与文明》. 易英译. 第 135 页。

产阶级的思想主张和资本主义的社会制度，而不是按照宗教教条来解释社会和安排人类自身的活动。

所谓启蒙运动，用德国古典哲学家康德的话来说：“就是人类脱离自己加上自己的不成熟状态。不成熟状态就是不经别人的引导，就对运用自己的理智无能为力。当其原因不在缺乏理智，而在于不经别人的引导就缺乏勇气与决心去加以运用时，那么这种不成熟状态就是所加之于自己的了。……要有勇气运用你自己的理智！这就是启蒙运动的口号。”[1] 启蒙运动实质上是文艺复兴运动以后，西欧资产阶级在经过资本的原始积累，经过宗教改革运动以后，对资本主义社会发展方向和发展模式上的探索。

启蒙运动最早出现在17世纪中期的英国，但发展得较为平缓且不够彻底，思想和理论发展主流也经过了由经验唯物主义到经验唯心主义的变化。此后它在18世纪的法国开始形成高潮，并且取得了卓越的成就。其特点是旗帜鲜明且斗争坚决，思想和理论的发展主流是唯物主义。这不仅对法国的思想解放和革命爆发，而且也对欧洲乃至世界的社会基本起到了不可磨灭的作用。在法国启蒙运动兴起之后，德国的启蒙运动也得到了较快的发展。其特点是稳重谨慎，且建立起博大精深并富裕思辨的理论体系。

与处于资本主义萌芽时期而产生的文艺复兴不同，那时的文艺复兴运动不仅曲高和寡，而且参加的人也只限于少数知识分子。启蒙运动则出现在西欧资本主义生产关系已经开始确立，资产阶级处于上升时期。生活在社会底层广大民众在对社会发展的期待方面，与资产阶级有许多相通的地方。所以，启蒙运动中提出的不少思想、理论和主张，极易与广大人民的要求相吻合，从而得到了他们的支持，也使启蒙运动不像文艺复兴那样曲高和

---

[1] 转引自冯承柏等编著.《西方文化精义》. 第105页。

寡，而是深入人心，并掀起了社会革命的惊涛骇浪。

（二）经济因素的影响

从 14 世纪初到 15 世纪中期，是西欧经济萧条和社会动荡的时期。自 1315 年以后，由于战乱和自然灾害，使西欧发生了多次大的饥荒。例如 1337～1453 年英法两国之间的百年战争，尤其是在 1347～1350 年爆发的鼠疫，更加剧了经济的萧条和人口的锐减。据记载，在 1300～1450 年，西欧人口减少一半以上。一方面经济的恶化和社会的不稳定加速了封建庄园经济的衰落；另一方面又给商品经济的发展和资本主义萌芽的出现创造了条件。而此后的地理大发现，又为西欧资本主义向海外搜刮财富、掠夺资源、霸占市场和扩张势力创造了机会。在以后的几个世纪中，随着资产阶级的发展壮大，随着资本主义生产关系的日益巩固，资产阶级已经不再满足于经济上所获得的巨大利益，而且在政治舞台上也展露手脚，用以维护自己的利益。这些要求也必然反映到文化发展上面。因此，西方文化也就注定要打上资本主义的烙印。

1．资本主义生产关系的出现

它的出现对文艺复兴、宗教改革和启蒙运动有着重要的意义。因为正是这些富裕起来的市民而形成的新兴资产阶级，不满足在封建社会制度下所受到的种种限制，他们要求变革生产关系。所以，他们成为推动社会变革的重要力量。当他们为争取自己利益而与身处社会下层的劳动者的要求联合起来时，所产生的力量是巨大的，是会令任何统治者和统治阶层都深深惧怕的。当然，当资产阶级达到维护自己利益的目的同时，则又十分害怕广大民众的力量，又会回过头来与封建势力相勾结，迫害和镇压广大民众的反抗。这种情形不仅表现在经济上，而且也更多地表现在政治方面。就文艺复兴、宗教改革和启蒙运动时期的资产阶级而言，由于它正处于上升阶段，所以它在反封建过程中的作用是具有积极和进步意义的。

西欧资本主义生产关系的萌芽，最早出现在佛罗伦萨的纺毛和呢绒业的工厂中，给城市的经济带来了繁荣。佛罗伦萨是一个内陆毛纺织工业城市，专门从事进口羊毛的加工；拥有3万纺织工人。当时在佛罗伦萨就有7个规模较大的行会，即羊毛商、丝绸商、皮毛商律师和医生等行会。这些行会的成员也就形成了早期的资产阶级。此后，资本主义生产关系开始在其他国家也陆续出现，到了15世纪后期它已经得到了较大的发展。尤其是英国更是后来居上。它不仅率先进行了资产阶级革命，而且率先实现工业革命。这些又在政治和技术方面为英国的资本主义经济发展创造了条件，使它在世界范围内的扩张达到了前所未有的程度。到1876年，英国所占有的殖民地领土面积已达2 250万平方千米，殖民地人口达25 200万，而它本土的人口不过为3 100万；到1850年，它的城市人口与农村人口的百分比已达54∶48，这是连许多发展中国家现在都不曾达到的。

资本主义生产关系一经出现，就表现出了较封建生产关系的先进性。它不仅极大地提高了生产率，扩大了生产规模，促进了商品经济的发展和经济的流通，改变了人们的生活方式。正如马克思和恩格斯所指出的那样："资产阶级在它的不到一百年的阶级统治中所创造的生产力，比过去一切世代创造的全部生产力还要高还要大。自然力的征服，机器的采用，化学在工业和农业中的应用，轮船的行使，铁路的通行，电报的使用，整个大陆的开垦，河川的通航，仿佛用法术从地下呼唤出来的大量人口。"❶ 而且促进了资本主义文学、艺术的发展和科学的进步。资产阶级也利用自身在经济和政治上所获得的有利地位，形成和发展了以本阶级价值为导向的思想理论、宗教观点和行为模式等一整套文化体系。

---

❶ ［德］马克思，恩格斯著.《马克思恩格斯选集》第1卷. 第256页。

2. 地理大发现

15 世纪至 18 世纪西欧在新航路的开辟和新大陆的发现，被称其为“地理大发现”（The Age of Discovery）。地理大发现既是西欧资本主义生产关系发展的产物，也是导致西欧向外扩张的原因。西方学者认为 15 世纪至 17 世纪是地理大发现的“黄金时代”。它的前半程主角是西班牙和葡萄牙两国，后半程则是荷兰、英国和法国；而 18 世纪则为“白银时代”，其主角是英国和法国。

第一阶段的地理大发现，主要是以寻财探宝和开辟新航路为目的。当时随着商品经济的发展和东西方贸易的不断扩大，西欧的商人、新兴的资产阶级以及贵族王室都对黄金着迷。哥伦布（1451～1524）就曾在日记中写道：“黄金真是一个奇妙的东西，谁有了它，谁就成为他想要的一切的主人。有了黄金，甚至可以使灵魂升入天堂。”[1] 因此，这些人就自然地把目光转移到了海外。这一时期所开通的航路主要有三条：一是欧洲通往印度的航路，由葡萄牙人达·伽马（Vasco，da Gama，1469—1524）开通；二是发现了美洲大陆，它由哥伦布实现；三是环球航行，由葡萄牙人麦哲伦（Ferdinand Magellen，1480—1521）实现首航。

第二阶段以后的地理大发现，主要以经济利益为目的，同时又增加了一些科学探索的内容。初期荷兰拥有强大的海上势力成为海上贸易的主宰，被人们誉为“海上马车夫”。后期，由于受其经济扩张和海外扩张能力的限制，其霸主地位逐渐被英国和法国所取代。这一时期的海外探索和扩张行为，已经不再像葡萄牙、西班牙两国时期主要以私人投资的形式进行，而是由政府组建海军来保护商业船队的形式进行。因此，不论是航行的规模和地区在不断扩大，而且航行的技术装备也有了很大的提高，航行

[1] 转引自董小燕著.《西方文明史纲》. 第 102 页。

的安全性也得到了保证。其主要成功是发现新西兰和澳洲大陆，也了解了美洲和亚洲海岸的基本情况。

经过这一轮的海外扩张，为西欧国家称霸世界打下了基础。它们不仅通过坚船利炮，打开了许多国家的国门，而且还利用自己在经济和技术上的优势，摧毁了这些国家弱小的民族工业，使其沦为自己的产品倾销地和原料加工厂，建立起了不平等的世界经济贸易体系。与此同时，它们还利用自己的政治、军事和经济上的优势，大力输出自己的文化，给多元文化的世界，特别是一些较弱势民族的文化，造成了极大地冲击和破坏。

（三）政治因素的影响

西欧国家在由中世纪向近代转轨的过程中，政治因素一直是影响社会发展，其中也包括文化发展的重要因素。这里面既包括世俗政权与教权之间对权力的争夺，也包括各世俗政权之间对领土的争夺，还包括各民族国家内部封建势力与反封建势力之间对领导权的争夺。作为物质形态的文化而言，如建筑、艺术、机器、设备等，在战乱期间极易招受破坏，而作为思想理论形态的文化而言，又常常成为敌对双方为己服务的工具。因此，它也就形成了积极与保守、进步与落后两种泾渭分明的文化。这些在后来发生的资产阶级革命中也都有体现。

1. 英国的资产阶级革命

英国与荷兰是较早发生资产阶级革命的国家，其主要原因是在资本主义发展过程中，新兴的资产阶级与封建制度的矛盾。仅就英国而言，革命从1640年爆发到1688年结束，其间经历了内战、封建制度复辟、独裁等几个阶段，最后建立起了资产阶级与封建势力代表及其象征的国王之间的妥协产物——君主立宪制国家形式。英国资产阶级革命有着自己鲜明的特点：一是新兴资产阶级由于自身势力还不够强大，这就迫使它与新兴的贵族阶级结成统一的联盟，尽管他们之间在利益和政治主张上有所差异，但在对付封建制度上则是一致的；二是借用宗教的外衣进行革命活动。这一方面是由于资产阶级自身的力量所致，另一方面也是由于资产阶级尚未形成自己完整的一套政治纲领，因此只得借用宗教的力量来发动和组织民众。三是革命的不彻底性，尽管资产阶级和新兴贵族阶级有要求革命的一面，但由于他们本身与封建制度本身也有着千丝万缕的联系，使得他们无法像广大民众那样要求实现社会的彻底变革，加上他们自身的不独立性和不成熟性，使革命难以深入。总之，尽管存在缺陷，但英国革命为欧洲资本主义制度的建立探索了道路，不仅使英国摆脱了封建专制制度，而且也开启了欧洲政治近代化的先河，为其他国家的革命树立了榜样。

2. 法国的资产阶级革命

法国大革命是近代欧洲大陆上最具影响力的一次大革命，其革命的成功不仅为法国资本主义制度的建立开辟了道路，而且也对欧洲其他国家的政治发展产生了深刻的影响。正如列宁所指出的那样："这次革命……给资产阶级做了很多事情，以至整个19世纪，即给予人类文明和文化的世纪，都是在法国革命的标志下度过的。"[1] 法国革命以1789年7月14日巴黎市民攻占象征封建专制制度的巴士底监狱为起点，到1815年6月18日拿破仑在滑铁卢战败为止。其间上演许多人间悲喜剧和荒诞剧，留下了许多供后人思考的东西。法国大革命与英国革命相比有着自身的特点：一是它在许多方面对启蒙运动中所提出的政治理论和主张进行了大胆的实践。由于启蒙运动所奠定的坚实思想和舆论基础，使得法国革命从一开始不仅有着比较明确的目标，而且也有着明确的行动纲领。二是它的彻底性，在经过多次地较量中，法国大革命在广大第三等级民众的积极支持和参与下，向腐朽落后的封

---

[1] ［俄］列宁著.《列宁选集》第3卷，人民出版社，1985年版，第851页。

建制度宣战，并从根本上铲除了封建君主制的根基，创立了资产阶级共和国，为资本主义的发展进一步创造了条件。三是参加革命的社会阶层广泛，其中深受封建制度奴役之苦的广大工人和农民成为了革命的主力军，使得大革命既浩大又深入，展示了他们中所蕴藏的巨大力量。

3. 封建势力与资产阶级影响的此消彼长

在由中世纪向近代社会转轨变型过程中除了思想因素和经济因素以外，政治因素中各阶级之间的力量对比是最重要的因素之一。因为它不仅是思想和经济因素的载体，而且也是物质和精神财富的创造的主导者。在中世纪，以教权和王权为主要代表的封建势力，在政治和社会生活的各个方面居于绝对的统治地位。随着文艺复兴和宗教改革运动的先后兴起，教会的权力和影响力受到了极大地限制，而各国的君主们则利用各种方式和手段，不断扩大自己的势力与影响，加强和巩固自己的地位，建立起了形形色色的封建专制制度。封建王权在联合和利用新兴阶级、农民以及城市市民反对封建教权方面曾起到过积极的作用，但当他们取代教会的地位之后，便露出了自己真实的面目。对内加重了对农民和市民的种种剥削，对外则进行无休无止的权力争夺和领土战争。这不仅极大地增加了社会各阶层的负担，而且也阻碍了社会生产力的发展，特别是阻碍了资本主义的发展。因此，随着新兴资产阶级势力的壮大，他们也就自然地向封建专制制度挑战，以要求获得自身生存和发展的空间。加上他们在思想文化和物质基础方面所具有的条件，便理所当然地成为了反对封建专制的领导阶级。

在西欧各国反封建制度的斗争中，英国和法国最具有代表性。英国在反对封建君主制方面有着一定的基础。早在资产阶级登上政治舞台之前，在13世纪以大贵族为首的政治力量，联合中小贵族、骑士和市民就曾迫使国王签署了《自由大宪章》，对国王的权力提出了种种限制。当然封建君主也不会甘心于自己权力受到限制，到16世纪至17世纪随着英国资本主义经济的发展，这种矛盾也在不断加深，从而引发了资产阶级革命的爆发。而法国的封建专制制度比英国更有过之而无不及。在法国大革命发生之前，在全国约2 500万人口中，农民人口就占了2 300万，与城市市民等其他第三等级的民众占了人口的98%。可他们在政治上却没有地位、经济上又处于层层被剥削的境地。所以当法国封建专制制度在经历了路易十四的鼎盛时期后，到路易十五时期后衰败和路易十六时期的没落之后，第三等级也就成为了它的掘墓人。

随着资产阶级走向壮大和成熟，它的政治统治能力也大为增强。因此，他们也就十分自然地要发展有助于资本主义的各种文化形式，从而促进了近代文化的繁荣与发展。

二、近代文化发展的情况

西方近代史上所发生的种种运动和革命，常常既是文化发展的结果，也有来自文化发展的诱因。这期间的文化，不论是以精神形态表现出来的，还是物质形态表现出来的，从主流上看对人类文化发展和社会进步都产生了深刻的影响，而就文化本身而言，近代西方文化的发展，也呈现了前所未有的态势。正像英国学者罗素在《西方哲学史》中指出的那样，19世纪西方的文化活动要比以往任何时代都要复杂得多。在谈起其原因时，罗素将其归纳为四个方面：一是欧洲文化的发展受到越来越大的外来影响；二是17世纪的来自自然科学的进步；三是机器化大生产改变了传统的社会结构；四是对传统文化的批评。所以，西欧社会在近代的发展，也直接推动了文化的发展。

（一）文艺复兴对文化发展的贡献

1. 人文主义精神的发展

文艺复兴把西方人从中世纪神学的桎梏中解放出来，确立了西方文化中的人文主义传统。当时人文主义者们所倡导的这种人本主义精神，主要表现在几个方面。

首先，它倡导以“人”为中心，反对以“神”为中心。明确地提出了人为万物之本的思想，强调研究人的生活，注重人的全面发展。被誉为“人文主义之父”的彼得拉克（Francesco Petrarch，1304—1374）就曾经写道：“有的人对野兽飞禽和鱼类的事情知道得很多，对狮子身上有多少鬃毛，鹞子尾上有多少羽翎，水螅下沉时要打多少个旋涡，了如指掌；……即使这些说法都是真的，对我们寻求幸福生活又有何用？我自问：知道飞禽、走兽、鱼、蛇的特性，而对人的本性无知，不知道我们从何而来，到何处去，以及为什么生活，这到底有什么好处？”❶

其次，它用人性来否定神性，用人权来否定神权。人文主义者们在自己的作品中，大胆地揭露和抨击教会的腐败。但丁（Dante，1265—1321）在其《神曲》中就曾表达了要把教皇打入地狱的想法。与此同时，他们倡导人们追求现世的幸福，反对宗教的禁欲主义。在彼得拉克的作品中，开始就把人的眼光从虚幻的来世转向真实的现世。人文主义者科卢乔·萨卢塔蒂（1331—1406）也鼓励人们热爱尘世生活，他写道：“当你想从世界上逃走的时候，你就会从天堂里掉下来；而当你生活在尘世中的时候，你的心就可以进入天国。关心、爱护你的家庭、孩子、亲戚、朋友，以及包容一切的祖国，并为他们效劳吧！”❷

再次，它倡导崇尚理性与知识，反对蒙昧主义。彼得拉克不但自己热衷于学习和借鉴古代文明和文化成果，特别是古代的经典作品，取得了丰富的研究成果。而且他也鼓励人们大胆学习古

❶ 转引自裔昭印主编.《世界文化史》. 第321页。

❷ 转引自裔昭印主编.《世界文化史》. 第321页。

代的文化经典，探索自然、社会与人类自身。正是由于他对推动古典文化学习方面的贡献，所以在15世纪的意大利，知识界普遍认为彼得拉克的作品使人们从中世纪的野蛮与黑暗中看到了新世纪的曙光。当时就有学者称赞道：“彼得拉克是一个非凡的天才，是他首先发现和复活了早已泯灭的古代文化的华丽的风格。”[1] 除了彼得拉克之外，其他人文主义者也指出：“这些作品之所以神圣，并不在于它们永远关闭了人们前进的道路，而是打开了人们前进的道路。”“非凡的才华只能从渊博的知识中产生。因此，需要广泛涉猎时事，博览群书。要研究哲学、诗歌、演说、历史，以及其他方面的著作，从中汲取各方面的知识。”[2]

第四，它倡导个性解放，主张平等，反对封建专制和等级观念。人文主义者们以人与人之间的平等，来否定封建专制和社会的等级制度，强调应以个人的品德和才能来确定人们的社会地位，而不是靠出身与门第。这些都为后来的宗教改革和启蒙运动奠定了基础。

2. 在文学上的贡献

从某种角度说，文艺复兴是从文学开始的，并且给社会和人们的思想带来了巨大的影响。这一时期文学的活跃与繁荣也是先从始于意大利，特别是在初期涌现出了被誉为“文学三杰”的但丁、彼得拉克和薄伽丘。

但丁被恩格斯称为“中世纪的最后一位诗人，同时又是新时代的最初一位诗人”。诗人雪莱也称赞他的诗“为时间上的桥梁，联结近代世界与古代世界”。他通过自己的作品表达了对生活的理解与追求，他的许多话一直被视为至理名言。比如他认为“人不能像野兽那样活着，应该追求美德和知识”，“最聪明的人

[1] 转引自裔昭印主编.《世界文化史》. 第319页。

[2] 转引自裔昭印主编.《世界文化史》. 第322页。

是最不愿意浪费时间的人”，“通向荣誉的路并不铺满鲜花”。而他的“走自己的路，让别人去说吧！”则被许多人视为座右铭。他生前写下了不少作品，但他在临死前完成的《神曲》不论在思想上还是在艺术上，都达到了最高的境界，给他带来了极大的声誉，从而使他成为一位不朽的诗人。

彼得拉克被视为人文主义的奠基者和“文艺复兴与人文主义之父”。如果说但丁的功绩在于结束了过去，那么彼得拉克则是开创了未来。他青年时期写下了数百首抒情诗，后来，他不仅写下了歌颂古代英雄人物的作品，而且也写下了不少有关哲学和伦理学等方面的著作。彼得拉克通过对古典文化的学习和研究，对当时的社会现实深表不满，特别是对教会的种种丑恶行径进行了猛烈的抨击与辛辣的讽刺。他将古典时代视为黄金时代，把之后的一段黑暗、野蛮和愚昧时代称为中间时期（中世纪一词即由此发展而来），把在此之后重新发现和学习古典文化的时期称为新时代。他对教会的批判和对人性的赞美，对后来的文艺复兴运动产生了十分巨大的影响。

薄伽丘是文艺复兴初期的杰出文学家和人文主义者。在他的早期作品中就表达出了对爱情的歌颂和对贵族势力的不满。其后则由纯洁爱情的歌颂者发展为对人生幸福的赞美者，并由此转而探讨人性的本质和人生的意义等许多社会问题。在 1348 ~ 1353 年，薄伽丘创作出了著名的《十日谈》。书中通过 100 篇故事，揭露和批判了一切违背人性，妨碍人生幸福的制度与观念，表达了人们渴望摆脱教会和宗教控制的呼声。此书也是欧洲第一部带有婚恋自由和个性解放思想的作品，也正因为如此，它曾遭到教会的长期禁止。这部小说还被誉为欧洲文学史上第一部现实主义的作品。该书于 1471 年首次在威尼斯出版，15 世纪就印行了 10 版之多，16 世纪更是印行了 70 多版，受到了人们的喜爱。

继意大利的文学以后，在西欧的其他地方也涌现出了一大批杰出的人文主义作家。在法国主要有拉伯雷（Francois Rabelais，1494—1553）和蒙田（Michel de Montaigne，1533—1592）。拉伯雷被恩格斯称为“多才多艺和学问渊博的巨人时代的巨人”。其代表作就是他历时20年而创作的5卷本长篇小说《巨人传》。这部作品堪称是对16世纪前半期法国社会生活画卷的描述，其主旨就是要揭露当时社会在宗教、政治和经济生活等方面的丑恶的一面，它以夸张的故事和语言把批判的矛头直接指向封建专制制度和教会。每一卷的出版都受到人们的好评，同时每一次也都被教会查禁。而蒙田则通过自己的散文作品——《随笔集》（共计3卷，107章），以自己的读书感想、旅游见闻及对日常生活的感受为题材，以自己怀疑一切、审视一切的眼光，来看待社会生活中的一切不合理现象，抨击了当时社会上的各种丑恶现象，对社会政治、宗教及历史等许多方面都进行了深入的思考。“只有怀疑才能判断和定论”，“我知道什么呢?”是蒙田的名言，加上他在总体说对基督教是持怀疑态度的。因此，在这些作品也都打上了他怀疑主义的烙印，也表达了他自己独特的人文主义思想。

在西班牙有塞万提斯（Migual de Cervantes Saavedra，1547—1616），他的作品《堂吉诃德》成为了欧洲最早的优秀现实主义长篇小说。在这部讽刺小说中，他把讽刺的对象对准了“骑士”。他之所以这样做因为在中世纪骑士文学非常流行，而这些骑士们又常常被塑造成为忠君和护教的的英雄。消除骑士的影响，实际上就是间接地攻击和批判中世纪的封建制度和教会，表达了自己的人文主义思想。用他自己的话来说，“要消除骑士小说在社会上、在群众中的声威和影响”，“要把骑士小说那一套扫除干净”。[1] 所以，德国诗人海涅曾说过：“塞万提斯、莎士比

[1] 转引自刘文荣著.《西方文化之旅》. 文汇出版社，2003年8月版，第144页。

亚、歌德成了三头统治，在叙事、戏剧、抒情这三类创作里分别达到了登峰造极的地步。”❶

在德国有埃拉斯莫（Dosiderius Erasmus，1466—1536），他的著名的反宗教小说《愚人颂》（也有人将它译为《愚蠢的赞美》），“它冲击了所有的事物：教皇、国王、教士（当然）、学者、战争、神学——全部在内。”❷ 这部作品，在当时也曾产生了巨大的影响。

而英国的莎士比亚（Willian Shakerspeare，1564—1616），则是文艺复兴时期最有成就的文学家。他一生共创作了38部剧本、两首长诗和154首十四行诗。其中尤以“四大悲剧”，即《哈姆雷特》、《奥赛罗》、《李尔王》和《麦克白》享有盛誉。其中《哈姆雷特》中的哈姆雷特王子的独白，被视为是人文主义文学中的一段经典表白：“人是一件多么伟大的作品！在理性上多么高贵！在能力上多么无限！形式与情感的表现是多么绝妙！行动多么像天使！像神那样有理解力！多美的世界！动物的典范！”有人把他在世界文学史上的地位，与希腊的荷马、意大利的但丁和德国的歌德相提并论，称其为欧洲文学的四大宝藏。

（二）启蒙运动对文化发展的贡献

虽然文艺复兴解放了人们的思想，宗教改革也削弱了教会的影响力，但它们还没有能够危及封建专制制度的根基。而启蒙运动则高扬理性主义的大旗，使西方人重新用理性的眼光来观察国家、审视社会，从根本上瓦解了欧洲封建统治的理论基础和思想基础，并确立了近代资产阶级的思想文化体系。

1. 英国思想家的贡献

英国是当时西欧各国资本主义发展较快的国家，它的启蒙运

---

❶ 转引自冯承柏等编著.《西方文化精义》. 第74页。

❷ ［英］肯尼斯. 克拉克著.《艺术与文明》. 第169页。

动既是对文艺复兴和宗教改革思想成果的总结，也是对日益发展的资本主义提供理论支持的探索。其理论和思想上的特色是经验哲学，主要代表人物有思想家培根（Francis Bacon，1561—1626）、霍布斯（Thomas Hobbes，1588—1679）和洛克（John Locke，1632—1626）等。

在众多思想家中，培根被认为是英国启蒙运动的先驱，是经验哲学的开创者，也是西方近代哲学的奠基人之一。他在自己的哲学著作《新工具》中，批评了中世纪的经院哲学，提出以经验为基础的求知法，即他所称的“新工具”——归纳法。他的经验法是以个人的经验为起点，直接观察自然，以便从中找出因果规律。他认为知识的目的在于应用，他说：“在所有能为人类造福的财富中，我发现再没有什么能比改善人类生活的新技术、新贡献和新发现更加伟大了，因此我觉得在原始的野蛮人中间，被人奉为神明的人，恐怕是一些发明家和创造家。”[1] 因而，他提出了“知识就是力量”的名言。

霍布斯是继培根之后的第二位经验主义大师。他不仅在西方近代哲学，而且在政治学和伦理学的发展史上都占有重要的地位。他在大学期间就对经院哲学十分反感，认为它是“不结果实的学问”。后来曾做了一段培根的秘书，并受其很大的影响。体现霍布斯思想的著作，主要包括在他的《论公民》（1642）、《利维坦》（1651）、《论物体》（1655）、《论人》（1658）等中。对于他自己的贡献，霍布斯曾经说过，在科学摆脱经院哲学的过程中，哥白尼（Nicolaus Copemicus，1473—1543）、伽利略（G·GaLlileo，1564 — 1642）、开普勒（Kepler 1571—1630）和哈维（William Harvey，1578—1657）在自然科学领域方面做出了杰出

[1] 转引自刘文荣著.《西方文化之旅》. 第206页。

的贡献，而他自己则主要在哲学和社会科学领域，特别是在有关国家起源等方面问题上，他提出了社会契约的思想，这给后来的思想家们以很大的启发。所以，马克思认为霍布斯已经用人的眼光来观察国家了，他是从理性和经验中而不是从神学引申出国家的自然规律。

洛克是英国经院哲学的集大成者。他的主要著作有《关于宽容的信札》（1689）、《政治论两篇》（1690）、《基督教的合理性》（1695）和《人类理解论》（1690）等。他的哲学体系由本体论、认识论和伦理学三个部分组成。其中认识论是他思想中的核心部分。《人类理解论》就是他阐述自己这方面思想的专著，也是关于国家、社会、个人等问题深入思考的思想总结。在这部著作中，他探讨了知识的起源，知识的可靠性以及知识的极限三个重要问题。洛克认为，理解就是人类的理智能力，也就是人的理性，是区别人与动物的根本。在他看来，人的认识能力是先天的，而认识的成功（即知识）的内容则是后天的。所以，他对天赋观念学说进行了驳斥，认为不存在什么先天的知识，一切知识能力都来自后天。

除了他们三人之外，休谟（David Hume，1711—1776）也是一位有影响的思想家。他的代表作《人性论》不仅是一部哲学著作，而且也是政治学、伦理学和心理学的著作。他认为一切科学总是或多或少地与人性有关。所以，人的科学是其他科学的惟一牢固的基础。因此，他从人性论、意志论、情感论等方面对人性问题进行了系统地研究，并试图找出一些人性的普通原则。由于他在人性问题上开拓性的研究，休谟的成果被视为英国启蒙运动的最高成就。亚当·斯密（Adam Smith，1723—1790）是这一时期最伟大的经济学家，被誉为西方经济古典政治经济学的奠基人。其代表作有《道德情操论》（1776）和《国民财富的性质和原因研究》（简称《国富论》，1776）。他所提出的“自由竞争”

和“放任政策”，对资本主义的发展产生了积极的作用。其中“自由竞争”的理论，已成为资本主义经济活动中的一大准则。

2. 法国思想家的贡献

法国不仅是上演启蒙运动高潮的地方，而且也是欧洲大陆启蒙运动的中心。这既与当时法国社会所存在的尖锐阶级矛盾有关，也与自中世纪后它一直是欧洲文化的中心有关。所以，复杂的社会现实和活跃的文化氛围，造就了一大批杰出的思想家。这些思想家们的思想成果和理论成果，不仅推动了法国社会的向前发展，而且也对欧洲乃至世界的发展产生了深远的影响。其主要代表人物有孟德斯鸠、伏尔泰、卢梭（J. J. Rousseau，1712—1778）和狄德罗（Denis Dideret，1713—1783）等。

孟德斯鸠的主要著作有《波斯人的信札》（1721）、《罗马盛衰原因论》（1734）和《论法的精神》（1748）。其中《论法的精神》是他最重要、也是影响最大的一部。在该书中，他系统地阐述了自己的哲学、历史和政治思想，对封建专制进行了无情地批判，对共和制和君主立宪制则热情地赞扬。他对启蒙运动的最大贡献在于，他建立了资本主义政治改革的、比较系统的政治学说，规范了资产阶级的国家政治模式和基本制度，特别是他的三权分立的学说，被许多资本主义国家确立为政治制度的基本原则。同时，孟德斯鸠有关自由与平等的思想也非常有价值。

伏尔泰既是一位哲学家、历史学家和政治家，也是一位诗人、小说家和剧作家。其成就遍及人文科学的诸多领域，被誉为法国启蒙运动的泰斗和领袖。他的一生致力于倡导平等、自由和理性。伏尔泰的主要著作有《哲学通讯》（1734）及大量的科学、哲学和文艺作品。在哲学思想上，他的主要功绩在于倡导和宣传洛克的唯物主义经验论和牛顿的机械唯物主义思想，为法国资产阶级提供了反对旧制度的哲学武器。他既反对“天赋观念论”，也反对宗教神学主张，抨击教会的统治。在政治思想上，他反对一切形式的压迫，反对封建等级制度和特权，为争取人类的自由和平等而斗争。

卢梭既是一位激进的思想家，也是一位文学家和教育家。他的主要著作有《论人类不平等的起源》(1755)、《新爱洛伊斯》(1761)、《社会契约论》(1762)、《爱弥尔》(1762) 和《忏悔录》等。在自己的著作中，卢梭认为私有制是人间不平等的根源，是万恶的来源。同时，他把批判的矛头直接指向封建专制制度和天主教神学，认为它们都是为暴君制服务的，是奴役人们的工具。而“人生下来就是自由的”，自由、平等是人不可剥夺的“天赋人权”。此外，卢梭在自己的政治主张中，提出了“社会契约”、“人民主权”等一系列激烈的资产阶级共和国的思想。他的许多有关人权观点和主张都被吸收进法国大革命的历史文件——《人权宣言》之中。值得一提的是，与其他启蒙运动思想家不同，卢梭的思想学说具有强烈的人民性，所以，他的许多主张更是深受广大中下层民众的响应。因此，英国资产阶级革命家罗伯斯庇尔认为，卢梭“以其高尚的心灵和庄严的品格，显得无愧于恪尽职责的人类的导师”。[1]

狄德罗在启蒙运动中，除了以他个人的卓越才华在哲学理论、政治思想、科学文化、文学艺术等方面有所展示外，他的另一个伟大贡献就是动员和组织了 180 多位各方面的人才，分工协作，冲破当局的层层阻挠，历时 25 年，编写出了工程浩大的、举世闻名的 24 卷《百科全书》(Dietionnaire Raisonne des Sciences, des Arts Metiers，或被译为《思考科学、艺术和工艺的辞典》)，由此他们便被人们称为“百科全书派”，他也被称为“百科全书派，的领袖。所以，克拉克评价说：“他是一个高智

[1] 转引自董小燕著.《西方文明史纲》. 第 173 页。

商的多面手，一个小说家，一个哲学家，甚至还是一个艺术评论家，夏丹尔（法国的一位画家——引者注）的主要支持者——在百科全书中他无所不写，从亚里士多德到手工绢花。他的魅力之一，就是你从不知道他下一步会说什么或做什么。任何想概括18世纪的意图都会被狄德罗的写作弄得不知所措。”❶ 通过此书的编写工作，他们把当时尚未被王室、教会和贵族们所垄断的知识，同时也尚未被系统化的新思想、新知识整合起来形成体系，并且以新的、更为科学的视角，对原有知识进行了研究和清理，使其能够客观地反映真理的本来面目。《百科全书》的内容可分为自然科学、人文科学和机械工艺三个部分，介绍人类各门类知识的基本情况和基本原则，揭示了自然科学和人文科学之间的联系。经过这一时期思想家们的共同努力，并通过“百科全书”的形式，不仅继承了古代以来思想家、文学家、艺术家、科学家等所取得的成就基础上，发展和开辟了新的知识领域，推进了知识和文化的发展，而且在传播科学知识和文化成果方面，起到了鼓舞人们认识真理，反对封建专政和天主教的统治，促进资产阶级革命和资本主义发展的积极作用。

（三）工业革命对文化的贡献

人们思想解放所带来的社会变革，不仅体现在精神文明方面，而且也体现在物质文明上。18世纪中叶在英国率先出现的工业革命，既是中世纪后人类在精神形态文化成果在物质上的反映，也是精神形态文化的某种深化，它拉开了人类发展史上新的序幕。如果说文艺复兴和启蒙运动奠定了近代西方精神形态文化的发展基础的话，那么西方工业革命以及其后出现工业化，则既为物质形态文化的发展提供了动力，而且又为精神形态文化的发

❶［英］肯尼斯．克拉克著．《艺术与文明》．易英译．第294页。

展提供了新的空间。工业革命不像政治革命那样常常由某一突发事件、或某些系列运动那样急风暴雨般地发生和演进，它是随着科学的发展和技术的进步，一点一滴积累的渐进式的过程。西方工业革命是人类近代史上文明和文化发展的一个革命性变革，不仅极大地提高了社会生产力的发展水平，改善了人类的生活方式、精神面貌和价值观念，而且为精神文化的进一步发展提供了物质上和经济上的基础。同时，它也为现代资本主义的发展开辟了道路，为现代资本主义政治、经济和文化的发展奠定了基础，使得西方社会由此进入了工业文明的新时期。总之，它的影响也是无法估量的。

1. 机器代替手工劳动

千百年来，手工劳动一直是人类劳动的主要形式，但随着工业革命的出现，机器逐渐代替了手工劳动，使人们从繁重的体力劳动中解放出来。在最早期的机器中，纺织机器和蒸气机器成为了引发工业革命的工具机。从1770年哈格里夫发明“珍妮纺车”，到18世纪末英国纺织业基本上用机器取代了人工劳动；从1769年瓦特改进“蒸汽机”，到19世纪后蒸汽机作为动力被广泛应用，英国率先完成了工业革命。据统计，从1770年至1840年间，英国劳动生产率每人每天提高了20倍。到18世纪40年代，它的煤产量占世界的1/3，铁产量占1/2，其工业生产总值占世界的50%，使英国成为了“世界工厂”。英国的榜样激发了欧美国家的工业革命热情，各类机器的相继问世和应用，从根本上改变了人类物质生产的方式，使人类的文明发展达到了一个新的阶段。

继英国之后，法、德、美等国也陆续加入了工业化的行列。法国的工业革命始于19世纪30年代，也是从纺织业开始的。由于机器的使用，1831年时其棉花的加工能力还仅为2 400千克，而到了1846年则达到了6 400千克。工业革命也使法国形成了不同的大工业区，如北部的纺织工业区，洛林及卢瓦尔河流域则变成了冶金工业区。到 19 世纪中期，法国工业的规模已居世界的第二位，仅次于英国。德国的工业革命也始于 19 世纪 30 年代，到 19 世纪后半期也形成了几个大的工业区域。如萨克森纺织工业区，西里西亚亚麻工业区，鲁尔及萨尔则分别为煤、铁矿工业区。到 19 世纪 40 年代，德国境内已建成了铁路 20 多条，通车里程达 2 000 千米。美国的工业革命起步虽然较欧洲大陆晚，但它在欧洲大陆所积累的经验基础上发展非常迅速，并最终后来居上。仅以机床工业为例，到 19 世纪中期它的车床、刨床、铣床等都得到了广泛地应用。其机床工业的一大特点就是生产的标准化，这样既保证了使用的便捷性和精确性，又有利于维护和保养的方便性。

2. 工业革命与城市化随着工业革命的发展，西欧和北美的城市化进程也大大加快。中世纪时除了意大利的罗马、佛罗伦萨和威尼斯等城市，法国的巴黎、英国的伦敦、西班牙的马德里、葡萄牙的里斯本等一些城市外，从整体上说城市的数量和规模都很有限。但到了工业革命和工业化时代，由于工业生产规模的不断扩大，对劳动力的需求也空前增加，这样就造成了大量农村人口向城市的涌人，城市的数量和规模也呈爆炸性地增长。1800 年时，英国伦敦人口约为 100 万，到了 1850 年则达到 200 万。而 1800 年时全欧洲城市人口在 10 万以上的仅有 23 个，人口共计约 550 万；但到了 1900 年城市数量则达到 135 个，总人口为 4 600 万以上。城市化进程的加快，不仅是工业革命、工业化的成果和标志，而且也大大改善了人们的生活方式，也使城市的功能更加多样和丰富，使它不单单是政治、经济和商业的中心，同时也成为文化、艺术、教育和科技的中心。城市化也改变了社会各类人才的分布和结构情况，城市也成为了人才集中的地方。而人才的集中又进一步激发了他们的创造力，其结果也使人类文化的形式更加多样化。

3. 工业革命与文化进步

西方的工业革命的意义不仅在于加速了资本主义体系的形成和发展，建立起了庞大的殖民主义体系，也在于它对文化进步的推动作用。随着工业革命和工业化的发展，资本主义社会制度也暴露出了越来越多的矛盾和问题，这一点不仅马克思和恩格斯在政治、经济、思想和文化等许多方面都给予了深入的分析和深刻的批判以外，其他许多理智的思想家、政治家、文学家和艺术家，也都从不同的领域对资本主义社会中的种种不合理现象进行了有力的批判。

在文学方面，18 世纪中期到 19 世纪中期出现了浪漫主义和现实主义两大思潮，并取得了卓越的成就，在世界文学史上也占有重要的地位。前者有英国的司各特（Walter Scott，1771—1832，其代表作有《清教传》等）、诗人拜伦（George Gordon Byron，1788—1856）和雪莱（Percy Bysshe Shelley，1792—1822），德国的歌德（Johann Wolfgang Von Goethe，1749—1 832）和席勒（Wihelm Josepl WorL Schiller，1759 — 1 805），法国的雨果（Victor Hugo，1802—1885，其代表作有《巴黎圣母院》等）。后者的影响则更大、更广，主要代表人物有法国的司汤达（1783—1842，其代表作有《红与黑》等）和巴尔扎克（1799—1850，其代表作有《人间喜剧》等），英国的简·奥斯汀（其代表作有《傲慢与偏见》等）、狄更斯（其代表作有《大卫·科波菲尔》等），俄国的屠格涅夫（其代表作有《父与子》等）、陀思妥耶夫斯基（其代表作有《罪与罚》等和托尔斯泰的《战争与和平》等），美国到 19 世纪后期也涌现了马克·吐温（Mark Twain 1835—191O，其代表作《哈克贝尔·费恩历险记》）和杰克·伦敦（其代表作有《嘉莉妹妹》等）。在他们的作品中，洋溢着对人类理想的追求，对现实社会中种种丑恶现象的深刻揭露，和对未来美好社会的向往。他们作品的价值已经远远超出了文学本身，而是对人性、对人类社会的深入思考。

在音乐方面，在17世纪以前欧洲还没有独立的音乐，有的只是为教堂圣歌或为节庆舞蹈伴奏的音乐，而且形式也非常简单。17世纪后音乐的地位也还基本如此，只不过又成为在意大利新出现的歌剧的一种伴奏艺术，并由此开始逐渐独立成为的艺术门类。到18世纪、19世纪，音乐才获得了新的发展动力，同时也涌现出了许多天才的音乐家。18世纪著名的音乐家有海顿（Haydn，1732—1809）、莫扎特（Mozart，1756—1791）、门德尔松（Mendelssohn，1809—1842）、舒曼（Robert Schumann，1810—1856）和勃拉姆斯（Brahms）等。其中，海顿改革了交响乐和四重奏的形式，故被称为“近代交响乐之父”、“奏鸣曲之父”。莫扎特则从小就被誉为神童。他3岁演奏钢琴，5岁开始作曲，17岁担任宫廷乐师，不幸的是35岁便夭折了。在19世纪，西方乐坛上也涌现了一大批富有才华的杰出音乐家，其中在歌剧方面有意大利的威尔蒂（Verdi，1813—1901，其代表作有《茶花女》），法国的才比（Georges Bizet，1838—1875，其代表作有《卡门》），德国的瓦格纳（Richard Wagner，1813—1883，其代表作有《尼伯根龙指环》等）。在交响乐方面，有德国的贝多芬（Beethoven，1770—1827）、法国的柏辽兹（Hecter Bedioz，1803—1869）、俄国的柴可夫斯基（Tchaikovesky）。其中贝多芬是西方近代史上的一位伟大的巨人，这不仅在于他创作的音乐数量，更在于他音乐中所表现出的时代精神。他为后人留下的9部交响乐作品，给人以惊心动魄的艺术效果，所以他也被赞誉为“乐圣”。在歌曲和钢琴曲方面，奥地利的舒伯特（Franz Schubert，1797—1828）、匈牙利的李斯特（Liszt，1810—1886）和肖邦（Chopin，1810—1849）。在圆舞曲方面，奥地利的约翰·施特劳斯被视为独领风骚者，他共创作了400多首圆舞曲。

总之，工业革命既给西方社会和文化的发展带来了动力和活力；也普遍地提高了人们了西方人的生活水平，也改变了他们的生活方式。但同时我们也不会忘记，西方的文明与进步是建立在剥削和掠夺的基础之上。这里不说西方通过大量贩卖非洲黑奴所获得的廉价劳动力，就他们对本国童工的剥削来说也是触目惊心的。例如，在美国，“17 世纪早期的几年，最初定居在弗吉尼亚州的人，他们的档案还有存留下来的，其中有接受一船共 100 多名儿童的收条（除开在路上死掉的以外）。这些儿童会被投入工作，并要求第二年春天再送100 名儿童来。1627 年的一封信上提到：‘有很多船只开往弗吉尼亚，里面装有 1 400 或 1 500 名儿童。’另一份留存下来的公文要求，伦敦市应送来‘100 名没有朋友的男孩和女孩’。”❶ 而在工业革命的发源地，“1842 年在英国进行的一次听证会，曾讨论过童工的事情，这些童工是煤矿雇来在仅 18 英寸高的横井里运煤的：“（这些孩子）身上绑着铁链，像狗一样套着皮圈，不停地挨鞭打。他们一身乌黑地拖着推车，浑身臭汗，大半个身子都光着，手脚并用在巷道里爬，拖着身后沉重的重物。这些儿童的样子看上去无法描叙，极其令人恶心，极不自然。’”❷ 所以，马克思曾经深刻地指出过，资本主义的每个毛孔里都是流着血的。

---

❶ ［美］理查德·扎克斯著.《西方文明的另类历史》. 李斯译. 海南出版社，2003 年 4 月，第 40 页。

❷ ［美］理查德·扎克斯著.《西方文明的另类历史》. 李斯译. 第 41 页。

第二章　西方政治文化

政治文化在西方文化中占有十分重要的地位。许多古代和近代的思想家们都非常关注有关政治的话题，提出了许多宝贵的思想。不仅对当时社会的政治生活、政治运动和政治变革起到了巨大的作用，而且也为后来的思想家、政治家们留下了丰富的理论遗产和精神遗产。其中，他们许多富有远见的智慧，不仅启迪了一代代的后人，而且依然在当今世界熠熠生辉。

第一节　西方政治文化发展概况

西方政治发端于古希腊，奠定于古罗马，形成于英法大革命，发展于美国独立建国。期间既经历了平稳渐进的演变，也经历了急风暴雨的革命；既有殖民扩张的冲击，也有科技进步的影响。它是在新与旧、民主与专制、人权与神权、自由平等与封建等级制等方面的反复较量中，一步一步发展起来的。

一、何谓政治和政治文化

亚里士多德在他的经典著作《政治学》中指出："人是政治的动物"。它揭示了人作为"社会动物"与政治的关系，道出了政治和政治文化在人们生活中的地位与作用。

（一）何谓政治

1．政治的概念

对于政治，不同的人有不同的理解和定义。有人认为政治就是领导权和影响力；也有人认为政治就是指政府组织；是一种妥协的艺术；还有人认为它是处理事物的技巧；甚至有人认为它是没有暴力的战争。有的西方学者则形象地把它比喻为，是既可以助人为乐，也可以是为非作歹的交通工具。他们认为：“政治需要人们的合作，尽管这种合作可能是出于保护个人免受他人的侵犯，或是为了联合起来侵犯其他人；出于组织起来进行生产，或是为了偷盗他人的财物；出于教育青年一代，或是以迷信和谎言来灌输，使他们更便于被一些人的专制统治所控制等目的。”❶从这些解释中，我们不难体会政治现象和政治问题的广泛性和复杂性。因此，要界定它并非易事。

现在不少西方学者都对美国政治学家美国政治学家拉斯威尔(Harold Lasswell)，在20世纪30年代所著的《政治：谁得到了什么？何时？如何？》(Politics：Who Gets What，When and How)中，对“政治”这一概念所做的解释持赞同态度。他在这本书中指出：“政治是一种过程；一种行动；也是人类社会生活而表现的一种行为方式。进一步地说，政治的过程是决定了某些人民可取得某些事物的过程。由于人有需要、欲望、期望，然而满足人的需要之价值，却是相对的稀少，不是每个人都能享有财富、权势、地位等。因此为了获取我们所需要的（即利益），必须付出什么代价，如资源、时间、努力等。在这里就可以假设，每一社会必须发现决定如何‘分配’利益及成本的方法，这分配的过程就是政治。”❷我国学者对“政治”的比较权威的定义，主要体现在《辞海》中的解释上。《辞海》中将“政治”分为两个层面进行了定义。在第一个层面上把它解释为：“政治是经济的

❶ (Robert J. &Doreen Jackson：A Comprative Introduction to Political Science（《政治科学比较导论》)，Prentice ~ Hall，Inc. 1997，P. 6).

❷ 转引自彭怀恩编译：《政治学》.（台湾）风云论坛出版社，1990年10月版，第1~2页。

集中表现。产生于一定的经济基础，又为经济基础服务，给予经济的发展以巨大影响。”在第二个层面上把它解释为：政治“国事得以治理。”❶

从中西方对“政治”的定义来看，西方人的概念属于“狭义”的，而我们则是属于“广泛”的；西方人的概念着眼于“个人”，我们则偏重于“社会”。这既是由双方文化背景和社会结构的差异所造成的，也与西方学者站在“个人”角度解释“政治”时，存在着有意回避社会制度问题和阶级矛盾等因素有关。

政治的内容非常广泛，从个人权力到政府行为，从阶级利益到政党组织，从国内政治到国际政治等。西方学者把政治的核心问题归结为权力、行政当局、立法机构三个方面。例如，马克斯·韦伯就曾将根据“权力”的来源，将其分为传统权力（Traditional authority）——即由继承或世袭而得到的权力、魅力权力（Charmatic authority）——即依靠个人魅力而赢得的权力和官僚权力（Bureaucratic authority）——即政府机构的权力。❷我们认为政治固然含有这几个方面的内容，但它的本质就是权力与利益的分配、调整、监督及保护。这里的权力与利益，是指包括个人、集体（或集团）和社会三者在内的权力与利益。三个方面权力与利益都应该得到合理和充分的维护，任何一方权力与利益的受损或被忽视，都将导致政治的动荡与不安。而政府则应充当监督者和保护人的作用，它应当在法律的框架下，调整和维护好三方的利益。当然，在阶级社会中，要想合理分配和保护各阶级的权力与利益是难以做到的，统治者阶级总是试图通过各种合法或非法的手段及形式，甚至是暴力和恐怖的手段及形式来维护

❶ 《辞海》. 1989 年版，第 1653 页。

❷ 参见 Robert J. &Doreen Jackson：A Canpamtive Introductiorn to Political Science（《政治科学比较导论》），Prentice ~ Hau，Inc. 1997，P. 12

自己的既得利益。因此，从这一点上看，政治现象和政治问题会长期存在下去，而且有时仅仅依靠谈判、协商、妥协等方式是不能解决的。

2. 政治的起源与发展

一般认为，政治起源于私有财产的出现，起源于阶级的产生。同时，它也与人们对自身权力与利益的认识程度有关，与人们对政治现象、政治活动规律的认识有关。在不同的历史时期和阶段，它有着不同的表现形式，所要解决的矛盾也不同。特别是在阶级社会，由于各阶级之间关系的变动，社会生活的变化，政治议题和政治活动也是处于变化和发展的状态。

通常引起政治发展的因素是多方面的，它可能来自于一个国家或地区内部的原因，也可能来自于国家或地区以外的原因。就一个国家或地区内部而言，社会的经济、宗教、文化、法律等方面的变动、甚至某一突发事件都可能打破已有的政治平衡，引起政治形势的和政治力量的变化，从而引发政治的发展。就外部环境而言，特别是在当今世界，由于交通和通讯手段的发展，外部政治形势的变化都可能影响一个国家和地区内部的变动。尤其是一些国家常常利用自己的先发优势，运用所谓“民主”与“人权”的手段来干预其他国家内部的事物，从而以国际政治来影响一个国家内部的政治。

政治的发展与变化，有时也是以理性的方式进行的，有时则是非理性的。政治的理性发展，是以人们按照社会发展的理想目标及政治发展规律，按照符合大多数人利益的要求来进行的。它一般是以和平的、循序渐进的方式进行的，是政治发展过程的比较理想状态。但它也并不意味着在发展的过程中只使用和平的手段，而不使用非和平的手段。而政治的非理性发展，则是在通常情况下无法调节社会各方面权力与利益，各集团、各阶级在关系对立的情况下，以非常规的形式进行的。它或是表现为以社会进步力量对保守、落后力量的反叛；或是表现为被统治阶级对统治阶级的宣战；或是表现为落后势力对进步力量、统治阶级对被统治阶级的反扑与镇压等。理性的政治发展能够避免社会的动荡，减轻发展的阻力和减少社会代价；而非理性的政治发展则会给社会带来较大的震动，甚至会付出较大的代价。政治发展的极端形式就是革命和战争。针对这一点，毛泽东同志曾有过一段名言，道出了革命的本质。他说："革命不是请客吃饭，不是作文章，不是绘画绣花，不能那样雅致，那样文质彬彬，那样从容不迫，那样温良恭谦让。革命是暴力，是一个阶级推翻另一个阶级的暴力行动。"

（二）何谓政治文化

1. 政治文化的概念

政治文化（Political Culture）是由政治活动衍生出来的文化形态总称。它在不同的时代有着不同的形式与范围。政治文化这一概念最早出现于18世纪，由赫德首次使用。作为现代政治科学概念，它从20世纪50年代开始才得以发展，并于60年代开始流行。对政治文化不同的学者有着许多定义，归纳起来主要有两大类。第一类属于狭义概念，它"把政治文化限定为国家、社会集团或个人对政治的主观倾向"；第二类是广义概念，它"把（政治文化）这一概念延伸到包括政治行为模式"。多数学者比较喜欢前者。这一类的典型定义有：政治文化是"以经验为根据的信念、表意符号和价值观念构成的体系，它规定了政治行为发生的形势"；政治文化是"对历史和政治的主观认识，是基本的信念和价值观，是认同和忠诚的焦点，政治知识和期望是民族和群体的特殊历史经验的产物"。[1]

---

[1] ［美］亚当·库伯等主编.《社会科学百科全书》. 上海译文出版社，1989年2月版，第564页。

现代政治文化的概念，与艾尔蒙德（Dabriel A. Almond）和乌巴（Sideny Verba）的《公民政治》[1]一书的出版有着密切的关系。他们在通过对美国、英国、西德、意大利和墨西哥五国的跨国研究后，提出了政治文化的问题。他们将政治文化划分为三种类型："一是偏狭的政治文化（The Parochial Political Culture）。在这类政治文化存在于没有专门化的政治角色的社会，诸如传统的部落或偏处一隅的地方社区，一般人们对政治没有明确的认知与感觉。二是臣属的政治文化（The Subject Political Culture）。这类政治文化下的人民已发展出对政治体系的态度，但他们对国家、政府等的态度是被动的、消极的，视自己为政府的臣属者，而非参与者。三是参与性政治文化（The Participant Political Culture）。在这类政治文化下的人民，不仅自觉自己能贡献政治体系的'输入'（纳税、服兵役、投票等），也同时注意政治体系的'输出'（如：对政策的好坏、施政的良莠等）。换言之，他们觉得能够在政治中扮演积极的角色。"[2]他们认为民主政治应该是界于参与性政治文化与另外两种政治文化之间的平衡，这样才可能带来社会的稳定。

应该说政治文化是一个非常宽泛的概念，它不仅涉及公民对于政治活动的参与范围和程度，而且还涉及国家政权的组织形式、政党制度、议会制度、选举制度、公务员制度、社会的各种意识形态、国际结盟关系等。其中议会制度、政府形式和司法制度等是最为的重要的内容。

2. 政治文化的形成与发展

人们政治观念、政治行为的形成，以及为其服务的政治组

---

[1] The Civic Culture：POlitical Attitudes and Democracy in Five Nations。Boston：little，Broval and Co. 1965.

[2] 彭怀恩编译.《政治学》. 第90页。

织、政治制度的形成，都是在漫长的历史演变中从自发到自觉逐渐发展形成的。它的形成和发展也不是脱离于历史之外孤立地进行的，而是与社会的经济、文化、宗教、民族等多方面因素混合在一起而共生的。特别是在人类社会的早期，政治文化更是与人类的其他活动紧密联系在一起的；只是当人类社会发展到了一定的阶段，政治文化才逐渐形成了一些自己独有的特征；只是当它被作为一门科学来加以研究的时候，政治文化才逐渐被人们有意识地进行总结和探索。

政治文化对与其赖以生存的社会和文化大环境来说，毕竟还是一种亚文化，它时刻都受到各种因素的制约和影响。作为一种社会现象而存在的政治文化，它是随着人类生活和社会发展进程而变化的。这种变化有时平稳而缓慢，有时激烈而跳跃。由于各民族、各地区、各国家发展条件和水平的差异，形成了许多不同的政治模式，而不同的政治模式又会衍生出与之相适应的政治文化模式。作为一种文化现象而存在的政治文化，它则是伴随着人类文化的积淀与发展而进行的。由于文化发展所具有的延续性、广泛性、多样性和阶级性等特点，这就使得政治文化在形成和发展过程中，也呈现出不同的形态。有的偏于积极与进取，有的则偏于保守与僵化；有的理论形态完整，体系宏大；有的则只具有观念和继承的惯例，而无理论形态与体系；等等。由此，我们也可以更好地理解政治文化作为亚文化与其主体文化之间的关系。

一般来说，某种政治文化形成之后，并不是一成不变的，而是始终处于发展与变化状态的，尽管发展的方向可能是向前也可能是向后，或者是停滞不前的。即便是向前的，它还可能被分为左、中、右等不同的取向。但总体而言，作为上层建筑的政治文化都是受经济基础来制约，同时它也是受社会各阶级、各阶层矛盾与利益所左右的，而且统治阶级的烙印则会更深。

3．政治文化的内容

由于政治涉及社会的各个方面和领域，涉及社会各个阶层和阶级的利益，因此，政治文化的内容也是非常广泛的。从主要的方面看，它至少包括以下三个方面的内容：一是政治思想文化；二是政治制度文化；三是政治行为文化。政治思想文化是政治文化的灵魂；政治制度文化是政治文化的外在形式；而政治行为文化则是贯穿于政治思想文化和制度文化之间的，并伴随其发展的重要因素。

政治思想文化是关于政治和政治科学的文化，是政治文化的理论形态表现。它既是人们对政治问题和社会问题的考虑与研究的理论成果，又是人们对现实政治活动和政治科学理论成果在社会实践中的经验总结。所以，它的针对性和实践性都非常强。政治思想文化的内容包括对国家和政体起源，政府和人们的关系、人民的权利与义务、政治制度的建立与功能，政治活动的原则与程序等。人们对于这些问题的认识，也是受条件的影响而逐步深入的。以国家的学说为例，柏拉图和亚里士多德以当时的雅典兴盛时期为样本，提出具有一定积极意义的理论观点；斯多葛学派则产生于希腊城邦制度崩溃之际，所以对政治持一种消极、厌恶甚至逃避的态度；基督教出于宣扬宗教信仰，控制人们思想和维护自身利益的需要，提出了一整套神学理论；18 世纪的思想家们则基于当时专制王室普遍存在的腐败，认为国家是一种罪恶；19 世纪初期，人们认为国家不过是人类自身的产物，是人为的一种组织方式，权力应该少一些、权威应该弱一些，这样以免妨碍人们的自由与权利；而到了 19 世纪中后期，更多的学者则认为国家作为一种人为的组织形式，它既有好的一面也有不足的一面，应该尽可能地发挥其积极的一面，克服其消极的一面等。尽管人们在考虑和研究政治问题时，都试图站在客观、合理和公正的角度上。但事实上，任何政治主张和政治理论都是为一定阶级的政治利益服务的，而且古往今来许多思想家都毫不隐瞒自己的政治立场。特别是现代社会以前，各个敌对阶级的对立是非常尖锐的，有时只有通过暴力革命才能解决。因此，任何政治思想文化，特别是处于所谓主流地位的政治思想文化，都是得到统治者的支持与鼓励的。相反，对于不利于自身统治的政治思想文化，都是要受到禁止甚至是迫害的。一般来说，只有当人们在思想上和精神上获得自由与宽容时，政治思想文化才能真正得到丰富和发展。

政治制度文化是政治活动的程序化、制度化和法律化形式的表现。它既是人类政治活动的成果，也为政治思想文化研究提供了丰富的养料和研究素材。从政治活动成果的角度来说，人们把在一定的历史环境、社会条件和民族特点基础上形成的，各种对统治阶级有效的统治形式和对社会控制的方法，不断加以强化和完善，从而使其成为为己所用的工具。比如，在美国言论及出版自由被认为是民主政治的基础，在它的宪法第一修正案中明确规定："国会不得制定任何剥夺人民言论自由与出版自由的法律。"但在实际执行的过程中，它并不是一项绝对的权利，而是受到一些限制的。彭怀恩在其所著的《政治学》中就列举了三项具体实施中的原则：一是明显而即刻（的）危险原则（Clear and presentdanger）。它是最高法院法官霍姆斯（Oliver W. Holmas）所制定的原则。他说："这类案件的主要问题是在于所用的字句及当时的情况，是否足以形成明显而即刻的危险。"比如，不允许在院子中乱呼火警。据此原则，凡其言论足以产生或意在造成某种明显而随时可能发生的危险，而这种危险又属被宪法所禁止的行为时，该言论则被视为违法。二是恶劣倾向原则（Bad tendency）。基特劳（Gitlow V.）提出的。即言论与出版自由在危及国家自保（Self—preservation）时，在意为以武力或非法手段危害公共安全或颠覆政府时，不受保护。三是限制"异端邪学"的原则（Gravity of Evil，即邪恶分量很重的原则）。它是由丹尼斯（Dennis V.）首先提出来的。它主要是针对第二次世界大战以后，美国在禁止共产党人的活动时制定的。[1] 因为，他们认为宣传共产主义的思想与主张，是与美国资产阶级所信奉的资本主义理念是格格不入的，是一种“邪恶”的行为，是会危及美国资产阶级自身统治的。由此可见，在一向自我标榜为言论自由的美国，其言论自由也都是相对的而不是绝对的。从为政治思想文化研究的角度来说，它为政治思想文化的研究提供了大量的生动素材和许多迫切需要解决的现实问题。因为政治制度为社会的政治活动提供了组织框架、规则与程序等，在这些制度的建立与实施过程中，常常会遇到许多实际问题，它既包括制度本身的弊端，也包括因制度而引发的各种矛盾。如何调节各种分歧、化解各种矛盾，以及社会危机，是政治科学中的重要课题。大量现实问题的存在，既为政治家也为政治科学家的研究提供了素材。

政治行为文化是关于政治活动中，各行各类人们参与政治运动、活动过程中举止行为、判断行为、选择行为等方面的文化。政治活动是人类社会所特有的一种现象，不论是在遥远的古代，还是在眼前的现代；不论是和平形式的协商，还是激烈的革命变革；不论是理性的还是非理性的，都是以人们各种政治行为为基础的。总体来说，尽管人不是单纯受经济因素支配的，但经济因素确实是影响人们政治行为的重要因素之一。当然，政治因素、社会因素、宗教因素等都影响着人们的政治倾向性，而这种政治倾向性直接左右着人们的政治行为。这就使得人们的政治行为变得更为复杂，许多选择也就远远超出了政治议题的本身，比如，2004 年台湾选举被人为地操纵为种族之间的对立。

从政治行为文化的角度来看，作为现代人来说，政治则是无法逃避的。特别是处于信息时代，社会生活的各种事件与情形，

---

[1] 参见彭怀恩编译.《政治学》. 第 68 页。

政府的各种决策与行为，都会关系到每个人的切身利益，包括政治利益和经济利益。因此，政治活动和政治文化的范围也远远扩大，并超过了以往任何时候。在这种情况下，如何参与政治活动，如何进行政治分析和判断，就是现代人必须具备的知识之一。其中又以能否做出适当的政治分析为基础。耶鲁大学教授道尔（Robert Dahl）指出："政治分析（可以）帮助一个人了解他生活的世界，帮助他面对可能的各种的个项选择途径时，可以做较为明智的选择，并且帮助他影响政治体系中各种变革，而这些正是政治体系的重要特征。"[1] 如果每位公民都能以积极参与的态度来关心政治和政治文化的发展，特别是以理性的态度来对待政治，那就会使政治和政治文化得到更为积极、更为健康的发展，也使自己在社会的进步中得到应有的回报。

4. 政治文化的作用

政治作为一种社会现象存在的本身，就表明它有自己的生命力，有自己的发展规律，有自己的价值。因此，由政治现象所形成的政治文化在社会上也就发挥着自己的独特作用。

从对人们政治观念、思想感情和价值取向的影响上看，它对人们政治立场的形成，政治判断的标准、政治行为的取舍等都是深刻而持久的。无论任何时代和社会，都是努力运用各种行之有效的方式，特别是现代更是运用一切手段，来影响人们的思想观念和政治倾向，以便形成对政府或统治者有利的社会环境。与此同时，也努力运用各种方式，将自己的政治文化传给下一代。当然，政治文化与人的关系也是互动的。人们在接受某种政治文化时，不是完全消极与被动的，也是主动参与和影响的另一面。特别是当某一政治活动涉及人们的切身利益时，这种参与性和影响力也就越强。政治文化对人的影响既有有形的一面，也有无形的

[1] 彭怀恩编译：《政治学》，第2页。

一面。有形的一面是指它通常采取教育和灌输的方式，对人们的认识能力和判断能力施予系统化的、针对性的影响。而无形的一面，从狭义的角度看，它是指政府或统治者通过一些潜移默化的方式，把自己的主张与观点输入给民众；而从广义的角度看，它则是指社会对人们的影响。一般来说，无形的方式更容易为人们所接受和认同。

从对社会稳定和发展的影响上看，它对社会的影响力是巨大的。它轻则能够引起人们的思想混乱，重则能够引起社会的动荡和变革。因此，在一个社会的诸多亚文化中，政治文化对社会的作用常常表现为主导性的，甚至是决定性的。虽然经济是一切社会活动的基础，但一定的政治文化对经济都是会产生或促进或阻碍的作用。当某种政治文化落后于经济发展要求时，或者当某种政治文化超越于经济发展的要求时，它都对经济的发展产生反作用。同时，政治文化本身对于创造社会稳定和发展的条件也负有重要责任。这也在客观上对政治文化的变化与发展提出了新的要求，那就是政治文化要主动去适应社会发展的要求。

从对外关系上看，政治文化在某一国家与其他国家交往过程中也有着巨大的影响力。由于政治文化上的不同，也常常引发国家利益上的冲突。例如，人权是当今世界上非常热门的一个话题。它本是各国在保护其人民权利的内部事物，但它也是一些国家用以干涉别国内部事物的工具。因此，不同政治文化之间的国家，如何加强彼此之间的沟通与了解，是影响现代国际关系的一个重要问题。

二、古代时期的政治文化

（一）古希腊时期的政治文化

1. 古希腊的城邦政治

在古希腊时代，政治和城邦是同一个概念（Polis）。所谓的城邦，就是指以一个设有防御设施的城市为中心，连同它周围规模有限的地区一起所构成的政治实体。城邦既是古希腊人生活的空间，也是他们精神和文化的纽带。而城邦又如亚里士多德所指出的那样，它是“一个具有最高权力和最广泛权力的团体”。[1]那时政治与城邦社会的生活是一体的，政治活动和社会活动也是一致的。对手大多数希腊人来说，关心和参与城邦的政治活动，要远远胜于关心物质生活的富裕。希腊的政治文化就是伴随着城邦的形成而出现的，并随着城邦的民主制度达到鼎盛而繁荣起来。在城邦形成时期，希腊人已经摆脱过去宗教神话的形式，开始自觉地认识和研究社会政治现象。因此，那时的政治文化不仅是城邦文化中的组成部分，而且是非常重要的部分。

在政体方面，古希腊城邦经历从君王制到贵族制、从贵族制到民主制的转变。对于王政时期的情形，人们还并不十分清楚，对贵族时期也只是知道到公元前 8 世纪时，除了斯巴达以外，几乎所有的城邦都已经建立起各自的贵族制政体形式——即元老院（Gerusiea）。元老院是各城邦的统治机构，由世袭的贵族们组成。他们一般都拥有大量的土地财产，所以人们也称他们为土地贵族（Eupatridae）。随着商业和手工业的兴起与发展，又出现了商业贵族。新、旧贵族之间的矛盾导致了社会的变革，使贵族制开始向民主制转变。这种转变是通过一次又一次的改革逐步实现的。其中最著名的改革发生在公元前 594 年，是由梭伦（Solon，前 638—前 559）领导的。他也被认为是雅典政治制度的奠定者。当时希腊社会的矛盾冲突非常激烈，“富人与穷人之间的不平等似乎已经达到了顶点”。所以，他的改革涉及了雅典社会存在的各种问题，但其中主要是在经济和政治两个方面。在经济上他废

---

[1] 彭怀恩编译.《政治学》.（台湾）风云论坛出版社，1990 年 10 月版，第 2 页。

除了公民所欠的一切公私债务；在政治上他进一步扩大了公民的民主权利，加强和完善了立法机构。由于他所坚持的政治原则是“中庸之道”，所以其改革也是当时各方面妥协的结果。他自己就曾说过：“我给了一般人恰好足够的权利，不使他们失掉尊严，也不给他们太多，即使那些既有势力又豪富的人，我也设法不使他们受到损害。”❶

2. 雅典的民主制

在公元前5世纪左右，雅典城邦在希腊众多城邦中脱颖而出。造成这一结果的原因，一是因为它所处的地理位置，它是地中海上几条水上航道的交叉点，手工业、商业及航海业都很发达，也是商品流通的集散地；二是因为它在领导各城邦打败强敌波斯建立的功绩，确立了它在希腊各城邦中的领袖地位，这使它在吸引各地有志之士和优秀工匠方面更有优势；三是因为它的民族制度瓦解，自由民在城邦的政治和军事事物上获得了较大的权力。所有这些对它的发展都起到了促进作用。所有这些都为雅典民主制的建立和发展奠定了基础。

在梭伦建立了雅典政治制度之后，公元前461年在埃菲阿尔斯的领导下，雅典的民主政治又有了新的发展。他在梭伦所设立的400人大会的基础上，将其扩大为500人会议，并建立起了民众法庭，从而使雅典的民主制度最终得以确立。到了伯里克利时代，雅典的民主政治达到了鼎盛时期。在伯里克利（Pericles，前495—前429）领导下，最终清除了雅典贵族制的残余势力，使雅典的民主制得以巩固和发展。古希腊的许多思想家们都谈到过民主的话题。伯里克利的《在阵亡将士葬礼上的演说》被认为是对雅典民主制的最佳记述。他在演讲中说：“我们的政体不

❶ 转引自徐大同主编.《西方政治思想史》. 天津教育出版社，2000年1月版，第16页

曾抄袭。邻邦的法律，相反成为别人摹仿的典范。它的存在为多数人而不是少数人的利益，因此它被称为民主制。我们的法律对所有人提供了平等的正义而不论其私人生活的千差万别；在人们的社会地位方面，成就完全取决于个人的能力，无论是阶级还是财富都不能成为个人事业的障碍。如果一个人能够真正服务于国家，那么他不会因其卑微的出身而受到任何影响。我们在政治上的自由扩展到日常生活之中，……我们的保障在于这样的一种信念，它告诫我们服从管理者和法律，特别是那些保护受伤害者的法律，而不论它们是明载于法典还是惯例，后者虽不成文，但打破它总会给人带来恶名。……虽然我们的习惯来自闲暇而非辛劳，我们的勇气来自于自然而非人为，但我们却乐意面对危险。我们既不必须刻意艰辛，但在必要的时候又能够无畏地面对它们，因而比起从来不曾从艰苦中脱身的人们来说，我们具有双倍的优越。"❶ "政权是在全体公民手中，而不是在少数人手中"；"在我们这里，每一个人所关心的，对于一般政治也是很熟悉的——这是我们的特点；一个不关心政治的人，我们不说他是一个注意自己事物的人，而说他根本没有事物"。❷ 从他的这段话里，我们可以了解到当时雅典民主制的一些真实情况。

（二）古罗马政治文化的发展情况

罗马是古希腊文明的继承者。政治文化方面，罗马在其城邦时期结束以后，不论是在共和时期还是在帝国时期，其人口和幅员上都是古希腊城邦模式所无法比拟的，也自然地就决定了它在当时的历史条件下无法按照希腊的模式，来实施民主政治方式。

---

❶ 转引自唐士其著.《西方政治思想史》. 北京大学出版社，2002 年 5 月版，第 47 页。

❷ 转引自徐大同主编.《西方政治思想史》. 第 20 ~ 21 页。发展可以分为帝国前和帝国后两个阶段。

因此罗马创造出了具有自己特色的政治文化。古罗马政治文化的发展可分为帝国前和帝国后两个阶段。

1. 帝国前的政治文化

在罗马帝国建立之前，罗马也是希腊城邦似的国家的奴隶制社会经历了王政和共和国两个时期。王政时期大约始于公元前753年，结束于公元前510年，其间先后经历了7个“王”的统治，为罗马的发展奠定了基础。其中尤以公元前6世纪左右塞尔维乌斯王的治理意义深远。在他的统治下改变了过去的血缘关系为基础的氏族制度，初步建立起了以地域和财产关系为基础的奴隶制度，同时建立起类似议会的“百人团会议”。继王政结束后，罗马进入了所谓的“共和国”时期。它也像希腊一样走过了先是贵族制后是公民制的道路。权力由少数大贵族和长老们控制，并由他们推选出2个政官来取代过去的国王。后来在大约公元前5世纪，出现了“公民大会”的形式。为了维护平民的利益，限制贵族和长老们的权利，又设立了“保民官”。并在此基础上，发展成为共和国制。这些形式和机制的建立本可能导致罗马产生新型的民主政体，但是一系列的对内、对外征战，中断了这种发展的趋势。当罗马帝国建立起来后，统治这样的帝国无法照搬古希腊和罗马共和时期的政治体制。这其中的原因，一是疆域的扩大，二是社会和经济条件的变化。疆域的扩大使得帝国无法像城邦那样去管理，而处理好本土与行省之间的关系也变得越来越重要。元老院的成员拥有了许多大的庄园，使他们的权力和势力变得更大；而战争中获得的大量奴隶，又使得许多农民失去土地而流人城市，这样就扩大了贫民阶层，也增加了城市的负担。因此，共和国制变为帝国制则成了某种必然。

2. 帝国的政治文化

罗马帝国时期，在初期元老院依然发挥着重要的作用。为了保持帝国的长治久安，帝国从马略（前157—前86）的军事改革起，出现了职业化的常备雇佣军。这样就导致军队的将领利用军队做后盾，并逐渐占据了政治上的优势，并最终导致了军事独裁体制的出现。于是，苏拉（前138—前78）在元老院的支持下便变为了第一位军事独裁者。在此之后，出现为以庞培（前106—前48）、克拉苏（前115—前53）和恺撒（前100—前44）为首的被称为“前三巨头”同盟，及以安尼东（前82—前30）、屋大维（前63—前14）和雷必达（？—前13）为首的“后三巨头”同盟。这期间的元老院则成了军事独裁者们的工具，早已失去了权倾一时重要地位。继公元前30年，屋大维成为罗马的惟一统治者之后，罗马帝国在其后的时间里，便真正建立起了帝国体制。

罗马的帝国制，是建立在军事独裁基础上的。它包括几个方面，一是帝国的元首从戴克里安时代改称为“君主”，即皇帝起，都是依靠自己的军事势力和政治手段来获取权力的，他们之间的更替主要是以个人军事实力来取得的；二是尽管皇帝个人有着较大的权力和影响力，甚至能够操纵元老院，但一般元老院也都享有一定的权力，而且皇帝也需通过元老院任命的形式，来获得权力的合法性；三是基于过去的法律传统，特别是共和国制所颁发的各项法律和形成的各项法律传统，使皇帝的统治也受到一定的法律限制，因此皇帝统治也需要一定的法律基础，同时皇帝也经常颁发一些法律，作为巩固权力和进行统治的工具；四是各行省的行政长官（即总督）虽需对皇帝直接负责，但也有较大的自主权，这样对皇帝绝对权威的形成也起到了一定的限制。总之，罗马帝国作为西方历史上从未有过的庞大帝国，它所形成的独裁体制对后来也产生了一定的影响；五是通过各种形式来宣扬帝国的功绩，培养罗马市民的荣誉感和爱国精神，这些措施在罗马帝国期间都收到了较好的效果，它成了罗马帝国得以维系的一个重要精神支柱。

此外，罗马时期政治文化的主要贡献还体现在它的法律制度与法律思想上。具体表现：一是对个人权利和利益的保护上，这是与罗马当时主要是一个以农业为主的帝国有关，它需要稳定和保护土地所有者对土地的所有权利，借此巩固帝国赖以存在的经济基础。二是它所体现出来的平等思想和原则。虽然在古希腊就已经产生了平等的观念，但它只限定在少数所谓的享有公民权的范围内。而罗马帝国地域广阔，倡导本邦与外族平等的权利已经大大超越了地域和种族的界限。虽然在现实生活中难以做到，但这些主张是非常具有进步意义的。

（三）中世纪的政治文化

在西欧地区，中世纪是封建政治的发展达到顶峰的阶段。其主线是教会与世俗王室之间的统治权力之争，这种争夺既包括政治上的也包括经济上的。教会的法宝是“教权高于王权”，而世俗王室的利器则是“民族主义”。这方面的内容，我们在相关的部分中已经有所涉及，就不再多说。除了教会与世俗王室之间的权力之争外，就封建国家内部而言，王室与贵族之间，新兴资产阶级与传统封建势力之间，统治阶层与劳苦大众之间等诸多矛盾，是中世纪政治发展的另一条主线。另外，各封建国家之间的矛盾与势力争夺，也为中世纪西欧的政治发展增加了一个新的因素。

1. 英国的发展情况

英国的封建制度有其自己的特点，一是它不同于欧洲大陆在封建化进程中所出现的层层分封制，即每一个封臣只对自己的诸侯负责，而不对其他人尽义务。而英国的封臣不仅要对自己的诸侯负责，也要对王室尽义务，这样就加强了国王的统治能力，削弱了诸侯的势力。二是它的贵族制度也不同于其他国家，它是一个开放性的制度。任何出身的人，只要在经济上达到一定的标准，并愿意向国王尽义务，就有权利接受骑士称号加入贵族行列。这样一来，一方面国王的势力得到了扩大、权利得到了增加；另一方面也使国王直接处于了各个矛盾的焦点上。所以这一时期的政治斗争，突出表现在王权与社会各阶级、各阶层的矛盾上，表现在对王权的制约与限制上。这一时期的一项重要成果就是各路诸侯在骑士和民众的支持下，于1215年发动了反对国王的战争，最后于1215年6月迫使国王签署了限制国王权利的《大宪章》。另一项重要成果是在贵族、市民和自由农民的联合斗争下，建立起等级议会，从而使英国由封建君主制转变为等级君主制。等级议会的建立，也使得贵族与市民、自由农民有了新的限制国王的手段。

2. 法国的发展情况

法国是欧洲大陆封建国家发展最具代表性的一个。早在中世纪初期，法兰克帝国即加洛林王朝，在查理曼的治理下，成为罗马帝国时期最强大的时期之一。他死后帝国便分崩离析，但是由于这段历史渊源，使得后来的法兰克王国（即法国的前身）与欧洲大陆的其他封建国家相比，在政治上、文化上以及社会发展的其他领域方面，具有了许多独特的优势。尤其是在与教会的关系上，它采用软硬两手策略来操纵教廷的事务，于1309年把教廷迁到自己王国的境内的阿维尼翁（Avignon）竟达70年，史称“阿维尼翁之囚”。几位教皇依靠法国的支持得以保留职位，因此，他们为法国效犬马之劳则不待言。这些因素使得法国封建王朝的发展获得了得天独厚的条件。尽管在王朝的前期，国王并没有多大的实力和权力，因为国家的真正势力都被大大小小的贵族们所刮分。而大小贵族的封臣又不对国王尽义务，所以国王常常受到大小贵族们的左右。后来，随着各封建国家之间的战争和十字军的东征，加上原有的封建庄园制经济的逐渐瓦解和城市市民的增加，国王的势力开始强大起来，原有的由教会、国王和贵族构成的多元政治格局被打破，出现了王室独大的局面。

三、近代西方的政治文化

近代西欧历史上出现的文艺复兴、宗教改革和启蒙运动等，对西方政治发展起到了巨大的推动作用。这种作用不仅体现在政治思想文化上，也体现在政治制度文化上。

（一）政治思想文化

就政治思想文化而言，它在近代得到了空前的发展。首先得益于新兴的资产阶级在反封建斗争中（即反对王权与教权），需要适合于自己的思想武器和理论武器。因此，他们以自然法为基础，以“天赋人权”的思想和理论为主张，发展并形成了以强调个人“自由、民主、平等”权为核心的理论体系；以“社会契约”的观点，发展并形成了新型国家和政府权力的理论体系，并以此来保障个人的“天赋权力”。其次它得益于古代社会所积累的政治制度经验和政治学说的养料，如古希腊的各种政体形式，罗马的法律和法制传统，以及对个人权力的保护与人人平等的观念，等等。可以说，从古希腊的萌芽，到罗马和中世纪的缓慢发展，再经历文艺复兴运动的洗礼，近代西方政治文化发展所需的几乎所有思想框架与理论素材都已准备就绪了，只待历史时机和杰出人物的出现，便可发展出新时代所需要的政治文化了。此外，近代政治思想文化的活跃与繁荣，不仅形成了许多理论流派，而且还为政治制度的发展奠定了理论基础。

（二）政治制度文化

就政治制度文化而言，由于西方各国历史条件的不同，政治制度也呈现出了各自的特点。概括起来说，形成了君主立宪制政体和共和制政体两大类。君主立宪制被视为是资产阶级与封建势力妥协的产物，作为国家元首的君主采取世袭制，君主的权力则被宪法限定在一定的范围内，政府则通过选民选举产生的一种政治制度。而共和制（又被称为“代议制”）的国家元首和政府都采用通过选民定期选举的方式来产生的一种政治制度，它是与君主制相对的。

1. 以英国为代表的君主立宪制

英国的君主立宪制是资产阶级与封建势力之间相互妥协的产物。一方面自16世纪圈地运动开始后，英国的社会结构发生了很大的变化，原有的封建贵族分化出新生贵族，他们与新兴的资产阶级、自由农民之间有着相同的利益要求，反对国王阻碍资本主义发展的种种做法；另一方面，以国王为代表的封建专制势力，则为维护自己的利益，推行种种旨在巩固自己权力的内政和外交以及限制资本主义发展的政策，从而不断加剧了社会矛盾。双方的矛盾则是通过议会斗争表现出来的。

1688年资产阶级通过发动的“光荣革命”，确立了君主立宪政体，1689年国会颁布了“权利法案”，1701年国会又通过了“王位继承法”，进一步确立了议会的立法权限。通过这些法律的目的都是为了限制国王的权力。例如，不经国会同意，国王无法颁布法律，国王由自由选举产生等。同时，也对王位的继承人提出了明确的要求，并且进一步规定国王批准的法律非经国会批准均为无效，担任王室职务和领取王室恤金者不得提任下议会员等。就这样，国会通过法律的形式，有效地扩大了自己的权力而削弱了国王的权力，使国会成为凌驾与国王之上的最高立法机构，并最终确立了英国的君主立宪制。

根据法律规定，国王是国家之首、政府首脑和武装部队的总司令。在行政和立法上，都被视为“一切权利的源泉”、“国家的化身”，但实际只具有象征性的地位和权力。国王不插手政府的事物，所以其活动多属于礼仪性质的。尽管如此，国王在国家政治生活中的地位则并非可有可无，其精神统治的作用是不可忽视的，而国家的立法掌握在国会手里，行政权则由政府来拥有，并向国会负责。

2. 以法国为代表的共和制

在18世纪大革命之前，法国是欧洲历史上一个非常典型的封建君主专制国家。社会被划分为三个为分明的等级，即贵族和僧侣为第一、第二等级，虽然人数仅占人口的1/30，但他们占据了从农民上搜刮税收的3/4以上，而他们却和国王一齐享有全国土地的50%以上。法国虽然设有“三级议会”，但它在以国王为代表的君主专制制度控制下形同虚设，长期不召开会议，使第三等级无法像英国那样，通过议会斗争同国王和贵族的相抗衡，来争取和维护自己的权力。从而加剧了社会的两极分化。到大革命前夕，在法各地流浪的贫民已多达150万人口，仅巴黎街头的乞丐就有10万多人。

法国的封建制度是以绝对君主专制为特色的。国王通过任命和操纵政府为自己的封建统治服务。政府的层层官员都听命于国王的调谴，为了网络大贵族的支持，从路易十四、路易十五到路易十六的历任国王都设置了庞大的政府冗员，同时也在各省设立了大量的官员职位。这些官员的主要职责就是为国王巧取豪夺地收集苛捐杂税，同时，他们也从中中饱私囊。

1789年大革命之后，法国就建立起了资产阶级的政体。但此后经历了80多年腥风血雨的反复较量，最终才于1875年，确立了资产阶级的共和政体。在确立的总统制共和政体为止，法国先后出现了两次君主立宪制、两次帝国、五次共和政体。可见其历程的艰辛。

法国共和制的特点是，总统是国家元首、武装力量首脑同时也是国家权利及其正常行使的“保证人”和“仲裁者”，并且在行政、立法和司法等方面都拥有一定的权力，如任命总理和其他政府高级官员、解散国民议会等。而政府是国家的最高行政机关、受总统直接领导，同时又向议会负责。议会则担负着国家的立法职责。

四、西方政治文化中的主要代表人物

（一）古代时期的主要代表人物

古希腊文化作为西方文化发展史上的第一个高峰，曾经在哲学、自然科学、艺术等方面，涌现出许多影响后世的杰出人物。

1．柏拉图

柏拉图（Platon，公元前427—347）是苏格拉底的学生，亚里士多德的老师。他出生于雅典的一个贵族家庭，所以在思想倾向和政治主张上是有利于贵族的。他生活的时代，正值雅典由昌盛走向衰落的时期。当时，城邦内杰出的政治家伯里克利去世不久，群龙无首，人心不古，风气败坏。雅典贵族趁伯罗奔尼撒战争时期，发动了第二次政变（公元前404），成立三十僭主统治集团。他们当中许多人是柏拉图的亲戚故旧，使他有机会参政。他也跃跃欲试，但不久他便发现这个他寄予希望的政权，“一下子把他们毁坏的民主政权反而变得像黄金时代了”。次年，三十僭主专政被推翻。公元前399年民主派掌权，民主政体得以恢复，但他们却根据荒谬的指控，将苏格拉底杀害，这使他终生都对民主政治持敌视的态度。从此他专心于学术领域，探求一种完善的社会国家方案。他离开雅典周游埃及、小亚细亚、西西里等地。公元前387年，柏拉图回到雅典。在朋友们的帮助下，他招收弟子创办了自己的学园。他在此讲学著书40年。

柏拉图的著作多采用对话体形式，一生共著有30多部著作。其中24篇是以苏格拉底为主要对话者，即以苏氏之口来表达自己的思想主张。他也是西方哲学体系化的第一人。其在政治思想方面的著作有《理想国》《法律篇》和《政治家篇》（又译为《政治家》）等。在《理想国》中，他描绘了自认为是头等好的国家情形。在《法律篇》中，他描绘了自认为是“二等好的”国家情形。这些著作，是他试图用以改造现实社会的一种理想模式。

2. 亚里士多德

亚里士多德（AristoteleS，公元前384—322）出生于希腊北部马其顿色雷斯的斯达奇拉城。他的父亲尼哥马朱是马其顿国王亚密塔二世的御医和朋友，家庭比较富裕。公元前367年，他来到雅典从师柏拉图，并在柏拉图学园学习和工作了20年，是柏拉图的门生和朋友。他学识广博，尊敬老师，被柏拉图称为“学园之灵”。但他在学术上又不是处处以老师马首是瞻，以至柏拉图曾说：“亚里士多德像小马驹生下来对它母亲那样踢我。”柏拉图死后，亚里士多德离开雅典，游历各地。公元前343年，应马其顿国王腓力二世邀请，担任太子亚历山大的教师。同时设置学校，招收马其顿贵族子弟入学。

公元前336年，20岁的亚历山大继位。亚里士多德先回故乡，然后来到雅典。在雅典他得到了亚历山大的多方资助，创办了吕克昂学园。学园内设有当时一流的图书馆和动植物园，由于亚里士多德在讲学时喜欢在园中散步，故被人称为逍遥派学园，其成员又因此称做逍遥学派。公元前323年，亚历山大去世，雅典掀起反马其顿运动。由于他与马其顿王室的关系受到雅典人的攻击，鉴于苏格拉底的教训，他离开雅典，次年死于加尔西斯。

马克思和恩格斯把亚里士多德称做“古代最伟大的思想家”和古希腊哲学家中“最博学的人物”。他身后留下了大量关于各类科学的著作，共有著作164种400卷。按其内容可分为逻辑著作、理论研究著作、实用性著作和艺术理论等四大类，涉及逻辑学、哲学、心理学、伦理学、修辞学、美学、物理学、生物学和医学等领域。其中政治文化方面的著作有《政治学》《雅典政制》等。

（二）近代时期的主要代表人物

1. 马基雅维利

马基雅维利（Niccolo Machiavelli，1469—1527）是意大利的著名政治思想家和历史学家，也是近代资产阶级政治学的奠基人之一。他出身于佛罗伦萨一个破落贵族家庭，其父是位律师。由于家境贫困使他没有机会接受正规的教育，而是靠自学成才。1492 年，法王查理八世入侵意大利，佛罗伦萨人乘机推翻美第奇家族的统治，恢复了共和国。1498 年，马基雅维利出任新政府的外长兼军委会秘书，前后共计 14 年。1512 年，美第奇家族依靠西班牙的支持得以复辟，他也因此丢官，并被捕入狱，受过四次刑罚。释放后被逐出佛罗伦萨，退隐自己的庄园。其间，他虽然欲求复官，为国出力但均未获准。1527 年，美第奇家族的统治又被推翻，他才得以返回佛罗伦萨，不久便去世了。由于他在青年时期，意大利仍然处于四分五裂的状态，而当时的英、法、西班牙等国都已成为了统一的国家。因此，如何使意大利强大起来，成了他思考的主要问题。他一生不仅积极参与各种政治活动，而且细心观察，认真研究和深入思考，写出了《君主论》（1513 年）、《佛罗伦萨史》（1525 年）等著作。其中，尤以《君主论》最为著名。

2. 霍布斯

霍布斯（Thomas Hobbes，1588—1679）出身于英格兰南部马尔蒙斯堡一牧师家庭，14 岁进入牛津大学接受古典教育。毕业后，于 1608 年起任贵族卡迪士长子的家庭教师。1610 年开始多次游历欧洲各国，使他有机会与许多自然科学家和哲学家接触，如结识了伽利略、笛卡尔等人。后来又被培根赏识，做了培根的秘书。对他影响最大的还是伽利略。伽利略的物理学成就，使他从对文学的兴趣转移到科学和哲学上，这也是他成为机械唯物主义哲学家的重要原因之一。1637 年回国，由于他同保皇党人的联系而害怕当时的资产阶级革命，于 1640 年又逃亡巴黎。在巴黎，一度担任当时也逃亡在此的英国威尔斯亲王的私人教师。这其间，他完成了名著《利维坦》。1652 年返回英国，克伦威尔曾邀他担任共和国行政部长职务，但他未予接受。斯图亚特王朝复辟后，威尔斯亲王即位，是为查理二世。此后，由于政治上的原因，他过起了隐居的生活。每年查理二世赐予他一笔养老金。他在政治学上的重要著作是《利维坦》，书中比较全面系统地阐述了他的国家观。

3. 洛克

洛克（John Locke，1632—1704）出身于英格兰南部一个小城的商人家庭，其父做过律师，革命时期站在国会一边反对王政。1646 年洛克进入威斯敏斯特学校学习拉丁文、希腊文、希伯莱文和阿拉伯文。1652 年进入牛津大学，26 岁获得硕士学位。1660 年起留校任教。1665 年曾短期从事外交工作，出使德法两国。其后结识沙夫茨伯里伯爵，即后来英国辉煌党的创始人，担任他的秘书及其子女的家庭教师。他反对封建专制，拥护君主立宪制。1681 年他因与沙夫茨伯里的关系而遭受复辟王朝的迫害，1684 年（又一说为 1682 年）共同逃往荷兰。1688 年英国革命成功后，他与后来成为英国女王的玛丽同乘一船回国，并在新政府中任职。后因健康原因而辞职。洛克对自然科学和哲学有着浓厚的兴趣，并与牛顿等科学家关系密切。他在政治学方面的著作主要有《政府论》上、下篇（1689、1690 年）。

4. 斯宾诺莎

斯宾诺莎（Baruch Spinoza，1632—1677）出身于荷兰阿姆斯特丹一个犹太商人家庭，从小受犹太教的神学教育。年轻时便对《圣经》进行了系统地研究，并提出了许多疑问。当他受到布鲁诺、笛卡尔、培根和霍布斯等人的哲学影响以后，便同犹太教断绝关系，并且开始潜心于哲学领域的研究。因在宗教上持有不同的观点，他受到了犹太教的迫害，被逐出犹太教公会。此后，他离开阿姆斯特丹，先后在荷兰几个城镇居住，最后定居于海牙，依靠磨光学镜片维持自由而俭朴的生活。此间，德国王子曾想聘他去海德堡大学任哲学教授，但因聘书中对其言行提出了某些限制，故被他予以拒绝。在政治思想方面，斯宾诺莎著有《伦理学》（1657 年）、《神学政治论》（1670 年）等著作。

5. 伏尔泰

伏尔泰（Voltaire，1694—1778），原名为弗朗斯瓦·马利·阿鲁埃（Francois Marie Arouet），23 岁在狱中改名，并沿用一生。他出生于巴黎一个富裕的资产阶级家庭。其父是位富有而知名的人士，其母也出身于贵族家庭。伏尔泰 17 岁以前在耶酥会办的大路易学校受教育。1717 年因写诗讽刺当时的法国摄政而被捕，在狱中完成悲剧《哀狄普斯》，首次使用“伏尔泰”一名。出狱后他曾任法国驻荷兰使馆的秘书，后因得罪贵族而再次被捕入狱。两周后被逐出法国，被迫流亡于英国。在英国的 3 年期间（即 1726—1729），他接触了不少社会名流，并深受牛顿和洛克的影响，写作了《哲学通信》一书，以抨击法国专制社会的种种政治弊端。该书一经出版便引起了轩然大波，使他在此后的 20 年里，居住在法国和瑞上边境的一个小镇，以书信的方式与当时的其他启蒙思想家保持联系，并写作了大量的文章。1777 年，巴黎政府取消了对他的禁令，次年他重返故土，受到热烈的欢迎，不久便去世了。他在临终前曾留有这样的遗言：“我死的时候，崇拜上帝，爱我的朋友，不恨我的敌人，而憎恨迷信。”伏尔泰一生所著浩瀚，后人编有十二开本的《伏尔泰全集》90 卷。人们在其灵车上书道：“他教导我们走向自由”。作家雨果则称：“伏尔泰的名字代表的不是一个人，而是整整一个时代。”在政治上，他是法国资产阶级温和派的代表人物。他致力于倡导自由、民主、平等，被视为法国思想界的领袖。

6. 孟德斯鸠

孟德斯鸠（Charles Louis de Secondat Montesquieu，1689—1755），出生于法国吉伦特省波尔多的一贵族家庭。早年就读于波尔多大学，毕业后曾任律师，1714 年当选为省参议员。后因其伯父去世，他继承了其家族的爵位，并任省高等法院院长，成为当地最富有和最有影响力的绅士。尽管拥有爵位头衔，但他对当时法国的专制统治非常不满。他曾先后游历德、意、奥、英等国，进行实地考察。将自己的所思所想写成一书——《波斯人信札》，并于 1721 年出版。该书从多角度对法国政治制度进行了抨击，因此使他得罪了国王路易十五，并拒绝批准他为法国科学院院士。反映他主要政治思想的著作，是 1748 年出版的《论法的精神》，此书系统地阐述了他思想主张。

7. 卢梭

卢梭（Jean Jacques Rousseau，1712—1778），法国启蒙思想家中最为激进的一位，也人类历史上最伟大的思想家之一。卢梭出生于瑞士日内瓦一个手工业钟表匠家庭。其祖辈原居住在法国，因信奉加尔文教受迫害，而迁往瑞士。他幼年丧母，10 岁时父亲离家出走。他 16 岁离开日内瓦，到法国、意大利等地流浪。先后从事过各种职业：家庭仆人、秘书和教师、乐谱抄写员等。29 岁时才定居于巴黎。此后，与百科全书派的许多思想家结识，后因观点不同而与之分手。1741 年曾任法国驻威尼斯大使馆秘书，不到一年便因故辞职返回巴黎。1749 年，第戎科学院发起有奖征文，卢梭以《论科学与艺术》一文应征，并获得头等奖，使他一举成名。接着，他又以《论人类不平等的起源和基础》为题，参加了第二次有奖征文，但未能得奖。此后他又先后发表其他一些重要著作，其中在政治思想文化方面产生了重要影响的有《社会契约论》和《论人类不平等的起源》。后两本书发表之后，引起很大反应，政府当局下令烧毁并要逮捕他。这使得卢梭再次逃往日内瓦，但在那又遭被捕。1765 年应休谟之邀前往英国，但两人因志趣不同最终还是分手了。卢梭的晚年，仍然靠抄写乐谱生活。

8. 康德

康德（Immanuel Kant，1724—1804）出生于东普鲁士的哥尼斯堡。他的祖籍为苏格兰，其父为马鞍匠，其母为虔诚基督徒。16岁时，他进人哥尼斯堡读完中学和大学哲学专业。毕业后曾当过9年的家庭教师。1755年在哥尼斯堡任教，1770年升为教授，，并先后担任过哲学院的院长、哥尼斯堡大学的校长。他知识广博，讲授过物理学、数学、逻辑学、哲学、伦理学、地理学、人类学和自然通史等课程。1755年出版《自然通史和天体伦》. 提出了关于太阳系起源的星云假说，被恩格斯称赞为“是从哥白尼以来天文学取得的最大进步”。康德的主要哲学著作有。《纯粹理性批判》（1781年)、《实践理性批判》（1788年)、《批判力批判》(1790年）和《未来形而上学导论》《道德形而上学基础》《论永久和平》。这些成果使他成为西方近代思想史上杰出的哲学家之一，他也是德国古典哲学的奠基人。康德的政治思想，反映了当时德国资产阶级既有向往革命、渴望变革的一面，又有不敢采取实际行动的软弱性和妥协性的一面。

9. 托马斯·杰弗逊

杰托马斯·杰弗逊（Thomas Jefferson，1743—1826）出生于美国弗吉尼亚州阿尔伯马尔郡的一个富裕种植园主家庭。1760年，杰弗逊进入威廉—马丽学院，学习法律、政治、数学、自然科学、修辞和文学。同时还接触到了欧洲的民主主义思想。大学毕业后，他又学习了5年的法律取得了律师资格。此外，他本人不仅继承了一大片种植园，以及地产的投资，而且还从他妻子随嫁财产中得到了10. 8万公顷土地和134名奴隶。但他并没有安心去做一位有钱的绅士，而是热心于政治活动。1769年，他被选为州议员，开始了自己的政治生涯，成为美国独立战争前后的著名思想家和政治家。1779年他被华盛顿任命为第一届联邦政府的国务卿，1801~1809年他当选两次美国总统。在任职期间，对美国政治制度的民主化做出了许多贡献。他的政治思想主要体现在由他执笔起草的《独立宣言》等法律文件上。

第二节 西方政治思想文化

在西方政治思想和政治理论方面，既观点众多又源远流长的，也涌现出了许多杰出的思想家和政治理论家。由于西方政治思想文化是不同民族、不同国家的思想家们，在不同的时间里所提出的主张和观点所构成的集合物，或者说是混合物。因此，它里面所包含的内容，有些存在着一定的逻辑关系，有些则完全是一家之言，与其他理观点并无联系；有些在一些问题和事物上，有着相同或相似的主张和观点，而在其他问题上则是相互对立的。由于受历史、阶级和个人生活经历等原因的限制，他们中许多人的观点都带有一定的局限性，而且多数人的思想也都是为本阶级的利益服务的。

一、关于国家的起源

关于国家的起源，从古代到近代都是许多的思想家们所关心的问题，也提出了各种各样的观点和见解，其中最为关键的问题是围绕着国家是怎样组成的？国家的权力是怎么来的？国家与民众的关系应当是怎样的？因为这些问题构成了政治活动的重要基础，关系到政治权力的基础，所以也自然成为了政治思想文化中的重要内容。概括起来说，西方思想家们关于国家起源问题主要有以下几种观点。

（一）自然说

自然说（The Natural Theory）的观点在古希腊时期是非常流行的。那时人们认为个人与国家是不可分离的。国家不仅是个人生存的前提与条件，而且也是个人幸福的保障。到了近代，也有不少思想家持有这种观点。

1．古希腊时期的自然说

在古希腊时期，公民与城邦的关系问题很早就引起了学者们的兴趣。哲学家德谟克里特就认为，城邦起源于人们寻求安全和保护的需要，好的城邦制度不仅能够满足公民的最根本的需要，而且能够有限地协调公民个人与城邦共同体之间的利益。普罗泰哥拉认为城邦与公民的关系模式是人的本性的反映。他认为所有的人都有一种正义的观念和被别人承认的愿望，而这也正是使人必须成为城邦共同体一员的原因。

柏拉图认为国家是社会分工的产物，是自然人生活所必不可少的。他借苏格拉底之口说："在我看来，之所以要建立一个城邦，是因为我们每个人不能单靠自己达到自足，我们需要许多东西。"❶ 这需要城邦中的每一位成员，都应该尽自己的所能，发挥自身的长处，为其他成员和城邦共同体服务，大家就是通过这样取长补短，互利互惠，在满足了自己所需的同时，也使其他人和城邦获益。

亚里士多德则站在一个更高的层次来看待这个问题。他认为，人只有作为一个城邦中的一员，才能实现人的本质。认为人类为了满足自己的需要，建立了家庭，然后是部落，最后是城邦。他在所著的《政治学》（写于公元前335~323年）中指出："早期各级社会组织都是自然地生长起来的，一切城邦既然都是这一生长过程的完成，也该是自然的产物。这又是社会团体发展均终点。"❷ "由此可以明白城邦出于自然的演化，而人类自然是趋向于城邦生活的动物（人类在本质上，也正是一个政治动

---

❶ 转引自唐士其著.《西方政治思想史》. 北京大学出版社，2002年5月版，73页

❷ 转引自唐士其著.《西方政治思想史》. 第77~78页。

物)。。凡人由于本性或偶然而不归属于任何城邦的，他如果不是一个鄙夫，那就是一位超人。”❶ 这样城邦对人们的意义，已经从早期思想家仅仅局限于维护人们一般的生活需要与安全需要，而上升到“城邦的长成出于人类‘生活’的发展，而其实际的存在却是为了‘优良的生活’。”❷ 换句话说，“城邦是若干生活良好的家庭或部落为了追求自足而至善的生活，才行结合而构成的”。城邦的存在“并不是由于社会生活，而是为了美善的行为”。❸ 因此，在亚里士多德的头脑中，城邦已经具有极其深刻的伦理意义，是完善人类自身的一个重要途径。

2. 近代的自然说

近代思想家对这个问题的认识已经超出了朴素的情感角度。孟德斯鸠也是社会自然形成说的拥护者。在他看来，人类社会是依据人性和自然法而形成的。他在《论法的精神》一书中写道：“从最广泛的意义来说，法是由事物的性质产生出来的必然关系。在这个意义上，一切存在物都有它们的法。上帝有他的法；物质世界有它的法；高于人类的‘智灵们’有他们的法；兽类有它们的法；人类有他的法。”❹ 他认为人类社会是有自己发展规律的，而这种规律只能存在于自然。因此，他坚决反对神学论的理论，也不赞成社会契约论的思想。他认为人类是出于自然的本质和按照自己的需要，而形成社会和建立国家的。在他看来自然法则在人身上体现出四个方面的原则要求。一是和平的原则；二是求食的原则；三是性依恋的原则；四是社会欲望的原则。前三个原则是适用于人类与兽类的自然法，而唯有第四条原则是针对人

---

❶ 转引自唐士其著.《西方政治思想史》. 第79页。

❷ ［希］亚里士多德著.《政治学》. 商务印书馆，1983年版，第7页。

❸ ［希］亚里士多德著.《政治学》. 第140页。

❹ 转引自袁华音著.《西方社会思想史》. 第260~261页。

类的自然法。它要求人类过社会性的生活，而一旦社会产生之后，人们也就丧失了原有的自然平等关系。不平等就会带来冲突，为了避免冲突便出现了国家。用他的话来说“一个社会没有政府是不能存在下去的”，而国家则是“一切个别力量的联合”。

休莫（David Hume，1711—1776）从他的经验论角度来看待国家的起源。他认为，从历史上看社会的政治和法律制度，都不是源于人们有意识的契约方式形成的，而是出于一种社会习惯。他指出：“没有什么人们共同遵守的契约或者协议是以明明白白的方式达成的，对于野蛮人来说，这是一个远远超出他们的理解能力的概念。掌权者对于每一方面的权威的第一次运用都应该是特别的，并且出于当时的迫切需要。此后这种新的权威的有效性其在日常生活中的运用日益频繁，这种频繁的使用使其成为一种习惯；当然如果愿意的话，也可以称之为人们的自愿，并且由此为人们所默认。”❶ 按照这样一种习俗的发展，也就自然而然地形成了社会和国家。此外，他也不同意霍布斯人的本性自私的观点，认为：“人类是宇宙间具有最热烈的社会结合的欲望的动物，并且有最多的有利条件适合于社会的结合。我们有一个愿望，总不能不着眼于社会。完全孤独的状态，或许是我们所遭到的最大的惩罚。”❷

18 世纪的英国思想家伯克（Edmund Burke，1729—1797）也。是其中的一位。他认为国家和社会的起源，不是源于人们在历史上的某一阶段签订的什么契约而形成的，而是社会自身历史发展过程的产物，并且反对把自然权利作为政府基础的理论。他在文章中写道：“政府不是因为自然权利而建立起来的，后者可

---

❶ 转引自唐士其著.《西方政治思想史》. 北京大学出版社，2002 年 5 月版，第 226 页。

❷ 转引自冯承柏等编著.《西方文化精义》. 第 114 页。

以而且的确与政府完全无关而独立存在，它们（与实际的权利相比）更为清晰，而且更具有抽象的完美；但是，它们抽象的完美正是其在实践中的缺陷……政府是为了满足人们的要求而被建立起来的一种人类智慧的产物。人类有权利使他们的欲望通过这种智慧得到满足。这些要求之中就存在着文明社会对于他们的欲望加以控制的要求。社会不仅要求个人的欲望得到控制，而且甚至也要求作为群体的人们的意向与个人一样，受到经常的约束；他们的意志和欲望都要受到控制。这只有通过一种存在于他们之外的，并且在其行使时不受本来应该受其控制的他们的意志和欲望操纵的权力才能做到。从这个意义上说，对人的约束与他们的自由一样，都是他们的权利的一部分。”[1]

（二）神学说

神学说的观点（The Divine Theory）是中世纪时期占统治地位的思想。它起源于教会，这种观点主张国家的最高权威和权力来自于神的创造和赐予，具体的说就是来自上帝的创造和恩赐。它的权威性和合法性是不容怀疑的，人们在它面前只能顺从和接受。后来，各国的封建王室们，为了加强自己的统治地位和扩大自己的权利，则用君权神授的主张来反对教权，并作为维护自己利益的理论支持和精神武器。

1．古代的观点

在中世纪时期之前，从总体上说，基督教会对于世俗国家持一种漠视甚至是敌视的态度。它一方面是源于基督教在获得统治者的承认之前，一直都受着不公正的对待，甚至是处于被迫害的地位；另一方面则是源于基督教自身的教义。中世纪初期基督教哲学家奥古斯丁在《上帝之城》一书中，把教会和国家做出了不同的区分。在他看来存在着两座城，一个是上帝之城，另一个

[1] 转引自唐士其著.《西方政治思想史》. 第389页。

是尘世之城。它们之间的区别如同善与恶、光明与黑暗。他所谓的“上帝之城”是上帝的天堂王国，那是永恒之城，是供那些虔诚信仰上帝的灵魂安居之所；而与之相对的世俗国家，是不属于上帝之城的。他认为：“在现实世界中两座城是混在一起的。教会是上帝之城在人间的体现，国家若服从教会，就可以成为上帝之城的一部分，反对教会和作恶的人，属于罪恶之城。上帝之城将会胜利，两座城最终将分开，上帝之城将永享幸福，罪恶之城将在烈火中同魔鬼一道受罚。”[1]

在他看来两个城的根本区别在于它们是以两种不同的爱为基础的：“两种爱创造了两座城，由只爱自己连上帝也轻蔑的爱，造成了地上之城，由爱上帝发展到连自己也轻蔑的爱，造成了上帝之城。结果，地上之城为自己而自豪，天上之城为主而自豪。”[2]“一句话，前者的荣耀在于人自己，后者的荣耀则在于上帝。……在前者当中，君主们为了统治欲而奴役被他们征服的民族；在后者当中，君主与臣民出于爱而相互服务……”。[3] 对于世俗国家中所表现出来的人对人的统治与剥削，既是不公正的也是违反上帝意志的。对此，他谴责到：“你们渴望和平、繁荣与富足，但你们的目的绝对不是公平地，也就是说，适度地、清醒地、虔诚地利用这些福祉，你们的目标毋宁说是对各式各样无穷无尽的低级享乐的狂乱的满足，因此在你们的繁荣中将滋生出一种道德的瘟疫，它比最残暴的敌人要坏一千倍。”[4] 他说：“当上帝说‘让他统治海里的鱼，空中的飞鸟和在地上爬行的所有动物’的时候，他绝对没有一点点让他按照自己的形象所创造的理

---

[1] 冯承柏等编著.《西方文化精义》. 第45页。

[2] 转引自徐大同主编.《西方政治思想史》. 天津教育出版社，2001年1月版，第65页。

[3] 转引自唐士其著.《西方政治思想史》. 第140页。

[4] 转引自唐士其著.《西方政治思想史》. 第141页。

性动物除了统治那些非理性的动物外还能统治其他任何东西的意思——不是人统治人，而是人统治动物。因此，远古的有德之人宁愿放牧牛群也不愿意被尊为王……”❶ 在对世俗国家进行鞭挞的同时，奥古斯丁也不得不承认，世俗国家与“上帝之城”还是有着千丝万缕联系的。因为《圣经》中曾经记载了使徒保罗的这样一段著名的话：“在上有权柄的，人人当顺服他。因为没有权柄不是出于神的。凡掌权的都是神所命的，所以抗拒掌权的，就是抗拒神的命。抗拒的必自取刑罚。作官的……他不是空空的佩剑，他是上帝的佣人，是伸冤的，刑罚那作恶的，所以你们必须顺服，不但是因为刑罚，也是因为良心。”❷ 因此，教会也要求人们服从世俗国家的统治。“上帝之城需要利用尘世国家所带来的和平……直到这一尘世的国家消灭为止。”❸ 因为只有在上帝之城，正义与和平才能得到彻底地实现。

中世纪的鼎盛时期，阿奎那在奥古斯丁理论的基础上又进一步地完善和发展了这方面的理论。与奥古斯丁相比，阿奎那出于当时社会的需要和缓和教会与国家之间关系的目的出发，修正了奥古斯丁的观点，对尘世国家给予了一定的合理地位，和较为宽容的解释。在他看来，“人类利益和追求的多样性显然表明在追求他们的目标的过程中存在着多种的途径，因此要达到其目标，人（们）需要指导。”在他看来，如果社会缺少这种指导就无法存在。那么如何进行这种指导呢？谁来进行指导呢？这就是国家存在的理由，同时国家本身又具有管理的使命。当然，作为一位基督教的神学家，阿奎那承认国家的合理性和合法性的目的，还是在于要将它纳入到基督教的神学理论中去，将它与上帝之国联

---

❶ 转引自唐士其著.《西方政治思想史》. 第141页。

❷ 转引自徐大同主编.《西方政治思想史》. 第63页。

❸ 转引自唐士其著.《西方政治思想史》. 第141~142页。

系在一起。因此，在他看来，人、社会、国家和上帝的关系依次为："世界上必然有一种东西作为世界上一切事物得以存在和具有良好以及其他完美性的原因。我们称这种原因为上帝。"[1] 既然上帝创造了万物，显然人和人所具有的理性也是上帝创造的；而社会和国家的出现则是由于人类的相互需要和人类所具有的理性，所以很自然也就得出了上帝是社会和国家的最终创造者的结论。由此，国家的起源也就被神学话了。

在处理国家与教会的关系上，阿奎那认为："宗教权力和世俗权力都是从神权得来的；因此世俗权力要受宗教权力的支配，如果这是由上帝如此规定的话；即在有关拯救灵魂的事物方面。在这些问题上，人们应先服从宗教权力，然后再服从世俗权力而不是宗教权力。"因为，在《圣经》中耶稣有过一句名言："恺撒的物归恺撒，神的物当归神。"所以，在这里，从表面上阿奎那似乎是遵循了耶稣的教导将王权与教权分开了，实则不然。因为在他之前的教皇卜尼法斯八世在12世纪后期又根据《圣经》引申的"两剑论"为根据，认为："耶酥让门徒准备两把剑即精神权力和世俗权力。耶酥把这两把剑都交给了教会，一把供它使用，一把为它使用。"[2] 以此为根据，他提出："教皇的权力在世俗问题和宗教问题上都是至高无上的"，基督永远是"万王之王和万主之主，他的权力必然不会丧失，他的统治权将永不消逝"。[3] 这样，通过教会的中介作用，上帝之城就与尘事之国联系起来，教权的地位也由此得到了提高。

---

[1] 北京大学哲学系编.《西方哲学原著选读》（上卷），商务印书馆，1981年版. 第263页

[2] 徐大同主编《西方政治思想史》第77页。

[3] ［意］阿奎那著《阿奎那政治著作选》商务印书馆，1982年版，第153页。

2. 近代的观点

在不少神学家们为在上帝那里寻找国家起源的原因时，也有一些人为维护君主和国王的权力在上帝那里找根据。在他们当中，费尔莫（Robert Filmer，1588—1653）就是其中的一位。费尔莫是一位英国人，他为维护君主制写下了《父权论》一书，该书的副题为"为国王的自然权力反对人民非自然的自由而辩护"。该书在他死后于1680年和1685年两次出版，成为斯图亚特王朝复辟时期保守派为国王辩护的思想武器。费尔莫认为，"人生而自由并不受任何压迫，他们可以按照他们的愿望自由地选择政府的形式，任何人所享有的统治别人的权力最初都是根据人们的多数同意而被授予的"[1] 等观点都是非常错误的。如果按照社会契约论所主张的话，国家的权力是不可能稳定和持久的。因为，那些没有参与订立契约的人，和那些在订立契约时没有表示同意的人们，都可以有权不服从政府。同时，对于那些后继任或继位的统治者来说，他们的权力也无法得到人们的认可。所以，国家的权力或者说政府的权力，只能从世袭的君主制上去找，而父权就是非常充分的证明。除了费尔莫以外，法国人波苏埃（Jaques—Benigne Bossuet，1627—1704）也有类似的主张。

（三）社会契约说

社会契约说的观点（The Social Contract Theory，也称为社会契约论）就是近代新兴资产阶级提出的新的国家起源的观点。与古希腊和罗马国家自然形成的结果相比，在欧洲大陆上新兴的民族国家，需要为自己找出新的理论支持。他们认为国家乃是一国之民以共同签署契约的形式建立的。它的提出一方面是对中世纪神创论的批判，另一方面为人们对国家和社会所存在的弊端进行批判提供了理论根据。当然，对社会契约论持批评态度的思想家

---

[1] 转引自唐士其著.《西方政治思想史》. 第184～185页。

也不在少数。它一方面来自于保守的、主张维护旧的社会秩序的人们，如上面提到的阿奎那、费尔莫等人；另一方面来自于其他思想流派的主张，如英国的经验论和怀疑论者休莫。尽管社会契约论是一种唯心主义的理论，但它在当时反对基督教神学理论、反对封建专制和为建立资产阶级的国家政权方面，还是起到了舆论准备、社会发动的作用，为资产阶级提供了思想武器。其中尤以霍布斯、洛克、卢梭和斯宾诺莎等人的观点具有代表性。与霍布斯和洛克不同的是，卢梭认为每一个人都有权利参与政治事物，而不仅仅是那些有财产和有地位的人的事。当然，对社会契约论持批评态度的思想家也不在少数。

1. 英国的社会契约论思想

霍布斯是17世纪英国社会契约论思想的第一位有代表性的重要人物。他出生的时代和他的经历对他的思想形成影响较大。他出生时正好是荷兰海军被英国打败的一年。所以，用霍布斯自己的话来说，他母亲实际上生下一对“双胞胎”，即他本人和他的恐惧感。如果说亚里士多德是从人性的较为积极地方面来看待政治，认为人类的本性具有社会性和合作性，所以人类能够通过建立国家和政府来过上较为完美的生活的话；那么霍布斯则显然过多的强调了人类消极的一面，认为人类社会具有高度的竞争性和自私性，所以人们需要国家和政府，用以维持国家和社会的正常秩序。霍布斯认为：“自然使人在身心两方面的能力都十分相等，以致有时某人的体力显然比另一个人强，或是脑力比另一个人敏捷；但是这一切总加在一起，也不会使人与人之间的差别大致使这个人能要求获得人家不能像他一样要求的任何利益，因为就体力而论，最弱的人运用密谋或者与其他处在同一危险下的人联合起来，就能具有足够的力量来杀死最强的人。”[1] 在这种大

---

[1] ［英］霍布斯著.《利维坦》. 商务印书馆，1985年版，第93页。

家能力都势均力敌、不分伯仲的情况下，“任何两个人如果想取得同一东西而又不能同时享用时，彼此就会成为仇敌。他们的目的主要是自保，有时则只是为了自己的欢乐；在达到这一目的的过程中，彼此都力图摧毁或征服对方。”❶ 而人的本性中又具有“得其一思其二、死而后已、永无休止的权势欲。造成这种情形的原因，并不永远是人们得陇望蜀，希望获得比现已取得的快乐还要更大的快乐，也不是他不满足于一般的权势，而是因为他不事多求就会连现有的权势以及取得美好社会的手段也保不住。”❷这样，如果在没有外在约束的情况下，人们之间的竞争和争斗，就会变成“每个人对每个人的战争”。❸ 很显然，按照他的观点就会得出必然的结论，那就是在自然状态下“人们不断处于暴力死亡的恐惧和危险中，人的生活孤独、贫困、卑污、残忍而短寿”。❹

要避免这种悲惨的命运和结局，霍布斯认为出路就在于人们必须摆脱自然状态，通过互相订立契约的方式，放弃自己一部分在自然状态下的权力，把它转交给一个超然的实体，由它来行使那些权力以保证人们能够生活在和平与秩序当中。“这就等于说，. 指定一个人或一个由多人组成的集体来代表他们的人格，每一个人都承认授权如此承当本身人格的人在有关公共和平或安全方面能采取的任何行为、或命令他人做出的行为，在这些行为中，大家都把自己的意志服从于他的意志，把自己的判断服从他的判断。这就不仅是同意或协调，而是全体真正统一于惟一人格之中；这一人格是大家人人相互订立信约而形成的，其方式就好

---

❶ ［英］霍布斯著.《利维坦》. 第92页。

❷ ［英］霍布斯著.《利维坦》. 商务印书馆，1985年版，第72页。

❸ ［英］霍布斯著.《利维坦》. 第94页。

❹ ［英］霍布斯著.《利维坦》. 第95~96页。

像是管理自己的权利，把它授予这个人或这个集体，但条件是你也把自己的权利拿出来授予他，并以同样的方式承认他的一切行为。这一点办到之后，像这样统一在一个人格之中的一群人就称为国家。”❶ 由此，人们也就建立起了国家。按照他的理论，国家建立起来之后，接受委托的一方便成为主权者，它可以根据人们的委托来代表人们行使权利。这种主权具有至高无上和不可让渡的性质。当然，他同时认为：“在主权者未以条令规定的地方，臣民都有自由根据自己的判断采取或不采取行动。”至于国家政体则取决于主权者人数的多少，他认为可以是君主制，也可以是贵族制，还可以是民主制。而他本人则偏爱君主制。尽管霍布斯的理论存在着明显的缺陷，但是马克思还是给予了很高的评价，认为“霍布斯已经用人的眼光来观察国家了，他们是从理性和经验中而不是从神学中引申出国家的自然规律”。❷

继霍布斯之后，英国另一位社会契约论的主要代表人物就是洛克。他的理论和霍布斯一样，都是建立在自然法的思想基础上的。如果说霍布斯的观点为批判中世纪神创国家论提供了理论依据的话，那么洛克的观点则为人们对国家本身的批判提供了理论根据。所不同的是，在这同一命题下霍布斯认为在自然状态下，人与人的生存竞争会导致“每个人对每个人的战争”。而洛克对此则不以为然，在他看来由于人类是具有理性的，这种理性可以使人类能够理解自然法中所包含的道德原则，从而使人能够在自然状态下和平、和谐与安全的生括。洛克认为，在自然状态下人们享有一定的自然权利。在这些权利中，最重要的是自由权、生命权和财产权。为了维护这些权利，人们还享有由此派生出来的其他两种权力。“第一种就是在自然法许可的范围内，为了保护

---

❶ ［英］霍布斯著.《利维坦》. 第131—132页。

❷ 转引自冯承柏等编著.《西方文化精义》. 第111页。

自己和别人，可以做他认为合适的任何事情。基于这个对全体都适用的自然法，他和其他人类同属于一体，构成一个社会，不同于其他一切生物。”“另一种权力，是处罚违反自然法的罪行权力。当他加人一个私人的（如果我可以这样称它的话）或特定的政治社会、结成与其余人类相判分的任何国家的时候，他便把这两种权力放弃了。”❶ 而依然保留了自己的生命、自由和财产方面的权力，而不是像霍布斯所说的全部权力。于是人们在结成社会和建立国家的过程中，实际上是签订了两个契约，一个是人们在相互之间签订的契约，它是用来建立社会之所需的。他说：“在任何地方，不论多少人这样地结合成一个社会，从而人人放弃其自然法的执行权而把它交给公众，在那里，也只有在那里才有一个政治的或公民的社会。”❷ 另一个则是人们与统治者之间签订的，通过它可以使政府得以合法的成立。对此他写道：“每个人在参加社会时交给社会的权力，只要社会继续存在，就决不能重归于个人，而是将始终留在社会中；因为如果不是这样，就不会有社会，不会有国家，而这是违背原来的协议的”。❸ 人们之所以签订这种契约，在洛克看来并不是像霍布斯所说的那样，是源于他们的自私和彼此间的敌意，而是由于人们自身的无知和知识的局限性所产生的在理解和执行自然法过程中出现的不便和非正义。因此，人们建立国家的目的就是为了使自然法得到完美的实现，以避免在自然状态下人们行为所出现的偏差。而且，在洛克所谈到的双重契约关系中，避免了霍布斯单一契约所出现的逻辑上问题，从而使政府也成为签约一方，也对它的权力有一定的约束。洛克认为这种约束主要应遵守以下两个原则：一是要遵

❶ ［英］洛克著.《政府论》下篇. 商务印书馆，1964 年版，第 78 ~ 79 页。

❷ ［英］洛克著.《政府论》下篇. 第 64 页。

❸ ［英］洛克著.《政府论》下篇. 第 150 ~ 151 页。

守法治原则，他说“无论国家采取什么形式，统治者应该以正式公布的和被接受的法律，而不是以临时的命令和未定的决议来进行统治。”❶ 也就是说统治者或政府必须依法进行统治，这样就可以做到公正，也可避免政府行为的偏差。二是多数同意的原则，他认为在人们组成社会之后便成为一个整体，而这个整体应该具有一个统一的行动方向，这个方向当然是由社会上各种力量推动的结果。那么，在这些推动力量中一般又是由势力和力量较为强大的一种或数种来起决定作用的，这些较强的力量所达成的一致便构成了多数人的意见。因此，社会在进行政治决策或采取行动时，接受和服从多数人的意见应该是最为明智和合理的选择。虽然，洛克和霍布斯的社会契约论都是建立在唯心主义的基础上，但与充满了专制色彩的霍布斯观点相比，洛克的主张中则包含有较多的自由主义精神，这一点就使得他的思想更具有进步色彩。所以，马克思说：“他是一切形式的新兴资产阶级的代表。”❷

2. 荷兰的社会契约论思想

17 世纪上半叶，荷兰是当时欧洲经济上最为发达的国家。在科学和文化方面它也走在其他国家的前面。斯宾诺莎就是荷兰社会契约论思想的代表人物。由于他所生活的时代，是自然法和社会契约的思想已经比较流行的时期。因此，斯宾诺莎也是这种思想的积极支持者。在社会契约论方面，他认为在国家产生之前，社会是已经存在了，只是由于社会自身缺少某种强制力的保证，使之缺乏必要的秩序与安全，在这种情况下人们便需要以契约的形式建立起国家。他说：“若是人生来只听清醒的理智的指挥，社会显然就用不着法律了。教导真正的道德信条就行了。无

❶ ［英］洛克著.《政府论》下篇. 第 86 页。

❷ 转引自袁华音著.《西方社会思想史》. 1988 年 2 月版，第 217 页。

知人类的天性不是这样。每人都谋其个人的利益。其所以如此并，不是凭清醒的理智。因为大多数人关于欲求和效用的观念是为肉体的本能和情绪所支配，只顾眼前。因此之故，若无政府、武力、法律以约束人的欲望与无节制的冲动，社会是站不住的。”❶ 所以，如果“人不互助或没理智的帮助，必是极其可怜的生活着。想到这里我们就可以明白，如果人要大致竭力享受天然属于个人的权利，人就不得不同意尽可能完善相处，生活不应再为个人的力量与欲望所规定，而是取决于全体的力量与意志。”❷ 所以，在他看来，如果人们要想充分享受自然所赋予他们的自由，那么他们就必须联合起来。之所以会这样，他认为：“人性的一条普遍的规律就是，凡是断为有利的，他必不会等闲视之，除非是希望获得更大的好处，或者出于害怕更大的祸患；人也不会忍受祸患，除非是为了避免更大的祸患，或获得更大的好处。也就是说，人人是会两利相权取其大，两害相权取其轻。……这条规律是深入人心，应该列为永恒的真理与公理之一。”❸ 按照他的观点，国家的建立就是人们两害相权取其轻的选择。

3. 法国的社会契约论思想

在法国思想家中，卢梭的社会契约论思想是非常有代表性的。卢梭虽然是生活在启蒙时期，但他的思想却带有一定的反启蒙色彩。在他看来，文明的发展不仅没有使人性得到进步，相反却使人类的理性退化得贪婪和狡诈，文明的过程不过是人类本性不断迷失的过程。与霍布斯和洛克理解的自然状态不同，在卢梭的眼中，自然状态是人类按照没有受到文明污染时的最美好时

---

❶ ［荷］斯宾诺莎著.《神学政治论》. 商务印书馆，1982 年版，第 82 页。

❷ ［荷］斯宾诺莎著.《神学政治论》. 商务印书馆，1982 年版，第 222、223 页。

❸ ［荷］斯宾诺莎著.《神学政治论》. 第 214 ~ 215 页。

期，也是人类社会发展的第一个阶段。当人类社会出现家庭和民族之后——即第二阶段，自然的平等也开始消失。当人类进入第三个阶段时，便出现了不平等，也就是产生了私有制。他在《社会契约论》中写道："从前本是自由、自主的人，如今由于无数新的需要，可以说已是不得不受整个自然界的支配，特别是不得不受他的同类的支配。""这一切灾祸，都是私有财产的第一个后果，同时也是新产生的不平等的必然产物。"❶ 所以，为了联合起来保护弱者，抑制富人，人们就需要制定一些公正而有效力的条约，这样便产生了社会的契约。他认为，所谓的社会契约就是："要找出一种结合的方式，使它能以全部共同的力量来维护和保障每一个结合者的人身和财富，并且由于这一结合而使每一个与全体相结合的个人又只不过是在服从自己本人，并且仍然像以往一样地自由。"❷ 在他看来，这个契约是人们相互之间签定的契约，人们把自己的权力交给社会，不是为了去接受压迫，而是以自然的自由来换取社会的自由。这样国家的主权也便归人民自己所有了。这样一来，他便很自然地得出了以下的结论：国家的立法权应归人民所有，政府的官员也不再是人民的主人而是人民的官吏，更重要的是人民具有革命权，也就是人民有权推翻暴君的统治。由此，卢梭在启蒙运动中第一次提出了"人民权利"的思想，为未来的资产阶级民主共和国的发展提供了较为完整的政治设计。恩格斯在《反杜林论》中对卢梭的观点给予了极高的评价。他说："这样，不平等又重新转变为平等，但不是转变为没有语言的原始人所拥有的旧的自发的平等，而是转变为更为

---

❶ 转引自袁华音著.《西方社会思想史》. 南开大学出版社，1988 年 2 月版，第 281 页。

❷ 转引自袁华音著.《西方社会思想史》. 第 282 页。

高级的社会契约的平等。压迫者被压迫。这是否定的否定。”❶

除了以上几位思想家的观点以外，也还其他一些人持有类似的主张。比如，在美国 18 世纪的思想家中，潘恩也是持这种理论的。

二、关于政体与政权的思想

政体与政权的形式问题，是关系到国家长治久安的大问题。由于政体和政权的频繁更迭，不仅引起了社会的动荡，也关乎着国家的安危。因此，如何找到一个理想的政体和政权形式，是不少思想家思考的问题。

（一）古希腊和罗马的政体思想

在古希腊，人们对社会的发展持一种并非乐观的态度。在他们眼中人类社会的发展是一个从黄金时代降到白银时代，又从白银时代再降到黑铁时代的堕落过程。因此，他们认为政体的变化也是一个不断堕落的过程。先是君主制粉墨登场，然后是寡头制亮相，接着是民主制和僭主制表演，可他们的演技却一个比一个拙劣。因此，柏拉图根据古希腊历史上存在过的各种政体形式将它们做了不同的分类。柏拉图在《理想国》一书中写道：“第一种被叫做斯巴达和克里特政制，受到广泛赞扬的。第二种被叫做寡头政制，少数人的统治，在荣誉上居第二位，有很多害处的。第三种被叫做民主政制，是接着寡头政制之后产生的，又是与之相反对的。最后，第四种，乃是与前述所有这三种都不同的高贵的僭主政制，是城邦的最后祸害。”❷ 之所以会产生出各种不同的政体，依柏拉图来看主要是由于各城邦公民们所具有的性格或者品质所致。“有多少种不同类型的政制就有多少中不同类型的

---

❶ 转引自袁华音著.《西方社会思想史》. 第 287 页。

❷ ［希］柏拉图著.《理想国》. 商务印书馆，1986 年版，第 313 页。

人们性格。你不要以为政治制度是从木头里或石头里产生出来的。不是的，政治制度是从城邦公民的习惯里产生出来的；习惯的倾向决定其他一切的方向。”❶ 在柏拉图看来，这四种政体都是不可取的，因为它们都背离了他所信奉的关于城邦所应具备的美德。他认为荣誉政体容易导致人们争强好胜和爱好虚荣，寡头政体则导致人们追求财富与享受，民主政体则引来人们绝对的民主和无限制的自由，而僭主政体又会带来人们追求无休止的欲望等。显然，柏拉图在进行分类时，并不是严格根据每种政体自身的特性来进行的，而是参照某种政体在正义与道德等因素来进行的。他理想中的政体乃是君主政体。因为，他相信智慧常常只掌握在少数人手里。然而在现实面前，柏拉图不得不放弃这一空想，在他后期所著的《政治家》和《法律篇》中，提出了混合政体的主张，也就是在城邦中分别取民主政体和寡头政体中各自合理的部分，所形成的一种搀和着不同原则的政体，从而实现平衡和正义的原则。

亚里士多德在对政体问题的研究上则更为理智。他在《政治学》中首先对政体进行了如下的定义：“一个政治制度原来是全城邦居民由以分配政治权利的体系。”❷ “政体可以说是一个城邦的职能组织，用以确定最高统治机构和政权安排，也由以订立城邦及任何分子所企求的目的。”❸ 接着他又进行了进一步的论述：“‘政体’（πολιτεα，波里德亚）这个名词的意义相同于‘公务团体’（πολιτεα，波里德俄马），而公务团体就是每一城邦‘最高治权的执行者’，最高治权的执行者则可以是一人，也可以是少数人，又可以是多数人。这样，我们就可以说，这一个人或少

❶ ［希］柏拉图著.《理想国》. 第 313 ~ 314 页。

❷ ［希］亚里士多德著.《政治学》. 第 109 页。

❸ ［希］亚里士多德著.《政治学》. 第 178 页。

数人或多数人的统治要是旨在照顾全邦共同的利益，则由他或他们所执掌的公务团体就是正宗政体。反之，如果他或他们所执掌公务团体只照顾自己一个人或少数人或平民群众的私利，那就必然是变态政体。”❶ 据此，他将政体划分为两大类，共六种政体形式。第一类是以城邦共同利益为目的的政体，分为共和、贵族、君主三种；第二类是为部分人谋利益的政体，分为平民、寡头、僭主三种。他将前一类视为正宗政体，第二类为变态政体。比如，他对共和政体（Polity）和平民政体（Democracy）进行了对比。虽然它们两者都是多数人的统治，但共和政体以城邦共同利益为目标的政体，而平民政体则是多数人为自己谋利益的政体。同时，他认为政体是城邦内部社会结构的一种反映，是城邦内各个阶级利益的反映，而不是像柏拉图所言的是由公民的品德来决定的。

受柏拉图的影响，亚里士多德并不看好单一形式的政体，而是热衷于混合政体形式的。在他看来，混合政体不应仅仅局限在将民主和寡头两种政体原则的混合，而是要将城邦内各个阶级和阶层的利益，都能得到表达和体现的混合政体，使各种政治力量能够在城邦内得以平衡。只有这样，才能平衡和反映各个阶级的利益与要求，从而使城邦能够长治久安。亚里士多德在他一书中，曾对民主政体的特征提出了以下几点内容：“①官员从全体公民中选举产生；②所有公民的共同治理与每个公民的轮流治理；③对于全体公民而言，不论他们是否具有经验或者技能都可以在政府中任职；④一个人不能担任两次同一职务，或者极特殊（的情况），或者是那些仅仅限于与军事有关的职务；⑤对所有官员而言，他们的任期应该尽可能的短一些；⑥陪审团从全体公民中选举产生，并由它来裁定所有纷争，或大多数纷争……⑦公

---

❶ ［希］亚里士多德著.《政治学》. 第132、133页。

民代表大会作为国家的最高权力机关，来决定国家的一切事项，或者至少是那些重要的事物，而政府官员的权力则不能高于其他人，或应尽可能地不高于其他人。"❶

亚里士多德对于政体的研究并没有停留在分类上面，还对政体的变革与更替进行了探讨。在这方面柏拉图认为："政治制度的变动全都是由领导阶层的不和而引起的。如果他们团结一致，哪怕只是很少的一致，政治制度变动也是不可能的。"❷ 这里，柏拉图显然将变革的原因归为统治者自身，即人的道德因素，而忽略了其他的方面。而亚里士多德的视野却要宽阔得多，他不仅阐述了变革的原因，还提出了具体的解决办法。他在《政治学》一书中写道："应当考虑……各政体发生变革的一般原因，并说明变革的原因为数有几种以及各种变革的性质。我们也须考虑各个政体所以衰亡的特殊原因，从而研究一个政体要是趋于崩溃而必须有另一个政体取而代之时，将以何者变人到何者最为适当。此外，对怎样保持一般政体的稳定的各种政策我们也须有所建议，并给各个城邦分别指出维护其政体的最好方法。"❸ 对于变革的原因，他从引起人们变革的情绪、变革的目的以及变革的时机三个方面进行了探讨。从情绪上看，这主要是"有些人看到和他们相等的他人占着便宜，心中就充满了不平情绪，企图同样达到平等的境界。另一些人的确有所优越，看到那些不能与自己相比拟的人们却所得相等，甚至更多，也就心中激起了不平情绪，企图达到优越（不平等）的境界"。❹ 于是，这两类人就都有可能成为了变革者（或将其称为革命者）。从目的上看，这些变革

❶ （David Held：Models Of Democracy（《民主的模式》），Polity Press，1995，P. 19）

❷ ［希］柏拉图著.《理想国》. 第 315 页。

❸ ［希］亚里士多德著.《政治学》. 第 231 ~ 232 页。

❹ ［希］亚里士多德著.《政治学》. 第 236 页。

者的目的“无非是私利和荣誉，也可以相对地由于害怕受到损害和耻辱；有些人闹事的本意只在避免某种惩罚或耻辱，或者由于自己或朋友遭受了这些不幸，他们竟然鼓煽大众发动了一次政变。”❶ 从时机上看，则有许多方面偶然和必然的因素会引起变革，例如，统治者的贪婪、残暴与专横，民众对统治的反抗、对荣誉的向往与追求，城邦内利益分配的不均衡，等。当然，亚里士多德研究变革的目的并不是为了帮助人们去变革，而是为了防止和避免变革的出现。为此，他还为统治者们提出许多诸如完善法律、以诚相待、主持正义、团结一致、避免两极分化等建议。显然，在当时那样一个时代，这些建议是徒劳的。

在古罗马时期，对政体进行过深入研究的思想家也不少，其中有较大影响的是波里比阿（Polybius，前203—前120年）和西塞罗（Marcus Tullius Cicero，前106—前43年）。这里我们先简单介绍一下西塞罗的主张。

西塞罗被认为是古罗马时期最伟大的思想家之一。由于罗马帝国与希腊城邦存在的差异，所以他首先对国家进行了定义。他认为：“国家乃是人民之事业。但人民不是人们某种随意聚合的集合体，而是许多人基于法的一致和利益的共同而结合起来的集合体。”❷ 基于这一认识，他对混合政体是赞叹有加。他曾以音乐为例指出：“正如（音乐中）完美的一致与和谐产生于不同的音高的有比例的混合，国家中的一致也来自于不同的因素之间的协调，这种协调来自于对上层、中层和下层阶级的力量的公正的和理性的混合，如同不同的音高一样。”❸ 他认为，罗马共和国

❶ ［希］亚里士多德著.《政治学》. 第236页。

❷ 转引自徐大同主编.《西方政治思想史》. 第56～57页。

❸ 转引自唐士其著.《西方政治思想史》. 北京大学出版社，2002年5月版，第122页。

的黄金时期的政体，是“权利、义务和职能的平衡，因此管理者有充分的权力，作为杰出公民的执政官有充分的影响，而人民则享有充分的自由”。[1] 他认为正是由于罗马贵族和元老院的出色作用，由于公民们对贵族和传统习俗的服从，才使得罗马的混合政体得以良好地运转。他认为，国家应该是一种为了维护正义和追求共同利益而结成的全体公民的团体。所以，他的名言是“共和国属于全体人民”。不过，由于西塞罗本人生活在罗马从共和制向帝制转变的时期，而他又是一位共和制的坚定捍卫者，这也就注定了他命运的悲剧。西塞罗所拥护和歌颂的罗马共和政体，随着帝国版图的扩大而逐渐走向崩溃。为此，他曾先后对恺撒和屋大维独揽大权的行径进行过勇敢地斗争，对他们的独裁倾向进行过坚决地反对，因而被当权者视为眼中钉，以至于最后被屋大维处死。

（二）近代政体的思想

近代思想家们关于政体的思想主张也很多，它是当时社会围绕着反封建的环境与条件进行的。

斯宾诺莎基于其社会契约论的主张，认为人类最为理想的政体是民主政体。他指出：“一个社会可以这样形成（指通过契约的形式——引者）而不违反天赋人权，契约能永远严格地遵守，就是说，若是每个人都把他的权力全部交付给国家，国家就有统御一切事物的天然之权；就是说国家就有惟一绝对统治之权，每个人必须服从，否则就要受最严厉的处罚。这样一个政体就是一个民主政体。”[2]

伏尔泰在他的早期是一位君主政体的拥护者。虽然他对封建专制政体进行了无情地批判，但他却不拥护民主政体，不相信社

[1] 转引自唐士其著.《西方政治思想史》. 第122页。

[2] ［荷］斯宾诺莎著.《神学政治论》. 商务印书馆，1982年版，第216页。

会下层人们的智慧和能力，而对君主制颇为热衷，尽管他主张的君主制是所谓的开明或君主立宪式的。他认为政权只能掌握在少数人手里，把人们的幸福寄托在贤明的君主身上，认为“仁慈的国王是上天所能给予大地的最好的礼物”。伏尔泰反对专制政体，是认为它过于专断，扼杀自由，国王可以为所欲为；他不赞成共和政体，是认为它会产生党争，引起内讧，破坏国家的安定。在他的眼睛中，英国的君主立宪制是较为完美的典型。他在《哲学通信》中写道：“英国是世界上抵抗君主达到节制君主权力的惟一的国家，他们由于不断的努力，终于建立于这样开明的政府。在这个政府里，君主有无限的权力去做好事，倘使想做坏事，那就双手被缚了；在这个政府里，人民心安理得地参与国事。”❶对于英国的政权结构他写道：“下院是地地道道的代表着全民族；因为国王只为他自己以及为他的所谓‘特权’而行动，大臣们也只为了他们自己而出席议会，主教们也无非为了他们自己才到那里去；但是下院却是为了人民，因为那儿每个议员都是代表人民的议员。”❷伏尔泰之所以如此赞美英国的君主制，是因为他把它当做法国学习的榜样。但到了晚年，他的思想则转向了百科全书派的共和制思想。

除了伏尔泰以外，孟德斯鸠与多数当时的思想家一样，也按照国家权力掌握在什么人之手以及他们对待法律的态度，把政体分为共和政体、君主政体和专制政体三类。他对专制政体进行了深刻地批判，认为它的本质就是封建君主“按照他个人反复无常的意志实行独裁统治，不要任何法律。即使是君主在醉酒或精神失常时做出的决定，臣民也必须执行，‘专制政体的原则是恐

❶ 转引自袁华音著.《西方社会思想史》. 第258页。

❷ 转引自袁华音著.《西方社会思想史》. 第258～259页。

怖’，人们‘战战兢兢，提心吊胆’，没有‘一刻清静，一天安心’。”❶ 他说：“我假定了三个定义，或毋宁说是三个事实：共和政体是全体人民或仅仅一部分人民握有组高权力的政体；君主政体是由单独一个人执政，不过遵守固定的和确立了的法律；专制政体是既无法律又无规章，由单独一个人按照一己的意志与反复无常的性情领导一切。”❷ 在共和政体中，又可根据是“全体人民握有最高权力”，还是“一部分人民握有最高权力”，被区分为是民主政体还是贵族政体两种。为了区分这几种政体，他又提出了政体性质和原则的概念。他说：“政体的性质是构成政体的东西；而政体的原则是使政体行动的东西。一个是政体本身的构造；一个是使政体运动的人类的感情。”❸ 他所谓的政体性质其实就是指权力掌握在那些人和多少人或者机构手里。马克思对孟德斯鸠的政体思想评论到：“君主政体的总的说来就是轻视人、蔑视人，使人不成其为人；而孟德斯鸠认为君主政体的原则是荣誉，他完全错了。他竭力在君主政体、专制制度和暴政三者之间找区别，力图逃出困境；但是这一切都是同一概念的不同说法，它们至多只能指出在同一原则下习惯上有所不同罢了。”❹

此外，黑格尔也是君主立宪制的推崇者。他认为，在历史上曾经出现过的君主制、贵族制和民主制等形式，都是不完美和有缺陷的，而只有君主立宪制是最为完美的。他在《法哲学原理》一书中写道：“国家成长为君主立宪制乃是现代的成就，在现在世界，实体性的理念获得了无限的形式。”他总结了历史和现实君主制的弊端，认为君主也必须受到法律的制约。他认为，虽然

---

❶ 冯承柏等编著.《西方文化精义》. 第116页。

❷ 转引自袁华音著.《西方社会思想史》. 南开大学出版社，1988年2月版，第273页。

❸ 转引自袁华音著.《西方社会思想史》. 第273页。

❹ 注转引自袁华音著.《西方社会思想史》. 第274页。

君主有决断权，但“这不等于说君主可以为所欲为，毋宁说他受咨议的具体内容的束缚的。当国家制度巩固的时候，他除了签署之外，更没有别的事可做。”❶ 显然，他也是以英国的君主立宪制作为自己的理想模式。

美国思想家潘恩认为，共和制政体是最好的形式。同时认为，应该把共和政体与代议制的形式结合起来。因为，在他认为，古代的民主制过于简单只能应用于小国寡民，而共和制下的代议制则能够较好地适合于人口和地域都比较大的国家。认为共和制政体可以充分体现出公利、公正和代议这三项原则来。在他眼中，所谓公利就是民众的公共利益，它是政府建立和所争取的目标；所谓公正就是人民权利的平等；所谓代议就是由人民选出自己的代表，去按照法律的要求代为履行治理国家的过程。他特别强调了代议制的优越性。他指出：“代议制集中了社会各部分和整体的利益所必须的知识。它使政府始终处于成熟状态。它永远不年轻，也永远不老……而且正如政府所做的那样，摆脱了一切的个人偶然性。”❷ 对此，杰斐逊与潘恩也持相同的观点。他认为，“如果不在社会的多数人那里寻找正义权力的源泉，那么能在什么地方找到它呢？难道在少数人中间吗？还是在少数人中间的某一个人身上呢？”❸ 认为，只有依靠人民才能使共和国安如磐石了。同时他还认为，反对国家权力滥用的最好办法就是完善民主制度。他认为，当所有男性公民都拥有普选权，当立法、行政与司法官员都是由公民选举产生的，当公民享有教育的权力，享有宗教、言论与出版自由的权力时，民主最终就能够获得成功。显然，由于他所处的社会和历史条件，他的观点比起以

---

❶ 转引自袁华音著.《西方社会思想史》. 第394页

❷ 转引自裔昭印主编.《世界文化史》. 第393页。

❸ 转引自徐大同主编.《西方政治思想史》. 第215页。

往。的思想家们就更为进步了。

三、关于分权与制衡的思想

权力及如何使用权力，既是政治的核心问题，也是社会是否稳定的重要因素。因此，围绕着如何划分权力，如何使用权力也是政治思想文化中的重要问题。

（一）古希腊和罗马的分权与制衡思想

在古希腊和古罗马时期，思想家们关于分权与法制的思想，是常常与政体和法制思想混合在一起的。古希腊的分权和制衡思想最早始见于柏拉图的著作——《政治家》一文中。当时他是针对一个城邦究竟实行何种政体为好时，提出这一问题的。在他看来，实行混合政体是比较现实和可能的。这种政体可采用部分民主政体和部分寡头政体的原则来组织，并通过选举同样数量的各个等级代表人数，达到城邦内财富和权利的平等，也使得这种政体得到制衡。

如果说柏拉图的思想分权和制衡思想还处于一种朦胧状态的话，那么亚里士多德分权和制衡的思想则进一步清晰。他也是在谈到混合政体时提出自己主张的。他指出混合政体不仅应是两种政体之间政治原则的制衡，而且在政府权力机构内也应做到相互间权力的制衡。他把政府机构的权力分为三个部分："一切政体都要有三个要素作为城邦构成的基础，一个是优良的立法家在创制时必须考虑到每一要素，怎么才能适合于其所构成的政体，……三者之一有关城邦一般公务的议事机构（部分），其二为行政机能部分……其三，为审判（司法）机能。"[1] 他在这里所表达的权力制约和平衡主张，对于后来法国思想家孟德斯鸠，以及后来的美国制宪原则都起到了启迪作用。

---

[1] 转引自唐士其著.《西方政治思想史》. 第116页。

在古罗马时期，许多思想家们在谈论分权与制衡的问题时都是与政体相联系的，常常是混在一起论述的。这里我们仅以波里比阿的观点为代表加以介绍。波里比阿是希腊人，后由于在战争中被俘而到了罗马。由于他亲身经历了希腊的衰落和罗马的崛起，对两国的政体有了深刻地认识，并进行了系统的研究。他认为这其中一个很重要的原因，就在于罗马采用并有效地实行了一种混合政体。他认为罗马政体的成功之处在于它混合了君主制、贵族制和民主制的因素，也就是通过执政官、元老院和全体公民（以护民官和公民大会的形式）分别执掌部分而不是全部的权力。他说："权力就是这样组织的，每个部分制约其他部分，又与之合作，在所有紧急情况下，他们的联合又是非常适当的。所以，难以发现比这再好的政治制度了。"这种混合政体"集君主制、贵族制和民主制的优点于一身，又不使其中任何一个原则过分地膨胀，从而变为自己的对立面。每一种力量都被其他两个所抵消，任何一个都不能压倒和超过其他力量。因此，这个政体能够保持长时间的均衡状态。"[1] 通过对罗马共和国从公元前220年到前146年期间的历史研究，从总体上他认为，罗马共和国的幸运之处就在于政权的三个组成部分，不仅能够相互制约而且能够相互合作，因为国家的共同利益是指导它们行动的最高原则，从而也就避免了它们相互之间的牵制与内耗，使国家的整个政治体制不能得到有效的运转和应对挑战。当然波里比阿对罗马共和国的分析与研究也存在着理想化的倾向。不过，他的一些理论和研究、成果，也为后来文艺复兴时期的思想家们提供了启示。

（二）近代分权与制衡思想

自启蒙运动之后，分权和制衡的思想才真正得以形成，有关的理论也才得到不断完善。而它真正从理论变为实践，还是在美

---

[1] 转引自徐大同主编.《西方政治思想史》. 第55页。

国建国后所建立起来的一套完整的政治制度，同时它也成为近代以来西方政治思想的一个重要内容。

1. 洛克的分权与制衡思想

洛克是近代思想家中较早提出将国家权力进行分割的一位。他认为要想有效地保护人们的生命、自由、财产，实现法制原则，就必须实行分权制。

洛克认为国家有三种权力，即立法权、行政权和外交权。他所谓的“立法权是指享有运用权利来指导如何运用国家力量以保障社会极其成员的权力”，[1] 它是国家最根本的权力。洛克认为：立法权应该“属于若干个人，他们定期集会，掌握有由他们或联同其他人制定法律的权力”。[2] 所谓的行政权，就是指法律的执行权，也就是被赋予监督和保证法律实施的机构的权力。他认为：“由于那些一时和在短期内制定的法律，具有经常持续的效力，并且需要经常加以执行和注意，因此就需要有一个经常存在的权力，负责执行被制定和继续有效的法律；所以立法权和执行权往往是分开的。”[3] 因为：“如果同一批人同时拥有制定和执行法律的权力，这就会给人们的弱点以绝大诱惑，使他们动辄要攫取权力，借以使他们自己免于服从他们所制定的法律，并且在制定和执行法律时，使法律适合于他们自己的私人利益，因而他们就与社会的其余成员有不相同的利益，违反了社会和政府的目的。”[4] 因此，要达到对政府权力的制约，就必须首先使立法权与政府脱离。所谓的外交权，就是有关国家“战争与和平、联合与联盟以及同国外的一切人士和社会进行一切事物的权力”。[5]

---

[1] 转引自袁华音著.《西方社会思想史》. 第213页。
[2] ［英］洛克著.《政府论》下篇. 第89页。
[3] ［英］洛克著.《政府沦》下篇. 第90页。
[4] ［英］洛克著.《政府论》下篇. 第89页。
[5] ［英］洛克著.《政府论》下篇. 第90页。

尽管洛克把外交权单独划分出来，但在具体执行时它与执行权又无太大的区分，所以洛克本人也认为，“如果执行权和对外权掌握在可以各自行动的人手里，这就会使公众的力量处在不同的支配下，迟早总会导致纷乱和灾祸”。[1] 在洛克的三权理论中，它们不是平行并列的关系。他特别重视立法权，认为它的地位应高于其他权力。他认为：“只要政府存在，立法权是最高的权力，因为谁能够对另一个人订立法律就必须是在他之上的。而且，立法权之所以是社会的立法权，既然是因为它有权为社会的一切部分和每个成员制定立法，制定他们的行为准则，并在法律被违反授权加以执行，那么立法权就必须是最高的权力，社会的任何成员或社会的任何部分所有的其他一切权力，都是从它获得和隶属于它的。”[2] 洛克三权分立主张的不足，在孟德斯鸠那里得到了补充和完善。

2. 孟德斯鸠的分权与制衡思想

在近代对分权和制衡理论方面，做出实质性贡献的是德国思想家孟德斯鸠。在他看来，“一切有权的人都容易滥用权力，这是万古不易的一条经验。”[3] 因此，他继承了洛克的学说，提出要防止滥用权力，就必须将权力分开使用，以权力制衡权力的原则。这样，便能形成一种既能联合各种政治力量，又能使它们彼此调节配合并相互制约的制度。

孟德斯鸠把政府的权力划分为立法、行政和司法三部分。它们三者的主要区别在于：“依据第一种权，国王或执政官制定临时或永久的法律，修正或废止已制定的法律。依据第二种权，他们讲和或宣战，派遣或接受使节，维护公共安全，防御侵略。依

---

❶ ［英］洛克著.《政府论》下篇. 第91页。

❷ 转引自袁华音著.《西方社会思想史》. 第213页。

❸ 转引自徐大同主编.《西方政治思想史》. 第181页。

据第三种权，他们惩罚或裁决私人诉争。”❶ 他之所以做这样的考虑和安排，主要着眼点在于：“当立法权和行政权集中在同一个人或同一个机关之手，自由便不复存在了；因为人们将要害怕这个国王或议会制定暴虐的法律，并暴虐地执行这些法律。如果司法权不同立法权和行政权分立，自由也不存在了。如果司法权同立法权合而为一，则将对公民的生命和自由施行专断的权力，因为法官就是立法者。如果司法权同行政权合而为一，法官便将握有压迫者的力量。如果同一个人或是由重要人物、贵族或平民组成的同一个机关行使这三种权力，即制定法律权、执行公共决议权和裁判私人犯罪或争讼权，则一切便都完了。”❷ 孟德斯鸠不仅提出了三权分立的理论，而且还进一步提出了以“权力制约权力”的思想。在他设计的理想政府中，立法机关由贵族和平民两院组成，各自的人员组成和任期均有不同，因为它们两者会有不同的考虑、不同的利益，这样两院本身可以相互否决以达到彼此制约，同时它还可以对行政机关的执法情况进行监督；行政机关可对立法机关的立法行使否决权，并决定立法机关开会和休会的时间；而司法机关则可对立法和行政机关的行为进行监督。他的三权分立理论成为后来许多资本主义国家确立政治制度的基本原则，对西方现代政治思想的发展产生也产生了深刻的影响。

3. 美国建国者们的分权与制衡思想

混合政体的主张通过美国建国者们之手，采用对国家权力的分配与混合而得到了有限地制约和平衡，也使孟德斯鸠的思想得到了进一步的发展。首先，在分权与制衡的必要性上，他们认为：“防止把某种权力逐渐集中于同一部门的最好办法，就是给

---

❶ 转引自裔昭印主编.《世界文化史》. 第 391 页。

❷ ［德］孟德斯鸠著.《论法的精神》. 第 156 页。

以各部门的主管人抵制其他部门侵犯的必要法定手段和个人的主动。"[1] 其次，在立法权的设立上，他们将其划分为参议院和众议院，使两院既分权又制约。他们认为："由于僭越权力或背离职守的阴谋，需经两个不同机构的同意才能实现；而单一的机构则容易为野心所左右或为贿赂所腐蚀，这样就加倍地保障了人民的利益。……由于两个机构的特点越不一样，就越是难以勾结起来为害。"[2] 再次，在行政权方面，他们一方面将政府总统的选举设计成为由选举团投票产生，而不是由公民直接投票产生，同时总统不必对议会负责，以便总统有一定的独立性；另一方面他们又将行政权划分为中央政府和地方政府两个层次，是中央和地方可以相互制约。他们认为："在美国的复合共和国里，人民交出的权力首先分给两种不同的政府（指联邦和州政府——引者注），然后那个政府分得的那部分权力再分给几个分立达到部门。因此，人民的权利就有了双重保障。两种政府将互相控制，同时各政府又自己控制自己。"[3] 第四，在司法权上，他们认为司法权相对立法权和行政权来说是较弱的，应尽量保证它的独立性。因此，在设计上一是法官不经民选产生，而且在不犯渎职罪的前提下可以任职终身；二是只有它可以在联邦和州设立两级机构，而且联邦司法机关对州拥有管理权，而行政和立法机关则无此特权。总体上说，美国的分权与制衡理论，是在继承和总结前人这一方面思想成果基础上的进一步创造。

此外，黑格尔基于他对君主立宪制的推崇，将孟德斯鸠立法、司法和行政的三权分立思想改造为王权、行政和立法三权相结合的政治架构。从他的哲学思想出发，他认为王权是（即君

---

[1] ［美］汉密尔顿等著.《联邦党人文集》. 第264页。

[2] ［美］汉密尔顿等著.《联邦党人文集》. 第315页。

[3] 转引自唐士其著.《西方政治思想史》. 第279页。

主）是逻辑上的“绝对理念”，而逻辑理念中又包含着单一特殊和普遍这三个方面的统一。在国家的政治构架中，政体就是逻辑理念的体现。其中，王权就代表着单一，行政权就代表着特殊，而立法权则代表着普遍。与此相对，君主、贵族和人民这三个要素就与相应的王权、行政权和立法权联系起来了。而这三个要素之间的相互制约与制衡，就能保证君主立宪制的平稳与有效运行。当然，在这三权当中，王权被黑格尔视为高于其他两权。

四、关于法律与法制思想

一个国家是靠人治还是靠法治，这是一个自古至今都令思想家们十分关心的问题。

（一）古希腊的法制思想

古希腊的法律和法制思想由来已久，不过它最初是以自然法的观念和形式出现的。

1. 柏拉图的法制思想

在柏拉图现存的著作中，《理想国》和《法律篇》是两部充满智慧的著作。前者是对理想城邦政治模式的探讨，后者则是对现实城邦政治模式的设计。他自认为前者是第一等好的理想城邦，它是靠贤良、博学而拥有智慧的统治者，或统治者们来治理的，因此是不需要法律的。他认为“在最好的情况下应该是人而不是法律拥有全部的权威，他掌握着统治的艺术并充满了智慧”。[1] 他对当时雅典的民主制毫无兴趣，认为大多数民众并不具有他所谓的治国的知识，而充其量不过是拥有各种意见而已。如果基于他们这些意见的表决来治理国家，那将不是依赖真理来治理。但理想代替不了现实，所以他便在《法律篇》一书中设计了所谓第二等好的城邦模式。不过它不是由贤明的哲学家似的

---

[1] 转引自唐士其著.《西方政治思想史》. 第62页。

统治者来统治的，而是由凡人来治理的。为了保证城邦的正常运行，它必须依靠法律的帮助，而且城邦中的一切政治活动都应以法律为中心。他说："如果法律没有自己的最高权威而必须从属于其他因素，城邦的崩溃也就为期不远了……相反，如果法律成为统治者的主人，而统治者不过是法律的奴隶，那么人们就能够看到无限光明的前景，并且能够享受诸神为城邦所赐予的所有快乐。""立法并非以征战或者寻求某种至善为目的，而是为了保卫已经建立的政治制度的利益而不论这种制度为何物，关键是压迫保证它永远不被推翻并始终富于生命力"。❶ 这样，既可以通过法律来约束统治者，也可以用它来约束百姓，从而通过建立一套完整的法律使城邦达到长治久安的目的。而要想达到这样的目的，所制定的法律必须是着眼于城邦的全体利益，而不是少数人、或团体的利益。"我们的立法不是为城邦任何一个阶级的特殊幸福，而是为了造成全国周围一个整体的幸福。它运用说服或强制，使全体公民彼此协调和谐，使他们把各自能向集体提供的利益让大家分享。"❷"我们认为那种不是为了城邦的整体利益而制定的法律不过是虚假的法律，如果某项法律偏袒了城邦中某个部分的特殊利益，那么它的制定者便不能被称为公民而只不过是些朋党之徒，而那些以为这种法律将能够得到遵守的人也不过是在痴心妄想。"❸ 应该说，他的这种思想即使在今天也是非常有意义的。

2. 亚里士多德的法制思想

与他的老师相比，亚里士多德则是一位更关心现实政治的思想家。他不热衷于探讨理想的政治模式，而是致力于解决如何使

---

❶ 转引自唐士其著.《西方政治思想史》. 第 63 ~ 64 页。

❷ ［希］柏拉图著.《理想国》. 第 279 页。

❸ 转引自唐士其著.《西方政治思想史》. 第 77 页。

现实政治制度变得更为完善和为人们所接受。他更倾向于依靠法律而不是统治者个人的品行来治理国家。他认为："谁说应该由法律遂行其统治，这就有如说，惟独神祇和理智可以行使统治；至于说谁说应该由一个个人来统治，这就在政治中混入了兽性的因素。常人既不能完全消除兽欲，虽最好的人们（贤良）也未免有热忱，这就往往在执政的时候引起偏向。法律恰恰正是免除一切情欲影响的神祇和理智的体现。"❶ 在法律制定出来之后，不论是统治者还是被统治者，都应该加以遵守。他在《政治学》中写道："法律应在任何方面受到尊敬而保持无上的权威，执政人员和公民团体只应在法律（通则）所不及的'个别'事例上有所选择，两者都不该侵犯法律。"❷ 亚里士多德之所以对法律情有独钟，是因为在他看来法律的制定无疑凝集了无数人甚至无数代人的智慧、经验和教训，也包含了一种时间与历史的智慧，所以它可以超越某一具体时代，某一或某些统治者的思想与智慧。当然，他也知道法律也不可能是一成不变的，但他对法律的修改却持一种非常慎重的态度。"变革一项法律大不同于变革一门技艺。法律所以能见成效，全靠民众的服从，而遵守法律的习性须经长期的培养，如果轻易地对这种或那种法制常常做这种或那样的废改，民众守法的习性必然削减，而法律的威信也就跟着削弱了。"❸ 应该说亚里士多德的这些思想都是很有见地的。

（二）罗马的法制思想

在罗马思想家中，西塞罗的法制思想是比较有代表性的。西塞罗的法制思想是建立在古希腊自然法的理论之上的。在西塞罗看来，"正确的理性与自然是一致的"，而人的理性是能够把握

❶ 转引自唐士其著.《西方政治思想史》. 第68页。
❷ 转引自唐士其著.《西方政治思想史》. 第117页。
❸ 转引自唐士其著.《西方政治思想史》。第68~69页。

自然的，因此“真正的法律”是构筑在人类所认识的自然规律的基础之上的。所以，他认为：“真正的法律是与自然相一致的正确的理性的反映；它普遍适用，不会变迁而且垂于永远；它的要求成为人们的义务，它的禁令则避免人们为恶……任何篡改这种法律的企图都是犯罪，而且人们也不可能对它有丝毫的改变，更不可能把它完全废止。无论是元老院的元老们还是人民大众都不可能免除它所加的义务，同时我们也不需要在我们自身的（理性）之外为它寻求别的解释者。无论对于雅典人还是罗马人都不会有不同的法律，现在的法律也不会与将来有所不同。在世上只有一种不变的法律，它对将来所有的民族，在任何时候都同样有效。世上也只有一位主宰者或者说是统治者，那就是神，因为他就是这一法律的创造者，解释者，也就是它的执行者。任何违背这一法律的人实际这都是对他自己的背叛，是对他的人性的否定，而且由于以上的原因将受到最严厉的惩罚，尽管他可能会逃脱通常意义上所说的处罚。”❶

以西塞罗为代表的当时罗马人所认识的自然法则，一方面包括如上所述的抽象理论以外，另一方面也包括实际生活中的具体内容。例如，诚实、信守诺言、不故意伤害他人、尊重公私财物等。正是基于这些自然法则的理论，西塞罗认为人类的一切法律，包括习惯法与成文法，是“根据自然法而得出的第一项原则”。❷ 这些也正是罗马国家重视法律的传统的体现。同时，他认为国家是人们为实现正义而结成的一种联合形式。因此，他特别强调法律在国家中的重要性，认为没有共同遵守的法律，就没有国家的存在。针对当时罗马帝国出现的独裁倾向，他强调指出：“世界上没有一种存在物比暴君更邪恶或更可怕了，而对于神

---

❶ 转引自唐士其著.《西方政治思想史》. 第130页。

❷ 转引自唐士其著.《西方政治思想史》. 第131页。

和人来说，也没有什么东西更可恨了……因为（他暴君）虽然有一副人的长相，但就其残酷的本性来说，他远远超过了最狂暴的野兽。怎么能把那种对共同体的正义根本毫不在乎，与他的同胞，甚至是人类的任何部分没有任何共同之处的生物称之为人呢?”[1]

（三）中世纪的法制思想

1．基督教的法制思想

从基督教的观点来说，在世界上所存在的各种不同事物，可分为存在物、人类社会、基督教会和国家等四个层次，而每个不同层次的事物都有与之相适应的法律。阿奎那将这些不同的法律分别称为永恒法、自然法、神法和人法，并认为法不过是“人们据以从事某一活动以及避免从事另一活动的某种规则或者说尺度。”[2] 当然，这四个法的地位也不是等量齐观的。其中，永恒法是所有法的基础和源泉，是其他法的存在依据。用阿奎那的话来说，“永恒法无非指导所有行动和运动的一种神圣的智慧。”“永恒法正是最伟大的统治者进行统治的计划，而在他之下的所有低等的统治者们的统治计划都必须来自这一永恒的法则”。[3]自然法的地位则是仅次于永恒法的。在阿奎那的眼中，永恒法所反映的是上帝的智慧，它是人类的理性所无法理解的。人类只能信仰它。而自然法则是人类理性可以理解的。“自然法正是理性的存在物对于永恒法的一种参与。”[4] 因为，与自然界中的其他生物相比，上帝赋予人类以理性，所以人类可以在一定程度上分享上帝的智慧。阿奎那从自然法中，推导出三条适用于人类的原则，其一是自我保护的本能，其二是自我繁衍的本能，其三是自

---

[1] 转引自唐士其著.《西方政治思想史》. 第132页。

[2] 注转引自唐士其著.《西方政治思想史》. 第133页。

[3] 注转引自唐士其著.《西方政治思想史》. 第134页。

[4] 注转引自唐士其著.《西方政治思想史》. 第134页。

我发展的本能。原则一表明，人类具有保护生命和避免伤害的权利；原则二表明，人类具有维系两性关系的要求和照顾后代的责任；原则三表明，人类具有完善自身和参与社会生活的权利。这些原则对于人类自身的生存和人类社会的发展是必不可少的，是人类社会所必须遵循，并应使其不断得到满足的。神法则是上帝对基督教会和教徒要求，也是人们所必须遵守的信仰和行动指南。人法则是人类基于自身的理性，根据“自然法以及其他一些共同的、无须证明的原则而得出的另外一些更为特殊的规定”，[1]它是自然法在人类社会中的具体体现。因此，人类所制定的法律必须服从自然法的原则，否则，即便它具有法律之名，也无法律之实，只是盗用法律之名而已。它既得不到上帝的认可，也无法得到人们的有效遵守。

2. 阿奎那的法制思想

中世纪的法制思想主要是来自于基督教的思想家们。在他们当中第一位有影响的人物要数托马斯·阿奎那了。他从基督教神学理论出发，认为世界上存在着四个不同层次的共同体，即所有的存在物、人类社会、基督教会和国家。与这四个层次事物相对应的也就存在四种不同的法，他将它们分别称为永恒之法、自然法、神法和人法，并将法定义为：“人们据以从事某一活动以及避免从事另一活动的某种规则或者说尺度。”[2] 在阿奎那看来永恒之法是其他法的基础。“永恒之法无非是指导所有行动和运动的一种神圣的智慧。”[3] 它“正是最伟大的统治者进行统治的计划，而在他之下的所有低等的统治者的统治计划必须来自这一永

---

[1] 转引自唐士其著.《西方政治思想史》. 第135页。

[2] 唐士其著.《西方政治思想史》. 北京大学出版社，2002年5月版，第133页。

[3] 唐士其著. 西方政治思想史，北京大学出版社，2002年5月版，第134页。

恒法则。”[1] 在他的眼中，作为上帝的创造物，人类的智慧是无法认识永恒之法的，只能接受它、信仰它。但自然法却可以被人类通过理性来认识，因为分享有上帝的理性，所以人类自然也就有一种自然的禀性，而“自然法正是理性的存在物对于永恒法的一种参与”。[2] 同时，自然法又是人法的基础，所以人法也就是人类理性基于“自然法以及其他一些共同的、无须证明的原则而得出的另外一些更为特殊的规定”，[3] 是自然法在人类生活中的一种具体延伸。但是当它背离了自然法和人类的自然禀性，妨碍了人的理性时，它只能是徒具法律之名，在它统治之下生存的人们与自然界中的动物毫无二至。虽然阿奎那拥戴君主立宪制，认为君主们有权制定法律，但他并不认同君主们可以制定有利于自己专制的残酷法律。

对于法律的修改问题阿奎那也是持一种比较保守的态度，他接受了亚里士多德的思想。他认为：“轻易地变法之所以对公民的福利有害，是因为传统本身对于人们守法是有所助益的。因此，那些与人们普通奉行的习俗相反的行为，即使是非常轻微，也应该被视为是一种严重的（对法律的）侵犯。当法律被变更之后，它的约束力也就随之而变弱了，因为原来的传统已经被抛弃。因此，除非变法所带来的福利能够补偿它所产生的不利的影响，人法绝对不应该被轻易变更。”转引自总体上说，他的法制思想既继承了古希腊思想家们的遗产，又有他自己新的创造。

（四）近代的法制思想

到了近代，西方的思想家对法制的主张和理论更是提出了许多观点。这些观点一方面是出于对封建专制制度的批判，另一方

---

[1] 转引自唐士其著.《西方政治思想史》. 第 134 页。

[2] 转引自唐士其著.《西方政治思想史》. 第 135 页。

[3] 转引自唐士其著.《西方政治思想史》. 第 135 页。

面则是出于维护新兴资产阶级利益的要求。

16 世纪下半叶，英国思想家胡克（Richard Hooker，1554—1600）认为，政府的组成与行为都应以法律为依据。他在《政府论》中论述到：“无论对于国王的权力还是人民的权力来说，最严格地加以限制的权力才是最好的权力；所谓受到最严格的限制就是说只能处理很少的事物，最好的权力是那种其行使受到完善的尽可能细致的规则限制的权力，这些规则就是法律。我指的不仅是自然法或者说上帝的法律，而且包括所有与它们相一致的国家的或者地方的法律。以那些法律为王的人们要比国王其自身就是法律的人们幸福得多。”[1] 另外，近代许多思想家在谈论法制原则和思想时，常常都是它与政府分权和基本人权等方面联系起来，例如孟德斯鸠在反对封建君主制时，就曾经大力推崇英国模式，认为“君主立宪制和三权分立的基本精神，就是坚持以法治国，一切以法律为准绳。他认为，自由并不是意味着可以任何行事，平等也不是意味着否定命令和服从，真正的自由只在于做一切法律所许可的事，真正的平等也只在于在法律面前人人平等。”[2]

美国的建国者们对法律的重要性也有着清醒的认识。约翰·亚当斯（John Adams）就认为，在一个共和国里，重要的不在于建立起民主制度，而是要确立法律至高无上的权威。他说：“（建立）这样一个国家，在其中所有的人，富人与穷人、管理者与被管理者、官员与民众、主人与奴仆、第一公民与最低者都平等地服从于法律。”[3] 又如，杰弗逊从他天赋人权的思想基础上出发，主张以法律的形式来保障人民的自由权利。针对 1787

[1] 转引自唐士其著.《西方政治思想史》. 第 135 页。

[2] 冯承柏等编著.《西方文化精义》. 第 117 页。

[3] 转引自唐士其著.《西方政治思想史》. 第 266 页。

年宪法的修改，他提议应该“在新宪法里附上一项人权法案，也就是说，在这一法案里，政府必须宣布：①信仰自由，②出版自由，③一切案件均由陪审团审判，④取缔商业垄断组织，⑤废除常规军”❶

与古代和中世纪时期相比，近代思想家和法学家们不仅法律与法制理论的探讨及研究上面较以往任何时候都要深刻，而且他们在具体实践上也制定了许多具体的法律与法典，为现代社会的法制建设做出了较大的贡献。当然，其目的主要还是为资本主义社会制度和资产阶级的利益服务的。

五、关于人权的思想

人权（Human Right）的基础，是把每个自然人在地位上和价值上都视为平等的，不存在此高彼低、此优彼劣的问题。从人权的本质上说，它是人与生俱来的权利，不是法律所赋予的，与民权的概念和范围不同。它具有天生性、不可侵犯性、不可出让性和不可剥夺性。而民权则是一个国家或社会赋予其公民或成员的特定的或特殊的一些权利。如选举权和被选举权等。

（一）自由权

在自由权中主要是人身自由和思想与言论自由的权利。

1. 霍布斯和洛克的自由观

霍布斯把自由视为人的自然权利的一部分。对此他解释到：人们“一般称之为自然权利的，就是每一个人按照自己所愿意的方式运用自己的力量保全自己的天性——也就是保全自己的生命——的自由。因此，这是自由地用自己的判断和理性认为最合适的手段去做任何事情的自由。自由这一词，按照其确切的意义说

---

❶ 转引自袁音华著.《西方社会思想史》. 第226页。

来，就是外界障碍不存在的状态。”[1] 同时，他认为在通过契约建立国家之后，个人的自由便不再是绝对的而只是相对的了。用他自己的话来说，法律的“沉默之处”便是人们自由的所在。“一般来说，人们在国家之内由于畏惧法律而做的一切都是行为者有自由不做的自由。”[2]

在国家与个人自由的关系出现对立时，霍布斯是趋向于维护国家的权力，而洛克则是倾向与个人的。他认为：“人的自然自由，就是不受人间任何上级权力的约束，不处在人们的意志或立法权之下，只以自然法作为他的准绳。处在社会中的人的自由，就是除经人们同意在国家所建立的立法权之外，不受其他任何立法权的支配；除了立法机关根据对它的委托所制定的法律之外，不受任何意志的统辖或任何法律的约束。”[3] 造成霍布斯与洛克在这一问题上产生分歧的原因，一是由于两人对自然状态的不同理解，二是他们对政府权力设计的限制的不同。

2. 斯宾诺莎的自由观

斯宾诺莎是西方政治思想史上被认为是最早提出思想与言论自由的思想家。他的名言是“自由比任何事物都更为珍贵”，[4] 每个人都应该是自己思想的主人。他认为：“政府最终的目的不是用恐怖来统治或约束，也不是强制使人服从，恰恰相反，而是使人免于恐怖，这样他的生活才能极有保障；换句话，加强他生存与工作的天赋之权，而于他人或别人无损。政治的目的绝不是把人从有理性的动物变成畜生或傀儡，而使人有保障地发展他们的身心，没有拘束地运用他们的理智；既不表示憎恨、愤怒或欺

---

[1] ［英］霍布斯著.《利维坦》. 第 97 页。

[2] ［英］霍布斯著.《利维坦》. 第 163 页。

[3] 洛克著.《政府论》下篇. 第 16 页。

[4] ［荷］斯宾诺莎著.《神学政治论》. 第 272 页。

骗，也不用嫉妒、不公正的眼加以无稽只监视。实在地说，政治的真正目的是自由。”[1]“如果人的心也和舌头一样容易控制，每个国王就会安然坐在他的宝座上了，强制政治就没有了……人的心不可能完全由别一个人处治安排的，因为没有人愿意或被迫把他的天赋的自由思考判断之权转让与人的。因为这个道理，想法子控制人的心的政府，可以说是暴虐的政府，而且规定什么是真的要接受，什么是不真的不要接受，或者规定什么信仰以激发人民崇拜上帝，这可算是误用治权与篡夺人民之权。所有这些问题都属于一个人懂得天赋之权。此天赋之权，即使由于自然，也不能割弃的。”[2]

3．伏尔泰的自由观

伏尔泰的自由观是建立在自然法的基础上的。在他看来，自由只意味着一点，那就是拥有思想能力和自由能力的自由；自由是最重要的自然权利，也是自然法的基础。因此，“人人自由，人人平等，一个人的真正生活，即自然生活，就是这样。”[3]所以，自由是人们生来拥有的权力。他还认为，“你在任何时间、任何地点都是自由的，只要你在做你愿意做的事情。”也就是说，“我能做我希望做的事情的时候，我是自由的；但是，我必然希望我所希望的。”[4]那么，如果人们都各行其事的话，社会其不是就要完结了吗？其实不然，他这里所讲的自由只是强调反对一切形式的专制、反对一切形式的压迫。在伏尔泰看来人的本性有三重性：一是人所具有的合群性，认为人类“是最高等的群居动物”，人与人之间有自然爱慕的情感，“这些感情是人永远改不

[1] 转引自唐士其著.《西方政治思想史》. 第221页。
[2] 转引自唐士其著.《西方政治思想史》. 第221页。
[3] 转引自袁华音著.《西方社会思想史》. 第256页。
[4] 转引自袁华音著.《西方社会思想史》. 第255页。

掉的，是社会的永恒联系和根本法律，因为神预料到了人们将要在社会中生活”。[1] 二是人所具有的自然合理性，他认为人类的理性是神和自然赋予的，任何人都有理性和勤劳的双手，这是保证人类能够最终达到完善的境地。三是人具有宗教性，他认为人们的灵魂概念来自于梦境，而灵魂又会引起人们的恐惧感，为了躲避令人感到恐惧的灵魂，人们便产生了宗教信仰。基于人的这三重本性，人类要想过自由的社会，要想自由地表现自己的本性，就必须有社会组织，也就是有国家来做保证。所以，自由也就意味着要服从法律，同时，又没有专制政府的存在。

此外，他还从人的自由出发，“捍卫言论自由和出版自由，认为有了这两种自由，其他一切自由就有了可靠的保障。”[2]

3. 密尔的自由观

密尔（John Sturt Mill，1806—1873，又译为约翰·穆勒。）是19世纪英国关于自由问题的一位重要思想家。他曾写下了论述自由的名著——《论自由》。密尔认为，“惟一实称其名的自由，乃是试图按照我们自己的道路去追求我们自己的好处的自由，只要我们不试图剥夺他人的这种自由、不试图阻碍我们取得这种自由的努力。每个人是其自身健康的适当监护者，不论是身体的健康，或者是智力的健康，或者是精神的健康。人若彼此容忍各按照自己所认为好的样子去生活，比强迫每人都照其余的人们所认为好的样子去生活……”[3] 根据他的主张自由的含义应该为：一是如果一个人的行为不涉及自身以外其他人的利害，他个人的行为不必向社会负责，如果别人（或社会）不喜欢他的行为，只能以提出劝告或回避的方式来表达，而不能以干涉的方式

---

[1] 转引自袁华音著.《西方社会思想史》. 第253页。

[2] 徐大同主编.《西方政治思想史》. 第170页。

[3] ［英］密尔著.《论自由》. 商务印书馆，1959年版，第13页。

来对待；二是如果他的行为有害于他人的利益，他个人就应对他自己的行为向社会负责，并且要接收社会或法律的处罚。书中对人们的思想和行动自由有许多精辟的论述。

密尔认为，当社会上存在着不同意见时，这种自由就更显得重要了。他特别强调指出："第一点，若有什么意见被迫缄默下去，据我们所能确知，那个意见却可能是正确的。否认这一点，就是假定我们自己的不可能错误性。第二点，纵使被迫缄默的意见是一个错误，它也可能，而且通常总是，含有部分真理；而另一方面任何题目上的普遍意见亦即得势意见也难得是或者是全部真理：既然如此，所以只有借敌对意见的冲突才能使上述的真理有机会得到补充。第三点，即使公认的意见不仅是真理而且是全部真理，若不容它去遭受而且实际遭受猛烈而认真的争议，那么接受多数之保持这个意见就像保持一个偏见那样，对于它的理性根据就很少领会或感认。不仅如此，而且，第四点，教义的意义本身也会有丧失或减弱并且失去其品性行为的重大作用的危险，因为教义已变成仅仅在形式上宣称的东西，对于至善是无效力的，并且还阻挡着任何真实的、有感于衷的信念从理性或亲身经验中生长出来。"❶ 这是一段非常耐人寻味、意义深远、并极富哲理的论述。同时他还认为，思想自由不仅能够使人们更好地认识和揭示真理的面目，而且对于提高一个民族和国家的建设素质也有极大的益处。他说："为着使一般的人都能获致他们所能达到的精神体量，思想自由是同样或者甚至更加必不可少。在建设奴役的一般气氛之中，曾经有过而且也会再有伟大的个人思想家。可是在那种气氛之中，从来没有而且永远不会有一种智力活跃的人民。若见哪一国人民一时曾经接近那种性格，那是因为对

❶ ［英］密尔著.《论自由》. 第56页。

于异端思想的恐惧曾经暂告停止。”❶

为了保证人们的自由，密尔对国家的行为也提出了限制。他认为国家应尽可能少地干涉个人的自由。对于万不得已情况下的干涉，也是应该有严格的界限及原则的。这一原则就是：“人类之所以有理由授权个人或集体对其成员的行动自由加以干预，惟一的目的是为了自卫。这就是说，对文明社区中的任何成员能够以正当理由施用一种权力以反对其意志，惟一的目的就是防止伤害他人。”❷ 当然，密尔所强调的自由也不是绝对的个人自由，他也承认自由是应有限度的。只不过他认为个人自由只要不损害他人同样的自由与权利，他人和国家就无权干涉。

4. 卢梭的自由观

卢梭也非常关注人的自由问题，而且他把自由与平等联系在一起。他的名言是：“人是生而自由的，但却无往不在枷锁之中。自以为是其他一切的主人的人但反而比其他一切更是奴隶。”❸ 他是对私有财产进行猛烈抨击的思想家之一。在他看来私有制是导致社会一切丑陋现象和造成人与人之间不平等的主要祸根。卢梭在他其名著——《论人类不平等的起源和基础》中写道：“从一个人需要另一个人帮助的那一刻起，从人们发觉一个人拥有两个人的粮食是有利的那一刻起，平等就消失了，所有制就采用了，劳动就变成强迫的了，……我们马上就看到奴役和贫困在这片田野上与庄稼一同繁荣滋长。”❹ 这样一来，“从前本是自由、自主的人，如今由于无数新的需要，可以说已不得不受整个自然界的支配，特别是不得不受他的同类的支配。”❺ 原先人们所具

❶ ［英］密尔著.《论自由》. 第36页。

❷ 注转引自冯承柏等编著.《西方文化精义》. 第184页。

❸ ［法］卢梭著.《社会契约论》. 商务印书馆，1980年版，第16页。

❹ 转引自袁音华著.《西方社会思想史》. 第281页。

❺ 转引自袁音华著.《西方社会思想史》. 第281页。

有的仁爱、道德、正义被抛弃到一旁，于是人世间就只剩下贪婪、野心、竞争、倾轧和虚伪，甚至因争权夺利而引发流血战争。“这一切灾害，都是私有财产的第一个后果，同时也是新产生的不平等的必然产物。”❶

有鉴与此，根据他的社会契约论的思想，卢梭认为，自由就是指人们通过社会契约的形式，用放弃自己自然的自由的方式，来换取社会的自由和道德的自由。这种社会自由，就是服从根据人们公共意志所制定的法律；而道德自由，就是使人真正成为自己的主人。他的所谓平等，就是自由的前提。用他自己的话来说，“至于平等，这个名词绝对不是指权力与财富的程度应当绝对相等；而是说，就权力而言，则它应该不能成为任何暴力并且只有凭职位与法律才能加以行使；就财富而言，则没有一个公民可以富得足以购买另一个人，也没有一个公民穷得不得不出卖自身。这就要求大人物这一方必须节制财富与权势，而小人物这一方必须节制贪得与妄求。”❷ 这就是说，他既明明知道社会不平等的原因，但又由于其阶级的局限性，而不可能从根本上要求改变这种社会现状，所以只能希望贫富双方都相互克制一些。不过，就他的自由观而言与洛克和密尔的主张相比，其自由含义要广泛一些，也更模糊一些。由于卢梭理论所具有的反理性和反社会的倾向，所以，他所要求的自由多少也具有一种不受文明和社会约束的自由。他认为：“放弃自己的自由，就是放弃自己做人的资格，就是放弃人类的权利，甚至就是放弃自己的义务。对于放弃了一切的人，是无法加以任何补偿的。这样一种弃权是不合人性的；而且取消了自己意志的一切自由，也就是取消了自己行

❶ 转引自袁音华著.《西方社会思想史》. 南开大学出版社，1988 年 2 月版，第 281 页。

❷ 注转引自袁华音著.《西方社会思想史》. 第 289 页。

为的一切道德性。最后，规定一方是绝对的权威，另一方是无限的服从，这本身就是一项无效的而且自相矛盾的约定。”❶ 当然，他自己也意识到他所倡导的这种自由是不客观的，也是不现实的。所以，他认为通过签订社会契约的这种形式，可以使人们在保持现有文明成果的同时，也能享有自由的权利。与此同时，他认为一个人要想成为一位真正的、合格的社会一员，就必须经历一个自我升华的阶段，使自己的自由不要再是听从生理上的冲动，而是接受理性的指引。他说：“惟有道德的自由才使人类真正成为自己的主人；因为仅只有嗜欲的冲动便是奴隶状态，而惟有服从人们自己为自己所规定的法律，才是自由。”❷

5．孟德斯鸠的自由观

孟德斯鸠的自由观也与他的分权学说一样著名。在他看来，他所生活的时代，人们对自由存在着许多误解，而且也被滥用。他在《论法的精神》一书中就写道：“没有一个词比自由有更多的含义，并在人们意识中留下更多不同的印象了。有些人认为，能够轻易废黜他们曾赋予专制权的人，就是自由；另外一些人，选举他们应该服从的人权利就是自由；另外一些人，把自由当做是武器和实施暴力的权利；还有些人把自由当做是受一个本民族的人统治的特权，或是按照自己的法律受统治的特权。”❸ 因此，这些观点都是错误的而且是有害的。他认为自由不是人们想怎么做就可以怎么做，“自由仅仅是：一个人能够做他应该做的事情，而不被强迫去做他不应该做的事情。”而“应该”和“不应该”的界限，则不是由哪一个人决定的，而是要以法律为依据。“自由是做法律所许可的一切事情的权利；如果一个公民能够做法律

❶ 引自唐士其著.《西方政治思想史》. 第248～249页。

❷ [法] 卢梭著.《社会契约论》. 第140页。

❸ 转引自袁音华著.《西方社会思想史》. 第274页。

所禁止的事情，他就不再有自由了，因为其他的人也同样会有这种权利。”[1] 从他关于自由的界说来看，这里既有对公民个人行为的要求，也有对统治者或政府行为的要求。只有个人和统治者双方都能依法而行，公民的自由才能有保障。

6. 狄德罗的自由观

狄德罗作为思想启蒙运动的一位伟大旗手，也是一位天赋人权思想的倡导者。他在《布甘维尔旅行记补篇》中，为人们描述了一幅自然状态下人人享有自由平等权利的景象。他写道：那时“没有一个人从自然得到了支配别人的权利。自由是天赐的东西，每一个同类的个体，只要享有理性，就有享受自由的权利”。[2] 当出现社会而尚未建立起国家的时候，在生产与消费的过程中，人们之间就不可避免地会出现一些矛盾和冲突。在他看来，这种情形下的个人犹如无数个没有联结起来的细小弹簧，如果不加以组织起来，就会危害社会的存在，所以也就有产生国家的必要了。那么，通过法律的制定，就犹如把每一个弹簧组织起一架机器。这就是国家。每个人都通过放弃个人的一部分权利和独立性而取得共识。在他看来，将这些共识联结起来的人就是君主。因为，他认为君主制是一种比较好的统治形式。这样，君主便拥有了人民赋予他的权力，当然这种权力不是毫无限制的。君主的任务就在于保持社会的稳定、自由和强盛，就在于保护公民的安全和安宁。如果君主滥用权力，侵犯人民的自由和个人财产，他就变成了暴君，人民就可以进行反抗。不过，他对这种反抗的权力还是持一种谨慎或者说是保守态度的。

7. 潘恩和杰弗逊的自由观

潘恩和杰弗逊都是美国 18 世纪后期、19 世纪初期的著名思

[1] 转引自袁音华著.《西方社会思想史》. 第 275 页。

[2] 转引自袁音华著.《西方社会思想史》. 南开大学出版社，第 299 页。

想家和政治活动家。潘恩认为从离开造物主的那一刻开始，人就是人，而不是其他的东西。因此，人是生而平等的，没有高低之分和贵贱之别。他说："所有的人生来就是平等的，并具有平等的天赋权利。"而"天赋权利就是人在生存方面所具有的权利。其中包括所有智能上的权利，或者是思想上的权利，还包括所有那些不妨害别人的天赋权利而个人自己谋求安乐的权利"。[1] 他具体概括说："①每种公民权利都来自一种天赋权利，换句话说，是由一种天赋权利换取的；②恰当地称为公民权利的那种权利是由人的各种天赋权利集合而成的，这种天赋权利就能力观点而言，在个人身上是不充分的，满足不了他的要求，但若汇集到一点，就可以满足每个人的要求；③由种种天赋权利集合而成的权力……不能用以侵犯由个人保留的那些天赋权利……"[2] 正是这些天赋权利，才使人享有自由的权力。

对自由杰弗逊也指出："自由就是在确定的界限内，按照权利平等的原则，依据我的意志不受阻碍的行动。"[3] 他认为在人的自由权利中包括言论、出版和信仰自由的权利，也包括了平等和追求幸福的权利等。因为，在他看来，"人们如果没有思想自由及表达思想的自由，人就不过是一架肉的机器，只能靠外力活动。"[4] 关于言论自由，他认为政府必须尊重人民的言论自由权力，因为国家是建立在每一位为它贡献了财力或人力的人民基础上的；关于出版自由，他认为它可以向人们"打开真理的大门"，防止统治者"以他们自己的意志来约束人民"；关于信仰自由，他说过这样一段话："如果我的邻居宣称有 20 个神或没有

[1] 转引自袁音华著.《西方社会思想史》. 第 2231 页。

[2] 转引自徐大同主编、《西方政治思想史》. 第 210 页。

[3] 转引自徐大同主编.《西方政治思想史》. 第 214 页。

[4] 转引自冯承柏等编著.《西方文化精义》. 第 214 页。

上帝，这对我来说是毫无损害的。因为这种说法既不掏我的腰包，也不打断我的腿。”而且，“宗教自由是防止宗教纷争的最有效的方法。”❶

（二）平等权

1. 古希腊和罗马时期的平等观

“人人生而平等”的观念，是自启蒙运动之后被人们广泛接受的一种思想，而在古希腊和古罗马时期的思想家们就有过这方面的论述。柏拉图和亚里士多德在他们各自的著作中就谈到过平等问题，但由于时代和他们思想的局限性，他们所谈到的平等只是限定在所谓“公民”内部，即少数人之间的平等。而对没有取得“公民”权的人来说，特别是对那些奴隶们来说就更谈不上平等了，也就无所谓“平等权”可言了。到了古希腊的后期，虽然斯多葛派和犬儒学派也在一定程度上提出了人与人之间的普遍平等的思想，但他们的这些思想并没有产生过太大的影响，更没有被人所采纳。

在古罗马时期，随着帝国的扩大和人口的增加，出于统治的需要，平等的观念得到了一定的发展。特别是在罗马法中，强调法律面前人人平等，而且男女间的平等观念也有所体现。

2. 中世纪的平等观

总体上说，人与人之间的平等观念，最早可能还是在基督教中得到明确的。因为，在基督教的思想中，人们在上帝面前都是平等的。《圣经》上就写道：“不存在犹太人和希腊人，不存在奴隶和自由人，也不存在男人和女人的区别，因为他们在耶稣基督的眼中都是同样的人。”❷

到了中世纪，在奥古斯丁那里，这种思想得到了进一步的反

❶ 转引自袁音华著.《西方社会思想史》. 第226页。

❷ 转引自唐士其著.《西方政治思想史》. 第284页。

映。他认为，上帝让人们“统治海中的鱼群，天中的飞鸟和地上所有爬行的动物”，而没有让“人统治人”。因为，如果人统治人，就使人失去了平等与尊严。不过，虽然奥古斯丁一方面宣称人人平等，但另一方面他又承认强制和等级制度对维护社会生活的必要性，并为奴隶制的存在做辩护。他说，“奴隶制这种使人服从于别人支配的制度主要原因就是罪行，而这种制度除非经过上帝的许可是不可能出现的。上帝绝不会做出不正义的事情，并且知道对于不同的罪行应该施以什么样最为适当的惩罚。”❶ 在他之后的阿奎那，一方面也承认人与人之间需要平等，但另一方面他也认为，虽然作为上帝的创造物人们在上帝目前具有同样的尊严，但由于人们之间的存在着事实上的差别，具体地说人们的理性能力是不一样的，因此，由更为聪明能干的人或人们来行使权力和进行统治，是一件很自然的事。在中世纪后期，也有不少主张改革的基督教神学家，提出了基督教会内部的平等问题。他们认为担任神职的人与普通的信徒相比没有任何特权，大家在上帝的眼里都是平等的；而在教会内部教皇和最低一级的教士也是没有区别的，他们之间也应该是平等的。不论如何，基督教所体现出的人与人之间的平等观念，对后来的思想家还是赋有启发性的。

3. 近代的平等观

真正提出具有近代意义上的人人平等观念的当属霍布斯。他认为，在自然状态下人与人之间都是平等的。他认为，如果有人想使别人“不相信这种平等状况的只是对自己智慧的自负而已。在这一方面，几乎所有的人都认为自己比一般人强；也就是说，都认为除了自己和少数因出名或赞同自己的意见而得到自己推崇的人之外，其他所有的人都不如自己”。但“这倒是证明人们在

---

❶ 转引自唐士其著.《西方政治思想史》. 第142页。

这一点上平等而不是不平等。”❶

伏尔泰基于他的天赋人权的观点，认为“人人平等是最自然的东西”了。不过，他所谓的平等只是停留在抽象意义上的平等，而不包括财产上的平等，认为人格上的平等与财产上的平等是两回事。他说：“每个人在内心深处都有权认为自己与其他人完全平等；但是并不能由此便说，一个红衣主教的厨子应当命令他的主人给他做饭。”❷ 同时，根据社会的需要和人的本性及能力，他认为社会上不可能也不应该人人都绝对平等。因此，在他看来，“平等既是一件自然不过的事，同时也是最荒诞不经的事。”❸ 所以说，在平等问题上伏尔泰是矛盾的，是不彻底的。从反对封建制度、废除封建特权方面来说，他的平等观念是有进步意义的；从维护资产阶级的既得利益角度来说，他的平等观又是有缺陷的。

潘恩也是一位平等思想的捍卫者。他指出：“在任何国家里，从来不曾有，从来不会有，也从来不能有一个议会，或任何一类人，或任何一代人，拥有权利或权力来永远约束和控制子孙后代，或永远规定世界应如何统治，或由谁来统治。”❹ 而所谓的平等就是“所有的人都处于同一的地位，因此，所有的人生来就是平等的，并具有平等的天赋权利，恰像后代始终是造物主创造出来而不是当代生长出来的，虽然生殖是人类代代相传的惟一方式；结果每个孩子的出生，都需要认为是从上帝那里获得生存。世界对他就像第一个人一样新奇，他在世界上的天赋权利也是完全一样的。”❺ 虽然他这里所讲的平等还是一个抽象的概念，但

---

❶ 转引自唐士其著.《西方政治思想史》. 第286~287页。

❷ 转引自袁华音著.《西方社会思想史》. 第257页。

❸ 转引自袁华音著.《西方社会思想史》. 第257页。

❹ 转引自徐大同主编.《西方政治思想史》. 第210页。

❺ 转引自唐士其著.《西方政治思想史》. 第292页。

他已经反映出一种普遍的平等观念。并为后来的法国革命和美国革命奠定了一定的基础。

作为美国《独立宣言》的起草人，杰弗逊在反对英国殖民统治者统治，和谋求美国独立的过程中，表现出了强烈主张人类自由和平等的思想。他在《英属美洲权利概述》中就明确地写道：美洲人民“拥有人类的天赋权利，他们有权脱离他们由于偶然的机会而不是出于自愿的选择而隶属的国家；他们有权去寻觅新天地，并且有权在那里建设新社会，制定一些他们认为最能促进公共幸福的法律和典章”。❶ 他的这一思想，到起草《独立宣言》时则表达得更加明确。宣言中写道：“我们认为下面所说的，都是极明显的真理：一切人类，生下来全部是平等的，造物者赋予他们若干不能出让的权利，其中如生命、自由和幸福的追求事业。为了保障这些权利，人类才在他们之间建立政府，而政府之正当权力，是从被统治者的同意中产生出来的。任何形式的政府，当对于这些目的有损害时，人民便有权力把它改变或废除，以建立一个新的政府。”❷ 当然，作为资产阶级的思想家，尽管其言论所称的是人民的利益，在主观上却主要是代表和维护了新兴的资产阶级的利益，但他的思想在当时以至今天看来，其进步性和超前性都是瑕不掩瑜的。

六、关于未来理想社会的思想

在西方政治思想史和社会思想史上，有不少思想家在对现存社会制度进行批判的同时，也对于未来的理想社会制度或者说对未来的理想国家形式，进行了大量的理论探讨，有些人还提出比较具体的设想，甚至还进行了大胆的实践。特别是在马克思主义

❶ 转引自袁音华著.《西方社会思想史》. 第227页。

❷ 转引自袁音华著.《西方社会思想史》. 第227页。

出现之前，空想社会主义思想家们的理论贡献，他们的设想甚至是实践，不仅在人类思想史上有着重要的意义，而且也对后来人类社会的发展具有重要的理论意义和重要的启示作用。

（一）古代理想社会的思想

柏拉图是古希腊少数对未来社会提出设想的思想家之一。他在《法律篇》中曾经设想了一个叫美格尼西亚（Magnesia）的城邦。从环境和经济上看，它是一个刚刚建立起来的殖民地，拥有士兵和农民为 5 040 人。柏拉图之所以确定这样的人口数量，主要是考虑在分配、纳税以及参与公共活动时计算的便利。城邦的地理位置距海 10 英里，这样可以有利于海运和贸易。同时，它的周围没有其他邻国。它的土地虽不肥沃，但可以做到自给自足，而且也不会产生过多的剩余产品。从政治制度上看，美格尼西亚日常的管理机构主要有三个部分：一是由 30 人组成的护法委员会；二是由 360 人组成的代表大会；三是最高权力执行机构——教育委员会。护法委员会类似于设法机构，公民代表大会则相当于立法机关，而最高执行机构则可以被看成是行政机关。此外，美格尼西亚还设有一个"夜间活动委员会"，它实际上相当于城邦处理日常事物的机构。这个委员会得名于它开会的时间为每天黎明之前，因为通常这段时间较少会受到其他事物的干扰，而且它一旦做出某些决议的话，便可在当天被城邦内的各个机构所采用。它的组成人员有护法委员会中资历最老的 10 名委员，有教育委员会的现任主席和前任主席，有受到城邦特殊奖励的公民和教士，以及他们各自所选出的一名年龄在 30 岁以上的助手。该委员会被视为城邦的监护者，它不受法律约束，其主要任务有讨论城邦日常的政务，讨论修改和完善各项法律的建议等。同时，还负有指导和监督国家机构的职责。不过，在柏拉图所设计的这个理想城邦中，他还是把人分为了三个等级：第一等级为公民，即奴隶主阶层；第二等级为工匠和商人；第三等级为奴隶。

这也反映了他思想上的局限性。

（二）文艺复兴和启蒙运动时期理想社会的思想

托马斯·莫尔（Thomas More，1478—1534）是一位英国的思想家，曾出任下议会的议员和王室法律监督官等职位。他所生活的时代正好是进行英国资本原始积累的时期，目睹了“羊吃人”的种种社会罪恶，对贫苦的下层人民的生活寄予了深深的同情。同时也对各种社会问题进行了深入的思考。由于反对王室的宗教政策，1534 年他被处死。《乌托邦》（utopia）一书是莫尔留下的一本名著，又名《关于最美好的国家制度即乌托邦新岛》（De ootimo Reipublicae statu，deque nova insula Utopia）。“乌托邦”一词是莫尔自己造出的词，意思是不存在的地方。后来该词便被人们引申成为幻想中国家的代名词。

在这本书的第一部分中，莫尔假借一位旅行者之口对当时的英国社会制度进行了批判。在他看来私有制是一切社会罪恶的根源。他写道：“我觉得，任何地方私有制存在，所有的人凭借金钱的价值衡量所有的事物，那么，一个国家就难以有正义和繁荣。”“如果不彻底废除私有制，产品不可能公平分配，人类不可能获得幸福。私有制存在一天，人类中的绝大的一部分也就是最优秀的一部分将始终背上沉重而甩不掉的贫困灾难的担子。”[1]在第二部分中，莫尔同样借旅行者之口提出了自己对理想社会的设想。在那里，在政治上它实行民主政体；国家的各级官员都是通过选民选举产生；最高权力机关是元老院，它由每个城市所选举的三名代表组成，这些人必须是品行端正的年老者。在经济上公有制是它最为根本的特征，没有剥削，没有贫富之分，人们以家庭为单位从事生产劳动人们每天工作 6 小时，其他时间可用于从事文化和娱乐等事情；为了避免产生私有制，在乌托邦国中，

[1] 转引自唐士其著.《西方政治思想史》. 第 342 页。

一切贸易和商品交换活动都是被禁止的。莫尔在书中多次提到了柏拉图的名字，这表明他在思想上是受到柏拉图很大影响的。

在莫尔之后，意大利人康帕内拉（Tommaso Campanella，1568—1639）也写了一本与《乌托邦》相类似的著作——《太阳城》。他在这本书中也假借一位旅行者的解释，以对话的形式，对当时的意大利社会进行了揭露和批判，同时对他自己心中的理想社会进行了描述。康帕内拉与莫尔的观点相同，也认为私有制是万恶之源。所以，在他所设计的国家里，“实行公有制和普遍的义务劳动制度，工作没有贵贱之分，每天只劳动 4 小时，其余时间从事学术、体育和文化娱乐活动。太阳城实行按‘需’分配的原则，衣食住诸方面都实行‘平均’，穿同样的衣服，吃公共食堂，每 3 个月重新分配一次住房。”[1] 太阳城的领导人被称为“太阳”，他既是国家的政治领导人也是宗教领袖。他由选举产生并任职终身。年满 20 岁的公民，都享有参与国家政治活动的权力，同时有选举权并参加国民大会、监督和罢免国家公职人员的权力。

（三）近代有关空想社会主义的思想

到了近代随着社会矛盾的发展，阶级之间的冲突与对抗也越来越突出。为了寻求新的解决社会矛盾和阶级冲突的道路，在以往关于理想社会的思想理论基础上，特别是随着城市工人阶级的出现，以及自然科学和社会科学知识的传播与普及，出现了早期社会主义的思想与理论。在这些思想和理论当中，尤以圣西门（Lade Henri de Sanit ~ Sinom，1760—1825）、傅立叶（Charles Fourier，1772—1837）和欧文（Robert Owen，1771—1853）为代表。

圣西门是法国人，也是最早提出社会主义的思想家之一。他

[1] 裔昭印主编.《世界文化史》. 第 348 页。

的思想源于对当时法国大革命理想与王室复辟现实巨大反差的批判，认为大革命并没有从根本上改变政权的本质，而只是改变了奴役的形式；认为社会的主要矛盾是劳动者与“有手好闲者之间的对立”；认为利己主义是造成社会上种种罪恶的根源。他所构想的理想社会被称为“实业社会”。他认为科学与实业是推动社会发展的动力，也是构成新社会的政治权力的基础。他在文章中写道：“我认为，政府应由两个阶级分掌；一个阶级以管理社会的精神福利为目的；另一个阶级则调整社会的物质福利。物理科学和数学方面的学者，应同艺术家联合起来，负责国民教育和以改进社会成员的集体智慧与个人智慧为目的的一切工作。农场主、工厂主和商人，主要应当负责管理社会的物质福利。世俗权力和精神权力应当彼此独立，但在财产方面例外，在这方面，精神权力应当从属于世俗的权力，……一定把精神权力交给有真才实学的学者和他们所联合的艺术家。农场主和工厂主应当联合商人主要负责领导世俗权力。”❶ 在他眼中，实业社会是一个消灭了一切特权，促进个人幸福和公共福利的社会，同时也是一个鼓励人们能力充分发展的社会。圣西门认为：未来的“政治学是关于生产的科学，也就是目的在于建立最有利于各种生产的事物秩序的科学”。❷ 因此，在他看来国家最重要的任务就是对生产活动的管理。所以，他设想，在“实业社会”里必须由国家制定生产计划，实行计划经济，一从根本上杜绝生产中的无政府状态。在他看来，实现“实业社会”的途径，只能通过宣传教育来唤醒君主们的变革愿望，而不能靠刺刀和威胁来达到。

傅立叶也是一位法国空想社会主义者，曾长期从事商业活动，所以对当时的资本主义社会的种种弊端有着切身的体会。他

❶ 转引自唐士其著.《西方政治思想史》. 第345页。

❷ 转引自徐大同主编.《西方政治思想史》. 第249页。

曾生动而深刻地对这些丑恶现象进行了揭露：医生希望每个人都生病，律师希望每一个家庭都打官司，建筑师希望城市发生火灾烧毁房屋，玻璃匠则希望冰雹能打碎所有的玻璃，等。因此，傅立叶认为这是一种荒唐的逻辑，也是一种极不合理的社会制度。他认为，人们有理由怀疑这种所谓的“文明社会”，有理由怀疑这种“文明制度”的必要性及所谓的优越性；认为资本主义的工厂是“贫穷的温床”、“温和的监狱”；认为“文明”的实质就是“富有者对贫穷者的战争”。对于如何建立一种新型的社会，傅立叶受边沁的功利主义思想影响较多。他认为支配人们行为的原因在于人的三种基本情欲。一是物质方面的情欲；二是情感方面的情欲，三是高级的情欲。除此之外，当这三种情欲得到满足之后，人们还会产生一种最高层次的情欲，即个人与社会一致的“和谐欲望”。而现存社会制度由于存在着种种不合理的现象和矛盾，因此无法充分满足人们的情欲，所以必将被新社会所取代。傅立叶所设想的社会制度被称为“协作制度”，其具体单位则是由“法朗吉”（其实就是一个集体联合的产生和消费协作社——著者）的单元构成的。每个“法朗吉”由 1 600 ~ 2 000 人组成，以占地 1 平方千米为宜。然后，再根据人们情欲的不同，又可将法朗吉划分为更小的单位“谢利叶”。“谢利叶”是能满足人们在不同方面欲望的功能组织。傅立叶写道：“谢利叶，系由在各方面——年龄、财产状况、性格、知识等方面都不相等的人所组成。谢利叶的成员必须这样加以选定，就是说要形成从富人到穷人，从学者到无知者，（从青年到老年人）等不平等的对比和许多阶梯，不平等的阶梯面和对立面愈大，谢利叶亦便愈吸引人们来参加劳动，创造福利和提供社会和谐。当为数众多的谢利叶作为正常结构发生作用的时候，其中每个谢利叶都要划分各种不同的小组。”[1] 在傅立叶的设计中，不论是体力劳动还是脑力劳动，不论是农业劳动还是工业劳动，都不再是一种负担了，而是成为人们满足人们欲望的手段。他的主张在19世纪40年代的美国得到了响应，当时按照傅立叶的原则建立了至少29个社区，但这些实验的寿命都没有长过5~6年。

欧文是一位英国的空想社会主义者，也是对资本主义生产关系进行尖锐批判的一位。他不仅提出了有关空想社会主义的理论，而且又亲自进行了大量地实验。欧文出身贫寒，长大后才依靠自己的努力成为一位富裕的工厂主。他首先在自己的工厂里进行改革，提高了工人的工资，改善了他们的劳动条件等。当时前来参观他工厂的人来自欧洲各地。他的思想主张体现在经济关系方面，认为：“私有财产是贫困的惟一根源，由于贫困而在全世界引起各种无法计算的罪行和灾难。它在原则上是那样不合乎正义，如同它在实践上不合乎理性一样。”体现在政治制度方面上，他认为：“一切政府至今仍然是使用暴力和欺骗的政府，为了领导创造财富和培养人的性格的工作，要有仁慈、明智和善心而不使用个人奖惩的政府。为了使当今一代和以后世世代代的幸福而迅速地改造社会的工作，已经成为刻不容缓的事情。”[2] 为此，欧文设计了一种新型的社会即“劳动公社”（又被译为“模范公社”）。这样的劳动公社由300~2 600人组成，是一个实行生产资料公有制的自给自足的生产和消费组织。在公社内，实行人人平等，真诚相待，婚姻、宗教和信仰自由的原则；按照每个人的能力分担相应的劳动，实行按需分配的原则。他写道：“这种社会的成员将通过简易、正常、健康和合理的工作，生产出满足消费欲望还有余的为数极多的剩余产品，因此可以让每个人都随便

---

[1] 转引自唐士其著.《西方政治思想史》. 第347页。

[2] 转引自唐士其著.《西方政治思想史》. 第348页。

到公社的总库去领取他们需要的任何物品。”[1] 欧文对新社会制度的设计没有停留在纸面上，而是利用自己经营的工厂所得，先后在英国的新拉纳克、美国的印第安那和墨西哥等地进行了实验。虽然，他的实验都以失败告终，但其意义还是非常深远的。正是由于和他一样抱有美好愿望的思想家们的努力，才使得空想社会主义变为了现实。

第三节　西方政治制度文化

西方政治文化中的制度文化，既是其理论主张和观点在实际政治生活中的实践与反映，也是其政治思想和理论发展的源泉。思想家和政治家们也是通过在对政治制度的分析、反思和批判中，提出和发展自己主张的。而政治制度本身不仅是各种政治理念影响下的政治实践的结果，而且更是各阶级在经过反复斗争甚至是战争基础上建立起来的。尽管政治制度文化的演变进程是曲折和复杂的，有时甚至还经历了倒退，但是从总体说，它还是在缓慢地在向前发展的。根据西方三权分立的原则，我们主要从议会制度、政府形式和司法制度三个方面，简要介绍一下西方政治文化中的制度文化。当然，除了这三种主要的制度以外，在西方的政治制度中，还包括政党制度、公务员制度等方面的内容。

一、议会制度

议会被视为西方国家政治制度中的基础，其作用不仅在于制定法律，而且还在于对政治制度其他构成方面权利的保障与制约。所以，议会在西方国家中历来是各个党派争夺的制高点。在西方哪个政党或政党联盟控制了议会，它就拥有了政治上的主导

---

[1] 转引自唐士其著.《西方政治思想史》. 第348页。

权和主动权。因此，议会的大选历来都是西方国家政治生活中的大事。

(一) 议会制度概说

议会制度是西方政治制度中的重要一环，也是其制度文化的一个重要内容。它最早出现在英国，以后在西方各资本主义国家逐渐完善起来。从名称上看，英、法、意大利等国将其称为议会(Parliament)，而美国和日本等则把它称为国会（Congress)。从形式上看，因各国的国情不同，议会产生的背景和发展的条件也不相同，所以其形式既有两院制，如意大利、日本等；也有一院制，如北欧各国的议会。实行两院制的，一般常把其分为上议院和下议院。上议院的称谓也各有不同，有的称其为贵族院，有是叫参议院和联邦院等；下议院也常常被称为众议院、平民院、国民议会等。从议会的组织机构上看，一般都设有正、副议长，有的还设有主席团和议长会议等；议会内部还设有各种专门的委员会，负责处理各类事物，委员会中既有常设性的也有临时性的。此外，议会中还有由各种不同党派组成的议会党团，议会的运作实际上就是由不同党派来操纵和控制的。

议会制度因国情不同而有所不同，它包括选举的方式与程序、议会职责与权力、议会内部机构设置与规则、议会立法程序与方法、议会与国家首脑及政府首脑的关系的不同等。其中，议会的主要职责概括地说主要有以下两个方面：一是立法权。它一般包括法律草案的提出、法律草案讨论、法律草案的审查与通过、法律草案的公布与废止等。二是监督权。它包括对政府或总统的监督，具体有财政监督审查权、倒阁权、质询权、调查权、弹劾权等。我们仅以英国、法国和美国 3 个国家为代表加以介绍。

(二) 英国的议会

1. 议会的构成

英国议会无疑是世界上历史最为悠久的一个，对其他国家的代议制度产生了深远的影响。英国议会是英国政治制度中的最高权力机构。它最早发端于1215年的“大宪章运动”，形成于17世纪，以后又不断加以完善。开始时，它并没有分为上、下两院，后来随着阶级利益的不同，才形成了两院格局。下议院也被称为“众议院”（也称平民院）（The House of Commons），以新兴的资产阶级为核心；上议院被称为“参议院”（也称贵族院）（The House of Lords），其核心是各类贵族们的代表。

众议院的议员是由普选产生的。在1711年规定的选举法案中，对选民资格做了财产方面的种种限制，使有选举权的人数为成年人的5%左右。此后经过不断的斗争，才使普选权得到了扩大。到了1918年，21岁的男性公民和30岁的女性公民基本上都获得了选举权。1969年又将选举年龄降为18岁，实行“一人一票，一票一值”。现在它是按照“单名选区制”选举办法产生的，即实行每人一票，每一选区选举一位议员，由获得相对多数者当选的办法。现在下议院共有635个席位，每届任期为5年，每名议员代表本选区选民的利益。

参议院的议员是不需普选而产生的。其成员包含了许多世袭的贵族和皇亲国戚，也还有不少是被王室所偏爱的社会精英们。在英国世袭贵族有800多人，一般被分为公爵、侯爵、伯爵、子爵、男爵五个等级。他们的后裔年满21岁时，便会自动成为上院议员。它的人数虽然很多，约为1 000人，但实际上许多人却对参政议政没有太多的兴趣。

议长由获得多数席位的政党提名，并与反对党协商后由议会选举产生。

2. 议会的职能

在历史上参议院曾经权倾一时，是议会权力的中心，但随着历史的进步，参议院早已退去它往日的辉煌。到近代时为止，它只具有非常有限的权力。它不能否决下议院所提出的有关财政预。算法案，而对一般法案的处置最多也只能搁置一年。如果在这期间参议院对该法案经过两次通读，该法案则会自动生效。当然，它也可以选择辩论的方式来表达自己的主张。不过，最终的裁决权还是掌握在下议院。由民众普选出来的下议院，经过长期与参议院的较量逐渐取代了参议院的地位，并成为真正享有立法权的机构。

现在上议院的主要职能包括两个方面，一是行使最高司法权，二是拥有部分立法权。从司法权上看，一是体现在有权审理贵族的案件，二是体现在它是英国的最高上诉法院。从立法权上看，它虽然不起决定作用，但它有对下议院法律草案的修改权，有制定法律草案的建议权，有对政府政策和工作的建议权等。

下议院的主要职能表现在两个方面，一是立法权。从理论上说，虽然上议院可以提出除财政议案以外的司法议案，以及与下议院一样享有其他议案的提议权。但是在现在的实际立法活动中，一般所有的重要法律草案都是由内阁向下议院提出的。立法的程序为法律草案的提出、三读审议、报请上议院通过、国王批准颁布。二是监督权。英国的内阁是向议会负责的责任内阁，因此，对内阁的监督工作主要由议会来进行，这其中下议院扮演着主要的角色。监督分为行政和财务两个方面。

（三）法国的议会

1. 议会的组成

在历史上，法国国会自大革命以后的相当长时期内，曾经拥有非常强大的权力，远远凌驾于政府之上。但随着每届共和政府。特别是第五共和国（1957 年）创立以来，都不断地与国会争夺权力，所以国会的权力也日渐萎缩，其作用和影响也远不如老牌儿的英国及后起之秀的美国。

法国议会也分为两个部分。即由国民会议（Assembly）和参议院组成。两院的议员由不同的方法选举产生。国民会议议员由选民直接选举产生，一般被称为大选。现在实行“单记名多数两轮投票制”，将全国划分为577个选区，每一选区产生一位议员。如果在第一轮投票中候选人得票超过50%或等于或超过选民的1/4，即为当选，否则由第一轮中得票领先的前两位经第二轮投票产生。国民会议现有议员577名。而参议院则由间接经地方选举产生，是地方城镇的代表，现有295位议员，任期为9年。两院议员的地位基本上平等，只不过前者是全国人民的代表，后者是地区的代表。

2. 议会的职能

从理论上看两院的地位是平等的，但在实际的政治运行过程中，国民议会的权力要大于参议院。议会的职能主要是制定法律和监督政府，具体地说它体现在立法权、财政监督权、行政监督权等。

就立法权而言，它是议会的根本权力。但是，它在法国并不仅仅被议会所独自拥有。例如，第五共和国的宪法规定，在特殊状态下总统拥有一定的立法权限；政府为了履行公务也可以向议会要求授权，使其以法令的形式来实施通常属于法律范围的措施。当然，在立法权方面议会还是要大于总统和政府的，它的立法活动是国家法律的主要来源，处于举足轻重的地位。在立法的过程中，议会和政府都拥有立法的建议权，相比较而言，为了满足政府的施政要求，通常政府提议的法案在议会中占有一定的优先讨论和通过地位。通常的立法程序是提议、审议、辩论和表决，两院的立法程序大体一致。

就监督权来说，从一定意义上它比立法权更为重要。财政监督主要起源于限制国王的乱收捐税，这是议会的重要职能，后来成为对政府的监督的重要手段。而对政府的监督，则主要是通过询问权和弹劾权两个途径实施的。弹劾权只被国民议会所独有，通常被用于对总统、政府首脑或违法的部长。弹劾案需要得到国民议会全体议员的多数支持，才能生效。

（三）美国的国会

1. 国会的组成

美国的国会也是两院制，分为参议院和众议院。参议院拥有100个席位，由50个州各出选出2名代表。参选的基本资格是必须年满30岁，作为美国公民满9年。它开始时采用任命制，自1913年起改为由普选产生。每届任期为6年，可以连选连任。为保持议会运作的相对稳定性和连续性，议员每两年改选1/3，议长由副总统兼任。

众议院由435名议员组成，他们都是由各选举小区选举产生的。各州按人口比例分配名额，一般每50万人口选举1名，人口不足50万时也要按此比例选举1人。参选的基本资格为年满25岁，作为公民在美国生活满7年。当选的议员任期为2年，届满重新选举。众议院内设有若干委员会，来行使其职能。如它设有常务委员会、选举委员会等。法案可由委员会提出，也可由议员个人提出，但都需经过相关委员会审查。众议院的议长享有较大的权力，也是美国政坛上举足轻重的重要人物。他不仅可以控制议事规则，也可以代表议会中的多数党派发言。

美国尽管标榜自己是民主、自由和平等的国家，但从国会人员的构成上看，律师、企业家、资本家和农场主等占具了绝大多数席位，而工人和其他劳动阶层以及少数种族所占的比例则极低。所以，美国的国会被称为“百万富翁俱乐部”。

2. 国会的职能

美国两院权力基本上是旗鼓相当，但有各有一些特殊的权限。一般参议院的地位略高于众议院，任期也较众议院长一些。由于它的任期相对较长，使它在对内对外事物上的发言权也较大。按照宪法规定，除了预算法案需由众议院提出外，它可以提出其他任何法案。在特殊情况下，它还具有选举副总统的权力。它与众议院共同享有对总统签署的与其他国家缔约的批准权，享有弹劾总统的弹劾权。此外，它还独自享有对联邦官员任命的同意权。众议院的主要职权有提出联邦财政法案，这是它独有的权力；有权对总统、最高法官和高级政府官员提出弹劾，但又无权进行审判。在特殊情况下可以选举总统。

除了立法权上的侧重外，两院所代表的利益也略有侧重。一般来说，参议院代表着各洲的利益，而众议院则代表着各选区选民的利益。美国建国者们的这种设计考虑，一是出于众议院能够直接代表人民的利益和要求，而且由于任期时间短，也更具有进取精神；二是参议院能更侧重反映各州的利益，同时又具有较长远的眼光和专业性。虽然，美国参议院和众议院在形式上享有平等的权力，但事实上每位议员的地位还是有较大差距的，主要取决于他在议会任职时间的长短。

国会的职权主要分为立法权和非立法权。其立法权包括宪法的修改和法律的制定；非立法权则是指国会所行使的部分行政权，包括财政权、弹劾权、批准缔约权和调查权。

二、政府制度

政府制度是政治生活和政治活动的产物。不论政府制度的形式如何，一般它都处于政治生活和政治活动的中心，对社会事物和社会的政治活动负有组织、引导和监督的职责。合法而又合理的政府形式，是一个国家的人民得以安居乐业和国家得以长治久安的重要保证。在西方，它是获得议会多数席位的政党或政党联盟，实施自己施政纲领的途径与手段。

（一）政府制度概述

通常人们所说的政府有广义和狭义之分。广义的政府是指具有制定和执行法律的权力机构的总称，包括立法、行政、司法等机关及国家元首；而狭义的政府则是指国家的行政机关，即直接行使国家政治、经济、外交、军事和文化等方面职权的中央政府。而政府制度则是指政府以一定的法律化、制度化和程序化的方式加以确认的形式，是处于统治地位的阶级对国家进行统治与管理的形式。政府制度包括政府和政府首脑的产生程序、政府的组成形式和方法、政府公务员的选拔、录用、考核和提拔方式；同时，它还包括中央政府与地方政府的关系与职权划分，与议会的关系，与各党派之间的关系等。

西方的政府制度有责任内阁制、总统制和委员会制三种主要形式。因国情的不同，每一国家的政体形式不同，政府制度也各有不同。

就政府的组成来说，不论是实行哪种制度，一般都是根据大选的结果来决定的。内阁制的政府，常由在议会大选中获胜的党派来负责组阁，或由获得席位领先的党派与其他党派联合组成内阁；而实行总统制的政府，则由在总统大选中当选的总统提名组阁。所组成的内阁常常要获得议会的通过。实行委员制的政府，常由议会组成专门的委员会来代行国家元首或政府首脑的职责。虽然政府制度的形式各有不同，但它们都需向议会负责，只是负责的程度和范围各有侧重。

就政府的职责来说，它的权限是比较广泛的。主要包括有执行法律的权力、履行外交的权力、掌管军队的权力、参与立法的权力、行政司法的权力、制定政策的权力、任用公务员的权力等。其中，尤以内政与外交为政府职责的重中之重。而就内政而言，制定和调整各项政策则是政府的最为重要的工作。因为它不仅关系到千家万户的切身利益，关系到政府的政绩，更关系到执政党派在下一届大选中的成败。所以，其政策常常是各方面利益妥协的结果，特别是照顾各利益集团利益的结果。

（二）英国的内阁制

西方的内阁制度始创于英国，也被西方各国视为内阁制的典范。英国的行政部门原隶属于王室，是为王室服务的机构，但从17世纪以后，它就开始逐渐摆脱了王室的控制，朝独立运做的政府方向发展。到现在，内阁已经成为政府和议会的纽带和桥梁。

1. 内阁的组成

依法律和惯例，英国的内阁由在每界全国大选中获得多数国会议席，或在国会中可以联合到多数席位的政党联盟来组成。内阁中的最高行政长官是政府的首相，他同时也是议会中多数党的领袖。所以，首相的更替一般都是由大选的结果来决定的。他的权力一方面来自于选民的选择，另一方面则来自于他自己所在的政党。从名义上说，首相由国王来任命，并授权其组成内阁，但这通常只是一种形式。因为，英国的国王在英国资产阶级的大革命中，已经被剥夺了许多权力，只保留了国家元首的象征性地位和一些形式上的权力，如任命首相、签署法令、缔结条约等，并无任何实质性的权力。他不参与任何党派之争，也不得干预内阁的事物。首相在获得授权之后，经与执政党内或执政联盟的其他领导人协商，提出组阁名单，并提请国王批准。一般在多党组成的联合内阁中，首相常提议本党议员来担任外交、国防、财政、内政、枢密等重要职务的大臣。

需要注意的是，在英国内阁与政府是两个不同的概念。政府通常是指包括全体大臣、各部政务次官、执政党的督导员以及王室成员在内的所有官员和部门的总称。而内阁则由政府中重要部门的大臣来组成，通常只有20位左右。可以说它是政府中的政府，政府中的核心。

2. 内阁的职能

在内阁中，首相拥有最大的权力和最高的权威。这首先表现在他可以任命国务大臣和监督他们的工作，同时也有权随时撤换他们的工作。一般来说，国务大臣有70~100名，他们都随内阁首相同荣辱、共进退。内阁是首相的重要工作班子，它的主要任务是为内阁制定施政计划，制定内外政策，它还要应对来自各个方面对首相和政府的不满及批评。当内阁中出现分歧时，首相负有调节和裁决的责任。其次，首相还能对王室行使一定的影响力，为王室提供一些建议，同时也向王室介绍政府的工作与计划。再次，首相也是议会中的核心人物，是政府在议会中的代言人，负有说服议会通过政府法案和计划的义务，负责为政府的政策和行为辩护，同时他也有权力解散议会，举行新的大选。内阁在完成首相交办的任务和完成自己的职责以外，内阁的成员即是政府的官员又都是议会的议员，他们还担负着立法法案的提出、起草、审查、辩论和监督等职责。

（三）法国的内阁制

1. 内阁的组成

法国的内阁制与英国有所不同，它是英国式内阁制与美国式总统制的混合形式。自法国大革命废除王室之后，它先后建立过五次共和国。从1792年到1848年先后建立了第一、第二共和国，制定了欧洲历史上第一部《宪法》，宣布法国为民主共和国。从1871年至1940年的第三共租国，奠定了法国内阁制的一些基本框架。从1946年建立的第四共和国，采取了增加政府内阁的稳定性和适当扩大一些政府总理的权限，及对政府部门进行了一些改革，使政府制度得到了一些完善。

从1958年开始，在戴高乐的领导下第五共和政府对国家政体进行了大胆改革。一是加强了总统的权力；二是削弱了议会的一些权力，将它返还给政府；三是改革政府部门的一些设置，调整和理清了彼此的关系，增强了部长们的责任等。经过这样一番改造，尽管它也引起了一些新的矛盾，即总统与总理之间的矛盾，因为他们都有权干预内阁的事物，特别是当他们分别来自不同党派时。不过，与过去相比，政府内阁则变得强有力了。

法国总统的选举，原由间接选举产生，自 1962 年新宪法颁布之后，改为直接由选民选举产生。对总统候选人的资格也有着明确的规定，年满 21 岁的法国公民，要得到 500 名以上的现任国民议员、参议员、地方议员或市长等的联名推荐，同时还要交付 1 万法郎的保证金等。其选举由政府组织，由宪法委员会监督进行，采用“多数两轮投票制”。

政府由总理、国务部长、部长、部长级代表、国务秘书等人员组成。总理由在国民议会中获得多数的党派或党派联盟推荐产生，并由总统任命。而政府成员则根据总理提名由总统任免。一般而言，各部部长的地位是平等的，但实际上外交、国防和内政部长的位置则比较重要。

2．内阁的职能

内阁的职能分为总统权力与政府权力两部分。

就总统的职责来说，他在行政、立法、司法等方面都享有广泛的权力和影响力，使其处于凌驾于其他三权之上的特殊地位。从体制上看，法国总统的职权要高于美国总统。在行政方面的权力主要表现在，他拥有任命政府总理及政府的其他高级官员，及任命宪法委员会主席的权力；他担任着部长会议的主席，并且主持内阁会议和颁布法令，但又不对内阁会议的决议负责；他担任武装部队的统帅，拥有军事指挥权；他直接负责外交事物，拥有外交权。在立法方面的权力主要表现在，他拥有法律颁布权、行使公民投票权、解散国民议会权等。此外，他还享有所谓的“非常权力”，即采取紧急状态的权力。

就政府的职责来说，它首先是通过政府总理的权力来体现的。总理代表政府对议会负责，他可以任命除总统以外的其他所有文职和军职人员的职务，可以在授权的情况下代替总统主持部长会议，可以代表政府向议会提交法案和提出修改法律的建议。他负责法律的执行工作，负责国防事物等。其次是通过政府各部门来承担各自职权和完成各项职责的，即政府所担负的具体的内政、外交、经济、军事、文化等各个领域的任务。

（四）美国的总统制内阁

1. 内阁的组成

美国的总统制内阁是美国的首创，它与传统的责任制内阁既有相同的部分，也有相区别的地方。相同的部分在于总统制下的政府，也由一些重要部门的负责人组成一个核心内阁。其相区别的地方在于内阁成员的选择由总统自己决定，他们不必是国会的议员。美国总统是国家政治活动的中心，他既是国家元首也是政府的首脑，而且还是陆海空三军的总司令。与法国总统的直接选举不同，美国总统是采用间接选举方式产生的，即先由选民选出各自所在州的选举人，然后再由他们代行民意选举出总统，得票超过半数者当选。而美国总统的选举一般要经历以下几个阶段，首先由各党派（主要是民主和共和两大政党）的政治家个人报名在各自由竞选；然后再由各党派依据各位候选人在国内各州所获选民的支持程度，召开各自的提名大会；在此基础上各党派再推选出各自的正、副总统的正式候选人；接着各党派的候选人便在全国各地开展竞选活动；最后才是参加全国正式的大选角逐。竞选活动的主要任务是攻击对手的不足或无能，向选民们推销各自的执政纲领和政策。当选总统的任期为 4 年，可连选连任两届。在总统被弹劾之后，或总统自动辞职之后，其职位由副总统、或众议院议长来继任。

内阁基本上是由各部部长组成，部长由总统提名，由议会任命产生，他们一般都随政府的更迭而更换。在政府各部中，国务院、国防部和财政部等部委的地位较高，其职权也较大。在美国的联邦政府中除了各部之外，还有许多独立的政府机构，主要用来负责国家的各类经济事物，如国家邮政总局、联邦储备局等。这些机构的负责人，也由总统提名，经参议院审批。

2．内阁的职能

由于美国这种独特的政府结构，使得美国总统的权力较一般国家政府首脑要大得多，而且职权范围也要宽得多。

总统的具体权力主要体现在行政权上，总统有权任命和撤换政府内各部部长，他是政府一切行政权力的最高仲裁者。美国的内阁与其他国家的不同，它不向议会负责，也不受议会的控制，它只对总统个人负责。内阁的主要工作是制定对内对外的政策，特别是被限定在狭义的公共事物范围内，也可以向总统提供各类建议，但采用与否由总统自己决定。其次体现在立法权上，总统通过国情咨文的形式向议会提出立法的建议，他还可以运用否决权来左右议会的立法活动，他还可以通过从议会获得授权的方式进行他所需要的立法，他还可以通过自己的党团议会中影响立法活动。此外，总统在司法权上、外交权、军事权也享有广泛的权力。

总统的办事机构是协助总统指导和协调各政府机构运转的中心。它主要由办公厅、国家安全委员会、情报局等部门组成。各部的权力除了完成各自的日常职责外，就是完成总统所交办的事物，以及议会所赋予的各项职权。

三、司法制度

按照议会立法、行政和司法的政治制度构架，西方的司法制度就起着监督和护法的职能。西方的法律可分为两大法系，即大陆法系（Civic Law）和普通法系（Common Law，也被称为英美法系）。其中又以大陆法系历史最为悠久，它可以追溯到公元前450年的罗马法（Roman Civil Law）。而普通法系则是原于1066年的英国，后来随着英国在16世纪以后的殖民扩张，它也被各英属殖民地所采用。下面我们仍然以英、法、美三国为例，来加以说明。

（一）司法制度概述

司法制度主要是指担负履行法律所赋予的职责，监督法律、法令的实施，监督政令的合法性，维护法律的权威与社会正义的一套完整的执法体系。它一般由法院、检察机关和执法机关组成。司法制度是政治制度中不可或缺的重要部分，它按照法律赋予的权利，担负着代表国家履行审判、诉讼及追究违反法律、法令等方面的职责。同时，它在贯彻与监督执行法律、法令等方面也负有重要使命。

西方的司法制度也走过了漫长的发展道路，特别是在资产阶级处于上升时期，得到了较快的发展，在反封建制度的过程中扮演过重要而积极的角色。但在资产阶级取得政权之后，其司法制度也连同政治制度的其他部分一样，都成为了维护自身利益的工具。虽然，西方资产阶级的政治家和学者也提出了，“法律面前人人平等的主张”，而且在一些具体案件和争议中也基本上能够做到一视同仁，但在一些涉及资本主义本质和资产阶级根本利益的问题时，却是无法做到的。再加上其昂贵的诉讼费用，使许多处于弱势地位的群体，也无法得到司法方面的支持，从而使其成为为资产阶级自身利益服务的工具而已。所以，从这一角度上说，它既无法做到人人平等，也无法完全做到客观公正。尽管西方的司法制度存在着一些先天不足，但与封建社会相比它在人类历史上仍然是一种巨大的进步，也给我们带来一些有益的启示。

在西方的两大体系中，大陆法系主要以法国和德国为代表，它们的司法主要以民法典为基础，司法程序条例化，操作简便。而普通法系则主要以法院的判例为基础，同时也有许多成文法，比较而言其体系和结构都复杂得多。

（二）英国的司法制度

英国司法制度是普通法系的发源地，其历史也是非常久远的。它现行的司法制度是经过19世纪和20世纪两次重大改革后建立起来的。1873～1875年，国会制定了一部《司法法》．使司法活动做到了有法可依。1970年和1971年又先后制定了《法院组织法》和《法院法》．使其司法制度进一步得以完善。虽然英国的司法制度建立的比较早，体系复杂，且没有形成一个统一的司法制度。

它的法律主要由普通法、衡平法和成文法三部分组成的。普通法主要是依据过去的惯例而形成的；衡平法也是以过去的判例为基础，作为指导司法活动的原则和遵循，它与前者的不同之处是对前者的不足加以补充，所以又都被称为“判例法”；成文法则是指经过国家立法机关正式通过的条文形式的法律，它与前两者互相补充。

根据1971年颁布的《法院法》．英国的法院系统分为四大系统，即民事法院、刑事法院、特区法院（专指苏格兰和爱尔兰的法院系统）和专门法院系统。

在民事法院和刑事法院系统中，它们又由低到高分郡法院（County Courts，它在刑事法院系统中则被称为地方法院）、高等法院（High Courts）、上诉法院民事庭（在刑事法院系统中被称为上诉法院刑事庭）和上议院四个等级。民事法院与刑事法院分别受理民事和刑事案件。其中，郡法院和地方法院分别是审理民事与刑事轻微案件的基层法院；高等法院则负责比较严重而复杂的案件，同时也有权接受对郡法院和地方法院初审判决的上诉；上诉法院的民事庭和刑事庭主要是受理对前两级法院判决不服的上诉案件，其中民事庭还负责受理当事人对于来自行政判决的不服。上议院它原本不属于司法系统，但根据1876年的司法改革，它成为了英国的最高终审法院。它除了可以接受来自上诉以外，有权重新审理高等法院审理过的案件，还有审理下议院提出的弹劾案和被指控犯有重罪的上议员。上议院由大法官（亦称法律大臣）、11 位法官以及曾经出任过高级司法职位的贵族所组成，属常设机构，不受国会的改变而改变。不过，根据英国内阁 2003 年 6 月 12 日的最新改革方案，已决定撤消大法官一职。这样设立于公元 605 年其历史比首相职位更为久远的大法官一职，便寿终正寝退出了历史舞台。大法官原来不仅是内阁的成员，而且也是上议院的议长，并负责管理英格兰和威尔士的法庭、任命英格兰和威尔士的法官等。现在取而代之的是，上议院的议长今后将独立任命，英格兰和威尔士的法官也将由一个独立的委员会进行任命。英格兰和威尔士还将成立各自的最高上诉法院，作为最高法院。

特区法院主要是指享有相对独立司法权的苏格兰和爱尔兰的法院系统。其中，苏格兰的法院分为市镇法院、郡法院、郡官法院和苏格兰高等法院四级；爱尔兰的法院系统则分为低级法院、高等法院和上诉法院三级。

专门法院则是指独立于民事法院和刑事法院系统特殊法院。例如，军事法院是专门负责受理军人的违法案件；少年法院则主要负责审理未成年人的犯罪案件等。

另外，英国的法官不是经过选举产生的，而通过任命而取得的。按照法律的规定，大法官和常任法官必须是上议院的议员；上诉法院的法官则是由首相提名，并由国王任命；而高等法院的法官则由国王提名任命，其他法官再由大法官来任命。法官一般都来自于律师队伍，除非本人提出，否则是不能被免职的。

在司法体系内，英国还设有陪审制度。它也是这一制度的发源地。它对于监督法官的公正执法方面具有一定的意义。通常陪审员由 12 位普通居民来担任，主要是适用于刑事类案件。

（三）法国的司法制度

法国是大陆法系的代表，是以民法为基础，以宪法为根本法的成文法体系。法国的司法制度也有着较为悠久的渊源。在法国大革命期间，它就形成了一些带有根本性的原则，其中包括司法独立、法官民选、无罪推论、废除酷刑、实行陪审、法律面前人人平等原则。这些原则至今仍然被许多国家所采用，它也被视为法国大革命的成果之一。现行的法律主要是以拿破仑时期形成的法律原则和法典为基础，其中包括1804年的《民法典》、1810年的《刑法典》等四部重要的法律。自第五共和国以来，法国的司法制度又进行了许多完善，使它对社会秩序起到了稳定的作用。与英国不同的是，英国没有司法部，而法国则在政府中没有司法部和最高司法委员会。

法国的法院系统可分为三个系统：即行政法院、民事法院和刑事法院，其中民事法院和刑事法院又被称为普通法院系统。此外，还设有争议法庭和特别高等法院等。

行政法院首创于拿破仑时期，也是西方行政法院的发源地。它分为地区行政法庭和国家行政法院两级组成，此外还设有40多个专门法院，例如审计法院等。它主要负责审理涉及国家机关、国家机关之间的行政执法问题。民事法院系统，主要负责审理民事方面的法律问题；刑事法院系统，负责公民刑事方面的违法犯罪问题。争议法庭主要是负责调解在行政法院、民事法院和刑事法院之间存在的审判权限问题由司法部长出任庭长；而特别高等法院的职责是审理总统所犯的叛国罪及政府成员所犯的刑事罪和渎职罪等。

民事法院和刑事法院系统也分为三级审理制，即初级法院（有的将其分为初审法庭和上诉法庭两级）、上诉法院和最高法院。初级法院根据其所管辖的范围，在民事法院系统中，主要设有民事法庭、商业法庭、儿童法庭等；在刑事法庭系统中，主要设有轻罪法厅（主要受理轻微违法案件）和重罪法厅（主要受理严重犯罪案件）。上诉法院在全国共设立了27个，主要负责审理各类初级法院做出的民事和刑事方面的案件。最高法院是最高司法裁决机关，也是最终裁决机关，它有权改变下属任何下级法院的判决。它设有5个审判厅，其中1个负责审理刑事案件，4个负责审理民事案件。

法国的检察院是附属于法院系统的，检察官与法官的待遇和地位是相等的，是两个平行的职业。检察院的责任主要是负有司法与行政两个方面的职能。从司法角度来看，它担负有调查、诉讼、公诉等方面的职责；从行政角度看，它除了具有管理检祭官的责任外，担负有对公证员、估价师等的监管职责。

（四）美国的司法制度

美国的司法制度是按照三权分离的原则设立的，与国会和政府是独立的。它采用联邦和州二元体制。尽管各州在法院的设置上各有特点，且无统一的组织形式，但各州都设有自己的初级法院、上诉法院和负责终审的最高法院。各州的最高法院职权不一，一般多为民事案件的终审机构，但也具有违宪审查权（Judicial Review）

联邦法院在全国设有94个（又一说为91个），[1] 地区法院，同时设有11个巡回上诉法院，设有一个联邦最高法院及特别法院。联邦最高法院由9名法官组成，其中一名为首席法官。他们由总统提名，参议院通过任命的，实行终身制，这样可以不受总统和政党更替的限制。联邦最高法院通常只受理那些涉及州法院的判决，与联邦法律所赋予公民的基本权利相背离的案件，其他权力则十分有限。同时，它还拥有违宪审查权，审查总统和政府的行政行为是否符合宪法要求与精神的审查权。此外，它还专有

[1] 见高金海等著.《当代西方政治制度》. 第116页。

审理本国公民与外国公民之间的纠纷，审理外国政府代理人的案件等。联邦上诉法院的判决大多为最终判决，只有少数案件才可以允许向联邦最高法院上诉。联邦地区法院为初审法院，负责受理本地区的各类案件。联邦特别法院主要负责国际贸易、间谍案件和军人案件等。

此外，联邦法院还担负有行政、立法、监督和司法的职能。其行政职能包括人员的考核录用、批准律师执行业务等；立法职能有权审理联邦和州所制定的法律，及总统和政府行为是否存在违反宪法的问题；监督和司法职能是指它有审查议会立法是否存在违宪的问题等。

州级法院则可以受理除联邦法院“专有管辖权”范围以外的案件。

第三章 西方宗教文化

同世界上许多国家和地区一样,宗教——主要是基督教在西方历史上曾经产生过非常重要的影响,起到过十分独特的作用。因此,宗教文化,是西方文化中的重要组成部分之一。在西方社会的发展中,它不仅为人们提供了精神方面的信仰与支柱,而且也对民族和国家的形成,以及对西方文学、绘画、建筑、音乐等许多领域的发展产生过深刻地影响。从一定意义上说,正是由于基督教在西方国家和社会的广泛影响,才形成了西方文化所独有的特质。作为世界三大宗教之一的基督教,对西方思想文化的影响极大,对西方哲学、文学、历史、语言、艺术、建筑、科技等各个领域,都产生了难以低估的影响。

第一节 西方宗教文化发展概况

一、何谓宗教和宗教文化

按照马克思主义的观点来看,宗教是意识形态的一个重要组成部分。尽管宗教现象扑朔迷离,常常引起人们的困惑,但它依然是社会存在在人们头脑中的反映,尽管它是歪曲的、颠倒的反映。任何宗教的产生和发展都有着其深刻的社会根源和思想根源,虽说其本质是共同的,但它们又有各自的特点,这些特点又是与它们所赖以产生的社会经济条件、地理环境以及其风俗习惯的差异密不可分。

（一）何谓宗教

1. 宗教的概念

宗教是一种令人扑朔迷离的社会现象，它与巫术有着密切的联系。英国现代学者罗伯逊就曾写道：“在文明社会中有证据证明了：宗教起源于像今日原始人仍然实行的那样部落巫术。”❶在人类学家看来，宗教产生的社会背景是非常广阔的。“人类不但编织各种风俗习惯以调整并规范社会生活，而且编织更大的架构来处理宇宙本身、支配宇宙的力量以及人在宇宙中的地位等问题。宗教信仰和宗教仪式就是这些架构的基础。”❷从这里不难看出，尽管宗教是由巫术发展过来的，但用罗伯逊的话来说，它们之间的真正区别在于：“……原始巫术中，有仪式而没有崇拜；在古代文化中有了发展的宗教里，仪式则是对于神——假想的外界存在物——的崇拜的一部分。”❸所以，宗教是人们用于满足自己某种精神需要的产物。那么，什么是宗教呢？

人类学家泰勒曾给宗教下过一个被认为是经典的定义：宗教是“对神灵的信仰”。❹ 人们常常爱把宗教比做使社会凝聚在一起的水泥，即它通过一切传统而有效的形式，把所有社会成员都吸引到一种属于同一社会的感情之中。人类学家葛慈（Clifford Geertz）根据宗教的作用认为：“一个宗教就是一套象征系统，首先设定了一些概念以说明存在现象的一般秩序，如此在人间建立起一些遍存的、有力的、持久的情绪和动机，并且在这些概念上面加上事实

---

❶ ［陕］罗伯逊著.《基督教的起源》. 宋桂煌译. 三联书店，1958 年 6 月版，第 3 页。

❷ ［美］基辛（R. Keesing）著.《文化人类学》. 张恭启等译. 巨流图书公司印行（台湾），1989 年 9 月版，第 318 页。

❸ ［英］罗伯逊著.《基督教的起源》. 宋桂煌译. 第 3 页。

❹ 转引自［美］基辛著.《文化人类学》. 张恭启等译. 第 382 页。

的根据，使得整个情绪和动机看起来特别的有真实感。”[1]

我国《辞海》对宗教的解释为：“社会意识形态之一。相信并崇拜超自然的神灵，是自然力量和社会力量在人们头脑中的歪曲、虚幻的反映。”[2]用恩格斯的话来说：“一切宗教都不过是支配着人们日常生活的外部力量在人们头脑中的幻想的反映，在这种反映中，人间的力量采取了超人间力量的形式。”[3]由此可见，宗教只是人类发展过程中的一个产物，它将伴随人类的发展而在相当一段时间内存在。

早在公元前6世纪，希腊哲学家色诺芬尼就说过这样的话：“人认为，神也是生出来的，会说话，有体形，穿戴和人相同。如果牛、马或狮子也跟人一样有手，能用手画画，能从事艺术活动，那么马会把神的模样画得像马，牛会把神的模样画得像牛……”[4]他的这番话，其实已经点出了宗教的要害。在近代真正对宗教本质进行揭示的是费尔巴哈，他在《基督教的本质》一书中写道：“宗教根源于人跟动物的本质区别：动物没有宗教。”“不是上帝创造了人，而是人创造了上帝。”他的结论是，宗教是人的本质的异化，是人“把自己的本质之无限性当做对象”，“人使他自己的本质对象化，然后，又使自己成为这个对象化了的、转化为主体的、人格的本质的对象。这就是宗教之秘密”。他把基督教的本质归结为人的自身的异化，这就使基督教顿时失去了神秘性，从而也就失去了其神圣性。他的观点后来给了马克思以很大的启发。

马克思在《黑格尔法哲学批判》导言中对于宗教有过一段精辟地论述。他指出：“人创造了宗教，而不是宗教创造了人。就是

---

[1] 转引自[美]基辛著.《文化人类学》. 张恭启等译. 第384页。

[2] 《辞海》. 第10101页。

[3] [德]马克思，恩格斯著.《马克思恩格斯选集》第3卷. 第49页。

[4] 转引自张延风著.《西方文化艺术巡礼》. 第33页。

说,宗教是那些还没有获得自己或者是再度丧失了自己的人的自我意识和自我感觉。但人并不是抽象的栖息在世界以外的东西。人就是人的世界,就是国家,社会。国家、社会产生了宗教即颠倒了的世界观,因为它们本身就是颠倒了的世界。宗教就是这个世界的总的理论,是它的包罗万象的纲领,它的通俗逻辑,它的惟灵论的荣誉问题,它的热情,它的道德上的核准,它的庄严补充,它借以安慰和辩护的普遍根据。宗教把人的本质变成了幻想的现实性,因为人的本质没有真实的现实性。因此,反宗教的斗争间接地也就是反对以宗教为精神慰藉的那个世界的斗争。宗教里的苦难既是现实的苦难的表现,又是对这种现实的苦难的抗议。宗教是被压迫生灵的叹息,是无情世界的感情,正像它是没有精神的制度的精神一样。宗教是人民的鸦片。"[1]马克思的这段论述对于人们深人认识宗教的本质和反宗教的意义,有着十分重要的指导作用。

2. 宗教的产生

恩格斯曾经说过这样一段深刻的话:把宗教"简单地说它是骗子手凑集而成的无稽之谈,是不能解决问题的。要根据宗教借以产生和取得统治地位的历史条件,去说明它的起源和发展,才能解决问题"。[2]。宗教就其一般意义而言,是指包括精神信仰、行动实践和伦理价值,以及偶像崇拜在内的一种思想体系,它产生于史前社会的后期。应该说宗教是一种非常复杂的社会现象,它既有各自形成的特殊历史背景和发展的上条件,也与信仰它的民族特点、地理环境、政治和经济因素等分不开的。不仅不同宗教之间在教义上有很大的差别,而且即便是在同一宗教内部,也常常有很多的派别和很大的区别。

对于宗教产生的原因,许多思想家都进行过探讨。在霍布斯

---

[1] [德]马克思,恩格斯著.《马克思恩格斯选集》第1卷,第1~2页。

[2] 转引自袁华音著.《西方社会思想史》.第328~329页

看来,宗教的产生是由以下四个方面的原因引起的:"①对鬼的看法;②对第二因的无知;③对所畏惧事物的敬拜;④将偶然事物当做预兆。在一切由于不同的人各有不同的想像、判断和激情,形成了千差万别的仪式,以致一个人所用的仪式大部分被别人认为是荒唐可笑的。"他又进一步论述说:"这些种子受到了两种人的培育。一种人根据自己的独创加以栽培和整理,另一种人则根据上帝的命令与上帝的指示。但在两种人这样做的目的都是要使依附于他们的人更服从、守法、平安相处、互爱、合群。所以前一种宗教便是人类政治的一部分,宣讲尘世君主要求于臣民的一部分义务。后一种宗教则是神的政治,其中所包含的是许身为天国子民的人的戒律。一切异教人的建国者和立法者都属于前一类,而亚伯拉罕、摩西和向我们昭示天国法律的救世主基督则属于后一类。"[1]从霍布斯论述中我们可以看到,在他的眼中真正的宗教应是来源于上帝的,而非人类自身创造的;人们只能按照上帝的启发和教诲,来组织政府和建立法律。罗伯逊也认为:"到了文化已经脱离半开化阶段的时候,宗教便已经是几种相矛盾的因素的混合物了。第一,它是一套仪式,这些仪式的来源可以上溯到原始的巫术,而是由祭司或兼任祭司的国王——文明社会中相当于部落巫师的人们——所执行的,为的是保证对于他们所统治的社会的食物供应和辅助利益。第二,它是关于仪式的一套神话。"[2]而从罗伯逊的观点中我们也可以看到,宗教的大体演变情况。

从宗教的含义中我们不难看出,宗教产生的原因既有认识上的,也有社会上。从认识上根源上看,它起源于远古时代人们对自身结构和梦境的无知,对自然界各种现象的困惑,于是人们就把这

---

[1] [美]莫蒂斯·艾德勒等编.《西方思想宝库》.吉林人民出版社,1988 年 8 月版,第 1504 页。

[2] [英]罗伯逊著.《基督教的起源》.宋桂煌译.第 9 页。

些归结为某种超人间的力量，便出现了对“超人间力量”的崇拜，如对天地、日月、风雨、雷电，等。如罗伯逊所说的那样：“许多野蛮部落有一个表示任何威力的名词——不管它所指是人类、动物、植物还是无生物的威力，……这可算是人类最接近于神的观念了。”[1]从社会根源上看，它缘于人们在一些社会现象，如剥削与压迫、贫穷与不公、暴力与犯罪等，所造成的苦难面前感到无法反抗与摆脱，于是便把自己的绝望，寄托在宗教世界之中，期望借助自身以外的力量来帮助自己解决现实生活中的矛盾。所以说，宗教是历史的产物。因此，人们应该学会尊重别人选择宗教信仰的权利，尊重不同宗教之间的差别。通过不同宗教相互之间的不断交流与理解，来达到和平共处、和谐生活的目的。反之，只能使积怨加深，矛盾扩大，甚至自食恶果，带来本可以避免的麻烦甚至是灾难。

3. 宗教的作用

宗教在不同的社会中、在社会的不同发展阶段上，都是起着不同的作用的。仅就基督教而言，它在不同的历史时期，其作用也是不相同的。

这些作用可以概括为以下几个方面：一是它的解释作用。它能被用来解释一些人们无法回答的问题，如世界是怎样形成的、人和自然的关系、人的生老病死等。二是它的维护作用。人们通过宗教用假定超自然力的存在，为现存的道德规范和社会秩序寻找依据，并借助各种神、祖先以及神灵的名义，来强化统治者和上层社会的利益。基督教早期的神学家阿奎纳在《神学大全》中指出：“宗教有两类行为，一类是宗教专有的、直接的行为，这些行为是宗教发出的，人通过它们只信仰上帝，例如，祭祀、崇拜，等。然而还有另一类行为，它们通过宗教所要求的美德的中介而产生，这类行

[1] ［英］罗伯逊著，宋桂煌译.《基督教的起源》. 第3。页。

为使人们尊敬上帝,因为涉及目的美德要求涉及手段的美德。因此,去探望处在困境中的孤儿寡母作为要求来说是一种宗教行为,作为发出来说是一种仁慈行为;保持自我不受世俗污染作为要求来说是宗教行为,作为发出来说是节制行为或某种相同的美德行为。"[1]此外,在阿奎那看来,基督教具有引导人们向善的作用。他说:"一个人人了教,并不等于达到尽善尽美,而是意味着为尽善尽美而努力正如一个上学的人不等于具备了知识,而是为了获得知识而学习。"[2]三是它的安抚作用。当人们遇到较大的挫折时,如发生大的自然灾害、遭受疾病和失败等事情时,宗教常常能给予人们心理上的安慰和安全感。奥古斯丁在《上帝之城》中就写道:"真正的宗教要求我们排除一切心灵的焦虑和思想的不安,以及一切灵魂的混乱和骚动。"[3]对于这一点,英国思想家伯克认为,在人类的历史传统中,宗教是"人类社会最伟大的纽带之一"。"我们知道,所幸是从内心深处知道,宗教是文明社会的基础,是一切善行和安宁的根源","我们知道,而且骄傲地知道,人在根本上是一种宗教的动物,无神论不仅与我们的理性,而且与我们的本能格格不入,因此它不可能长久"。宗教"是公共的圣殿,是心灵的寄托。它孕育了人们的希望。当人的财富和骄傲使那些地位低下,身无分文的人时刻感受的自己的卑贱而自暴自弃的时候,它使最贫穷的人能通过它找到自己的价值和尊严"。[4] 总之,按照伯克的理论,人们对于自己所受到的不公正境遇,只能俯首听命了。而近代思想家桑塔亚那则认为:"宗教不再表现神圣的人格,来世的酬报,

---

[1] [美]莫蒂默·艾德勒等编.《西方思想宝库》. 吉林出版社,1988 年 8 月版,第 1503 页。

[2] [美]莫蒂斯·艾德勒等编.《西方思想宝库》. 第 1503 页。

[3] 转引自[美]莫蒂默·艾德勒等编.《西方思想宝库》. 第 1503 页。

[4] [美]莫蒂斯·艾德勒等编.《西方思想宝库》. 第 1503 页。

以及温柔的天堂慰籍；宗教不再严肃认真地提出要用一个梯子而达到的天堂，也不再提出要用规定的虔诚才能缩短的炼狱。宗教仅仅是为现实世界提供了理想境界，并教导人们在超自然的基础上认可自然生活。"[1]可见，不仅是远古时代的宗教还是近代的宗教，尽管它们的形式和内容发生了很大的变化，但它在人们的生活中都是一直起着重要作用的。

宗教对一国政治和一个民族发展的影响是不言而喻的。宗教在近代以前的西方，特别是在中世纪时，它的影响无处不在，它的权威至高无上。然而，事物发展到了极端，就会走向它的反面。虽然在现代西方社会中，它的影响和作用已经越来越弱。比如，据2003年6月丹麦王国的一次宗教信仰调查表明，只有35%的人称自己信仰上帝，28%的人称他们信仰"自己"的上帝，18%的人表示自己在这个问题没有明确的态度，另有19%的人表示不信仰上帝。而作为基督教国家，丹麦有90%的国民都声称自己属于基督教的信徒。尽管如此，但我们还是应该承认在西方现实生活中，基督教在一定的程度上仍然起着为人们提供精神支柱与信仰，凝集民族精神与情感，维系社会与家庭，指导人们道德行为和规范的作用。它也仍然被一些西方人视为西方文化的核心内容之一。而与此同时，在世界上的其他一些地区或国家，宗教的影响和作用不但未减，反而由于现实世界上政治、经济以及文化发展的不平衡，特别是个别西方国家随意干涉其他地区和国家的事物，对与自己不同民族的文化和宗教妄加指责，甚至提出要按照自己的思维方式加以改造，引起了更多的宗教矛盾。如果这些矛盾得不到有效的缓解，非但不会给世界带来和平与希望，反而会带来更大、更多的冲突。

---

[1] ［美］莫蒂斯·艾德勒等编.《西方思想宝库》. 第1513页。

（二）何谓宗教文化

1. 宗教文化的概念

宗教文化是由宗教这种社会现象、社会影响和社会心理产生并形成的一种复杂的社会文化现象。对于宗教文化人们可以从狭义和广义两个方面来理解。从狭义上看，它主要是指宗教自身的各种文化现象，如礼拜文化、圣事文化等；从广义上看，它既包括宗教活动自身，也包括与它相关的和由它引发的各种文化现象，即泛宗教文化。

从狭义角度上看，不论人们如何定义宗教，人类学家们比较一致的看法是，任何宗教都具有一定的共性，那就是试图把人类的社会关系延伸到自然界中的事物、现象和力量中去。也就是试图用人类的知识、社会法则及社会关系来说明自然。由于各种宗教所界定的自然力量、借用的媒介角色以及它们与人类的关系不同，而有着很大的差别。例如，有的宗教为一神教；有的则为多神教；还有的则没有具体的神，只有一个空泛的精灵或无人格的分散力量；有的宗教为泛灵信仰（Animism），即认为自然界充满了神灵，而每一位神又各施其职；有的则是图腾信仰（Totemism），即认为人类与某种动物有关；有的宗教为祖先崇拜（Ancestor Worship），认为祖先有灵与活人同在；有的宗教与人们的道德行为有关，有的则无关；有的神仙或神明乐善好施，有的则专门惩恶扬善，而有的则不食人间烟火等。这样，宗教文化还是仅仅局限在与人们的信仰有关的事物上。

从广义角度上看，它不单单是涉及人们的信仰，还涉及实现信仰的形式、途径和力量，涉及实现和维持信仰的社会条件与保证因素等。同时，它还涉及对其他社会组织、宗教及其文化的态度，它也还渗透到社会政治、经济、科技、艺术和文化等各个领域与方面。从历史的角度看，任何一种宗教在其发展的初期是能够专注于自身内部事物的，但是随着它的不断发展，它的扩张性便不断加强。

特别是当它与世俗权力和需要结合起来以后,它的这种扩张性就愈发明显和强化。它在成为统治者统治工具的过程中,互为利用,各取所需,达到扩张和巩固自己的目的。比如,尼采曾经指出:"基督教信仰是一种牺牲:即所有自由、自尊、自信的牺牲;与此同时,是奴役和自我嘲弄、自我残害。"❶于是,宗教文化就与某种形态的政治文化、艺术文化融合为一体,这时的宗教文化也就远远超出了信仰的范围。

至此,我们可以说,宗教文化是以宗教信仰为核心的,以实。现其信仰目标和扩大其影响力及范围为目的,与社会上各种因素和力量相结合而形成的一种综合文化现象。

2. 宗教文化的内容

从狭义的宗教文化角度来说,宗教文化可以概括为以下四个方面的内容:一是用以阐述和论证宗教教义及所崇拜偶像的神学理论与主张;二是为宗教内容服务的各种宗教仪式活动;三是由宗教衍生出来的宗教节庆文化;四是渗透到人们日常生活中的思想观念和行为方式。

神学理论是宗教的基础与核心,是指导所有宗教活动的根据。它不仅担负着回答和解释人们所关心的人与神、人与人、人与宗教组织的关系问题,而且还负有回答善与恶、罪与罚、生与死等问题。在文化不普及、科技不发达的时代,加上僧侣们掌握着教育的主导权,它因此成为了解释一切的"百科全书"。以基督教为例,尽管它分为天主教、东正教和新教等不同的教派,但它们在神学理论方面还是有许多相近之处,而且一直有着自己比较完备的理论体系。尽管在西方的每一次社会变革中、每一次人们思想解放中、每一次科学技术进步中,它都遭遇过严重的挑战和冲击,但它在一代又一

❶ [美]莫蒂斯·艾德勒等编.《西方思想宝库》. 第1537页。

代神学家们的努力下，都试图以新的面目来巩固自己至高无上的地位。不过，随着社会的进步和教育的普及，基督教神学理论的统治地位也土崩瓦解，其“理论”所统治和奴役的领地也大大缩小。

仪式活动是宗教的重要载体，是其传播理论和扩大影响的主要形式。对教会内部而言，它起着强化教徒信仰的作用。通过周而复始、日复一日地有组织的宗教活动，使教徒对神学理论和僧侣们所宣言的主张更加坚信，对宗教的感情也更加浓厚，并逐渐达到忘记和抛弃“小我”，而独存“上帝”的境地。对教会外部而言，它则起着吸引人的目的。通过隆重、华丽和气派的活动，以向人们展示宗教的魅力，宣传宗教的至高无上。

节庆文化也是宗教的一个重要载体。对宗教和世俗两个方面而言，它都具有教育和宣传的功能。在教会内部，这些节庆活动同样具有坚定信仰的作用；在世俗社会，则是宣传和美化宗教的形式。随着宗教影响力的下降，这些节庆活动也愈趋世俗化，成为人们聚会、交往的一种媒介。

日常观念和行为文化是宗教在教会世界和世俗社会的反映，是宗教价值观和是非观的集中表现，也是对这两个社会人们生活影响和控制的一种无形手段。从积极的方面看，它对解决社会各种矛盾、调节各种关系，具有一定的有益作用。但当宗教所倡导的观念与主张与社会相违背时，它却具有极大的危害和破坏力。

3. 宗教文化的作用

在人类社会发展的初期，宗教及其文化具有如日中天的地位，在人们生活中所起到的作用也是其他力量难以抗衡的。随着社会的发展，它的作用也逐渐日薄西山，难以为继，其在社会上所扮演角色和所起的社会作用也发生了很大的变化。它由过去的以宗教之名行教会私利之实，变为今天人们的精神支柱和心灵寄托，变为人们的某种行为规范，依然起着重要的作用。

宗教文化在不同的历史时期，它的作用也是不同的。以基督教（Christianity）为例，在近代社会以前，宗教从总体上说扮演了统治者和统治者帮凶的作用。它依靠神学和世俗两个权威的力量，‘来统治社会和控制民众。为了达到这样的目的，它不仅通过一系列带有神秘主义和愚昧主义的神学理论，来维护有利于自己统治的思想一致；而且还通过建筑、艺术、音乐等各种形式来为自己服务。诚如罗马时期的历史学家吉本说："每一种宗教都对人类思想打下深刻而又持久的烙印，它要求我们必须实行信仰仪式，以表现对它的顺从；它要求我们必须培养类似于我们自己内心命令那样的道德责任，以表现对它的敬重。"❶尽管这一时期的宗教文化与世俗文化有着许多矛盾，神权与王权也有许多矛盾，甚至是激烈的武装冲突；尽管这一时期也涌现出了许许多多虔诚而高尚的神职人员和教徒，但从总体上而言，教会与王室、教权与王权之争还是属于利益和权利之争。只不过教会和基督教文化所要追求的目标，带有显得更加神圣的光环罢了。

而到了中世纪的后期，一方面由于教会自身的腐败，大大降低了它在社会和民众心目中的地位，特别是经过了宗教改革之后，它的影响和作用也仅限于宗教事物本身；另一方面由于世俗权力的扩大，世俗权力也积极采取各种措施，来减少教会对自己势力范围内事物的干涉，从而也在很大程度上削弱了教会的权威。同时，由于科学和文化的进步，也打破了教会对知识的垄断，打破了束缚科技发展的障碍，使人们的思想和精神都获得了解放，这也从根本上动摇了基督教的统治地位。然而，由于基督教在西方社会生活和文化中的影响历时长久，尽管基督教自身的影响有限，但以基督教

---

❶ ［美］莫蒂斯·艾德勒等编.《西方思想宝库》. 吉林出版社，第1507页。

思想和精神所形成的基督教文化,却有着广泛的社会和民众基础,并被视为西方人的精神支柱。因此,基督教文化在西方社会中的影响和作用还是十分巨大的。

在现代社会,宗教文化不仅在一国范围内,而且在世界范围内的影响也是十分深远的,它在一定程度上也影响着世界的和平与安定。虽然,西方有的学者危言耸听地宣称“影响未来世界和平的根源在于不同文明之间的冲突”,现今世界上的某些宗教文化所构成特定文明,“将会对以基督教文化为标志的西方文明带来威胁”。这类言论反映出某些西方人过高评价自身文明,贬低其他民族文化和宗教的用意和倾向。对于一种宗教对其他宗教的排斥、甚至迫害,弗洛伊德在《集体心理学和自我分析》中就曾这样论述过,他说:“一个宗教,即便它自称是爱的宗教,对于那些异教徒也必定是冷酷无情的。从根本上说,其实每一种宗教都是这样的。对它自己的信徒来说,它是爱的宗教,对那些异教徒来说,则是残酷而褊狭的宗教。这在每一种宗教看来都是很自然的。”❶历史上由不同宗教引发的征战比比皆是,如伊斯兰教的扩张和十字军的东征。因此,不同宗教文化之间的相互理解和宽容,在当今世界上更显得尤为重要。

总之,一切宗教,无论它们的教义有怎样的不同,但就其本质而言都是唯心主义和有神论的产物。对此,人们应采取科学的态度,一要正确客观地认识它们在人类思想史上的地位与作用,二要清醒而坚决地抵制它们所宣扬的宗教迷信、唯心主义和有神论。这样才能做到取其精华去其糟粕。

---

❶ [美]莫蒂斯·艾德勒等编.《西方思想宝库》. 第1512页。

二、基督教的产生和发展

基督教在其形成和发展中并不是一帆风顺的,既有它早期受迫害的痛苦经历,也有它后来迫害敢于反抗它的人们的罪恶。它从受迫害人们的宗教到迫害人的宗教,从社会底层人们的精神支柱到统治者手中挥舞的流着鲜血的凶器,走过了一条扭曲的嬗变之路。

(一)基督教的产生

1. 基督教的渊源

起初,基督教只是犹太教(Judaism)的一个分支,经过漫长而曲折的发展历程,才独立成为一个新的宗教。

要说起犹太教,人们就不能不说起巴勒斯坦,因为它是犹太教和基督教的发源地。由于它所处的地理位置,使巴勒斯坦从古代到近代一直都是重要之地。它位于阿拉伯的"新月形沃壤"的西南端。埃及和西南亚各国经常在这里刀兵相见。大约在公元前1580年以后,埃及人兼并了这一地区。公元前1400年以后,来自北方的喜泰人和来自沙漠的希伯来人(即现在的犹太人(Jews)),乘着埃及的衰落,侵入了这一地区。后来埃及人又曾夺回过这里的控制权。后来在公元前1200年左右,又有一支来自北方的新民族——非利士人,结束了埃及的统治,成为了新的统治者,称这一地区为"巴勒斯坦",并被沿用至今。此后类似的征战也持续不断。

侵入巴勒斯坦地区的希伯来人在初期并不是一个单一的民族,在文化上与它周围的民族一样也都处于半开化的状态,在宗教上他们也并非信仰神教。从形式上看,"旧约"书中的历史发生在阿马那泥板(阿马那泥板为埃及十八王朝,即公元前14世纪的公文——引者著)时期之后的800~1 000年,都是由信奉一神教的编辑家编订出版。"不过,有一种事实是彰明较著的。'旧约'故事的编辑家们，不论他们如何改篡，总不能掩蔽这样的事实：侵入时期和以后数百年中的希伯来人，在宗教上和他们的整个生活方式上，都是半开化的。他们崇拜他们的雨神耶和——即耶和华所用的仪式，包括着用生人献祭。”[1]耶和华（Jehovas）也不是他们惟一的神。

犹太教就是犹太民族的宗教。公元前13世纪到公元2世纪属犹太人居住在巴勒斯坦，公元前11世纪至前10世纪建立了王国，不久便分裂为南北两个国家。南面被称为犹太，北面的被称为以色列。所以，希伯来民族后来也被称为以色列或犹太。大约从公元前7世纪到公元前2世纪，犹太民族曾先后被亚述、巴比伦、波斯、马其顿、埃及及罗马等所征服。在这一时间内，犹太民族几乎不是一个独立的国家，已经成为征服者的属地。因此，犹太民族一直处在苦难和被奴役的境地。虽然他们不具有独立的国家政体形式，但却始终保持着以宗教为中心的一定组织，把犹太民族都维系在一起。也正是不尽的苦难和战乱，使犹太民族更幻想幸福和解放，期盼能够获得拯救，从而也促进了自己宗教的发展。

在犹太教中，“弥赛亚”（Messiad）就是上帝派来拯救人类的人。弥赛亚是希伯来语的音译，意思是“受膏者”。在犹太民族古代政治生活中，当封立新的君王时，都要在他的额上敷以膏油，以表示神对他的任命。这其中包含着三重含义，即神的选择、神赐给他为君王的权力、神赐给他与神本人的特殊关系（即可以被称为“神之子”）。犹太人对君王都持有这样的期待，但在犹太民族的历史上，能够达到这一标准的只有大卫。所以，在所谓先知似的预言和引导下，人们更是把受膏为君主这种封立更加神圣化，相信他们所信奉的神能够在较远的未来，在大卫的后裔中出现一位受膏

[1] ［英］罗伯逊著.《基督教的起源》. 宋桂煌译. 三联书店，1958年6月版，第16页。

者,以把他们从异族的侵略和征服中解救出来,并开创出一个远胜于大卫时代的新时代。

犹太民族一方面盼望通过神的干预,来摆脱受异族的统治;另一方面则通过武力来反抗异族的奴役。仅就反抗罗马的统治而言,公元前53年,犹太人就发动了大规模的起义。失败后被卖为奴的就达3万多人。公元66年爆发的"犹太战争",坚持了4年之久,后又被罗马人所镇压。起义者大部分牺牲,被俘者被钉在十字架上处死。当时出现的惨景是:"没有地方再立十字架,没有十字架再钉人。"随着犹太民族流散到各地,犹太教也被传往巴勒斯坦以外的地区。

就是在这样一种社会情形下,耶稣和基督教的出现就不值得惊讶了。耶稣是他的本名,基督意为救世主,是被后来信仰他的人所加上去的。由于犹太教中流传的有关弥赛亚将会降临的信念,广泛地被人们所接受,所以耶稣通过宣讲、神迹等形式,传播神音也就有了一定的社会基础。特别是在犹太民族反抗罗马统治起义遭到镇压,对现实陷入绝望,只能把希望寄托在未来和天堂之际,就视为弥赛亚。信徒们也就把他称为救世主。当他被罗马统治者和犹太教上层处死后,由他所传播的"神的国"将来临的福音,便逐渐形成了一个新教派,即基督教。此后,基督教便在巴勒斯坦地区传播开来,并逐渐传播到希腊、罗马等地。

2. 耶稣其人

根据《圣经》的记载和人们的传说,耶稣(Jesus)出生于巴勒斯坦北部加利利地区的拿撒勒镇(Nazareth),其父约瑟为木匠。他有四个兄弟,还有几个姐妹。"当时许多地方都没有小学校,他可能在那里读过希伯来问经书,但他的圣经知识,无疑只能来自犹太会堂中朗读和讲解的经文。……他从小生活在正统的犹太教环境中,……熟悉了律法和先知书的词句,也熟悉了经书的传统解释,以及犹太教教法师们根据圣经和传统宣讲的教义与教规。”❶所以，犹太教给他给他的思想打下了很深的烙印。当他开始自己传教时，身边很快就聚集了一些门徒，他与他们之间非常亲密，其中最亲近的有彼得、雅各(James)和约翰(John)等。这些门徒都是些普通百姓，他们跟随耶稣到各地传教。“根据最古老的记载(《马可福音》第1章第21节起)，耶稣是在迦百农(Capemaun——引者注)的犹太会堂第一次公开露面，他的话给人以权威的印象，不同于会堂中通常依据传统而作的说教。他在头一批的一些门徒陪同下，从迦百农出发，周游附近的乡村，宣讲天国的到来，并在当地的会堂中讲道。”❷

就耶稣讲道的中心内容来看，他主要是宣扬“天国近了”，将来地球将是“上帝的统治”。他认为，上帝将成为全世界的王，成为被普遍公认的惟一的救世主。他要求信徒和听众们“要顺从‘天国’的权威。承认上帝为王，肯定服从他的律法是人的义务，实现他的意志，这就能使上帝的统治得以成为现实。”❸他所讲的这些思想原本就是犹太教中的主张。所以，美国学者穆尔经过研究认为，从一开始“耶稣没有认为自己是新宗教的创立者，听他讲道的人，不论是朋友还敌人，也没有这种想法。不论他的传教与学校和会堂所强调的多么不同，在关于上帝的性质与特征，关于他对人的要求，或者他与他的民众的关系和他对他们所抱的目的，或者关于个人和世界的未来等问题上，耶稣没有提出过当时有教养的犹太人所不熟悉的教义。他也不像近代某些人所说的，是什么社会改革的鼓吹者，是站在穷人和被蹂躏者一边，谴责他们的压迫

---

❶ [美]G·F·穆尔著.《基督教简史》.郭舜平等译.第4~5页。

❷ [美]G·F·穆尔著.《基督教简史》.郭舜平等译.第5~6页。

❸ [美]C·F·穆尔著.《基督教简史》.郭舜平等译.第12页。

者，抨击造成这种不公平现象的社会结构的人。”[1]与此同时，耶稣也接受了犹太教的各种规则和仪式，认为这是宗教活动中不可缺少的要素。

尽管耶稣在传教活动中尽量避免对犹太教原有各教派和各地人们的冒犯，同时也时刻提防来自罗马总督的迫害。因为，他知道任何不慎都会引起宗教的狂热，或政治上的骚动，那将导致罗马人的镇压。但是，由于耶稣在加利利(Galilee)一带的影响越来越大，还是引起了当地统治者的恐惧。于是，他们便罗织罪名将他秘密逮捕，并由犹太大祭司们连夜开会，以耶稣自称为犹太人的主为罪名，在凌晨将他带到罗马总督彼得拉多(又被译为本丢·彼拉多)处，当日被以“叛逆罪”(即公元30年)定死在十字架上。

耶稣死后，其信徒坚信他又“死而复活”，并升上天堂，将来必将“重新降临人世”，以建立和领导“上帝的国”。由于受到当地统治者的迫害，他们背井离乡，同时他们也开始了向各地传播耶稣的教诲。

(二)基督教的形成

从历史环境上看，公元1世纪正是罗马帝国强盛时期，由于帝国的统一与强大，为帝国内部各种文化的交流和融合，为经济和贸易的开展等创造了条件，也为基督教的形成提供了土壤。同时，我们也不应该忽视古希腊和罗马文化对基督教最终形成的作用。正如19世纪一位德国学者所指出的那样，“如果在基督教的起源和最初形成期中，不是已经有西方和东方，有希腊精神和犹太精神共同参与其中，它就决不会成为西方和东方的共同宗教，特别是后来成为西方特有的宗教。”[2]

---

[1] [美]G·F·穆尔著.《基督教简史》.郭舜平等译.第11页。

[2] 转引自董小燕著.《西方文明史纲》.第79页。

1. 受迫害的基督教

基督教初传罗马时,并未受到欢迎,相反遭到当局的迫害。因为在当时,信徒们主要是犹太社会下层的百姓。耶稣所演讲的“天国是你们的”,在天国里“叫有权柄的失位,叫卑贱的升高,叫饥饿的得饱美食,叫富足的空手回去”等主张,受到了热烈的响应。信徒们相信耶稣是上帝的儿子,降世成人,救赎人类;相信他是未来大卫王国的君主等。很明显,这些都构成了对罗马帝国统治的一种潜在威胁。一直到3世纪中叶,教会在不同的地区和时期,仍多次遭受到不同程度的打击和迫害。德修斯(Decius,249—252在位)皇帝被认为是第一个开动帝国统治机器强迫基督徒放弃信仰,皈依国教的人。那时,“凡是固执地拒不向偶像献祭或焚香的,都被判重刑。这样的遇难者为数众多,其中有几个还是大教区的主教。因而脱教的人就更多了,有些地方几乎全部如此。”[1]到了4世纪时,基督教又遭到了一次残酷的迫害,它是由戴克里先皇帝发动的。据说他的妻子和女儿也都是基督徒,他本人也被迫退位。所以,基督教早期思想家奥古斯丁(Saint Augustine,354—430)曾列举了罗马皇帝对基督教徒的10次迫害,许多基督徒惨遭杀害。

2. 基督教的合法化

尽管受到迫害,并一起处于“非法团体”的境地,但由于基督教所宣扬的主张中还有忍辱顺从的另一面。这方面的主张后来逐渐被罗马统治者所认识,并对基督教产生了好感。因为统一的罗马帝国需要统一的思想和统一的精神支柱,加之帝国后期的社会和政局的动荡,人们的不安定感也日趋加剧,从而也转向向宗教寻求精神的安宁。至此,基督教的外部处境有了改观,信徒的数量也

---

[1] [美]C·F·穆尔著.《基督教简史》.郭舜平等译.第81页。

大量增加。到了公元3世纪,它已经成为了一股重大的政治力量。311年,罗马皇帝颁布了宗教宽容赦令,宣布基督教为合法宗教之一。传说312年,罗马皇帝君士坦丁在与政敌决战前,梦见十字架出现在太阳之上,并有声音说:“制此为记,你当必胜。”后来他依梦而行,在这旗上缀上十字符号,果然大获全胜。“313年,君士坦丁与李锡尼颁布了‘米兰赦令’(Edict ofMilan——引者注),才使基督教享有与旧宗教完全平等的地位。赦令说:‘任何人不论他选择什么信仰,均有充分的自由。’在迫害期间没收的教会财产和礼拜堂,一律无偿发还。不仅个人信教自由,教会作为合法组织也得到了保障。”[1]之后,君士坦丁又颁布了一系列的赦令。其中规定:免除基督神职人员的赋税、兵役等,允许教会接受财产捐赠,禁止在基督教礼拜日工作等。325年,他在尼西亚(Nicaea)主持召开了全帝国第一次宗教会议,钦定了《新约》中27篇文献,实现了教义的统一。391年(又一说为392年)东西方罗马帝国又共同颁布赦令,将基督教奉为罗马国教,同时禁止其他一切异教崇拜。

4世纪时,基督教在西方的影响主要还是在罗马帝国境内,至于当时所谓的未开化民族,即尚未被拉丁化的民族,如日尔曼民族等还未曾皈依。后来,随着各日尔曼民族瓦解和瓜分了罗马帝国,从5世纪末到7世纪,基督教便也在日尔曼民族中流传,并开始接受基督教。10世纪时,斯堪的纳维亚各国,以及摩拉维亚、波米维亚和匈牙利等地,也开始信奉基督教。东方教会也在10世纪时将自己的势力扩展到了俄罗斯,12到14世纪期间,基督教又传到了波美拉尼亚、普鲁士、立陶宛、拉脱尼亚、爱沙尼亚等地。

总之,在这一时期,基督教的教义已经以信经的方式规定下来,并被广泛采用;基督教的组织、制度和崇拜仪式也建立起来。

---

[1] [美]G·F·穆他尔著.《基督教简史》。郭舜平等译.第82页。

尽管在许多理论问题上还没有得到很好的解决，但它所形成的规则、精神都为基督教以后的发展奠定了基础，并被后人保留和发展。值得一提的是，教会的教阶制是在教皇格雷戈里一世（Gregory Ⅰ，又译为格列高利，509—604）在位时建立起来的，所以他被教会史学家称为“中世纪教皇制之父”。

（三）基督教的发展

最初的基督教组织十分简单，由传教士们——主要是从耶路撒冷或安条克派出去的，他们在各地传讲福音或访问其他教会，有时还带几名助手。他们讲道的场所称为“聚会所”，与犹太会堂差不多。这种“聚会所”一般都由资历较深的人来管理，开始时有的人是大家默认的，有的人是经过选举产生的，也有的是由传教士们指派的。以后，随着传教范围的不断扩大，信教人数的逐渐增加，也就在更多的地方建立起这样的场所。随之而来的是传教士队伍的扩大，加强对传教士和聚会场所的管理也就成为必然的要求。就这样，教会组织由小到大一点一点发展起来。这里特别要说明的是，当日尔曼人攻陷罗马后，由于他们自身的文明水平远低于当时的罗马人，所以他们对罗马的文明大肆毁坏，可对基督教却有所偏爱，不仅接受了它而且还将它随着自己传教各地，从而对基督教的发展起到了促进作用。

1. 教权与王权的关系

从历史上看，由于罗马教会一直是西方基督教世界的大教会，也是使徒保罗和彼得工作过的地方，因此，它在教会中具有举足轻重的地位，罗马教区也因之倍加显赫。在东西方教会貌合神离的时期，罗马教会通过与东方教会的争执而不断维护自己的既得利益，并取得了凌驾于其他教区之上的地位。当罗马教会成为罗马教廷之后，并没有满足于在教会组织内部所取得的地位，而是把手伸向世俗权力，即也要凌驾于世俗王权之上。围绕教权与王权之争，成为了这一时期发展的主线。

基督教与世俗王权的关系一直十分密切。起初,在罗马帝国还信奉异教的时期,政府很少过问教会的内部事务,但自从基督教成为国教之后,皇帝们便像统治国家一样来插手教会内部的事务,皇帝也就成为了教会的最高主宰。例如,查士丁尼登上东罗马帝国皇帝宝座之后,便自封为教会元首,亲自插手教会教义审定、组织事物等事项,又把任命主教的权力视为已有,使教会依附于世俗政权。又如后来的英国,“国王和国会在强大的民族意识的支持下,坚决抵制教皇势力的侵犯,否认教皇有权任命英国的圣职,规定民、刑事案件,不论其为初审或复审,只能由国家法庭受理,外国法庭不得干预,并禁止英国的黄金流人阿维尼翁的教皇金库。”[1]

当然,基督教成为合法宗教之后,也从皇帝们的支持中获得了大量的权力和利益。如君士坦丁皇帝及其继任者们都给予教会许多优待,从而导致了基督徒数量的激增,各种原有的宗教也相应地衰落。后来竟发展到信奉基督教的皇帝颁布法令,取缔其他宗教。过去反对基督教的皇帝迫害基督徒,主要是担心他们不信奉“国教”会危及自己的统治。而现在的情形则反了过来,信奉基督教的皇帝们则希望在自己的帝国内只存在一种宗教,以便达到适合其统治的要求。但是,当基督教的羽毛丰满之后,它又开始试图摆脱世俗权力的控制。“教会所争取的,首先是独立于世俗权力之外,这种斗争可以说是中世纪历史发展的主要动力。”[2]在这场争夺中,教会不仅在内部,一方面也仿照君主们的集权制,把教权收归教皇统辖,使这种制度达到了无以复加的地步;另一方面又制造舆论,宣扬教皇权力来自神授,其地位至高无上的理论。公元800年在圣彼得大教堂为查理曼大帝举行的加冕仪式,就极具现实和象

---

[1] [美]G·F·穆尔著.《基督教简史》.郭舜平等译.第204页。

[2] [美]G·F·穆尔著.《基督教简史》.郭舜平等译.第164页。

征意义。因为,当时在政治上西罗马帝国处于四分五裂的境地。急需一位强有力的人物加以统治,所以选择查理曼既是无奈之举,也是形势的使然。而对教会和民众而言,教皇为这位皇帝加冕则被视为天上的权力高于地上世俗的权力。所以有人比喻说:"教皇是太阳,皇帝是月亮,像月亮要从太阳那里得到光辉一样,皇帝要从教皇那里得到政权。"不过世俗的君王们也不甘于受教会的左右,他们又反过来对教皇的选举进行干涉,对由教士们选举出来的教皇要由他们批准。

教皇尼古拉一世(Nicholas,858—867 在位)竭力维护教会的独立,抵制一切世俗权力对教会事物的干涉。他认为罗马教廷是彼得所首创,主教和普世教会会议的一切权力,都来自彼得的权力,因而具有至高无上的权威。1059 年教皇尼古拉二世罗马拉特兰宫召开的会议上决定,教皇只能由枢机主教(又称红衣主教)团选举产生,从而排除了世俗统治者对此事的控制。会议还颁布命令:禁止教士娶妻纳妾,禁止用金钱贿买有关教会神职或活动升迁,禁止教士以任何方式从世俗教徒手中取得管理教堂的职务等。这些禁令都是要从根本上打击俗界对教会的插手。

把教权与王权之争引向顶点的是格雷戈里七世。他承袭了尼古拉一世以来的主张,认为教皇是教会的首脑,其权力来自上帝;教皇不但在教会内部而且世俗国度内都具有至高无上的权力。格雷戈里以蔑视的口吻说道:"谁不知道,王公贵族本来只是一些不认识上帝的人,他们在尘世的统治者魔鬼的驱使下,在骄傲、抢劫、背信弃义、凶杀和几乎所有一切罪恶的驱使下,怀着盲目的权力欲和无法容忍的骄横,僭取了凌驾于他们同辈人之上的地位。"[1]因此,他主张教皇有权废黜不服从教会的世俗统治者,解除臣民对他

---

[1] 转引自[美]G·F·穆尔著.《基督教简史》.郭舜平等译.第 171 页。

们的效忠誓约，甚至开除他们的教籍等。他不仅这样说，而且也是这样做的。如他在与德国和罗马帝国皇帝亨利四世的较量中，就采用了这些手段，迫使亨利四世向教廷屈服。但在亨利四世度过难关之后便全力反扑，并逼得格雷戈里逃走避难，同时自己又任命了一位新教皇。

2. 教皇权力的扩大

经过多任教皇与世俗权力的较量，从总体上说，在中世纪的中期教皇的权力也达到了顶点。其中尤以英诺森三世（Innorcent Ⅲ，1198—1216）时的权力为大。在教会内部，他大权独揽，完全依照封建君主的方式行事。在与王权的关系上，他坚持“主交给彼得治理的不仅是整个教会，而且是整个世界”。他认为，教皇有权决定诸侯选出的国王是否符合条件，在选举有争议时有权在候选人中进行选择。据此，他不仅废立罗马皇帝，而且先后使法国国王菲力普九世·奥古斯都、阿拉冈国王彼得、葡萄牙国王桑乔、波兰国王拉季拉夫等屈服于他的意志下。当英国国王约翰拒绝承认教皇任命的坎特伯雷大主教时，他便威胁要派遣十字军讨伐，迫使约翰接受，并为此每年还要向教皇纳贡。

在他之后，也出现了一些有才干的教皇，如1302年发出“一圣通谕”的卜尼法斯（Boniface），他在“通谕”中正式规定“教会高于一切世俗权力”。“通谕"中指出：“任何人对抗上帝规定的这项权力，就是对抗上帝的命令。”“这项权力虽然是给予一个人，并由他行使的，但它不属于人，而是属于神的，是上帝亲口授予彼得本人和他的继承者的……因此我们宣布、申明、规定、并昭告世人：服从教皇是任何人得救万不可少的条件。”[1]除了教会和教皇利用各种手段扩大自己的权力外，“十字军”（Crusades）的东征也在客观上

[1] 转引自［美］G. F. 穆尔著.《基督教简史》. 郭舜平等译. 第175页。

为他们提供了机会。从11世纪末到13世纪初，罗马教廷利用组织始于1095年、结束于1270年的前后8次“十字军东征”所形成的宗教狂热，帮助自己确立了教权至上的观念，从而使教皇成为了西方最高权力的象征。

此外，在这一阶段，基督教的教义和神学理论也经过许多神学家的努力，得到了进一步的完善和发展。始于阿伯尔拉尔（Abelard，？—1142）的经院神学，经过彼得·伦巴德（Peterlombard）的《教父名言集》，和英国法兰西斯会修士赫尔的亚历山大（Alexander of Haes，？—1245）所著的《神学概论》的发展，最终由托马斯·阿奎那完成了经院神学体系的建立工作。

（四）基督教的衰落

在经历了发展的鼎盛阶段之后，基督教开始走向衰落。究其原因，既有教会内部的因素，也有教会外部的原因。就教会方面来看，主要是由于它自身的纷争与腐败，自身的愚昧主义政策和反人性的种种做法。就外部而言，主要是随着文艺复兴、宗教改革运动的发展和科学的发展，使得教会的影响力和教皇的权力都大为减弱。

1. 东西方教会的分裂

由于罗马帝国在后期形成的东西两部分格局，使东罗马帝国以君士坦丁堡为中心，西罗马帝国以罗马城为中心，这也为日后基督教的发展埋下了隐患。从名义上看，以君士坦丁堡为中心的东罗马帝国统辖整个基督教世界，但西罗马帝国也不甘示弱。到了5世纪时，西罗马教廷不断扩大自己的势力范围，将整个西部教区都纳入自己的控制下，因此形成了两个基督教的中心。尽管如此，东西分教会在表面上依然保持着形式上的统一。此后，由于8世纪发生的“圣像（Eikons）破坏运动”，导致了两方关系的恶化。

在初期时，基督教是禁止偶像崇拜的，因为基督教在与旧宗教论战的时候,常常把偶像崇拜作为回击对手的一个重要理由。但由于当时许多教徒都是文盲,《圣经》中许多教义较为抽象,于是为了便于向下层民众传教,同时出于美化和神化教堂的需要,便出现了造像的活动。到了6世纪时,圣像崇拜在正统的东方教会中已经比较普遍了。虽然这种活动有悖于教义引起了很大的争议,例如保罗派就是坚决反对偶像崇拜的,但偶像崇拜还是逐渐被人们所接受,并在教堂内装饰有画像、雕像,等。726年,东罗马帝国利奥三世支持保罗派的主张,会同东罗马教会和元老院一起对造像运动提出了批评,并颁布了"偶像崇拜禁令",要求销毁教堂内的画像和雕像。但这一禁令不仅在东帝国内部引起了混乱和不满,而且也给西罗马教廷利用人们的不满挑起争端提供了机会。于是,他们组织了所谓"护教军"向东罗马帝国开进。这种对峙局面一直持续了100多年,到843年东罗马帝国由西奥多拉(Theodora)国王执政,终止了禁令并于罗马妥协,恢复了圣像的供奉。但此事造成了彼此间隔阂的加剧,双方的纷争却始终没有停止过。9世纪后半期罗马教皇尼古拉一世在位时,与君士坦丁堡宗主教佛提乌(858—867,877—886在位)相互绝罚,史称"佛提乌分裂"。不过后来双方还是修补了彼此的关系,但好景不长。1054年君士坦丁堡宗主教色路拉里乌与罗马皇帝利奥九世的代表,就教义和礼仪等问题的分歧发生了激烈的争执,最后双方宣布革除对方的教籍,从此双方断绝了往来。东西教会也在1054年正式分裂,史称"色路拉里乌分裂"。

尽管双方都自认为是基督教的正宗,但东部教会被人们称为"东正教",因其所使用的语言为希腊语,也称"希腊正教",其势力范围为正地中海、巴尔干丰岛和俄罗斯等地,其教会首领被称为宗主教。而西部教会则以"普世"(Catholic)自许,故被人们称为"罗马公教",因其采用拉丁语,也被称为"拉丁教会"。其范围为西地中海及北欧等地区,其领首被称为教皇。罗马公教在16世纪传人我国后,被称为“天主教”。在经历了东西方教会的分裂之后,它们各自走上了自己的发展道路,形成了拉丁基督教文化区和东正教文化区。

2. 教会的腐败与愚昧主义

宗教的性质本身就决定了它是建立在反理性和愚昧主义基础上的,因此,它必定要采取反人性和反社会的种种做法。而当它获得权力之后,又必然会按照世俗封建主义的方式,来维护自己的既得利益。当这两个方面结合起来之后,它的弊端就逐渐地显露出来,并早已把它最初的目的抛到了一边,使它成为维护自己控制人们思想和统治社会的手段,于是种种腐败现象也就随之而来。这样,前者就成了人们不满的原因,后者则成了自己垮台的催化剂。

我们还以宗教裁判所为例,它的反人性和反理性的做法所带来的负面影响,既遏制了社会的进步,也给自己留下了难以洗刷的耻辱。这里我们引用一段穆尔在《基督教简史》中的有关记述:“这种法庭早在加罗林王朝时即已存在,……到1215年,第四次拉特兰会议规定,信徒必须每年行一次忏悔,为宗教法庭的审查活动提供了新的方便之门。前来忏悔的人受到的盘问,不仅限于他们本人的信仰和行为,还包括他们的邻人的信仰和行为;逃避忏悔的人可以因此招致异端的嫌疑。不久,格雷戈里九世在1232~1235年,又整顿和加强了教皇的异端裁判所,成了一个可怕的新手段,委任多米尼克会修士主持其事,他们立即在异端盛行的地区展开了工作。异端裁判所办理案件的方式,使有罪和无罪的人同样感到恐怖。原告和证人的姓名是严格保密的,对被告的审问也同样保密,而且以假定有罪为出发点,因此往往不惜罗织罪名,严刑拷问,逼打成招。”[1]

[1] [美]G·F·穆尔著.《基督教简史》.郭舜平等译.第202页。

至于教会的腐败，那就更是引起人们不满的重要原因。在中世纪处于鼎盛时期，教会是西方最大的“封建主”。它不仅拥有大量的土地、财产，而且还从世俗政权和广大信徒那里获得了大量的纳贡与捐赠。这使得教职人员享有许多特权，也使得他们的生活与社会地位远高与普通人。我们仅从教廷三番五次颁发禁止教士娶妻纳妾，禁止出卖教职的规定中，就不难想像存在于教会人员中腐败现象问题的严重性和普遍性。我们再来看一段虔诚的天主教徒杰罗德·佩克在《圣彼得的王国》一书中对教皇的描写：“在合法占据过彼得之位的262位人事中，其身分、性格及能力的差别可谓大而又大。他们的背景从有地位的贵族，到巡回传教的贫穷僧人，高低不等；他们的私生活从无可争议的圣贤之举，到贪婪无比的势力之徒；他们履行职责的水平，从高至历史上最伟大的英雄，到低至如果不是该机构长久的惯力，则罗马教廷就有可能因此而分崩离析了。在其选举就位时，教皇的年龄从86岁高龄的乔治四世，到18岁的本尼迪克特四世。就学术水平而言，他们有的从世界上最伟大的大学里毕业的学者，有的是一字不识的白丁……”❶尽管这段文字是非常概括性的，但从这些被尊为教会首脑的教皇身上，我们可以毫不怀疑他们当中不乏有真诚而又虔诚高尚的理想追求者，但他们之中也存在着不少心术不正、腐败堕落的市井之徒。“绝对的权利，导致绝对的腐败”，这条真理对宗教界和世俗界都应该是适用的。事实上，仅就文艺复兴期间的教皇们而言，在这场运动刚刚兴起的时候，他们还是起到了一定作用的。这倒不是由于别的特殊原因，而是人文主义者们倡导新的文化和艺术形式，与他们中追求的所谓品位与享受，讲究新奇与浪漫的口味是极相吻合的。因为他们当中的许多人原本就出身于意大利的王公贵

❶ 转引自理查德·扎克斯著.《西方文化的另类历史》.李斯译.第189页。

族之家，他们都崇尚奢侈豪华的生活，所以对新式的建筑和艺术风格是十分欢迎的。这样一来，就导致了教皇们的开支无度，使教廷的财政陷入危机。于是，他们便想出各种名目繁多的苛捐杂税，向教徒们和社会巧取豪夺。这种情形到了16世纪初更是达到了顶点，这既为宗教改革埋下了种子，也加速了教会自身的衰落。

3. 文艺复兴对基督教的影响

文艺复兴运动的影响是巨大的，它使人们的思想从教会愚昧主义的禁锢中解放出来。对基督教本身而言，用穆尔的话说："学术的复兴，带来了一种与神学无关的超越国界的新文化，这种文化是从古典文化中得到启发，并以它为楷模。人们从古代发现的是一个世俗的文化世界，那里没有教会，没有手握神权与政权这两把剑的教士统治阶级；它的宗教没有规定武断的信条，要所有的人照此思考一切天上的、人间的事。人们从诗歌和艺术中所看到的希腊宗教，是自由和美的宗教。在诗人和哲学家笔下所表现的，是一种高尚的、美的精神，它与最好的基督教义相比，也毫无逊色；那是对事物的普通结构，对那物质的实体，对人本性和命运的一种崇高的思索。'人文主义'这名称，就说明了这是一种对立物；对人类及其一切的兴趣，已代替了对神的兴趣。所有这些都不仅削弱了教会及其教义对人的思想的支配，而且使许多人对启示式宗教变得漠不关心，还有不少人甚至摆脱了一切，实际走上了异教的道路。"[1]文艺复兴运动所带来的挑战，特别是人文主义思潮的兴起，对基督教赖以生存的思想基础和社会基础构成了致命的一击，也促使基督教失去了往日的光环和权威。这种结果的出现，恐怕也是当初一些对文艺复兴持纵容态度的教皇们所始料不及的。

---

[1] [美]G·F·穆尔著.《基督教简史》. 郭舜平等译. 第209－210页。

此外，文艺复兴的影响还表现在宗教生活的世俗化，这也对宗教改革运动的产生起到了一定的作用。因为，这一时期的宗教活动也远非从前那样神圣化和神秘化，而是变得更加世俗化和形式化。这一变化的结果就像赫伊津哈说的那样："所有生活中都充斥着宗教，这种情形达到了如此的程度，以至人们时常会有看不到精神之物与世俗之物的区别的危险。如果，一方面日常生活的所有细节可以提升到一个神圣的水平，那么，另一方面，神圣之物由于和日常生活搅到一起而沦为平庸。"[1]事实的发展也正是如此。

(五)宗教改革运动

宗教改革运动被视为是基督教继东西方教会分裂后的的第二次分裂，从而结束了罗马天主教在西方的一统地位，其影响和意义都是第一次分裂所无法比拟的。

1. 宗教改革前的先声

在宗教改革出现之前，教会内部的有识之士就曾针对教会所宣扬的教义理论和主张，对教会滥用职权以及教会的种种腐败问题，提出了质疑和批判。在这些人当中，有的是出于探索和完善教义的角度，有的是基于对异教徒迫害不满的角度，还有的是站在维护世俗王权的角度。仅就14世纪而言，英国的宗教改革家约翰·威克利夫(John Wycliffe，1320—1384)和匈牙利的约翰·胡斯(John Hus，？—1415)比较有代表性。威克利夫原是一位世俗的教士和牛津大学的教授，但他对教会的种种做法及其腐败行为而不满。同时，由于他是一位世俗教士，所以他也极力维护世俗统治者的利益。1378年他发表《论圣经的真理》一书，认为只有圣经才具有最高权威，应该被置于教皇的法令和神学家的著作之上。

[1] 转引自裔昭印主编.《世界文化史》. 第331页。

1379 年他完成了《论主权》一书，反对教皇干预世俗事物，反对教士置产等。认为王权高于教权，教会应隶属于国王。威克利夫尤其对教皇滥用职权进行了批判，他指出："'教皇及其被授予世俗统治权的全体教士，都是顽固的异端分子。'基督把恺撒的物归给恺撒，并不觊觎世俗的权力；教皇却反其道而行之，他已不是基督的代理人，而是敌基督的代理人。"❶

胡斯是一位大学教师，也是一位用方言讲道的有名教士。受威克利夫的影响，他对教会和教士制度的弊端进行了批判。虽然，国王和大学都支持他的做法，但教会则将他视为异端。他在《论教会》一书中，对教皇和教士制度以"39 项命题"的方式进行了抨击。由于他触犯了教皇和教会的利益，被在康斯坦茨宗教会议上定为有罪，并于 1415 年在该地被处以火刑。他死后也导致了他的支持者的强烈不满，从而使胡斯运动迅速发展成为一场全国范围的运动。这些也都对后来兴起的更大规模的宗教改革运动，产生了很大的影响。

因此，宗教改革在德国出现之前，在天主教内部，改革的萌芽和呼声从来就未间断过。只是由于当时历史条件尚未成熟，加上罗马教廷的强大势力，使改革运动难以获得空间。而这种情形到了 16 世纪初则有了很大的变化，特别是文艺复兴运动使人们开始有勇气对罗马教廷的所作所为提出置疑，加之人文主义对罗马教廷种种堕落现象的批判，也从外部动摇和削弱了教廷及其原有的神学观念。所以，宗教改革运动的出现只是早晚之事了。

2. 宗教改革的兴起与发展

宗教改革的直接诱因是教皇尤里乌斯二世（Julius，Ⅱ）重建罗马圣彼得大教堂引起的。为了募集修建教堂的资金，1510 年他颁

---

❶ ［美］G. F. 穆尔著.《基督教简史》. 郭舜平等译. 第 206 页。

布了诏书，允许对捐献经费的人给予大赦和其他各种神恩。他的继任者利奥十世为了筹集更多的经费，于 1517 年又进一步颁布诏书，向欧洲各国教徒发售赎罪券，教廷的这种做法引起了人们的不满与混乱。德国维登堡（Wittenberg）大学年轻的神学教授马丁·路德（Martin Luther，1483—1546）首先站出来对这种做法提出了挑战。他认为教皇发售赎罪券是有悖于基督教教义的。由于当时路德所在的萨克森地区选帝侯，禁止传教士在其领地上发售赎罪券，所以这些传教士只好在其毗邻的地区进行。于是，路德便在城堡教堂大门上，即该校通常用于发布布告的地方，贴出了历史上著名的《关于赎罪券效能的辩论》（即《九十五条论纲》），并表示愿与所有不同意论纲的人进行公开的口头或书面辩论。这样的公开论战，在当时的学术争鸣中是很流行的。总的来说，当时论纲中所提出的问题还是立足于天主教教义的。“论纲”中有几条是直接针对赎罪券发售者的堕落行为和滥用职权的，其他问题则是针对发行赎罪券所依据的原则。路德认为一名信徒，凡是已为自己的罪诚心感到内疚的，他的罪就已完全得到了赦免，即使没有赎罪券也一样；而教皇的赦罪不过是外在的形式，在上帝的眼里，神的仁慈比教皇的赦罪证明价值高得多。

路德的论纲既引来了反对派的猛烈批判，也招来了主教和教会的非难。他们汇合起来向教廷和教皇指控路德的主张是异端。起初路德对教皇是持保留态度的，但教廷指控他为异端，特别是 1520 年 6 月教皇利奥十世发出《开除路德出教谕》，明确谴责他的“论纲”，下令将他的书当众销毁，并限他 60 天内公开承认错误。在高压之下，路德不仅没有屈服，反而连续发表了三篇重要文章，即《致德意志基督徒贵族书》、《教会的巴比伦之囚》和《论基督徒的自由》。在这些文章中，他阐述了自己对宗教的基本认识，抨击了天主教的种种弊端，宣布了自己“因信称义”的主张，这与教会“行为称义”的教义是截然相反的。在教皇的谕令公布之后，他又发表了《敌基督的谕令应予反对》一文,表明自己与教皇的决裂。路德的文章在德意志风行一时,受到各阶层教徒的热烈响应。他们认为这不但是对教会的抨击,也是捍卫德意志民族免受教廷的勒索。因此,路德成为人们心目中的英雄。此后,路德在躲避教廷的迫害中,把《圣经》从拉丁文译成德文,这在当时也是惊人之举。因为当时的《圣经》只有拉丁和希腊两种文字,德文本《圣经》的出现既挑战了拉丁文的神圣地位,又首开了用本民族语言翻译《圣经》的先河。

由路德引发的宗教改革,对当时的欧洲产生了巨大的冲击。除了德国以外,路德教也波及到了许多国家,比如,在斯堪的纳维亚各国,1520 年就由丹麦国王将路德教引到了北欧。其中,1537 年丹麦教会就按照路德教的模式对本国的基督教进行了改革。在同一时期,在瑞士有加尔文领导的改革运动。此后。受欧洲大陆宗教改革大潮的冲击,英国也在 1533 年和 1534 年由国王亨利八世(1509—1547)领导下实行了改革,1534 年英国国会通过了《至尊法案》,宣布教会脱离罗马教皇的管辖,国王为教会的最高首领,英国的民族教会——圣公会为国教。当然,由于英国的宗教改革是自上而下进行的,所以它的改革是不彻底的,这为后来的进一步改革留下了伏笔。就这样原罗马教廷的辖区内形成了三个互不相干新教派,即“路德派”、“加尔文派”和英国圣公会,它们被统称为“新教”。尽管新教在主张上各有特点,但总体上它们在两个方面上是相同的:一是不承认罗马教会的权威,二是对“因信称义”的主张都是持赞同态度的。由此,在整个基督教世界内便形成了天主教、东正教和新教鼎立的局面。

当然,就当时的天主教而言,为了应对新教的冲击,天主教内部也有要求召开宗教会议的强烈改革呼声。但由于政治上的一些原因,一直到 1545 年 12 月会议才在意大利的特兰托市举行。会议原本希望新教的温和派能够参加,以便调节天主教与新教之间的分歧和矛盾。但由于新教派的拒绝参加，使会议反而演变成了天主教整顿教会秩序，制订更为严密教义以巩固自己阵营的会议。这次会议几经改换地点，前后历时18年之久，一直到1563年12月才结束。会议根据当时不断变化的形势，对许多问题都加以了研究，提出了适应新形势要求的一系列决议和文件，使天主教也进入了一个新的发展阶段。

3. 宗教改革后的基督教

宗教改革运动对原有罗马天主教会大一统世界进行的挑战，使罗马教廷失去了旧日的权威，各式带有民族色彩的教会兴起，对于天主教的各种神学理论也进行了新一轮的探索。特别是随着科学的发展，对圣经的批判以及各种社会思潮的冲击，使天主教的影响力也进一步降低。

科学发展对基督教的影响可以追溯到哥白尼时代。由于他所提出的“日心说”观点，拆除了由亚里士多德宇宙论和本体论所构成的神学基础，从而引发了科学对神学的冲击。在哲学领域，笛卡儿试图把哲学建立在数学的基础上，他以数学和物理学为基础，建立了自己的机械论宇宙哲学。他的努力与哥白尼建立的物质宇宙理论一样，都把它们可能对基督教神学产生的后果抛在一旁。此后，“科学在一切领域中奔腾向前，新的宇宙观念越来越获得了广泛的承认，它与形而上学的或神学的理论不同，可以准确地称之为科学的理论。天文学与物理学已经教会人把宇宙看做一部大机器，由内在的力量按照不变的规律在推动。现在地质学和化学与天文学携起手来，要共同创造新的宇宙理论。在这以前，植物学和动物学主要是描述性的科学，现在却根据从最低级单细胞生物到人的发展，研究有机进化中的物种起源问题了；生物化学则力图探索生命起源的最终秘密。这就引起了科学和神学冲突，《创世记》中神所启示的宇宙起源论，与进化论不能相容，而上帝按照自己的形象创造亚当，以及亚当的堕落和由此而来的他的子孙的罪和死，却是赎罪教义的基础。”[1]所以，科学对于神学的创世说、物种不变说、原罪说和赎罪说等带来了沉重的打击。

这一时期对圣经的批判来自于历史学家们，他们把用于古籍研究上的原则和方法也应用到圣经上来。史学家们以严谨的态度对《旧约》和《新约》中所涉及的文献年代、文献的真伪及价值等，也与世俗历史资料逐一进行鉴定和评价。比如，当时的德国杜宾根学院就是一个比较著名的研究中心，其代表人物是费迪南德·鲍卫和他的学生大卫·施特劳斯。费迪南德·鲍卫经过考证认为，《新约》中重要的四部福音书写于不同的时代，可能是由早期的教徒写的，而非传统上认为的是由耶稣的门徒马太、路加、马可和约翰所著。而大卫·施特劳斯在研究的基础上则写出了《耶稣传》（全称为《经过历史批判的耶稣生平》）。在这本书中，大卫·施特劳斯在描述了可考证的耶稣生平之后下结论说：“耶稣确有其人，但《新约圣经》里的那个有超人特征的耶稣，不过是一个早期教会创造出来的神话人物而已。”[2]与此同时，随着研究的深入，人们还把基督教与其他宗教进行比较研究，并揭示出在较高级的宗教之间都有许多相似的特征，即便是在文化水平较低的民族中，其宗教在基本观念和方法上也都有着一致性的地方。前者的研究把相对的概念引入了真理与正义的判断上，这就直接与基督教教条主义的方式相冲突；而后者则使基督教失去了自封的高于和优于其他宗教的独一无二的地位。其结果是不仅普通信徒，就连大多数新教的牧师们也都接受了来自科学和历史学对圣经的挑战。

至于各种社会思潮对基督教的冲击也是显而易见的。18 世纪对基督教来说是一个衰败的时期；而对 19 世纪的基督教，用一位天主教历史学家的话来说：“政治生活的特点，是法国革命倡导

---

[1] ［美］G·F·穆尔著。《基督教简史》. 郭舜平等译. 第 299 ~ 300 页。
[2] 刘文荣著.《西方文化之旅》. 第 230 页。

的民主原则的逐步渗透,以致19世纪成了形形色色的立宪政体和代议制政府的时代。在思想活动方面,19世纪初的唯心主义哲学没有保持优势,也没有任何一种宇宙观念可以独占优势。这时占统治地位的是经验实证主义和唯理论自然主义思想倾向,因此它成了自然科学和历史科学的世纪。在道德领域中,争取个人人格完全独立自主的要求比以前强烈得多,其必然结果便是排斥权威观念,抵制任何权威对个人内心生活的干预。最后,民族主义的充分发展成为社会生活的特色,使西欧民族的分化终于固定下来,民族情绪也达到了前所未有的高潮,大家意识到,每个民族各有自己的天赋和条件,因而有权在民族的大合唱中占据一席位置。毫无疑问,这一切因素对宗教生活必然是不利的。”❶这位历史学家的分析是深刻而全面的,点出了基督教在近代衰落的历史必然性。对此变化,我国学者朱孝远也评论道:“世界性的宗教帝国让位于地方化、民族化的新教会;有形的宗教仪式崇拜让位于无形的精神信仰崇拜;世俗化的、政治化的教会让位于文化上的、思想上的教会结构。”❷就这样,基督教在经历了千年的风光之后,从此走上了衰落之路。

4. 宗教改革的意义

由德国率先兴起并蔓延到欧洲其他国家的宗教改革运动,就其本质上看可以说是文艺复兴的继续和深化,它同样是资产阶级反对封建主义的一场思想和文化上的斗争。就教会内部的有识之士而言,他们的目的是要革除教会内部的腐败和陋习,以正本清源,振兴教会;就教会外部而言的人们而言,则是要反对教会的统治,反对教会对人们生活和思想的控制。当然,这些因素中也包括要求建立民族教会的呼声。

---

❶ [美]G·F·穆尔著.《基督教简史》.郭舜平等译.第304页。

❷ 转引自裔昭印主编.《世界文化史》.第353页。

由于路德的历史局限性，他所提出的宗教改革的任务与目标还仅仅限于基督教内部。而且从内心来说，路德对基督教的教义还是十分虔诚信仰的。对此，马克思曾经有过一段非常深刻的评价。他指出："路德战胜了信神的奴役制，只是因为他用信仰的奴役制代替了它。他破除了对权威的信仰，却恢复了信仰的权威。他把僧侣变成了俗人，但又把俗人变成了僧侣。他把人从外在宗教解放出来，但又把宗教变成了人的内在世界。他把肉体从锁链中解放出来，但又给人的心灵套上了锁链。"❶正是由于他自身的局限性，所以使他后来站到反对德国农民起义的立场上去了。尽管如此，这里马克思在指出了路德改革局限性的同时，也指出了路德改革所带来的深远意义。他说："彼岸世界的真理消逝以后，历史的任务就是确立此岸世界的真理。人的自我异化的神圣形象被揭穿以后，揭露非神圣形象中的自我异化，就成了为历史服务的哲学的迫切任务。于是对天国的批判就变成对尘世的批判，对宗教的批判就变成对法的批判，对神学的批判就变成对政治的批判。"❷当然，对于这些路德本人是无法认识到的。

总之，宗教改革运动所带来的影响是巨大的，它进一步促进了人们的思想解放。虽然它的直接目标是针对教会发起的，但它同样对世俗的封建统治制度也产生了猛烈的冲击。所以，美国学者伯耶指出，宗教改革实际上是西方文化中的一种创造性力量。"它不仅为即将来临的新时代提供了崭新的人生观、价值观，而且造就了成千上万的新教徒，他们'基本上都是爱思考、冷静持重的人，并且都相信劳动与勤勉是他们对上帝应尽的义务。'"❸

---

❶ [德]马克思，恩格斯著.《马克思恩格斯选集》.第1卷.1972年5月版，第9页。

❷ [德]马克思，恩格斯著.《马克思恩格斯选集》.第1卷.第2页。

❸ 转引自董小燕著.《西方文明史纲》.第150页。

（六）西方宗教文化中的主要代表人物

1. 奥古斯丁

奥古斯丁（Aurelius Augustinus，354—430）是早期基督教最杰出的神学家，被称为“伟大的教父”、“上帝的圣者”。他出身于北非塔加斯特的一个贵族家庭，父亲是异教徒，母亲为基督教徒，所以他从小便受到基督教的熏陶。长大后奥古斯丁曾到迦太基学院学习修辞学。起初他赞成亚里士多德哲学，后又信奉和基督教对立的波斯的摩尼教。此后不长时间，他又对该教产生怀疑并在哲学上信奉柏拉图主义，认为整个世界无非是一面镜子，人们所看到的世间一切事物都仅仅是神的旨意的反照。公元381年，奥古斯丁带着种种精神上的困惑，离开迦太基前往罗马学习。384年，他又前往罗马首都米兰任教，在那结识了米兰大主教安布洛斯，深受其影响，并对基督教产生了好感。但由于过去的种种经历，使他并没有在一开始就下决心改信基督教。传说有一天他手持《圣经》在郊外散步，忽然不知从何方传来声音，说：“翻开你手中的书吧！”，于是，他便阅读起来，顿时一切困惑都豁然而解。从此，他便接受了洗礼，皈依了基督教。388年回到北非后不久担任牧师和希坡城主教35年。任内从事教会组织工作和基督教哲学著述。他成功地运用柏拉图的哲学，阐述了基督教的各种神学问题，把教父神学推向了顶峰。他的思想也被后人发展成为奥古斯丁主义。奥古斯丁的主要著作有《上帝之城》（Civitas Dei）、《忏悔录》和《三位一体论》。其中《上帝之城》写于412～426年，目的是反对异教，为基督教辩护。因为当时罗马帝国不断遭受日尔曼族侵扰，410年西哥特人攻陷“永恒之城”。罗马大部分奴隶主贵族被处死，或被俘，或被卖为奴隶，或外逃他地，罗马被洗劫一空。据此，一些人认为这是取缔传统罗马国教，信奉基督教所致。为回答这些指责，奥古斯丁写成了《上帝之城》一书。

2. 托马斯·阿奎那

阿奎那(Thomas Aquinas,1225—1274)被认为是13世纪最伟大的经院哲学家,也有“圣徒”、“经院哲学家之王”和“天使博士”之称。阿奎那出生于一意大利贵族家庭,是德意志皇帝弗里德里希一世的外甥,弗里德里希二世的堂兄弟。他6岁时入卡西诺修道院,14岁时入那不勒斯大学读书,后转读于科伦大学。1244年,进入巴黎大学,三年后在该校任教,并被晋升为神学教授。1259年应召到罗马教延供职,先后在三个教皇下充当官方神学家,同时还是法国国王路易九世的顾问。阿奎那的主要著作有《亚里士多德著作注释》、《反异教大全》、《神学问题讨论》和《神学大全》。其中,《神学大全》被视为基督教的百科全书。在这本巨著中,他运用亚里士多德的思想为武器,适应当时时代和社会的要求,修改了基督教流行了几个世纪的奥古斯丁主义,即放弃了柏拉图哲学,系统论述了宇宙的秩序和上帝的存在。从而以一种新的理论体系,挽救了经院哲学的危机,并把它推向一个全盛时期。以后,尽管经院哲学衰落了,但作为基督教正统的哲学体系,阿奎那的思想和理论则一直被视为惟一正确的代表而延续下来。所以,穆尔评价到:“在欧洲的神学中,除奥古斯丁以外,没有人享有比阿奎那更大的声誉。而且不仅在狭义的神学中,在哲学、伦理学和政治理论上,他也留下了他的天才的不朽痕迹。”❶

3. 马丁·路德

路德被视为基督教新教的创始人,是一位虔诚的基督教徒和平民思想家。他出身于德国小镇艾斯莱本的一个富裕之家。他的父亲原本是为农民,后来在曼斯菲尔德当矿工并通过个人奋斗成为一位小矿主。路德后来曾经说:“父亲是个贫穷的矿工;母亲为

❶ [美]G·F·穆尔著.《基督教简史》.郭舜平等译.第186页。

了养活我们这些孩子们，只好经常背负木柴。双亲都不遗余力地工作着。”依靠父亲“汗流浃背，辛苦地工作”，他先后完成了小学和中学的学习，1501 年进入爱尔福特大学学习，并于 1505 年取得该校硕士学位。路德从小就生活在宗教氛围很浓的环境中，所以大学毕业后并没有听从他父亲的建议去做律师。1507 年进入爱尔福特的一家奥古斯丁派的修道院，次年被派到维登堡修道院做神甫，同时被维登堡大学聘任教师。1512 年 28 岁的路德获得博士学位，成为维登堡修道院副院长，又兼任维登堡大学神学教授。在大学里，他主讲圣经和圣保罗及奥古斯丁的神学思想，同时也形成了自己的一些想法和主张。路德是一位非常虔诚的信徒，他曾经对别人说过：“如果哪个僧侣曾靠修道而升人天堂，我应该就是那个人。修道院里所有了解我的同伴，均可对此作证。我愿永远为僧，靠斋戒、祈祷、诵读和其他种种善行成为一名殉道者。”[1]但后来当路德了解和发现了教会，特别是罗马教廷的种种丑恶现象之后，他开始发现背离上帝的不是人民而正是教会本身。所以，当罗马教廷发行赎罪券时，他便挺身而出予以反对。路德改革的理论支点是“因信称义”，这是对基督教长期宣扬的“行为称义"理论的否定。因为它否定了个人灵魂的拯救必须通过教会和教士才能够获得，而只需通过个人对《圣经》的理解与虔诚信仰即可，从而使人的灵魂得救成了自己的时，也就使人的精神获得了解放。

4. 埃拉斯莫

埃拉斯莫出生于荷兰，长于德国，因此成为文艺复兴时期德国的著名人文主义者。他 1506 年在意大利取得神学博士学位，其后他在西欧各国广泛旅行与学习，掌握了多种欧洲古代和近代的语

---

[1] 转引自冯承柏等编著.《西方文化精义》. 第 82 页。

言，成为著名的学者和作家。埃拉斯莫不仅在神学上，而且在哲学、逻辑学、文学等。他与当时罗马教皇和许多国王及有名的学者都有往来，与托马斯·莫尔也是亲密的朋友，他因风格的不同与路德进行过论战。由于他所具有的丰富知识和广泛阅历，使他清醒而深刻地认识到了基督教黑暗面。所以，他对基督教进行了深刻地揭露和批判，只是他更长于理性地说理与阐述自己的观点。他在自己著名的作品《愚人颂》中以比喻的手法，对教会控制下的社会所充斥的虚伪、愚昧和腐败现象，进行了诙谐与辛辣的讽刺。他在描述教士们的虚伪与繁文缛节时写道："看他们怎样按照规定做一切事情，做得简直像数学一样准确，是很有趣的。任何错误都是对圣灵的亵渎。于是，每根鞋带上必须打这么多的结，必须用某种颜色，衣装服饰必须安排细密的规定，腰带必须用恰当的材料，……头发必须留几指长，睡眠必须规定几个小时。可谁都知道，各人的体质和气质是不一样的，这种平等其实最不平等。然而在这种荒谬的基础上，他们却判定局外人是微不足道的。这些宣扬罗马教皇人爱精神的教士们甚至互相指责，谁要是腰带结错了，或者衣服颜色太深了，都会使他们大为骚动。……某些教阶的僧侣们见了钱就躲避不迭，好像见了毒药一样，可是在酒色面前却毫不畏惧。他们受各种各样的苦，并不是为了要学基督的样子，而是为了各成一派，互不相同。"❶

5. 加尔文

加尔文(Jean Calvin，1503—1564)是瑞士宗教改革家，出身于法国北部诺阳城一个市民阶级家庭。他的父亲是当地主教的秘书，同时也是当地贵族的法律顾问。加尔文14岁时人巴黎大学学习文科，1528年获得硕士学位。以后又分别在奥尔良大学、巴黎

---

❶ 转引自刘文荣著.《西方文化之旅》.第139页。

大学攻读法律和神学。他通晓古代语言和历史,研究过天主教的理论和路德教的思想,并受到人文主义者埃拉斯莫等人的影响。1534 年(一说为 1533 年)被罗马教会视为异端,他宣布脱离天主教,被迫流亡瑞士,接受路德教,并发展了路德“因信称义”的思想。同时他也开始了自己的宗教改革活动。1536 年出版了反映他宗教改革思想的《基督教原理》一书。他的著作论证了人对上帝的依赖,破除了人们对腐败教会的迷信。同年,他来到日内瓦并着手改革尝试,但不久便因与市政委员会发生了矛盾,被逐出日内瓦。1541 年在日内瓦人民酝酿宗教改革时,他又被请回了日内瓦,从此创立了加尔文教,自任首领,并成为日内瓦政教合一的地方共和国领导人,在 20 多年间对日内瓦市议会发挥了极大影响。在加尔文的倡导下,日内瓦开办新教学校,派员到欧洲各国传教,严厉镇压其他“异端”。故当时日内瓦有“新教的罗马”之称,加尔文则成了“日内瓦的教皇”。

6. 梅叶

梅叶((Jean Meslier,1664—1729)出生于法国香槟省的一个工人家庭。与其他基督教的卫道士们相反,他是以教士的身分来反对基督教而闻名的。在宗教学校毕业后,梅叶便在埃列平教区任神甫,这一做便是 40 年。他与那里的数百名教民生活在一起,目睹了他们悲苦的生活。尽管他勤勤恳恳忠于自己的职守,将自己的毕生都献给了教会,但他通过自己的切身经历,深刻地了解到了教会的黑暗面和基督教教义的荒谬性。他也深深地同情生活在社会底层的人们,并渴望能改变当时那种社会制度。因此,在他临死之前写下一本反叛教会的著作——《遗书》。他在书中写道:“亲爱的朋友们！我决不能在生时公开地说出我对治理人们的制度和方法、对于人们的宗教和习俗的想法,这样会带来非常危险而悲惨的后果;因此,我决定等死后再把这些告诉你们。”“我从未犯过任何罪过,也未曾做过任何坏事,我深信现在的任何一个当权的人物也找不到足够的根据，在这类事情上面责难我。因此，如果我死后成为侮辱、诽谤、侮蔑的对象，成了卑鄙行为的攻击对象，那只是因为我率直地说出了真理，……让人们爱怎么想就怎么想，……死了的人就没有什么可以担心的了，也没有什么可以操心的了。”[1]他之所以写出这些让人读来深感沉重的话，可见在当时的社会条件下他是需要有多么大的勇气，也可见他对当时基督教的罪恶是如何地深恶痛绝。

7. 费尔巴哈

费尔巴哈(1804—1874)是德国古典哲学的最后一个代表。他打破了黑格尔的唯心主义体系，恢复了唯物主义的权威，但他在历史领域未能彻底摆脱唯心主义的框子。费尔巴哈的宗教理论和观点，是他哲学的一个重要部分。他否认上帝的存在，认为上帝和宗教的产生是源于人们的无知，源于人对自然现象的恐惧和对一切自己力所不及希望的的幻想。他指出，上帝只不过是人所幻想的产物，人所幻想的上帝的特性不过是人自身特性的反映，上帝的本质就是人的本质。费尔巴哈对宗教的批判在当时是极具进步意义的，但他的理论是有缺陷的。他把宗教产生的根源仅仅归结为人的心理特点，而没有从社会和历史因素上去寻找根源。此外，他还主张用一种新的“爱的宗教”，来代替旧的信仰上帝的宗教。

8. 伏尔泰

伏尔泰作为启蒙运动的领袖，在反封建的过程中对基督教也进行了深刻地批判。他认为基督教的存在，并没有给人类带来任何福音，而是带来了无尽的灾难。它是世界上“如此之多的分裂、内战和罪恶的根源”，是人类理性的主要敌人。他认为教会散布的

---

[1] 转引自袁华音著.《西方社会思想史》.第326～327页。

是愚昧无知，传播的是迷信狂热，一部教会史就是一部胡作非为的历史，是一部谋杀与抢劫的历史。他眼中的神甫、主教和教皇不过是一群“两足禽兽”、“文明的恶棍”和人间“败类”而已。他认为教会的罪恶还在于它残酷地迫害对它持不同观点的人。他特别对宗教裁判所表示出了极大地义愤，他说：“小偷仅仅剥夺你的财务，但宗教裁判官却剥夺你所有的一切，一直到你的思想。他搜索你的灵魂，力图搜出些什么来，以便能够把你的身体烧成灰烬。”[1]伏尔泰对基督教的批判不仅停留在对教会的愚昧和腐败上，还对基督教的理论依据——《圣经》进行了批判。他认为，《圣经》只不过是出自于一些无知的神经病人之手，是虚构和妄想的产物。所谓人类的原罪、诺亚方舟和耶稣的神迹等一切，全都是无稽之谈，充其量是一些荒唐透顶的神话故事；所谓的耶稣基督，既不是神也不具有神性，不过是位凡夫俗子而已。伏尔泰一方面撰文揭露教会的罪恶与虚伪和圣经的荒谬与错误，另一方面号召人们起来与教会进行斗争。他在一篇文章中写道：“每个人都按照自己的方式同骇人听闻的宗教狂作斗争，一些人咬住它的耳朵，另一些人踩住它的肚子，还有一些人从远处痛骂它。”[2]遗憾地是，伏尔泰虽然不遗余力地批判教会和《圣经》，但他却认为宇宙中是存在着神的，人类也是需要宗教的。这一方面是由于他是一位自然神论者，另一方面则是源于他的阶级局限性和历史局限性。

第二节　基督教的思想文化

基督教在发展过程中，除了靠其严密的组织和机构对人们生活和社会事物进行控制外，还利用大量的思想舆论和圣经理论来

[1] 转引自袁华音著.《西方社会思想史》. 第251页。

[2] 转引自袁华音著.《西方社会思想史》. 第251~252页。

控制和约束人们的思想与行为。虽然从总体上说,一方面在基督教的经典教义和各种宣扬基督教的材料中,充斥了许多违反科学事实,违反社会发展规律的思想,它成为了基督教的重要理论基础和奴役人们思想的帮凶。另一方面,我们也应该承认在基督教的理论体系中,也还包含着不少极具道德意义和伦理价值的有益思想。

一、基督教《圣经》的形成及基本内容

基督教的基本教义是《圣经》.而《圣经》的形成也经历了曲折的过程,同时,《圣经》本身既包含了历史传说也包含了优美的颂歌;既有未卜先知的预言也有深遂的人生哲理。《圣经》包含《旧约》(Old Testament)和《新约》(New Testament)两个部分。前一部分是从犹太教中借来的,而后一部分则基督教自己形成的。所谓的"约",是犹太教徒认为上帝与犹太民族在西奈山上订下的拯救犹太民族的承诺。基督教也沿用了"约"的说法,把犹太教的经典称为《旧约》,把耶稣及其门徒的事迹和言论称为《新约》。

(一)基督教最初信条的形成

1. 基督教的信条

在基督教的经典——《圣经》形成之前,基督教在初期兴起时只有一些简单的信条即信经和对上帝、以基督耶酥的简单解释和说明。最初,当耶稣开始宣传福音的时候,他并没有提出过任何信条,只是做一些简单和明了的宣告:"天国近了,你们应当悔改。"当他差遣门徒外出传道时,也并没有告知他们应该向听众宣讲什么信条。当门徒为一些听众施洗时,他也没有告知门徒们应该向受洗者讲解什么信条,而只是要求听众首先理解、承认和接受。后来随着追随者日见增多,人们一方面听到了耶稣的宣讲,另一方面又见到了他医病救人的神迹,人们的对耶稣的身分和宣讲也有了越来越多的疑问。于是,耶稣向人们宣称,自己是"奉天上的父的

指示"而行事的。这里所谓的"指示",就是基督教中所说的"启示"。在基督教看来,它是一种超理性的认识能力,人凭借着这种能力得以认识和理解那些超自然的事物。不过,这种能力不是人类凭借着自己的努力能够获得的,而是在特殊的情况下由神特别赐予的。既然是超理性的认识,就不是一个理论问题,而是信仰的问题。因此,它不存在同意与不同意的问题,而只是选择接受与拒绝接受的问题。

于是,为了便于向听众讲述,也便于听众理解和记忆,在当时的情况下就形成了这样简明的信条条文:"耶稣是主","主耶稣是基督"、"主耶稣基督是神的儿子"。由于这些信条都是与洗礼有关的,所以后来称它们为洗礼信条。这些最初的信条,就其内容来说它包含了基督全部信仰的中心:这就是耶稣是基督,基督是神的儿子,他应该是崇拜的对象,是应该崇拜的主。也正是由于有这个中心信仰,基督教才从犹太教里独立发展成为基督教。所以说,基督教是一个以耶稣为基督,崇拜基督为主的宗教。

2. 基督教的信经

在这些最初的信条基础上,逐渐又形成和发展出了"三重信仰"信条、使徒信经(Apostles' Creed)和尼西亚信经。"三重信仰"信条,就是在教会初期洗礼时出现的三重信仰信条,即用"奉神、耶稣基督和圣灵的名"来代替原先的一重信仰信条,即"奉耶稣基督的名"。到了公元2世纪时,经罗马神学家的概括,三重信仰的洗礼信条为:"我信天主全能的父,天主的独生子我主耶稣基督,圣灵,圣教会、罪的赦免和身体复活。"❶

"使徒信经"。使徒信经是由罗马教会的洗礼文演变而来的。这份洗礼文大约出现于2世纪,据信它的最古老格式为:"我信上

❶ 徐怀启著.《古代基督教史》. 华东师范大学出版社,1988年7月版,第177页。

帝全能的父，并信我主耶稣，上帝的独生子，由圣灵和童女马利亚所生，在本丢·彼拉多手下被钉于十字架，并被埋葬；第三天死而复活，升天，坐在父的右边；将来必从那里降临，审判活人、死人；我信圣灵，我信圣教会，我们罪得赦免，我信肉身复活。”[1]“使徒信经”则出现在公元404年的《使徒信经注解》上，由鲁菲努所书，经罗马教会规定的洗礼信条。它的内容与三重信仰信条相比有了很大的发展，在当时的西方教会上被广泛采用。后来，由于查理大帝的强力推行，由从9世纪到11世纪期间罗马教会不断受到法兰克崇拜仪式的影响，致使内容也逐渐被法克兰的洗礼信条所取代。目前西方教会所普遍采用的就是这份“使徒信经”。其内容如下：“我信天主全能的父，是创造天地的。我信我主耶稣基督，天主的独生子。因圣灵降孕，为童贞女马利亚所生。在本丢彼拉多(即本丢·彼得拉多——引者注)手下遇难，被钉在十字架上，受死埋葬，降在阴间。第三天从死里复活，升天，坐在全能父天主的右边。将来必从那里降临，审判活人死人。我信圣灵。我信圣而公之教会，我信圣徒相通。我信罪得赦免，我信身体复活，我信永生。”[2]

“尼西亚信经"。最初的“尼西亚信经”是君士坦丁皇帝为解决教会内部纷争，于325年在离首都不远的尼西亚召开的第一次普世教会会议上制定的。当时有300多位来自基督教世界的代表出席了会议，会议始终受到君士坦丁皇帝控制。根据当时的需要，会议订出了一份信经——即“尼西亚信经”。内容如下：“我们信独一的上帝，全能的父，创造有形无形万物的主。我们信独一主耶稣基督，上帝的儿子，为父所生，是独生的，即由父的本质所生的。从神出来的神，从光出来的光，从真神出来的真神，受生而非被造，

---

[1] [美]G·F·穆尔著.《基督教简史》.郭舜平等译.第60页。

[2] 转引自徐怀启著.《古代基督教史》.第179~180页。

与父同质，天上、地上的万物都是籍着他而受造的。他为拯救我们世人而降临，成了肉身的人，受难，第三日复活，升天。将来必再降临，审判活人死人。[我们]也信圣灵。”[1]381 年基督教教会在君士坦丁堡举行的第二次全体会议上，又制定了一份新的信经，仍取名为“尼西亚信经”。与前一份信经相比，它根据当时的发展需要，从内容上又做了一些补充。信经的内容是：“我们信：独一天主全能的父，创造天地有形无形万物的主；信独一主耶稣基督，天主的独生子，在万物之前为父所生，从光而来的光，从真神而来的真神，受生而不被创造，与父同体，万物都藉着主而被造，为我们世人和拯救我们从天降临，因圣灵和童贞女马利亚取得肉身，成为世人，在本丢彼拉多手下为我们钉在十字架上，被害埋葬，照《圣经》的话第三日复活，升天，坐在父的右边，将来必有大荣耀再降临审判活人与死人，主的国无穷无尽；信圣灵为主，是赐生命的，从父子而来，与父子同受崇拜，同受尊荣、曾籍着先知训言，信徒使所立独一圣而公之教会，信赦罪的独一洗礼，指望死人复活和永久生命。”[2]

从最初简单的信条，逐渐增加和扩大成比较复杂的信经，这一方面反映了基督教的发展过程，另一方面也表明信经在解决信仰方面，起着极为重要的作用。根据基督教的观点，信经就是信条，而信条就是对信仰所做的表白。信条既是信徒学习神学的基本教材，也是规范其信仰的尺度，又是基督教教义的总纲。因此，任何信徒在领洗人教之前，都必须用一定的时间来学习和理解“尼西亚信经”。有了这样的信仰基础之后，信徒才能进一步学习基督教的一般教义。

---

[1] 转引自[美]穆尔著.《基督教简史》. 郭舜平等译. 第 85 页。

[2] 转引自徐怀启著.《古代基督教史》. 第 180 ~ 181 页。

(二)《旧约》的形成和内容

《旧约》不是独立的一本书,而是多部书的集合。这些书可分为三类,一是《律法书》,共5卷;二是《先知书》,共8卷;三是其他,共11卷。在这三类书中《律法书》具有特殊的地位和最高权威,也被犹太教尊奉为最神圣的书。

《律法书》由《创世说》、《出埃及说》、《利未说》、《民数说》和《申命说》。据传说,这些律书都是由犹太民族的先知、宗教的创始者和立法者摩西,在西奈山直接受神所赐,并转传给犹太民族的。从《律法书》上看,它的主要内容包括以下几个方面。一是神是天地万物的创造者。照犹太教的传统说法,在世界被创造出来以前,除了神以外没有任何其他东西存在,只有他们所信仰的神是存在的。也就是说,这个世界以及创造这个世界所用的各种材料都是由神所创造的。二是神创造了人。上帝在创造了天地万物之后,又开始按照自己的形象造人。而且要他们"生养众多,遍满地面,治理这地。也要管理海里的鱼,空中的鸟和地上各种行动的活物。"❶造人所用的材料就是尘土和空气。三是亚当的犯罪。神创造了亚当和夏娃之后将他们安置在伊甸园里。上帝对他们说:"园中各种树上的果子,你可以随意吃。只是分别善恶树上的果子,你不能吃,因为你吃的日子必定死。"❷结果他们违背了上帝的旨意受到了处罚。这种处罚共有三部分,即对夏娃的处罚,叫她增加怀胎的痛苦和受丈夫的管辖;对亚当的处罚,叫他终日劳作并从土地里得食;对他们共同的处罚,把他们赶出伊甸园且他们的后裔也失去伊甸园。四是挪亚的得救。据记载,在挪亚生活的时代,人世间充满了各种邪恶,人们都背离了神的教诲。于是上帝动怒,决心除掉自己所创造的人、走兽、昆虫等。但上帝发现诺亚与众不同,只

❶ 转引自徐怀启著.《古代基督教史》.第205页。

❷ 转引自徐怀启著.《古代基督教史》.第206页。

有他顺从神意,遵守神旨。上帝便让诺亚造一方舟,载上家人及世上各色生物两样,以逃脱洪水泛滥之灾。五是亚伯拉罕的蒙召。亚伯拉罕被犹太民族视为祖先,这是因为他获得了神的认可,神将指定的土地赐给他的后裔,供他们繁衍生息,安家立国。他之所以赢得了神的信赖,主要是因为对神的信仰、崇拜和服从。神甚至曾有一次让他将自己的儿子作为燔祭,以“试验”他对神的态度,他义无反顾地将儿子献出,以表达对神的信仰。六是摩西与出埃及。它记载了摩西带领犹太民族逃离埃及人统治的故事,他是上帝挑选出来的犹太民族的领导者,他也由此为犹太民族创立了一个新的、独特的宗教,即犹太教。七是西奈山的约。它所记载的是摩西与上帝(即耶和华,意思为“自有永有”)所订立的誓约,又被称为“摩西十诫”。内容如下:“我是耶和华你的神,曾将你从埃及地为奴之家领出来。除了我以外,你不可能有别的神。不可为自己雕刻偶像。也不可做什么形象,仿佛上天、下地和地底下、水中的百物,不可跪拜那些像,也不可事奉他,因为我耶和华的神是忌邪的神。恨我的,我必追讨他的罪,自父及子,直到三四代。爱我守我诫命的,我必向他们发慈爱,直到千代。不可妄称耶和华神的名,因为妄称耶和华名的,耶和华必不以他为无罪。当纪念安息日,当守的安息日。这一日你和你的儿女、仆婢、牲畜、并作城里寄居的客旅,无论你都不可作。因为六日之内耶和华造天、地、海和其中的万物,第七日便安息。所以耶和华赐福与安息日,定为圣日。当孝敬父母,使你的日子在耶和华你神所赐你的地上,得以长久。不可杀人。不可奸淫。不可偷盗。不可假见证陷害人。不可贪恋人的房屋,也不可贪恋人的妻子、仆婢、牛驴,并他的一切所有的。”[1]这些话是要令犹太民族听从的,也是每个犹太人

---

[1] 转引徐怀启著.《古代基督教史》.第221页。

都必须遵守的。

《先知书》分为《前先知书》和《后先知书》两个部分。《前先知书》又包括《约书亚记》、《士师记》、《撒母耳说》和《列王说》。《后先知书》由《大先知书》和《小先知书》两部分组成。

在《前先知书》中,《约书亚说》一书主要记载了摩西的助手、继承人约书亚领导犹太民族,按照神的旨意扩大疆域、分配土地的事迹。《士师记》一书记载的是继约书亚之后,十二位犹太民族领导者们(被称为"士师")继承约书亚未况事业的亚迹。《撒母耳说》记录了自士师时代到大卫时代结束之间,犹太民族历史上三位重要人物即撒母耳、扫罗和大卫的故事。《列王记》所叙述的是从所罗门王即位到圣殿被毁天期间各君王的事迹,其中还记载了公元前933年犹太国家分裂及以色列国出现的历史。在《后先知书》中,《大先知书》和《小先知书》只是指著作篇幅的长短,而无孰重孰轻之别。前一部共有三部,后一部则有十二部。它们的内容主要有以下几个方面:一是歌颂和维护以耶和华为犹太民族惟一信仰对象的一神教,反对多神教;二是维护和遵守人类的道德,反对任何不道德的行为;三是要惩罚一切犯罪;四是在惩罚犯罪的同时,也给他以诚心悔改的机会;五是耶和华将会在未来建立起一个超出种族和地域的美好社会;六是耶和华将会派人来拯救人类,并替人类赎罪。

《圣录》是《旧约》中第三类作品,共有十一卷。它又可分为几类著作,一类是供宗教仪式所用的作品,如《传道书》;另一类是供提高道德修养的作品,如《箴言》;第三类是诗歌作品,如《诗篇》和《约伯记》。其中较为重要的有《诗篇》、《伯约记》和《但以理书》。

《诗篇》收录的诗歌共有150篇,传说都是大卫王的作品。内容有感恩诗、颂赞歌、教训歌、尊崇君王歌、战争歌节日歌等。这些诗篇有的是为公众背诵的,有的是为个人背诵的。它们或表达了内心的欢乐,或表现了内心的悲伤。总之,这是作品用犹太民族精湛的语言,表达出了强烈的宗教情感。在《约伯记》中,用散文和诗歌的形式叙述了约伯“完全正直、敬畏神、远离恶事"的故事,揭示了他对神的信仰由肤浅到升华,最后到得到神的祝福与恩赐的过程;为世人树立了一个校仿的楷模。《但以理书》是属于“启示”一类的书,即是对犹太民族未来的启示。因为在公元前6世纪起,犹太民族曾连续遭受到巴比伦、玛代、波斯、希腊和叙利亚等异族的征服,为了坚守自己的信仰,他们以对未来的向往憧景为主要内容的“启示”形式,来凝聚人心,战胜苦难。

总之,概括地说,《旧约》的形成经历了四个时期。一是以公元前621年出现的《申命记》,即《律法书》的第五卷为标志;二是以公元前5世纪《律法书》五卷全书出现为标志;三是以公元前三世纪左右《先知书》被确为经典为标志;四是以公元2世纪《圣录》的出现为标志。经过这四个时期的发展与积累,才逐步形成了犹太教的最初经典。

(三)《新约》的形成及内容

如果说《旧约》是基督教早期从犹太教借用过来的话,那么,《新约》则是基督教自己形成的经典。它共有27卷,都是基督的信徒自己所写的。它分为《福音书》、《保罗书信》和其他三部分。其中《福音书》在《新约》中所处的地位,同如《律法书》在《旧约》中所处的地位一样,是经典中的根本。

《福音书》中的“福音"(Gospel),原文为希腊文,具有几重含义,即酬谢送来的“好消息”,好消息,也用来指皇帝的诞生、即位和事业上的胜利,还可用来指重大的、权威的、君王的和官方的消息等。在《福音书》中,“福音”被用来指“好消息”。《福音书》由《马可福音》(Mark)、《马太福音》(Matthew)、《路加福音》(Luke)和《约翰福音》(John)四部组成的。

《马可福音》是最早的一部福音书,作者可能是早期罗马教会中一位名叫马可的信徒,成书时间大约为1世纪的70年代。该书可分为三个方面的内容。第一部分是从第一章第一节到第八章的第二十六节。主要内容是记载了耶稣在加利利传教和传教过程中所发生的诸多神迹。第二部分是从第八章第二十七节到第十章的第五十二节,主要内容为耶稣向门徒们讲述自己将遭受的苦难,以及遭受这些苦难的意义。第三部分则是从第十一章第一节到第十六章第八节,详细记载了耶稣和法利赛人的辩论,以及耶稣受难、被钉死在十字架上和复活,对门徒们的显现和使命等方面的内容。该福音书的中心思想是要强调神的国已经临近了,耶稣所遭受的苦难和耶稣受难的意义。

《马太福音》的成书时间要略晚于《马可福音》,一般认为作者是匿名的。这本书的写作方式带有浓厚的犹太民族的色彩,据认为是为犹太读者而作的。全书的内容可分为7个方面,除了第一部分讲述了耶稣的诞生过程和孩童时期的故事,第七部分叙述了耶稣受难和复活的种种经历以外,第二至第六部分除了讲述耶稣在世上宣传福音、解释信仰上帝的意义,以及在传授福音过程中所做的种种功德善举、神示、神迹等,还重点记述了耶稣向门徒和听众所做的五篇宣讲6在这五篇宣讲中,尤以第一篇最为重要,被视为是该福音书的总结。在著者的眼中,不论耶稣做出了怎样的事迹、神迹,怎样的宣讲、说明,都集中体现为新的律法,体现出通过耶稣的降临,使人和神处于一种新的关系。这种新的律法和新的关系概括起来说,就是对摩西在西奈山向犹太民族所宣布律法的丰富和发展。

《路加福音》写于1世纪90年代,晚于《马太福音》,作者是路加。圣徒保罗在书信中曾有三处提到过路加这个人,从记载中可以得知路加是保罗的朋友和医生,也协助保罗宣讲福音。当保罗在罗马被监禁时,他也忠实地与保罗在一起。与前两部福音书相比,这本书在不少方面有着自己的特点。概括地说,路加在写这部福音书时，试图站在历史的角度，按着历史的先后次序，写出令人信服的历史事实。用他自己的话说："这些事实我既从起头都详细考察了，就定意要按照次序写给你。"[1]为此，他一方面阅读、比较和分析了前人的著述，另一方面他访问那些曾亲眼看见并向人们宣讲的人。这部福音书的重要之处还在于它所宣扬的耶稣所讲的悔改福音，不仅仅是针对犹太民族的罪人是福音，而且对其他所有的外族人来说也同样是福音，这就使基督教具有了普遍性的意义，耶稣也就成为了整个人类的救世主。所以，后人经过研究认为，如果《马太福音》是一位犹太信徒为犹太民族而著的福音书的话；那么，《路加福音》就是一位外族人为外族信徒和民族而写的。

《约翰福音》成书于1世纪末到2世纪初期间，作者被认为是使徒约翰的门徒，也叫约翰，是以弗所教会的一位领袖。这部福音书从总体上说可分为两部分：一是叙述历史、事件、人物，二是讲述其中的道理、精神和从中得到的启示。书中的具体内容与前三部相比有许多不同，例如在前三部书中耶稣的宣讲时间为一年有余，而这部书中则延长到三年；又如前三部书中记述的最后的晚餐时间为逾越节的当天晚上，而这部书则改为逾越节的前夕等。后来的学者经过研究认为，由于《约翰福音》是最后成书的，在年代上也是最晚的，因此，它最有可能是后人针对前三部书的不足，而进行了诸多的补充，特别是赋予它更浓厚的神学色彩。比如仅以耶稣的身事为例，马可书上说，"神的儿子，耶稣基督福音的起头"；当他受洗时，"圣灵仿佛鸽子，降在他身上"，然后从天上传来声音说，"你是我的爱子，我喜悦你"，并以此来说明耶稣与神的关系。到了马太书时，则提到耶稣是"亚伯拉罕的后裔，大卫的子孙"，把

---

[1] 转引自徐怀启著.《古代基督教史》.第255页。

耶稣是神的儿子的证据追溯到“从圣灵怀了孕”。路加书上的说法也大体相同。但到了约翰书时,作者则认为将耶稣的家事和身事仅仅做这样的追溯是远远不够的。作者认为如果耶稣是神的儿子,而神是超自然、超历史的,那么耶稣基督与神的关系就不能只是耶稣受洗时圣灵降在他身上,也不能只是他母亲从圣灵中怀了孕这样简单了。认为耶稣的身事也实该被推想到创造世界之前,推想到超自然、超历史的,即超越时间和空间的。只有达到这样一种层次和境界,耶稣基督与神的关系才是可信和可靠的。从而它也为“三位一体”说奠定了基础。由此可见,耶稣基督就这样由简人繁、由低到高的被一步步地神化起来。从这部福音书中也可以看出,作者对希腊神话和希腊哲学,有着较为深入的了解。

《使徒行传》是一部记述耶稣使徒活动情况的著作,据认为该书的作者也是路加,写作的时间大约在 1 世纪 90 年代,是在他完成了福音书后动笔写的。该书主要是叙述耶稣升天之后,使徒们到各地宣讲福音过程中的故事,前一部分的主要人物是彼得,后一部分的中心人物则是保罗。

在耶稣升天之后,他的门徒们一方面在期待他再次降临世上带走使徒,另一方面则积极而热心地传播着耶稣的福音。由于犹太出卖了耶稣,使徒们递补司提反为门徒。由于信徒的增加,他们决定在使徒中选出 7 位名声好、被圣灵充满、且智慧充足的人专门负责宣讲福音。彼得是 12 位使徒的领袖,自然在宣讲福音方面所做的工作也比较多,因此受到的迫害也较多。而使徒保罗原本非但不是使徒,而且还是非常激进的反对基督教、反对使徒的人,他甚至参与了迫害第一位殉道的使徒司提反。但他后来在圣魂的感召下,经过 3 年的隐居祈祷和默想,从一名以前的狂热迫害者,变为虔诚的传教者。后来他回到故乡——大数传教 14 年,最后又在罗马传教 2 年。总之,这是一部记载使徒时代教会历史的著作。它不仅介绍了使徒们的传教活动,也介绍了基督教早期组织的活动情况。

《保罗书信》收录了13部保罗所写的书信著作。这些书信从对象上看有写给地方教会的,也有写给个人的;从内容上看,既有谈论信仰方面理论问题的,又有谈论宗教生活方面实际问题的。在他的书信中,最为有名的《罗马书》。

《新约》中的第三部分内容是其他经典。这些经典中有《希伯来书》、《雅各书》、《彼得前书》、《彼得后书》、《约翰书》和《启示录》。

概括地说,《旧约》指的是神与犹太民族所立的约。这个约的内容主要为以下三个方面:一是纪念神将犹太民族从埃及人的奴役下拯救出来;二是神将犹太民族选为自己的子民;三是神答应只要犹太民族尊崇他,他就会永保犹太民族的幸福。《新约》是指神与基督教的使徒和信徒所立的约。如果说《旧约》中的律法是铭刻在石版上的,是外在于人心的话;那么《新约》则是要通过耶督基稣的身体,通过他在十字架上流淌的鲜血而立的约。这个约是要刻在人的心上的。也就是原有的律法凭借耶稣基督的血,被提高、被升华、被内化。正因为如此,在2世纪时,萨选斯主教麦利托,把基督教的全部经典统称为约,前部被称为《旧约》,后部被称为《新约》。

需要指出的是,在基督教的《圣经》形成过程中,特别是它在形成初期,一直存在着各种各样的争论和冲突,甚至是流血的战争。既使是在《圣经》形成固定的内容之后,各种争论也从来都没有停止过。这里面既有《圣经》内容之间的说法存在着相左的地方,更有人们在理解上存在的偏差。

二、基督教教义的基本内容

基督教的教义,就是指得到教会官方认可的,对信经内容所做的进一步理解、说明和表白;对基督教的《圣经》和基督教思想与精神所做的理论阐述,并在此基础上形成的学说体系。它是用来维护教徒信仰和对教会忠实程度的工具,也是解释和阐述教会组织功能及作用的工具。

(一)教父神学的基本内容

1. 教父神学的主要内容

基督教在397年召开的迦太基宗教会议上,把《旧约》和《新约》指定为基督教的正式教义,合称为《圣经》。《圣经》确定之后,专职从事宣传基督教的人们,便根据自己对《圣经》的学习和理解,向信徒们进行讲解。他们对《圣经》的理论解说,便形成了早期的神学理论,它被称为"教父学"。他们的基本理论主要有以下几个方面。

一是创世说。它是基督教的立足基础,它认为世间万事万物都是由万能的上帝创造的。它的主要依据是《圣经》中,有关上帝创造了日月星辰、光明黑暗、陆地海洋、飞禽走兽、植物花卉等内容,特别是上帝用尘土造人成形,注入灵魂赋予人以生命的记载。并以此说明人类与上帝的关系,使人类在思想、感情和行为等方面,都能信仰上帝、敬畏上帝、崇拜上帝和服从上帝。

二是三位一体说。它是基督教的信仰基础,也是其一神论的重要特点。在基督教的世界里,上帝是世界的主宰,是一位有意志、有智慧、有感情的人格化的神。同时,上帝还具有圣父(即天上的上帝)、圣子(即尘世间的救世主)和圣灵(即连结圣父、圣子和人之间的纽带)的三重人格(即"三位一体",Trinity)。也就是说,圣父生下圣子,圣子又是圣父的道(即逻各斯),是通过童贞圣女马利亚感受圣灵而受孕成胎,产下的肉身。上帝又是它这种人的形象来到尘世拯救人类的。而这三重人格又是不可分割地存在于一个实体之中,并共同存在于上帝这同一个神的实体之中。依照奥古斯丁的观点,"三者的分别只是彼此相对而言;即圣父是对于圣子而言、圣子是对于圣父而言,而发自这两者的圣灵则是对圣父和圣子而言的。”[1]

三是原罪说。它是基督教的理论基础之一，也是教父学的一个基础。它是指人类的祖先亚当和夏娃生活在上帝所造的花园（即伊甸园）里时，由于违背了上帝的教诲，听信了蛇的鼓动，偷吃下能明辨善恶的智慧果，惹怒了上帝的禁令而受到惩罚，被赶出了天堂，到地上靠自己的劳作生活。由于亚当和夏娃的罪过，也导致他们的后代也因此生来有罪，并注定要世世代代受苦受难，以洗刷自己祖先的罪过。按照奥古斯丁的说法，上帝在造亚当的时候他是完美的。但由于亚当的罪过，上帝在惩罚他的时候也就传到了他的后代身上，所以人在出生时就已经带来了原罪（Sin）。人类要想获得解救就只能通过上帝的赐予，因此，人类就需要信仰上帝。

四是救赎说。它是基督教理论中人类获救的基础，是基督教为人类预留的一条出路。由于人类遭受到来自原罪和现实的苦难，且由于自身的懦弱无能，所以无法通过自身的努力来逃离苦海，走上光明、幸福和永生之路，因此，人们要想赎罪（Indulgences）只能把希望寄托在外力，即上帝及其教会的身上。教会组织对于基督徒的意义主要在于，通过教会使信徒得到拯救，即“教会外无救恩”。保罗认为：“基督的死与复活是基督教的基础。没有基督的死与复活，便没有犹太人与外邦人的得救；全人类亦无从获得拯救。基督的死蕴藏着代替一切人死的潜在性；在他的复活中，人类战胜了死亡，获得了永生。但是，只有跟他一体同心，一起钉在十字架上，一起从死里复活的人，才能真正得救。”[2]所以，“基督徒从一开始就普遍相信，在教会以外不能得到拯救。照保罗的说法，教会就是基督的身体，他的灵住在那里面；他是头，基督徒是肢体。

---

[1] ［美］G·F·穆尔著.《基督教简史》. 郭舜平等译. 第103页。

[2] ［美］G. F. 穆尔著.《基督教简史》. 郭舜平等译. 第24页。

照更通俗的理解，唯有教会掌握拯救的真理；唯有它能够施行圣事，使人洗净过去的罪，得到新的生命，并因分享主的血和肉而使自己神化，得到永生。”❶所以，人们只有信奉上帝，才能求得灵魂的得救。

五是天国报应说。它是基督教理论中人类希望的基础，也是它给信徒的一副重要灵魂安慰剂。基督教认为，人生只是“参拜上帝的旅途”，是“风中的烛光”。他们宣扬信徒们今生受苦，是为了来世可以升入天堂，永得荣华富贵的幸福生活。“基督徒在这世上（即尘世生活——引者注）的生命结束后，便可得到永恒的安息，这是他们的工作做完了，正如上帝在创造世界完毕后休息一样。他们将在天上的城邑里达到完美的地步，在那里有成千上万的天使，他们是天国原来的公民；有审判众人的上帝和新约的中保耶稣；还有已达到目标的、靠‘旧约’成义的人的灵魂。”❷所以，他们劝诫人们应该忍受现实的苦难，鄙视俗世的庸俗生活；应该清心寡欲，追求清静禁欲的生活，以求死后灵魂的得救。如果信徒不能按照这些要求去做，那他死后就只能堕人地狱，永受苦难。

在这里，教父神学“就是调和和掩盖绝对对立的两极”。❸既然世界上的一切事物都是由上帝安排和创造的，那么一切事物也必然是处于和谐之中的。因此，贫穷者的得救不在于反抗，而只能耐心听命于上帝的安排。“不要与恶人作对，有人打你的右脸，你便把左脸转过来由他打”，“不要抵抗损害”，“不要以恶报恶”，“要爱你们的仇敌”。总之，教父神学所宣扬的思想，都是为教会、为当时的社会制度辩护的。

---

❶ ［美］G·F·穆尔著.《基督教简史》. 郭舜平等译. 第 133 页。

❷ ［美］G·F·穆尔著.《基督教简史》. 郭舜平等译. 第 36 页。

❸ ［德］马克思，恩格斯著.《马克思恩格斯全集》第 1 卷. 第 536 页。

2. 教父神学家的主张

在教父神学家中，奥利金（Origen，185—254）是基督教初期的著名教父之一。他出生于亚历山大城的一个基督徒家庭，其父在他年轻时死于宗教迫害之下。他曾经多年担任亚历山大基督教教理学校的校长，后因与主教不和于231年被解职。此后，他离开埃及前往巴勒斯坦的凯撒利亚（Coesarea）居住，把精力和心血都用在教学与著述上。奥利金著述很多，既有对希腊版《旧约》所做的评注，也有对《旧约》的一部分和《新约》大部分的解释与评注，也还著有多篇的讲道文。他所写的《基督教原理》被认为是第一部关于基督教神学的系统论述。该书分为4卷，其中第一卷论述了上帝和理性的存在；第二卷论述了世界和世上的万物，以及灵魂及命运；第三卷论述了意志自由，以及人必须与魔鬼所作的斗争；第四卷论述了圣经的启示及其解释，同时有对全书的主要观点作了总结。奥利金在第四卷的总结中，首次提出了《圣经》具有多重意义的理论。具体地说，他认为《圣经》的启示有三重意义："字面的和历史的意义是一切头脑简单的读者都能经文词句中理解到的；智力高的人则能从中找到道德的教训；但只有真正有知识的人，才能在这些之外，还从比喻中发现深奥的灵性真理。"[1]尽管奥利金书中所阐述的理论受到了当时各方面的指责，但其理论体系对后来者还是产生了比较大的影响，而且他的一些观点到中世纪时也被人们所接受。

奥古斯丁是后来教父神学家中最有代表性的一位，被称为"伟大的教父"，"杰出的大师"，"上帝的圣者"等。奥古斯丁把柏拉图的哲学引人宗教，用以研究和回答各种神学问题，并且把教父神学的思想发展到了顶峰。他的思想体系也被称为奥古斯丁主义，成

[1] ［美］穆尔著.《基督教简史》. 郭舜平等译. 第79页。

为基督教哲学的理论基础和指南。奥古斯丁的主要著作有《忏悔录》、《上帝之城》、《三位一体论》等,其中《上帝之城》写于412～426年,目的是反对异教,为基督教辩护,是其思想和理论的主要代表。他的理论可以概括为两个大的方面,一是神权论,二是教权论。

在神权论中,奥古斯丁首先论证了上帝的存在和上帝的神性。他认为上帝是至高无上的,是一切的主宰;人类的一切理性知识只能是关于上帝的知识,既然上帝就是真理,那么人类要想获得真理,就只能依靠对上帝的信仰,而不能依靠理性。其次奥古斯丁通过"创世论"来强调世界万物都是上帝从"虚无"之中创造出来的,以此来证明上帝具有深奥莫测物创造力。此外,他还发展了"原罚说",提出了"恩典说"和"预定论"。所谓"恩典说",就是人类没有能力来拯救自己的罪恶,而只能靠上帝的帮助。奥古斯丁说:这恩典"是上帝通过耶稣基督赐给我们的恩典,他用他本身的正义,而不是我们的正义,使我们成为义人。"[1]所谓"预定论",就是指上帝的"恩典"并不是赐给所有人的,而仅仅是赐给那些上帝所拣选的人,即"选民"。这些人会在上帝预定时间到来之际,会被释罪成义,得到拯救。反之那些未被选上的人,即"弃民",则会受到永远的惩罚。

在教权论中,奥古斯丁把世界分为两个部分,即"两种社会"、"两种国家",就是所谓的"上帝之城"和"尘世之城"。照他的解释,"上帝之城"的含意,一是指永恒的幸福,二是指由基督在世上亲自设立的惟一正宗的"大公教会"。"尘世之城"也含有两重意思,一是指"弃民"在最后审判之后就要去的地狱,二是指现实世界。总之,"上帝之城"和"尘世之城"是善与恶、光明与黑暗的划

[1] 转引自袁华音著.《西方社会思想史》.第69页。

分。前者是以上帝为主,是由选民组成的极乐天国,是完美而永恒的王国。而后者则是由弃民组成。罪恶王国,是受私欲支配,堕落而不法的王国。人类要想进入“上帝之城”,就只有听教会的话,就只能维护教权和教会的利益,反对世俗政权,进而建立起教会和教皇对全世界的统治权,使地球成为教会的一统天下。由此可见,他将世界分为两个部分的真实用意。

(二)经院神学的基本内容

随着社会环境的变化,基督教神学也由早期的教父神学发展成为经院神学(Scholasticism,也称经院哲学,原意为学院中的人的思想)。通常人们所说的经院哲学,是指以《圣经》及各种神学教条为研究对象,并采用玄虚繁琐论证方式加以阐述的,在教会内传授的一种哲学思想体系。相对于教父神学而言,由于经院哲学承认了人的理性,尽管它强调理性必须服从于信仰,但这毕竟是一种进步。一般来说,它产生于11～12世纪(也有人认为它产生于9～11世纪),13世纪达到顶峰,15世纪开始衰落。就教会内部来说,已经流行了几个世纪的奥古斯丁主义神这体系,面临着许多指责;而时代的需要和社会的变化也要求用新的理论和观点,来解释和回答各种新的问题,以维护教会的威权,维护信徒的信仰。显然,要担负起这样的重任,仅仅依靠《圣经》和粗浅的教父神学是远远不够。这就要要求教会要建立一套既能与经典教义相符合,又能与各国的封建主义制度相适应的新的理论体系。为适应这种需要,这一时期也出现了不少有成就的神学家,其中托马斯·阿奎那就是教父神学之集大成者和13世纪后最伟大的经院神学家。

阿奎那一生著述很多,《神学大全》是其理论体系和主张的集中体现,也是一部用基督教观点说明其理论的,其指导思想是要维护宗教神权的统治,把封建社会的等级制说成是“神的规定”,把封建君王的权力说成是“神的意志,”而教皇则被说成是位于世俗君王之上的“基督的全权代表”。

阿奎那的思想主要体现在神学论、神权论和君权论三个方面。在神学论方面,阿奎那首先从5个方面论证了上帝的存在。一是从事物的运动或变化方面来论证。他认为在万事的背后“有一个不受其他事物推动的第一推动者,这是必然的。每个人都知道这第一推动者就是上帝”。[1] 二是从动力因的性质来证明。他认为,在一切原因中必然有一个第一原因,没有它就不会有最后的结果,而这个原因只能是上帝。三是从可能和必然性的角度来论证。四是从事物中发现的真实性等级来论证。他写道:“世界上必然有一种东西作为世界上一切事物得以存在和具有良好以及其他完美性的原因,我们称这种原因为上帝。”[2]五是从世界的秩序(即目的因)来论证。他认为世上万物的行动都有一个目标,这一目标都是受外在有智慧的存在者指挥的,而这个存在者只能是上帝。阿奎那论证上帝存在的目的,是为了把尘世与上帝联系起来。在他看来,尘世生活和精神生活、君王和教皇、国家和教会等,不过是手段与目的的关系,即前者是后者的手段,后者为前者的目的,手段是为目的服务的。而且尘世中的等级是环环相连的,低层次要服从于高一层次。他认为:“在自然的作用中,高级的东西必须依靠上帝赋予它们的卓越的自然力来推动低级的东西。所以,在人类的事物中,地位较高的人必须依靠上帝所规定的权能来向地位较低的人贯彻自己的主张。……像在上帝所建立的自然秩序中,低级的东西必须始终服从高级的东西指示一样,在人类事物中,低级的人也必须按照自然法和神法所建立的秩序,服从地位比他们高的人。”[3]这样一来,所有的人就都要自觉地服从上帝

[1] 转引自袁华音著.《西方社会思想史》. 第82页。

[2] 转引自袁华音著.《西方社会思想史》. 第82页。

[3] 转引自袁华音著.《西方社会思想史》. 第83页。

的指挥了。

在神权论方面,阿奎那没有像奥古斯丁那样简单地把世俗社会分为“上帝之城”和“尘世之城”两个部分。首先他承认了社会和国家存在的合理性与必然性。在阿奎那看来,这其中的原因是:一是因为它源于人性的社会需要。他认为社会和国家既不是人类原罪的产物,也不是哪个人行为的结果。用他的话来说:“人天生是个营社会生活的动物——由于他有许多需要不能单靠自己的力量求得满足,他就不得不过社会生活——这一事实又必然产生另一个事实,即:人天生注定要构成一个使他享受圆满生活的社会的一部分。”❶二是因为社会和国家的产生源于上帝的意志。他认为社会和国家的产生来自于神意,而最能体现这种神意的就是治理社会和国家所遵循的法律。在他看来,人世间存在着四种法律,即永恒法、自然法、人法和神法。在这些法律当中,永恒法是高于一切的法,是上帝意志的体现;而神法是引导人们达到天堂的途径。有了这样的前题,便顺理成章地得出了阿奎法所需要的结论。因为,他论证社会和国家起源的目的,是为了说明教权高于君权。他认为:“宗教权力和世俗权力都是从神权得来的;因此世俗权力要受宗教权力的支配,如果这是由上帝如此规定的话;即在有关拯救灵魂的事情方面。在这些问题上,人们应先服从宗教权力,然后再服从世俗权力。可是,在有关社会福利的事情方面,应该服从的是世俗权力而不是宗教权力。”❷这里似乎阿奎那倾向于教权与君权的分开,其实则不然。他的内心还是认为基督应该是“万王之王和万主之主”。而且他认为:“普遍的教会不会犯错误,因为她是由圣魂即真理之灵所辖制。”❸

❶ 转引自袁华音著.《西方社会思想史》. 第84页。

❷ 转引自袁华音著.《西方社会思想史》. 第87页。

❸ [美]莫蒂斯·艾德勒等编.《西方思想宝库》. 第1542页。

在君权论方面，阿奎那首先推崇君主制，认为它是最好的政体形式。他认为君主制能够维持社会和国家的和平统一，是最接近自然的一种形式，是防止暴政的最有效措施，它也是最能符合神学社会的秩序。阿奎那之所以对君主制如此偏爱，还是要为他的神学理论和神权思想服务的。在他看来，世间的君王不过是神的仆人，是神派到世间扬善惩恶的使者。他说："一个国王指望上帝给予某种报酬，这是正确的；因为一个仆人总希望他的主人能够对他的辛勤服侍给予奖赏，而治理其人民的国王则是上帝的一个仆人。"[1]正因为如此，使徒保罗也说"没有权柄不是出于神的"。既然君权来自于神授，那么如何解释暴君现象呢？阿奎那认为，尽管暴君掌权是最坏的一种政体形式，但暴君的权力依然来自于上帝。至于上帝为什么要选派暴君当政，他认为，上帝是要以此作手段，来"惩罚他们的臣民的罪孽；而这种惩罚在《圣经》里一般就叫做神怒。……可是，上帝在盛怒之下给予他的百姓的君主是不幸的，他在位的日子也不会很长。"[2]当然，上帝还是怜惜百姓的，是不会准许暴君长久执政的，必要时会把他们一扫而光的。总之，阿奎那认为君王之位是上帝选定的，臣民们只有服从的权力，不论这君王是好是坏，而只有上帝才有权处置暴君和收回暴君的权力。所以，君王们应当毫不犹豫地为圣坛服务，应当尽心尽力地为神权效忠，这样才能正确地行使好自己的世俗权力，以不负上帝的希望与厚爱。

通过阿奎那的工作，经院哲学使基督教神学达到了前所未有的高度。所以，穆尔总结道："如果我们想对经院哲学时期的主要成果，用几句话来概括的话，那么首先应该指出，整个天主教神学在这时期形成了自己的体系，大家力图使它取得一种合理的、可以

[1] 转引自袁华音著.《西方社会思想史》第93页。
[2] 转引自袁华音著.《西方社会思想史》第94页。

尽量用逻辑来说明的性质。像阿奎那的《集成》(即《神学大全》——引者注)那样的著作,已把基本教义包括无遗,这些教义有的是古代教会通过全体教会会议正式规定的,有的是所谓教会一致公认的,还有的是较为特殊的属于西方教会传统的东西,而在中世纪通过早期经院哲学家的努力,已在一定程度上得到阐述和规定的,如关于恩典和赎罪,关于圣事的数目、性质和仪式,关于教会及其与国家的关系等方面教义。"[1]不仅如此,它对后来基督教的发展也产生了持久而深远的影响。

第三节　基督教的礼仪文化

礼仪在宗教中具有十分重要的地位,它不仅是宗教本质的外在形式,也是促进宗教信仰内化的手段。基督教的礼仪文化是基督教文化的有机组成部分,它起源于犹太教的礼仪,经过不断发展,形成了具有自己特色的一套礼仪形式和内涵。礼仪文化可以分为仪式文化和圣事文化两个方面,前者是形式,后者是核心。仪式文化和圣事文化常常又是相为表里,密不可分的。

一、基督教的仪式文化

一般来说,任何宗教都具有两个基本点,一是它的神学理论,二是宗教仪式。神学理论的功能在于,向信徒们解释神的旨意和启示,传播神的教诲和主张;而仪式的功能则在于,为信徒们提供与神交流的情境,并借仪式使信徒们获得相应的精神慰藉。基督教仪式文化的功能也是如此,只不过是在汲取其他民族和地区宗教仪式的基础上,更加注重仪式的制度化和程序化,更加注重借用

---

[1] [美]C·F·穆尔著.《基督教简史》.郭舜平等译.第188~189页。

戏剧、诗歌等其他艺术形式。

(一)基督教仪式的种类

法国学者杜尔凯姆将宗教的仪式分三类:一是具有消极意义的仪式;二是具有积极意义的仪式;三是具有赎罪意义的仪式。它们的目的都是要达到强化个人与社会(或团体)的关系,强化人的坚定信仰的信心。基督教仪式也具有类似,甚至更强的目的。它要通过各种形式的仪式,达到加强信徒和神的情感联系,强化对神的信仰与崇拜。

基督教仪式的名目繁多,既涉及教会活动的方方面面,也涉及信徒个人活动的领域;既有程序化的活动仪式,也有物质化的制式仪式。

从活动性仪式来看,它主要是祈祷仪式(Pray)、弥撒仪式(Mass)和节庆仪式(Festivals)。

1. 祈祷仪式

它是基督教中最基本、最常见、也是最重要的一种仪式。它是指信徒或普通民众通过向上帝和耶稣基督表达自己的渴求、感谢和赞美等形式,祈求上帝和基督给予恩赐和保佑,同时也表达自己向上帝和基督悔罪的心愿。对于天主教徒来说,他们在祈祷时还要强调恭请圣母马利亚以及其他圣徒向天主(即上帝)和基督的代求。在耶稣看来,祈祷是基督教礼仪的第一步。

祈祷的内容因祈祷的规模、场所等方面而定。一般主要包括赞颂上帝的万能和美德、感谢上帝的怜悯与仁慈,抒发自己内心深处对上帝的情感。祈祷也被认为是信徒与上帝之间的一种对话。祈祷的方式也多种多样,既有默祷(即心祷)也有出声的口祷;既有个人的"私祷"也有以教会名义的"公祷";还有以个人名义为他人所祈的"共祷"。一般在教会组织的公祷时,常由主领祈祷,祷毕时由全体参加者同声附合"阿门"作为结束语。意为表示希望所祈祷的一切,都能如愿获允。

随着祈祷活动的逐步规范化、制度化，为了体现出祈祷活动的统一性和严整性，教会也形成了专门为祈祷而著的经文，故人们常把祈祷称为念经。经文一般都是由教会组织人员，根据《圣经》等教义，针对具体目的和用途而撰写出来的。这些经文有天主经、圣母经、信经、悔罪经、望德经和爱德经等。

在基督教的经文中，“主祷文”（Lords Prayer）（即“天主经”）是最常用的一篇。关于它的由来有个演变的过程。最初，它是耶稣应门徒的请教而产生的。据《圣经》记载，耶稣说：你们祈祷时要说：“父啊！愿您的名被尊为圣！愿您的国来临！我们日用粮，求你天天赐给我们！宽免我们的罪过，我们自己也宽免所有辜负我们的人；不要让我们陷入诱惑。”[1]后来在《马太福音》中演变为：“我们在天的父！愿你的名被尊为圣，愿你的国来临，愿你的旨意承行于地，如在天上一样！我们的日用粮，求你今天赐给我们；宽免我们的罪债，犹如我们也宽免得罪我们的人；不要让我们陷入诱惑，但救我们免于凶恶”[2]现在，它成为天主教所有祈祷经中的典范。

宗教改革之后，新教则把《马太福音》这段经文，作为自己的“主祷文”。它的内容又有所发展：“我们在天的父，愿人都尊你的名为圣。愿你的国降临。愿你的旨意行在地上，如同行在天上。我们日用的饮食，今日赐给我们。免我们的债，如同我们免了人的债。不叫我们遇见试探，救我们脱离凶恶。因为国度、权柄、荣耀，全是你的，直到永远。阿门。”[3]

在祈祷仪式上，除了诵念祈祷经文外，还有唱赞美诗（Hymn）

---

❶ 转引自康志杰著.《基督教的礼仪节日》.宗教文化出版社，2000 年 12 月版，第 45、46 页。

❷ 转引自康志杰著.《基督教的礼仪节日》.第 46 页。

❸ 转引自康志杰著.《基督教的礼仪节日》.第 46 页。

赞美颂(Te Deum)等内容。一般仪式上的赞美诗内容,主要为对上帝的称颂、感谢和祈求等;特殊仪式上则有相应的特别赞美诗,如圣诞节、婚丧仪式等。赞美颂是专门为感谢上帝的古老颂歌,内容多取自《旧约》;形式则分为两段,第一段为赞美上帝,第二段为哀祷上帝。

2. 弥撒仪式

它又被称为礼拜仪式,是基督教中最具有崇拜意义的一种仪式。主日(即星期日、一周的第一日)是基督教信徒每周的聚会日,它源于耶稣复活于这一天。而弥撒则是天主教徒在主日举行的宗教仪式。弥撒(Missa)最初是用来指在宗教仪式主体部分开始前,将尚未接受洗礼者遣散,在仪式结束后遣散全体人员的专门术语,后演变为这一仪式的名称。它和祈祷仪式有相似的地方,也有许多不同的地方。据一份大约写于2世纪的文献,作者查士丁描述了罗马基督徒的礼拜仪式情况。他写道:"礼拜目的集会是诵读一段回忆录(福音书),或先知的著作;接着,主持人(主教)开始讲道,告诫他的听众,要照他们刚才听到的这些好的教导生活;然后全体会众起立,共同祷告。这部分仪式结束后,便举行圣餐礼:饼和掺水的酒送到主教那里,由他以圣子和圣灵的名义,对万有的父奉献赞美的荣耀,最后感谢上帝赐给我们这些恩惠,接着大家齐声应和:阿门!执事们即把切成小块的饼和酒,分给出席的人,也带给缺席的信徒。"[1]由此,我们也可以看出,圣餐是礼拜的中心内容。

弥撒仪式与祈祷仪式相似的地方表现在,一是目的的一致性。它们都是通过某种活动的方式,表示对上帝的感恩之心、致谢之情、悔罪之意,获救之愿;都是要通过活动达到与上帝的交流和沟

[1] 转引自[美]G·F·穆尔著.《基督教简史》.郭舜平等译.第52页。

通;都是要通过活动来加强和加深对上帝的信仰。二是形式的相似性。它们都是要通过规范化的程序来组织各种活动;都要举行祈祷、经文讲解、高唱赞美诗等活动。

它们所不同的地方在于,一是规格和等级上。弥撒仪式通常每周只安排一次,而祈祷仪式则不限于此。二是内容和形式上。弥撒除了祈祷、讲解经文和唱赞美诗以外,还有一项对耶稣更具崇拜意义的圣餐仪式,又称领圣体圣血仪式。所谓圣餐仪式,就是参加弥撒信徒食用象征着耶稣以自己的身体与鲜血来救赎人类罪恶的饼和红酒,来表达人们对上帝的信仰,表达对耶稣的敬仰与感激。基督教早期的一位名叫伊格那丢的教父,在著述中给圣餐披上了神秘的色彩。他曾写道:圣餐是"不朽之药,能使我们不死,而且能永远活在主里。"[1]同时,圣餐还具有鼓励信徒相互平等、相互关爱之意。尽管圣餐仪式的神秘色彩在现代已经大为暗淡,但它仍然是弥撒仪式中的最高潮部分。三是氛围和环境上。由于弥撒仪式的地位和规格上都要比祈祷仪式要高得多,所以,它在氛围和环境的营造上更显得庄严、神圣、隆重肃穆和华丽。

3. 节庆仪式

它是指在基督教举行的各类节期、各种庆贺日时举行的仪式。这些仪式尽管形式繁多,程序不同,但在内容上又有许多相一致的地方。那就是体现在它所要表达和传递的信息上,都是与上帝相连、与上帝相关的。因为这些节庆本身都是为基督教服务的,或是由基督教中重大事件和题材演变而来的。而且在活动的安排上,也多带有祈祷或弥撒等仪式。所以,从某种角度上说,节庆仪式具有其他仪式的相互组合叠加的色彩。

从物质化的制式仪式,主要体现在教堂建筑、神职人员的服

---

[1] 转引自徐怀启著.《古代基督教史》.第418页。

饰、祭祀仪式所使用的器物等。

(二)基督教仪式的功能

形式是为目的服务的。一般而言,每一种宗教都有自己特定的一些仪式,它与信条一样都是十分重要的。从总体上说,它的功能不仅在于培养和巩固了人们的信仰,而且更重要是它要培养人们的一种思维方式和生活原则,同时也着眼于培养一种有利于自己的文化。就基督教来说,它的不同仪式所突出的功能也各有侧重。

1. 祈祷仪式的功能

祈祷仪式除了集体性的公祷外,在平日里主要是以早、午、晚三次私祷的形式进行的。不论信徒祈祷的场所如何、内容如何、形式如何,都是为不断加深自己的宗教体验,不断深化自己的宗教信仰。在具体功能上,要达到赎罪、赞美和感恩的目的。赎罪是因为人类带有原罪、无法自救。正是通过耶稣的献身与复活,才使得人类得到了救赎。所以,信徒们只有通过不断地在上帝面前的忏悔、反省、自责,才能减轻自己的罪过。而赞美和感恩则是对上帝的称颂,而且通过感恩使人们的心灵得到圣化、净化,使神的精神融入到信徒们对生活的态度和价值观,使人们的生活更充满喜悦之感。

2. 弥撒仪式的功能

弥撒是基督教(即天主教)崇拜上帝和祭献上帝的大礼。祭献上帝的神圣礼物,其实质是献祭,即献给上帝的是隐含在面饼、红酒外形的耶稣基督的圣体和圣血。同时也是纪念耶稣为人类献身赎罪。因此,它的功能体现在外部,主要是仪式隆重庄严,并以信徒们的虔诚奉献为标志。由于弥撒祭献中的祭品与主要献祭者都是无限至上的耶稣本人,所以,它对所有参与弥撒信徒的心灵,都会产生震撼力和感染力,而且每参加一次弥撒就会对这种感受加深一次。功能体现在内部,主要取决于参与者对崇拜与感恩、对赎罪与祭献的认识的程序,也取决于参与者对弥撒参与的深度,同时更取决于信徒对上帝的信仰程度。一般来说,神学家们常根据这几个方面来衡量人们受益的情况,并把它称为“弥撒果实”。弥撒果实被分为三类:一是一般性果实,是指全体信徒人人都享有的果实;二是特殊性果实,是指为个人为自己的福祉所奉献弥撒而产生的果实;三是个人性果实,是指举祭神职人员与参与祭献的信徒们所得到的灵魂和肉体上的果实。

3. 节庆仪式的功能

基督教的节日是隆重纪念最有意义、最爱尊敬人物的日子。与普通假日和节期相比,节日显得更为重要。因为从时间上看它每年只举行一次,而且具有一定的庆典规模,所以它常以更加形象、直观的形式,更富有戏剧效果的场面,更丰富的文化内容,对信徒的思想、感情和心理等方面产生深刻的影响。节庆仪式的表现形式是祈祷仪式、弥撒仪式等活动,其核心仍然是感恩祭。因此,基督教通过举行这类活动,除了它们的纪念意义以外,就是要凸显对基督救世行为的意义,凸显信徒们对基督救世精神的传承,传递信徒们的生活能够达到基督的要求,并最终能趋向基督生活的愿望。

二、基督教的圣事文化

圣事文化是基督教礼仪文化的核心部分。如果说仪式文化是较为基本和普通的礼仪的话,那么圣事文化则是更为重要的礼仪。因为,这些圣事都是由耶稣亲自定立下来的。基督教的圣事(Sacrament)通常有七件,它们分别是洗礼(Baptism)、坚振礼(Cofirmation,也称坚信礼)、圣餐礼(Eucharist,也称弥撒)、告解礼(Confession)、终傅礼(Fixkreme Unction,也称临终涂油礼)、神品(Orders,也称授职礼)和婚姻礼(Matrimony,也称婚配礼)。根据基督教 1547 年一次会议规定的原则:“一切礼仪都是从圣事开始和发展，如果失去了，也是通过圣事来恢复。”[1]由这条原则，我们便可知圣事在基督教中的重要地位。

（一）洗礼圣事

洗礼是基督教的人教仪式，也是圣事中的第一项。最初的洗礼仪式出现在改变宗教信仰的时代，当时的受洗者主要是来自那些信奉其他宗教的人。所以，洗礼成为了进入基督教世界的一项庄严仪式，通常要经过几个星期的准备之后，在复活节时举行。后来则发展成为普遍的一种人教仪式。其目的是要消除人教人的原罪罪污，将一个新生命接纳为基督教教徒。水被人们视为万物之源，人类的早期文明也是因水而起源的。因此，在原始宗教中就有祭水神的内容。水被视为具有净化、少罪的意义。所以，在基督教中，只有经过洗礼之人，其“原罪”和“本罪”才能得到了赦免。它象征着人心的重生与复活，代表着受洗者的心与基督相连，并与耶督建立了一种崭新的关系等。这样，经过受洗，受洗者就被赋予了“恩宠”和“印号”，此后才有资格领受其他“圣事”。

洗礼所用之水一定是清洁之水。一般凡是被人们视为可用之洗涤之水，如河水、江水、海水、井水、雨水和雪水等都可用于洗礼，而酒、汤、菜以及脏水、变质的水等都被禁用，以表示对圣事的尊重。

1. 洗礼的仪式

它可分为常规和特殊方式两类。在常规仪式中是水洗，还可分为浸水洗、注水洗和洒水洗。所谓浸水洗（Immersion）是指在洗礼时，受洗者全身浸入水中或本身站在水中，将头部三次浸入水里，与此同时，主礼者要口诵经文。所谓注水洗

---

[1] ［美］G·F·穆尔著.《基督教简史》. 郭舜平等译. 第268页。

(Infusion)是指主礼者(即神父或牧师)往受洗者的额头或身体的其他部分倾注少量的水,并让水从额头流下,同时口诵规定的经文。所谓洒水洗是指主礼者将水洒在受洗者的身上。与前两种仪式相比,使用此方式的不够普遍。在这三种洗礼仪式中,受洗者父母常会借用圣徒的名字为受洗孩子命名,即取得教名。其寓意一是孩子有了守护者,二是孩子有了人生的楷模。在洗礼时一般要求受洗与诵经要配合,在时间上不能相脱节,诵经与倒水两个动作要连贯进行。受洗时常用的经文为“我洗你,因父、及子、及圣神之名”。

特殊的洗礼仪式是指在没有水的情况下,教会所采取的一种象征性替代方式。它分为愿洗和血洗两种。所谓愿洗(Baptismus flaminis),也称爱洗和火洗,是指在爱耶稣的热情激励下,以真诚的愿望而获洗。所谓血洗(Baptismus sanguinis)是指凡尚未领受洗礼就为主殉道者,教会都承认了已经受过洗礼,接纳其为正式成员,他所受的洗礼即为血洗。基督教中为主殉道是指坚持基督信仰,为维护教会所倡导的正义和道德而牺牲自己生命的人。尽管愿洗和血洗只具象征意义,但在基督教中将它们视为与水洗具有同等的效力。

2. 洗礼的功能

它的功能既有外在的可见性,又有内在的升华性。外在的形式在于向上帝表示受洗者的崇拜与感恩,在于向世人宣告受洗者接受了上帝的召唤,加入到信仰上帝的行列之中。它内在的升华性则不仅是把它看做是个人加入教会的一个简单程序,而是在于受洗者已经是属于基督的,是上帝之国的子民。因为通过洗礼,受洗者被赋予圣化圣宠,被赦免一切罪恶和罪罚。如果受洗者在经过洗礼之后,没有犯下新罪,他便可以升入天堂,获得永远地幸福。这意味着受洗者要肩负起更大的责任,要永远忠于基督,并按照其教诲去善度基督徒的生活。因为按照基督教的解释,教会包含有两个方面的意思:一是教会与基督的关系,在这层含义中,教会与基督是一体的,基督是教会的首脑,而其他成员则是教会的肢体;二是教会意味着基督与其他教会成员融为一体,即他在教会成员中,是最为完美的成员。所以,人教后人们便可获得新生。如果洗礼之后又犯了新罪,那就只能通过补赎来得到赦免,而且这种赦免只能通过教会来实现。

(二)坚振圣事

坚振礼是指专为儿童达到7岁或7岁以上时举行的一种仪式。它的具体内容就是指人教者在接受洗礼之后,经过一段时间的考验,再接受主教所行的按手礼和敷油礼,以达到坚定信仰,振历心灵的作用。行按手礼和敷油礼的意思是使"圣灵"降于其身。考虑到儿童的年龄因素,在罗马教会里一般要求达到7岁以上,以便于孩子能够学习和理解基督教的基本教义。

1.坚振的仪式

它在材料上,分为掺有香料并经过主教特别视圣过的橄榄油和覆手傅圣油。在形式上,主教将右手覆在领受者的头上,并用同一只手的大拇指在领受者的额上敷油做十字形。前者称为覆手礼,后者称为敷油礼。在施这两个礼的同时,主教都要分别口诵经文。前者的经文为:"我在全能天主圣父,耶稣基督与圣神内给你敷圣油。"[1]后者所用的经文为:"因父及子及圣神之名,我给你划上十字架的印记,并给你敷以生命的油,使你日益坚强。"[2]

---

[1] 转引自康志杰著.《基督教的礼仪节日》。第88页。

[2] 转引自康志杰著.《基督教的礼仪节日》.第89页。

2. 坚振的功能

起初洗礼和坚振礼是属于一个仪式中的,施坚振礼是洗礼的最后一道程序,但后来则发展为两件不同的圣事。两者作用的主要区别在于,前者是获得再生和赦罪,而后者则是圣灵的恩宠。坚振礼除了像洗礼一样给领受者的灵魂打下神的铬印外,其主要功能在于使信徒的生活更趋完善。虽然它的功效不在于赋予宠爱和圣化宠爱,而是在于它要增加这种恩宠,促使获得洗礼得到的新生更加健全,对信仰更加坚定。所以,基督教认为,信徒要想使自己的信仰进入一个更高的境界,就必须接受坚振礼。否则,信徒会难免重新陷入罪恶。

(三)圣餐圣事

圣餐既是一种重要的仪式,更是圣事中比较重要的一种。天主教将它称之谓圣体圣事,对其礼仪称为弥撒;新教称之为圣餐;东正教称为圣体血。对于“圣体”一词有两种含义,一是“感谢祭”或“感恩祭”;二是“牺牲”之意。它源于古代宗教中,将献祭与献祭之后的祭品吃掉的风俗。天主教认为圣体是一件圣事,圣餐中所使用的面饼和红酒,经过神父的祝祷,就会变为基督的实体实血,并且把他自己赐给信徒,以作为信徒灵魂的“神粮”。

1. 圣餐的仪式

基督教的圣餐始于耶稣受难前夕他与信徒们所共进的晚餐。《马太福音》上对这次“最后的晚餐”做了生动的记述:“他们吃的时候,耶稣拿起饼来,祝福,就掰开,递给门徒,说:‘你们拿着吃,这是我的身体。’又拿起杯来,祝谢了,递给他们,说:‘你们都喝这个,因为这是我立约的血,为多人流出来,使罪得赦。我告诉你们,从今以后,我不再喝这葡萄汁,直到我在我父的国里同你们喝新的那日子。’他们唱了诗,就出来往橄榄山去。”❶经过漫长的发展,现

❶ 转引自康志杰著.《基督教的礼仪节日》. 第93页。

在圣餐就形成了一套完整的程序。在仪式进行前，信徒们要向神父忏悔表示诚意，然后神父会要求信徒斋戒几日，做好斋戒的准备。在举行圣餐时，信徒步人教堂，并划十字，向圣像鞠躬行礼，唱诗，然后由神父将圣餐分送到信徒的嘴里。

2. 圣餐的功能

圣餐被视为善人的圣事，除了具有“增圣宠，加神力”的功能外，主要体现在现在与基督的契合上，诚如耶稣所言的：“谁吃我的肉，并喝我的血，便住在我内，我也住在他内。”❶所以，这种契合一是圣事性契合，二是精神性契合。前者是短暂的，体现在圣餐上；后者则是永久的，它体现在获得的爱与恩宠上。如同早期基督徒就已经认识到的那样：“圣餐中基督的肉和血是一种‘能使人永生不死的药，是死亡的解毒剂’。耶稣对门徒的答复，便是通常所说的对圣餐灵性解释：功用不存在于物质中，而是在耶稣的话中，他的话就是灵，就是生命。”❷由这两者又引出了信徒之间的契合；因为信徒们都是教会这一神圣组织中的一员。圣餐的功能还表现在它具有保存和滋养超性的生活，所谓超性就是指超越人的本性，超越自然的局限性。基督教把圣体作为灵魂的食粮。它可以给人以超越的力量，能够坚定意志，抵制罪恶的诱惑；同时还能使人乐于接受宗教生活中的一切与考验。其功能还在于能够为信徒提供天堂永福和未来肉身复活的保证。

(四)告解圣事

告解，又称“忏悔圣事”。“告”即告“罪”行为，是指信徒犯下某一罪过并认识到了罪过的严重性，主动找神父表示悔改；“解”是指神父对信徒的悔改诚意进行确定，然后以基督所赋的神权对其进行赦免，即解“罪”行为。所以，告解是指耶稣为赦免信徒在

❶ 转引自康志杰著.《基督教的礼仪节日》.第99页。

❷ [美]G·F·穆尔著.《基督教简史》.郭舜平等译.第43页。

领洗后对“上帝”所犯的罪过，使他们能够重新获得上帝恩宠而亲自定立的。告解包含了三个方面的要素，即痛悔、告罪和补赎。其的核心是告解者的忏悔。基督教的理论认为，上帝的宽赦是以这三者为条件的，而且只有当补赎完成之后，才能得到赦免。

1. 告解的形式

告解是悔罪者独自向神父的内心表白，神父应保守忏悔者的秘密，并向其指明应如何补赎以得到赦免。告解的方式只能是以口头形式的，且只限于在场者，而不能以书面的方式为不在现场的人赦罪。按照教会的规定，每名信徒至少每年应进行一次告解，多次则更好，以便保证在遇到危险时，能得到基督的教诲。它一般多以秘密而非公开的方式进行。

2. 告解的功能

它与洗礼相似，是一个为“有罪者”定立的圣事，如果经洗礼后没有再犯“新罪”，则无告解可言。它的功能一是表现在“认罪”、“悔罪”和“改罪”上。告解对罪过而言，不是象征性的，也不是对罪过的一种隐蔽和遮掩，而是要对其进行清除。所以它要通过省察、痛悔、定改、告明、补赎这些行为和途径来达到上帝的赦免。二是表现在心理方面。从宗教心理上讲，信徒在犯罪之后常常会受到良心的谴责，产生恐惧、害怕受到上帝的惩罚。而通过告解，可以使良心获得安慰而达到平静，从而有助于“灵魂病症”的及时治疗，有助于对信徒道德方面的自我约束。

(五)终傅圣事

终傅是指信徒在临死之际敷擦“圣油”的圣事。它是耶稣为病患者所定立的一件圣事，也是对年迈者所定立的圣事。尽管信徒们对天堂的生活都是向往的，但是这种憧憬常常是笼统和含混的，而对死亡和地狱的恐惧则是真切的，都希望为自己的生命找到好的归宿，终傅圣事则是为这一使命而准备的。

1. 终傅的仪式

当信徒年迈或病危时,由神父用经主教祝圣过的橄榄油,敷擦病人的耳、目、口、鼻和四肢,必要时只需擦傅额头。擦油时,神父照样需念经文:“因这神圣的傅油礼,并因天主的无限仁慈,祈望天主宽赦你由视觉、听觉、嗅觉、味觉和语言、解觉、步履所犯的一切罪过。阿门。”[1]终傅的领受人具领受过洗礼的具有理智的成年人,且必需是年迈者或重病患者。他们可多次领受这一圣事,但在重病期间不能同时领受两次。对长期卧病在房者,在领过傅圣事百日后,可再次领受。在领终傅圣事之前,对尚能进行告解和领受圣体的人而言,应在傅油之前先行告解和领圣体。终傅是人生终结的大事,对凡需要施行终傅的信徒,神父都应克服困难及时赶到现场施行。

2. 终傅的功能

它的功能体现在灵魂和肉体两个方面。从灵魂方面来说,它主要是针对年迈者和病重者因死亡而引起的精神痛苦与心烦意乱,稳定他们的情绪,振作他们的精神,从而获得战胜死亡和疼痛的勇气与信心,听从上帝的安排。在肉体方面,在天主教看来,它可以起到在正常治疗过程中犹如加入一种自然助力,以便促使自然药物更易于发挥其效果,从而达到减轻痛苦的作用。

(六)神品圣事

神品圣事(Consecratin),又称为祝圣、授神职礼。神品是为人人服务而定立的,但又不是人人都可以领受的,只有那些为上帝所召唤的人才有资格领受。所以,与其他圣事不同,神品人的领受者是为他人的致义成圣而接受神圣义务,而其他圣事则是领受者各自的“致义成圣”。领受了神品之人,就成为基督教会的各级神职

---

[1] 转引自康志杰著.《基督教的礼仪节日》. 第110页。

人员。

1. 神品的等级

神品圣事也是耶稣亲自定立的一件圣事。他在传播神音之初,曾收了几位门徒,并带领他们四处宣扬。他升天之后,便把在人间的传教使命交给了门徒们。此后,随着教会的发展神品也有了不同的等级。通常分为七个品级,即一品门卫员,二品读经员,三品驱魔员,四品辅祭员,五品助理执事,六品是执事,七品为司祭。一般认为前四品属于小品,后几品为大品。司祭又分为司铎品和主教品。司铎品(神父)是主教的助手,由主教藉神品圣事授于品位和神权,施行除神品和婚姻以外的其他圣事。神品圣事的施行者是受过祝圣的主教,而领受人为接受过洗礼的男性信徒。

2. 神品圣事的功能

它的功能一是在于除了增加施行者的宠爱外,还给予领受者以特殊的恩宠,即获得为完成圣事所具备的权利,以便其能够担负起相应圣职的要求及任务。二是可以使各级别神品领受者在灵魂上留下永远不可磨灭的印记,同时,也使他们所领受的神权根植于圣经的印记上。

(七)婚姻圣事

婚姻是指教徒在教堂内,由神父主礼,并经过教会规定的程序和礼仪认可,正式结成夫妻。它是天主教和东正教的“圣事”之一。它作为一件圣事与其他圣事一样都得到了圣宠,但其他圣事的施行者通常是神父,而它的领受者和施行者则是新郎新娘本人。当他们双方在证人面前相互表达“意愿”的时候,也就是他们自己施行和领受圣事的时候,在这一过程中,他们也就获得圣事恩宠。

1. 婚姻圣事的形式

它一般由主礼神父向男女双方提出是否同意结为夫妻的讯问;在得到双方的肯定答复之后,由主礼神父诵念祈祷经文;最后宣布“天主所配合的,人不能分开”,并向新婚夫妇表示祝福。通常,在领受婚姻圣事之前,男妇双方还必须进行告解圣事。

2. 婚姻圣事的功能

它体现在:一是赞颂一夫一妻制,反对一夫多妻制。二是道德的力量,教会这一圣事仪式,特别是在仪式中加上神圣的誓言,就是要提升婚姻的质量和永恒性。教会要求夫妻双方互敬、互爱、互谅、互守信义、白头到老。三是增添了婚姻的庄重性和神圣性,对社会和家庭的稳定有着重要的意义。照《圣经》上所说:“相爱吧,让我们彼此相爱吧;因为爱来自上帝;凡相爱之人是上帝所生,并认识上帝。”[1]尽管这里并不是专门针对婚姻而言的,但它也包含这方面的意思。

[1] [美]莫蒂斯·艾德勒等编.《西方思想宝库》. 第1552页。

第四章　西方科技文化

科学技术是西方传统文化的重要组成部分之一，也是促进西方文明和社会发展的重要动力之一。西方科技文化自古希腊时起，历经中世纪的磨难，同时在吸取来自东方成果的基础上，经过了漫长的积累和艰辛的探索，到近代才获得了发展的空间。它不仅大大提高了社会生产力，改善了人们的生活条件和工作环境；而且也深刻地影响了人们的思想，使人们摆脱了宗教的束缚。由近代形成和发展起来的西方科技文化，奠定了现代西方科学技术的基础，也使它确立了在现代世界上的霸主地位。

第一节　西方科技文化发展简述

一、何谓科技

对于科学和技术是什么，古今中外的人们众说纷纭，有着各种各样的回答。尽管人们所占的角度各有不同，但对科技影响力却是高度一致的。

（一）何谓科学

什么是科学呢？我们先从各种语言中对“科学”一词的含义上来看。在梵语中它是指“特殊的智慧”，在拉丁语中它是指“知识”的意思，在法语中它被泛指为一切的学习形式，在德语中是指“知识”或“了解”的艺术。在英语中它是指“对弄清知识的有条理的分类”（Dictionary of Science and Technology《科学技术词典》. New York. 1995，P. 967）从这些词的含义中，我们可以得到这样的启发，那就是科学是与人的智慧与知识密不可分的，也就是说它是与人们的精神活动和精神劳动有关的。

下面我们再从学者和科学家们对“科学”的定义上，来理解科学的内涵和外延。早在12世纪初期宇宙论学者威廉，就认为科学是以物质为基础的知识的一部分，提出科学是一种知识的思想。1888年达尔文在《生活信件》中提出：“科学就是整理事实，以便从中得出普遍的规律或结论。”[1] 英国现代物理学家、诺贝尔奖获得者P. 布莱克特却说：“所谓科学，就是通过国家出钱来满足科学家的好奇心。”[2] 保加利亚的T·H·伏尔科夫认为：“科学的本质，不在于已经认识的真理，而在于探索真理。”“科学本身不是知识，而是产生知识的社会活动，是一种科学生产。”[3] 我国《辞海》中将科学定义为：“关于自然、社会和思维的知识体系。”“它适应人们改造自然和社会的需要而产生和发展，是实践经验的结晶。”“科学的任务是揭示事物发展的客观规律，探索客观真理，作为人们改造世界的指南。”[4] 从上面人们对科学的不同理解和定义上，我们可以看出科学与人类的理性活动成果——知识有关，但又不等同于知识，如俄罗斯学者凯德洛夫所言：“科学的概念既用于表示科学知识的加工过程，也用于表示由实践检验其客观真理性的知识的整个体系。”[5] 同时，它也是人们积极而有意识的一种社会活动。正如美国科学社会学家伯纳德·巴伯（Bemard Barber）所说：人们要想对社会本身有一个更科学的理解，就要“首先从根本上把科学看做是一种社会活动，看做是发生在人类社会中的一系列行为。从这一角度看，

---

[1] 转引自夏禹龙等编著.《科学学基础》. 科学出版社，1983年9月，第44页。
[2] 转引自夏禹龙等编著.《科学学基础》. 第45页。
[3] 转引自夏禹龙等编著.《科学学基础》. 第45页。
[4] 《辞海》. 上海辞书出版社，1990年12月版，第1965页。
[5] 转引自夏禹龙等编著.《科学学基础》. 第45页。

科学不单单是一条条零散的确证的知识，而且不单单是一系列得到这种知识的逻辑方法。从这一角度看，科学首先是一种特殊的思想和行为，在不同历史时期的社会中，人们实现这种思想和行为的方式和程度也不同。”❶

不过，并不是所有的学者都认为可以给科学下一个确切的定义。比如学者贝尔纳在其著名的《历史上的科学》一书中就指出：“科学这一问题本书的各处都是从广义上来加以使用的，我在其中无论何处也不曾企图把它硬塞到一个定义里去。事实上科学在全部人类历史中确已如此地发生了重要的变化，以致无法下一个合适的定义。”“科学史的研究表明，科学的本质是不能用定义一劳永逸地固定下来的。科学是一种研究描述的过程，是一种人类活动，这种活动又和人类的其他的种种活动相联系，并且不断地和它们相互作用。”❷ 综合上面学者们的种种观点和见解，我们可以把“科学”理解为是人类探索和发现自然、人类自身及社会规律的方法总和，是人类在其探索和发现过程中所积累的经验、知识的完整体系，是其改善生活环境、发展生产和推动社会进步的重要因素，是新观念、新理论和新方法的源泉。

（二）何谓技术

“技术”是与科学既相联系又有所区别的概念。它的原意是“熟练”。18 世纪末，法国思想家狄德罗在他主编的《百科全书》中，把“技术”定义为“是为某一目的共同协作组成的各种工具和规则体系。”❸ 现代科学史家 D·普赖斯认为：“如果某人研究劳动的主要成果是知识，即就公开宣布以作为取得优先权的申

---

❶ ［美］巴伯著，顾所等译：《科学与社会秩序》. 三联书店，1991 年 9 月版，第 2 页。

❷ 转引自夏禹龙等编著.《科学学基础》. 第 45～46 页。

❸ 转引自宋健主编.《现代科学技术基础知识》. 科学出版社，1994 年 3 月版，第 5 页。

请案的某些问题，它便是从事科学。反之，当其劳动成果主要是物品、化学品、工艺方法，即某种可以买卖的东西时，它便是在从事技术。”❶ J. 贝尔纳在《历史上的科学》中也指出：“科学家和工程师在功能方面根本不相同，科学家的首要业务在于寻求工作方法，而工程师却以完成工作为主。”❷ 日本科学家、诺贝尔奖获得者江琦也认为：“通过自然的探索和认识，以揭示人类对自然的好奇，这就是科学；而怀着明确目的，利用自然知识，对自然进行控制，这就是技术。科学是为人类对自然的某些作为提供可能，而技术则是利用科学知识以实际造福于人类。”❸

那么什么是“技术”呢？早在古罗马时代，由于政治、经济和军事等方面的需要，工程技术得到了较快的发展。当时罗马人对技术不只是看到了它在“制作”实的一面，而且了看到了它所包含的“知识形态”虚的一面。在17世纪，英国思想家培根就曾把技术作为操作性学问来加以研究，并著有《新工具》一书。在18世纪，德国思想家康德在《判断力批判》一书中，也曾探讨过有关“技术”的话题。真正对“技术”这一概念进行详细说明的是18世纪末期法国思想家狄德罗。他在其主编的《百科全书》中将“技术”定义为：“是为某一目的共同协作组成的各种工具和规则体系。”❹ 我国《辞海》中将技术定义为：“泛指根据生产实践经验和自然科学原理而发展成的各种工艺操作方法和技能。”“除操作技能外，广义的还包括相应的生产工具和其他物质设备，以及生产的工艺过程或作业程序、方法。”❺

总之，通过上面对技术的各种解释，我们可以看出“科学”

---

❶ 转引自夏禹龙等编著.《科学学基础》. 第46页。

❷ 转引自夏禹龙等编著.《科学学基础》. 第47页。

❸ 转引自夏禹龙等编著.《科学学基础》. 第47页。

❹ 转引自宋健主编.《现代科学技术基础知识》. 科学出版社，第5页。

❺ 《辞海》. 第758页。

与“技术”的关系是密不可分、相互依存的。科学所要回答的是“是什么”、“为什么”，而技术所关注的是“做什么”、“如何做”。科学提供了物化的可能，而技术则提供了物化的现实；科学的特性是发现，技术的特性是发明；科学是创造知识的研究，技术是综合利用知识的需要的研究；科学是技术的先导，技术是科学的延伸。同时，技术又为科学的发展提供了技能和物质上的支持，技术的积累也为科学的升华提供了养料。从一定意义上说科学和技术之间是相互交叉、相互渗透的，而且随着现代科学技术的发展，它们也日益紧密地联系在一起，出现了一体化的趋势，这也成为当今大科学时代的一个基本特征。所以，有学者根据“科学”这一概念含义的宽窄来确定科学与技术的关系：狭义——知识体系或动态的知识生产过程，或两者兼而有之，与技术相对；广义——包括技术，与生产相对；更广的含义——包括对待事物的科学精神和态度，与迷信和盲从等相对。在实际生活中，这三个方面的含义常常是混用的，除非特别强调科学和技术各种不同的方面或属性。

二、何谓科技文化

在当今时代，“科学技术”是在人们生活中出现频率最高的词汇之一。它不仅直接影响着人们的生活和社会的进步，也深深地影响着人们的思想观念和生活方式。显而易见，科技文化作为文化的一个组成部分，以自己独特的魅力发挥着日益深远的影响。

（一）科技文化的含义

科学技术是人类认识自然、利用自然、与自然协调的知识、经验和技巧。科技文化就是指由科学技术自身发展所形成的思想体系、知识体系及经验体系，是指由科学技术的发展和应用所创造出来的物质成果，是指由科学技术辐射力、影响力和渗透力所形成的积极而有益的一切形式的成果。

在科技文化中，常常引起人们关注的是那些成就斐然的大科学家、发明家和那些耀人眼目的科技成果。这是科技文化中最能吸引人，最能打动人的部分。对科学家和发明家的认识和熟悉，能帮助人们更好地理解他们的工作性质及工作方法；而对科学技术成果的使用和享受，能帮助人们更好地理解科学技术对人们生活和社会进步的重大意义。相对而言，对科技文化中所包含的其他同样富有重要意义的方面人们则注意不够，比如科学精神、科学思想、科学方式等科技思想文化。这既是令人遗憾的事，也是需要引起人们进行深人思考的事。特别是对未来的科技工作者来说，这一方面尤其显得重要。

其实，从某种角度上说，科技思想文化对人们要比科技成果文化更为重要。思想不仅是行动的先导，更是科学研究和技术发明的指南。就一般工作而言，如果没有明确的想法和清晰的思路，要想开展工作也是不可能的，对科学和技术工作更是如此，这一点人们可以在科学技术发展史上看得非常清楚。当然，最初的想法、思路甚至假设是否正确，则完全是由实验和对客观世界的认识来检验的。除了要具有科学精神和科学思想外，在科技思想文化中，科学研究方法和技术实验方法占有重要的地位。不论是归纳整理，还是逻辑演绎，都对人们认识自然和社会，也包括认识人类自身是不可或缺的重要工具。同时，在科技思想文化中，对从事科学研究和技术发明的人来说，也需要具有一定的哲学基础。特别是当科学技术发展到今天的水平，对人们的哲学要求也越来越高。比如在近代，牛顿不仅是一位成就卓著的科学家，他也是一位出色的哲学家。在现代的科学家中，像爱因斯坦、波尔等也都是造诣深厚的哲学家。他们当中的许多人，就是靠着哲学的思想方法解决了他们所面对的复杂的研究现象。

（二）科技文化的特点

科技文化对于社会的作用和影响是不言而喻的。其特点主要有以下几个方面：

1. 科技文化发展对社会的依赖性

科技是社会生产力发展的产物，科技文化也是伴随着社会的发展而发展的，而且从根本上说它是为社会发展而服务的。马克思曾经指出："劳动生产力是随着科学和技术的不断进步而不断发展的。"❶ 科技对社会生产力的作用，在当代更是突出。因此，邓小平曾强调说："马克思讲过科学技术是生产力，这是非常正确的，现在看来这样说可能不够，恐怕是第一生产力。"❷ 在西方科技文化发展的历程中，社会环境对它的作用是无时不在的。比如，当古希腊民主制度处在比较完善的时期，社会比较安定，人们的思想也比较活跃，这就为以自然哲学为主要特征的科学文化的发展，提供了良好的机遇，从而促成了西方文化的第一个发展高峰的出现。当罗马帝国称霸欧、亚、非三大陆时，为了展示帝国的"风采"，罗马城内大兴土木，这对其建筑技术的发展创造了有利的条件等。相反，在中世纪时期，宗教神学束缚了人们的手脚，禁锢了人们的思想，使得非基督教文化的发展受到了极大地限制，这也直接导致了社会的停滞不前，甚至倒退。凡此种种，不胜枚举。正如贝尔纳所论述的那样："在漫长的岁月里，科学并非独立地存在着……只是到了 17 世纪科学才取得了独立的地位；而这种独立性本身可能也只是暂时的。将来科学知识和方法渗入社会生活的一切领域，以致科学又将不复独立存在。❸

---

❶ ［德］马克思，恩格斯著.《马克思恩格斯全集》第 23 卷. 人民出版社，第 664 页。

❷ 转引自《科学技术是第一生产力》. 人民出版社，1992 年版，第 3 页。

❸ 转引自夏禹龙等编著.《科学学基础》. 第 16 页。

2. 科技文化对社会发展的促进性

社会发展为科技的成长提供了空间，反过来科技文化对社会的发展也起到了积极的促进作用。这一点，我们可以从近代以来科技革命带动工业革命上得到验证。而且伴随着每一次科技革命的发生，都会引发一次产业的升级与换代。其意义不仅在于提高了生产率，增加了产品的数量和品种，而且还在于它改变了社会的发展模式，改变了人们的生活方式，丰富和便捷了人们的生活。特别是在现代，科技文化不仅直接影响一个国家的工农业生产、国家安全和国防建设，而且还影响着国家的政治、经济、外交、文化、教育、思想方法、道德伦理以及宗教信仰等社会机体的所有方面；不仅改变了人类的生存方式、生活方式、生产方式和创造方式，而且还在物质文化和精神文化的各个领域都发挥着前所未有的巨大影响。随着现代社会发展趋势的加快，社会对科技发展的要求和依赖程度也变得越来越高。在发达国家现代经济增长中，有 80% 是依靠知识增长和科技进步所取得的。所以，“在马克思看来，科学是一种在历史上起推动作用的、革命的力量。”❶ 当然，科技文化对于社会的影响力还是通过人的素质的提高来实现的。因此，提高全社会的素质，提高全民的科技素质是未来竞争的需要。以美国为例，为了保证其经济、政治和科技的发展优势，在培养人才和吸引人才方面一直是不遗余力的，即使是这样，它仍然感到人才的不足。“1990 年美国全国在职的科学家、工程师和技术员 12 257 万人，但据美国劳工统计局预测，到 2005 年多则需要 15 454 万人，少则也需 13 680 万人。”❷ 另据统计：“从 1950 年以来，美国技术员数量增加了 3 倍。技术员已

❶ ［德］马克思，恩格斯著.《马克思恩格斯全集》第 19 卷. 人民出版社，第 375 页。

❷ 秦言著.《知识经济时代》. 天津人民出版社，1998 年 6 月版，第 78 页。

是美国人数最多的一类职业，再过 10 年，技术员将占全美就业人数的 1/5。”[1] 现在人们越来越迫切地感觉到了，在被称为信息时代和知识经济时代的 21 世纪里，科技文化对社会的作用将是更加空前的。

3．科技文化发展的内在逻辑性

科技文化发展的动力除了来自于生产力发展和社会需要外，还与科学技术自身发展的内在动力有关。随着科技知识的积累与分类，科学技术本身也形成了一个庞大的体系，在这一体系中，科学技术被细分为若干具有相对独立研究对象的专门学问。人们出于对神秘大自然的浓厚兴趣，出于对自身及其社会的浓厚兴趣，开展研究。这些研究有许多已经脱离开了最初的功利性，而是按照科技文化发展的内在逻辑性进行着。比如，哥白尼就曾经说过：“在人类智慧所哺育的名目繁多的文化和技术领域中，我认为必须用最强烈的感情和极度的热忱来促进对最美好的、最值得了解的事物的研究。在就是探索宇宙的神奇运转，星体的运动、大小、距离和出没以及天界中其他现象成因的科学。简而之言，也就是解释宇宙的全部现象的科学。难道还有什么东西比起当然包括一切美好事物的苍穹更加美丽的科学？”[2] 这表明在推动他从事这项艰苦研究的过程中，对真理的热爱和出于对科学本身的发展与完善是一个很大的动力。所以他不但不觉得苦，反而认为它能够给人们提供心灵上非凡的快乐。因此，当 17 世纪科学从它所依附的哲学和神学中独立出来以后，特别是当一些人们把从事科学和技术研究当成一种职业的时候，把科学和技术本身当成研究对象的时候，科学和技术的发展步伐也就越来越快。随着人们对科学和技术认识的加深，也就更自觉地按照科学和技术

[1] 秦言著.《知识经济时代》. 第 79 页。

[2] 转引自文池主编.《宇宙简史》. 第 3 页。

自身的规律去进行探究，这也就成为了科学和技术发展的助推器。当然，从本质上说，这些研究的最终成果都会被人类应用到自己征服自然、改造自然的活动中去，但科技文化按照其自身内在逻辑性发展，所起的作用是不可低估的。

三、西方科技文化发展简述

科技文化的历史其本质就是人类不断认识自然、利用自然和改造自然的历史，它的历史是与人类的历史相伴生的。西方科技文化是在承袭古埃及和东方科技文化的基础上经古希腊和罗马一步步地发展起来的。如今，它已经成为世界科技文化一座新的发展高峰。

（一）古代的西方科技文化

1. 古希腊自然科学繁荣的原因

19 世纪学者乔治·居维埃在其所著的《自然科学史》中指出，自然科学的发展大体上可以划分为三个阶段。一是宗教阶段，这一时期的科学处于神秘状态，只为少数人所掌握；二是哲学阶段，这一时期的科学与宗教所独立，它由部分人所掌握，始于古希腊，源于泰勒斯；三是科学阶段，这时的科学是具有真正意义上的科学，始于亚里士多德。而美国现代学者本杰明·法灵顿在《希腊科学》一书中则曾经写道：“希腊化时代的科学发展已步入现代世界之开端，现代科学从 16 世纪开始发展，是以那时的基础为起点的。”[1] 从他们的评价中，我们不难看出古希腊的科技文化对于后世的影响及作用。

古希腊时期，哲学与科学是密不可分的，许多学者既是哲学家也是科学家，也正是这种情形造就出了许多杰出的人物。同时，希腊也一直处于东西方人员、物资、特别是文化交流的特殊

[1] 转引自裔昭印主编.《世界文化史》. 第 116 页。

地位，使得它能够和掌握东西方在文化和科技方面的发展情况。正如英国现代科学史学者贝尔纳所说：“古希腊人的科学成果极少是纯由他们创造的，很多是直接从巴比伦人和埃及人那里引进来的。例如，希腊人的天文学成就就是在别人进行几百年有系统的观察的基础上取得的，而在那几百年中，他们还仅是毫无教养的野蛮人。”[1] 比如，希腊人从巴比伦人那里学到了关于地球以外天体次序的知识。以前希腊人认为月亮离地球最近，其次是太阳，而后才是各个行星。后来他们才知道月亮最近，然后是水星、金星、太阳、火星、木星和土星等。而到了希腊化时期，当时的许多杰出科学家都是长年在东方居住和学习，他们在那里获得了大量的知识，这为他们后来在数学、几何学、物理学、天文学、地理学、生物学等诸多领域取得的丰硕成就奠基了基础。像亚里士多德、欧几里德（Euclid，前 330—前 275）、阿基米德（Archimedes，前 298—前 212）、天文学家阿里斯塔克（Aristarchus of Samos，前 310—前 230）、地理学家埃拉托斯特尼等众多杰出学者的名字，都会被永远记载在人类文明发展史上。此外，统治者对科学的重视也是希腊科技发展的一个重要原因。就亚历山大大帝本人来说，他在行军打仗的过程中，都随军带着工程师、地理学家和测量帅等。这些人专门负责绘制被征服国家的地图，记载这些国家的资源，同时还搜集了大量关于自然、历史和地理的资料。狄奥弗拉斯图斯在他的植物学著作中就利用了这些观察资料，而亚里士多德的许多研究也是基于这些资料他所进行的。其中，他所著的《物理学》8 卷、《天文学》4 卷、《动物史》10 卷，这些著作有许多是得益于亚历山大带的资料。亚里士多德的一个学生第凯尔库斯（前 355—前 285）利用随军人员提供的地图绘制了一张已知世界的地图，它也是第一张绘有纬度线的地

[1] 转引自裔昭印主编.《世界文化史》. 第 117 页。

图。当然，亚历山大这样做也不仅仅是出于发展科学，同时也是为了便于有效地统治他所征服的国家，但这在客观上确实起到了推动科学发展的作用。

2．古希腊在科技文化上的成就

古希腊的科学家和思想家们在科技文化方面所做出的有益探索和所取得的积极成果，奠定了西方后来科技文化发展的重要基础。在宇宙论方面。他们的成就首先表现在探索世界万物的构成，探索和解释客观世界中所发生的现象与变化过程。在这方面古希腊先后出现了米利都学派、毕达哥拉斯学派、伊利亚学派和“原子论”学派。被西方尊为“科学之父”的泰勒斯（Thales，前624—前547）就是米利都学派的代表，他首次提出宇宙万物的本原是水，认为一切存在物都是由水这一基本元素演变而来的。而该学派的另一代表人物赫拉克利特则认为宇宙万物的本原是一种“灵火”。他的名言是：“我们不能两次踏进同一条河。”以数学大师毕达哥拉斯（Pythagras，前580—前500）为首的学派，则用数学观点来解释宇宙万物，并且把“数”看做是宇宙万物的本原。而伊利亚学派在探讨世界万物时，则没有从具体的水、空气、火等物质形态上去寻找本原，而以抽象的“神”的概念来加以说明，当然这里所说的“神”不是指信仰的对象，而是指宇宙的统一，是指认识的对象。德谟克利特是“原子论”的代表。他认为宇宙起源于大地，而大地则是从虚空中降落的无数“原子”构成的，“原子”是宇宙的终极因子。他还被认为是西方“古代物理学”的先驱，近代哲学唯物论的鼻祖。继这四大学派之后，亚里士多德则在吸取和学习前人思想的基础上，认为冷、热、干、湿这四种性质才是最基本的，它们两两结合形成火、水、土、气这四种元素，再由这四种元素组成一切实物。此外，他还认为在宇宙中，存在着第五种元素“以太”，并认为它是构成天体的元素。后来的伊壁鸠鲁（前341—前270）又进一步发展了原子论，认为原子还有重量上的差异。

在天文学方面。早期有毕达哥拉斯派所提出的学说。他们认为在各种形体中圆形和球形是最完善的，所以地球与其他天体也必然是球体，并沿着圆周运动。在数目中，他们认为10是最完整的，因此天体也应是10个。并且还提出宇宙的中心不是地球而是中心火，地球和其他行星都是围绕中心火作圆周运动的。后来的阿里斯塔克斯曾提出恒星与太阳是不动的假说："恒星与太阳是不动的；地球沿着圆周边绕太阳运动，而太阳在轨道的中心。[1] 这无疑是哥白尼思想的先驱。不过，在他之后的亚里士多德则另提出一个"地球中心说"。他的主张后来被克罗狄乌斯·托勒密（Claudius Ptolemy，90—168）发展成为了一套完整的理论体系。托勒密的《天文学大成》被称为天文学百科全书，后来他的体系在基督教会的支持下，在欧洲天文学中一直处于统治地位，直到哥白尼的"日心说"确立之后，其地位才得以动摇。

在生物学和医学方面。作为西方古代的第一位博学家亚里士多德，在自然科学方面的主要成就体现在生物学特别是动物学上。他曾深入观察、亲自解剖、并详细记述了500多种动物，还绘制了50多种的解剖图。他还提出了从植物到动物再到人类的依次分级，且愈往上等级愈高的生物分类方法。而在医学上则以希波克拉底（前460—前377）为代表的学派成就最为显著，所以他也被视为西方的"医学之父"。该学派不仅初步地了解了解剖学和心理学方面的知识，而且还对许多疾病进行了描绘并相应地提出了治疗方法。此外，他们还提出了健康与环境的关系问题。希波克拉底还提出了人体中含有四种体液，即血液、黏液、黑胆汁和黄胆汁，并且认为人体的健康与否是由四种体液所具有比例是否和谐所致。

---

[1] 转引自冯承柏等编著.《西方文化精义》. 第25页。

在数学和物理学方面。几何学在古埃及人那里就已经得到比较广泛的应用，而在古希腊人那里又有了长足的发展，公元前6世纪的毕达哥拉斯学派就首先提出了“毕达哥拉斯定理”（即“勾股定理”）。在希腊时期最为杰出的数学家首推欧几里得。有关他的生平后人所知甚少，只知道他是希腊人。他的著作《几何原本》是古代数学知识系统化的重要标志。其最大贡献是完成了平面几何的理论体系，因此他被称为。“几何学之父”。他的著作共有13篇，包括了大量的定义、公理和命题，变换以及对圆、多边形、相似形等的讨论，比例论、数论、立体几何等内容。该书一直被世界各国作为几何学的教材。而这一时期晚于欧里得的阿基米德，也在数学、力学、天文学上都取得了重大的成就。他提出了著名的“阿基米德定律”（即浮力定理），总结出了关于杠杆的一般原理等。在物理学的研究方法上，他完成了从猜测到实验，从定性到定量的发展过程。

总之，古希腊科技文化的影响是非常广泛的，正如恩格斯所说：“在古希腊哲学的多种多样的形式中，差不多可以找到以后各种观点的胚胎、萌芽。因此，如果自然科学想要追溯自己今天的一般原理发生发展的历史，它也不得不回到希腊人那里去。”❶

（二）中世纪的西方科技文化

1. 神学阴影下的科技文化

由于中世纪是西方基督教势力最为强大的时期，教会和教义成为了神圣的权威。由于教会大肆推行愚昧主义，使得西方科技文化的发展受到了较大的阻碍和抑制。例如，中世纪初期著名的教皇格雷戈里一世就宣扬：“不学无术是真正虔诚的母亲”。❷他甚至下令烧毁罗马一所藏书丰富的图书馆，捣毁了古罗马许多闻

---

❶ ［德］恩格斯著.《自然辩证法》. 人民出版社，1971年版，第30~31页。

❷ 转引自清华大学自然辩证法教研组编.《科学技术史讲义》. 第14页。

名的雕像。此外，教会还垄断了全部的教育，各类学校都被迫听命于教会的控制，学校里的课程设置也完全服从教会的需要。不仅如此，一切文化和科学活动也都要以基督教的教义为准则，不得越雷池于半步。否则便被视为“异端”而遭到残酷迫害。所以，恩格斯曾指出：那时“科学只是教会的恭顺的婢女，它不得超越宗教信仰所规定的界限，因此根本不是科学。”❶ 英国学者丹皮尔（W. C. Dampier）在自己的《科学史》一书中也写道：“由古代学术衰落到文艺复兴时期学术兴起的一千年；这是人类由希腊思想和罗马统治的高峰降落下来的，再沿着现代知识的斜坡挣扎上去所经过的一个阴谷。”❷

这里我们仅以中世纪的医学科学为例。医学在古希腊时期相对而言发展水平还是比较高的，然而到了中世纪时却降至近乎痴愚的境地。究其原因就在于教会禁止医生对病人进行手术，也禁止医生对尸体进行尸检，这不仅使医生们无法获得人体解剖方面的知识，也阻止了医学知识的积累。用医学史家 W·J·比肖普的话来说：“这意味着作为医学知识的基石的解剖科学和生理学，都无法以实践的方式进行研究。”❸ 而 12 世纪一位名叫约翰·萨利斯贝利的医生也曾经抱怨说：“（医生）将向你们详细地讲述所有疾病的起源、进展和治疗方法。 句话，当我听他们长篇大论地讲述时，我都听得入神了；……而且几乎说服了我本人，说他们可以使死者复生。只有一件事让我产生犹豫：他们的理论彼此相左，就跟光明与黑暗完全不同一样。”❹ 因为在教会看来，

---

❶ ［德］马克思，恩格斯著.《马克思恩格斯选集》第 3 卷. 第 390 页。

❷ 转引自清华大学自然辩证法教研组编.《科学技术史讲义》. 第 16 页。

❸ 转引自［美］理查德. 扎克斯著.《西方文明的另类历史》. 李斯译. 海南出版社，2003 年 4 月版，第 160 页。

❹ 转引自［美］理查德·扎克斯著.《西方文明的另类历史》. 李斯译. 第 160 页。

人体是神圣的，作为上帝的臣民是不应该碰这些器官的。而且当时的许多医生同时也是教士，这样医学的退步也就不奇怪了。所以在11世纪时，西方医学所根据的理论依然还是从古希腊希波克拉底的“四种体液学说”，治疗病人也就成了保持体液平衡的艺术。其一些具体的方法在今天则是令人不可思议的，如给病人放血，在身上钻孔、鞭打、剥皮等。一直到了教皇西克斯图斯四世（1471～1484在位）解除对人体解剖的禁令时止，医学和艺术的发展也才由此发生了重大地转折。医学家和艺术家们为了了解人体的构造，竟导致一时间尸体奇缺。

在与教会所倡导的蒙昧主义和经院神学的斗争中，近代实验科学的先驱、英国思想家罗吉尔·培根（Roger Bacon，1214—1292）勇敢地提出了科学要面向自然，注重实验，反对盲目崇拜权威的思想。他认为经验只能够认识现象的原因，而要证明前人说法正确与否的惟一方法是观察与实验。他不仅倡导科学精神和科学思想，还亲自做过不少光学方面的实验，总结了光学反射和折射的一般规律，探讨了反射镜、透镜及望远镜的设想。此外，他还提出了制造机械推进车船行驶和会飞行机器的可能性。由于罗吉尔·培根进步而大胆的思想，使他遭受了教会长期囚禁的迫害。

2. 教会与科技文化的发展

尽管教会对科技文化的发展方面曾经在相当长的一段时间里起到了阻碍作用，但是随着生产力的缓慢发展，特别是从11世纪末到13世纪持续近200年的十字军东征也将东方的不少先进生产技术，如金属加工、丝绸和布匹的纺织印染、制糖等，和新的农作物品种，如水稻、荞麦、芝麻、西瓜等的传人，给西方的科技文化发展注入了新的活力。而14世纪以后陆续传人西方的中国“四大发明”，则无疑为处在黑暗之中的西方文化带来了光明。正是在这些因素的影响，西方科技文化在中世纪的后期也在顽强地、缓慢地向前发展着。

客观地说这一时期特别是在中世纪的初期，科学技术发展比较缓慢除了教会的原因以外，主要还是受当时社会整体条件和文化发展的整体水平制约的。到了中世纪的后期，科学和技术发展就开始呈现出加快的趋势。用肯尼斯·克拉克的话来说："这些变化意味着一种新的社会与文化背景。它们意味着财富、稳定、技术，而首先是完成一项长远规划所必须的信心。这一切在西欧是怎么突然发生的呢？当然有多种回答，但有一种回答是压倒一切的，比其他回答都重要：教会的胜利。如果说西方文化基本上是教会创造的，这种说法可能会有争议。……但也有理由说它是有权力的。有文化的人自然会投身于神圣的秩序，能够从卑微上升的有无限影响的地位。虽然从王室或贵族的家庭中产生的主教和修道士并不少，但教会基本上是一个民主的机构，在那儿才能——行政、外交和敏锐的知识才能——会得到充分发挥。同时，教会是国际性的。"❶ 尽管肯尼斯对这一时期教会的作用估计得过高，但教会的作用和影响也确实不能被忽视，不管它是教会有意所为，还是被迫所为，或是鞭长莫及的结果。

从总体上来说，在中世纪时期西方的科技文化与世界其他地区和国家，如阿拉伯、印度、中国等科技繁荣景象相比，确实是显得暗淡无光。

(三) 文艺复兴时期的西方科技文化

文艺复兴运动为西方科技文化的发展带来了光明，也为它注入了新的活力。在这一时期，"自然科学当时也在普遍的革命中发展着，而且它本身就是彻底革命的；它还得为争取自己的权利而斗争。"❷ 随着反对神学斗争的发展。科学实验已逐渐从生产

❶ ［英］肯尼斯·克拉克著.《艺术与文明》. 易英译. 第39～42页。
❷ ［德］恩格斯著.《自然辩证法》. 人民出版社，1971年版，第8页。

实践中分化出来，自然科学也已从古代的自然哲学中脱颖而出各门学科理论体系纷纷建立起来，从而使科技文化形成为较为系统的思想体系和知识体系。

1. 天文学的革命

在文艺复兴时期，天文学成为了西方科技文化发展的第一个突破口。这一突破是由哥白尼引发的。哥白尼在1512年之前，就曾写过一篇“太阳中心说”的提纲——《试论天体运行的假设》。此后，他一方面坚持进行长期地、系统地天文观测，另一方面坚持对古代以来天文书籍和前人资料的研究。基于他多年潜心地观察和研究，在1516年开始撰写《天体运行论》，并于1525年完成。在书中，哥白尼提出了地动说和太阳中心说，推翻了受教会所推崇地托勒密的“地心说”理论。他从运动的相对性出发，系统地论证了人在行星的视觉运动是地球运动和行星运动复合的结果。他写道：“无论观测对象运动，还是观测者运动，或者两者同时运动但不一致，都会使观测对象的视位置发展变化（等速平行运动是不能互相觉察的）。要知道，我们是在地球上看天穹的旋转；如果假定是地球在运动，也会显得地外物体作方向相反的运动。”[1] 借以驳斥了地球静止不动的主张。随后，他提出了地球不在宇宙中心，而是与其他行星一样在自己的轨道上绕太阳运动。他提出：“我们把太阳的运动归之于地球运动的效果，把太阳看成静止的，恒星的东升西落并不受影响。然而行星的顺行、逆行和停留则不是由于行星本身的运动，却只是地球运动的反映。于是，我们认为，太阳是宇宙的中心。”[2]

哥白尼的“日心学”，否定了自亚里士多德到希腊化时期托勒密一直被人们所普遍接受的“地心说”，特别是否定了上帝把

---

[1] 转引自清华大学自然辩证法教研组编.《科学技术史讲义》. 第15页。

[2] 转引自清华大学自然辩证法教研组编.《科学技术史讲义》. 第26页。

地球置于宇宙中心的宗教教条，建立起了具有重要意义的科学宇宙观。用恩格斯的话说：“从此自然科学便开始从神学中解放出来。”❶ 现代物理学家爱因斯坦对哥白尼学说的贡献和历史意义给予了高度的评价。他指出：哥白尼“对于西方摆脱教权统治和学术统治枷锁的精神解放所作的贡献几乎比谁都要大”，“要令人信服地详细说明太阳中心概念的优越性，必须具有罕见的思考的独立性和直觉，也要通晓天文事实，而这些事实在那个时代是不易得到的。哥白尼的这个伟大的成就，不仅铺平了通向近代天文学的道路；而且也帮助人们在宇宙观上引起了决定性的变革。一旦认识到地球不是世界中心，而只是较小的行星之一，以人类为中心的妄想也就站不住脚了。”❷

尽管受历史条件和科技发展水平的限制，哥白尼“日心说”的理论还并不十分完善，但在其去世后的100多年间，他的学说一直被教会视为异端邪说。就连主张宗教改革的马丁·路德也称哥白尼为疯子。

继哥白尼之后，将天文学又向前推进一步的是德国天文学家、数学家开普勒（1571—1630）。他在其导师丹麦天文学家第谷·布拉赫（Tycho Brahe，1546—1601）所积累的近40年观测资料的基础上，总结出了行星运动的第一、第二定律，并在1609年出版了《新天文学》一书。其第一定律的结论是行星的轨道为椭圆形，太阳位于其中的一个点上；其第二定律的结论是在相等的时间内，行星和太阳的连线所扫过的面积相等。接着，他又在1619年出版了第二部著作《世界的调和》。在这部著作中，他提出了行星运动的第三定律：即任何两个行星公转周期的平方同其轨道半径的立方成正比。他以自己创造性的工作，证明

---

❶ ［德］恩格斯著.《自然辩证法》. 第8页。

❷ 转引自清华大学自然辩证法教研室编.《科学技术史讲义》. 第35页。

了哥白尼学说的正确性。由于他所发现和总结出的行星运动三大定律，故被人们誉为“替天空立法的伟人”。

2. 物理学的革命

在文艺复兴运动兴起之前，亚里士多德的以“静止”观点为核心的力学理论一直居于主导地位。而意大利物理学家伽利略则以实验的方法推翻了亚里士多德的理论，他也因此被誉为经典力学和实验物理学的先驱。按照亚里士多德理论，两个不同重量的物体同时从同一高度落下，其重量大的物体应先落地。而伽利略（Galileo，1564—1642）通过实验证明，物体自由落下的速度与物体的重量无关，只与下落的时间成正比，并由此得出了“自由落体”定律。同样他又通过实验发现了抛物运动规律。此外，伽利略在天文学也取得很大的成就。1634 年，他将自己的研究写入了《两种新科学的对话》一书，它的问世也奠定了近代物理学的基础。他通过望远镜的观察，证实了哥白尼学说的合理性和正确性，并于 1632 年出版了《关于两种世界体系的对话》。在书中他支持哥白尼的主张，反对托勒密的观点，因此受到罗马教会的迫害。

（四）近代西方科技文化

1. 近代科学与古代科学的区别

现代意义上的科学出现在 17 世纪，而在古代尽管也存在着科学，但与 17 世纪的科学是不能相提并论的。对此，以色列现代社会学家约瑟夫·本一戴维（Joseph Ben ~ David）在他的《科学家在社会中的作用》（The Scientist's Role in Society）中曾经分析说：“在古代社会里，一拥有和创造科学知识的通常有两类人，一类是从事实际工作的技工和工匠，另一类则是哲学家。”[1] 对

[1] Joseph Ben ~ David：The Scientist's Role in Society，Prentice ~ Hall，Inc. 1971，P. 24。

于前一类人，他指出：“通常制造工具和农具的工匠们和其中从事这类工作的其他人都是些谦虚的人，他们的名字只有当他们在技术上的成就配得上那些政治家和神学家时，才得以被保留下来，所以他们中绝大多数人的名字被淹没在历史中。当然，他们的主要兴趣还仅限于天文学、医学和建筑学等几个方面。”[1] 对于后一类人他分析说，通常人们把哲学家们视为科学家的先驱，从总体上看作为有科学爱好的人来说，他们是渴望了解自然的。但其实他们之间有时是起着相似有时则是相反的作用。他们中的一部分人有志于探索“真理”，但是这种“真理”其实就是有关人类自身或者是上帝的存在，而真正的自然事物则不在他们的关心之内。另一部分人则不论是从其过程还是结果上看，他们都是试图为了预测自然事物而要解释自然，因此他们更接近于自然哲学的范畴。所以，在古代社会的条件下，是不可能产生 17 世纪那种科学的。其原因在于，仅以技工和工匠这一类人为例，用约瑟夫·本—戴维的话来说，一是在当时的技术传统是有限且有效的理论与广泛的实际需要是相一致的。二是这种有限的科学知识与没完没了的、排队等着解决的实际工作之间的相一致，也可以说明为什么医学没有在科学传统的保护和革新方面作为一个适合的载体，而不像天文学那样不得不回答一些需要有充分证据，同时也相对容易一些的问题。三是在各种职业传统中，最少引起麻烦的是建筑师和建造工匠们，他们的工作就像那些物理学家那样，仅凭经验就可以，而且十分有限也极好区别 6 四是所有技术的共同特征就是他们各自都有着特定的目标，由于看得见，摸得着，他们所取得的成就是比宇宙的法则等令人信服。五是技工与工匠的特殊兴趣以及其他科学知识的使用者们不仅割断了进一步

[1] Joseph Ben – David：The Scientist ’ s Role in Society，Prentice ~ Hall，Inc. 1971，P. 24.

的科学需要，而且在同时也毫无疑问地导致反对任何新的科学需要。六是这样一来，技术的目标可能导致了技术失去了自己的科学基础，甚至科学理论也只在最初的技术发明中起到了一点点作用。

2. 近代科学的出现

而到了17世纪，上面所说的情形则有了本质上的变化。在分析这一时期的科技文化发展的原因时，恩格斯曾指出："从十字军远征以来，工业有了巨大的发展，并产生了很多力学上的（纺织、钟表制造、磨坊）、化学上的（染色、冶金、酿酒），以及物理学上的（眼镜）新事实，这些事实不但提供了大量可供观察的材料，而且自身也提供了和已经完全不同的实验手段，并使新的工具的制造成为可能。可以说，真正有系统的实验科学，这时候才第一次成为可能。"[1] 而英国学者李约瑟曾从科技发展的特点上具体分析道："在17世纪时，人们不得不面对'一揽子交易'。科学革命是伴之以宗教改革运动和资本主义的兴起，即富有的资产阶级取得统治地位而发生的。显然，当时发展起来的近代科学是使人类对自然的假设数学化，并使之与严格的实验相结合。古代与中世纪世界各国的科学都带有不可磨灭的民族烙印。但在近代，人们研究自然第一次可使用一种通用的国际语言，即精确与定量的数学语言——无论何种肤色、信仰或种族的人，只要经过适当的正规教育，都能使用与掌握的语言。这对于实验技术同样是适用的，就好比商人有了通用的价值标准一样，至于人们怎样看待这一切当中起作用的主要因素，那就取决于各自的背景了。神学家大概会认为，宗教改革运动的开展是起作用的主要因素；老式科学家自然会认为，首先出现科学活动，然后它赋予其他活动以动力；而马克思主义肯定会认为，经济与社会

[1] ［德］恩格斯著.《自然辩证法》. 第163页。

的变革是起作用的主要因素。”❶

在17世纪科学出现了大发展的同时，欧洲也在历史上第一次出现了一些视自己为科学家的人们。这些以从事科学为职业的人们，对于科学的发展起到了积极地推动作用。与此同时，科学在社会方面的作用也越来越被人们所重视。对于这些问题，约瑟夫·本一戴维在《科学家在社会中的作用》中曾经加以分析。归纳起来，他认为以下几个因素是主要的。一是在中世纪创办的大学中，出现了一批的职业化教师队伍。以教育为职业，既有较高的社会地位和稳定的经济收入，而且也有时间从事研究工作，同时他们之间也有着较强的竞争，这样就促进了研究的深入。二是在中世纪大学中原来不被人们看好的一些所谓的非主流性课程的发展，这样就导致了大量新兴的边缘科学的发展与发展。三是由于艺术家和科学家在各自的研究当中所做出的成就，特别是在意大利的一些地区，使人们改变了对从事科学的人的认识。四是在意大利，科学与反科学势力的较量。五是由于远离罗马教廷的控制，科学方面的高等教育在北欧地区得到了较快的发展。六是宗教势力的衰弱，给科学的发展提供机会。❷

3．科学技术机构的出现

科技革命引发了工业革命，而工业革命又反过来促进了科技文化的发展。社会生活和工业生产对科学技术提出了许多需要迫切解决的问题，这些问题一方面引发了大众对科学技术的浓厚兴趣，使人们比已往任何时候对探讨科学与技术都更为积极；另一方面也引发了各种科学技术研究机构的出现，使许多志同道合的

---

❶ 转引自文池主编．《宇宙简史》．线装书局（北京），2003年1月版，第356~367页。

❷ 参见Joseph Ben ~ David：The Scientist’s Role in Society，Prentice ~ Hall，Inc. 1971．P. 45 ~74。

科学家们走到一起，共同从事以发展科学技术为目的的研究和实验工作，也使得科学技术研究工作得以系统化、制度化和专业化。受文艺复兴运动的影响，1601 年在意大利成立了罗马学院，当时的主要目的就是要摆脱传统的经院哲学的影响，继承伽利略坚持实验的科学研究精神和方法，争取学术自由。由于罗马是天主教世界的总部所在地，所以它的成立意义非同寻常。受它的影响和鼓舞，1603 年，在罗马还成立了林切研究院（Acceademia Dei Lincei）。此后，1662 年英国成立了皇家学会，1666 年法国成立了巴黎科学院，1700 年德国成立了柏林科学院，而美国也在 1743 年建立了美国实用知识科学促进会。除了各类官方设立的研究机构以外，各类民间科学研究机构有如雨后春笋般地大量涌现。这些以科学研究和技术创新为宗旨机构的出现，极大地促进和加快了近代西方科技文化的发展。从早期意大利人对温度计、真空、静电方面的研究，到后来的化学、电磁学、热力学等诸多领域的研究，不仅解决了大量的工业生产中的技术难题，而且也促进了许多科学技术上的发现与发明。同时，也为社会培养和造就了一大批职业科学家和发明家，他们对科技文化的贡献上，不仅体现在科技成果上，还体现在对科技研究方法的总结提高与创新发展上。

随着科研机构的组织化与制度化，社会上也开始重视科学技术活动，由此也引发了人们对科学技术的兴趣。仅以 17 世纪的英国为例，美国现代著名科学社会学家默顿经过对《英国国民传记辞典》的研究认为，随着科学技术的发展，当时英国精英阶层人们对职业的兴趣，已经明显由过去对诗人、教士等的偏爱转为对医生和科学家的青睐，对教育家和学者的兴趣也有所上升。比如，以 17 世纪初的 25 年与 17 世纪末的 25 年相比，诗人由 40．7%降为 14．6%，教士由 37．2%降为 13．2%，而医生则由 13%上升为 28．1%，科学家也由 12．8%上升为 27．6%，教育家由20．8%上升为27%，学者由23%上升为27%等。这种社会风气和人们价值观念的变化，是科技文化发展最好的动力。

4．科技文化的发展

从文艺复兴运动之后，自17世纪开始，拉开了西方近代科技文化跳远式大发展的序幕。在其后的300年间，西方各国科技天才辈出，科技成果也大量涌现。由于天文学和力学的发展，推动了数学的进步，促进了微积分的创立。其他如化学、物理学、生物学等都有了不同程度的进展。

对于近代西方科技文化的迅猛发展，人们仅从对科学家的各种称谓上就能感受得到。“天文学家”一词在6世纪末叶的英文文献中出现。“数学家”则要比此晚二三十年；“化学家”一词出现在14世纪；“动物学家”、“植物学家”等出现在17世纪，而它们被综合称为“生物学家”一词则是2个世纪后的事；“心理学家”、“地质学家”等词则相继出现在18世纪；“物理学家”一词在19世纪中期方形成。科技文化不仅极大地提高了社会生产力水平，逐步改善了西方人的生活方式，而且更为重要地是改变了人们的思维方式和思想方法，使人类对自然界和自身都有了更加清晰的认识。这一时期的科技文化成果。可以概括为“五大科学革命”和“五大科技发明”。

五大科学革命。这五大科学革命分别是以牛顿（I. Newton，1642—1727）为代表的“物理学革命”，以英国科学家威廉·哈维（William Harvey，1578—1657）为代表的“生理学革命”，以法国科学家拉瓦锡（A. L. Lavoisier. 1743—1794）为代表的“化学革命”，以英国物理学家法拉第（Michael Farady，1791—1861）为代表的“电磁学革命”，’以英国科学家达尔文（Charles R. Darwin，1809—1882）为代表的“生物学革命”。

五大技术发明。这五大技术发明主要是以英国发明家瓦特（James watt，1736 — 1819）为代表的“蒸汽机发明”，以美国发明家罗伯特·富尔顿（Robert Fulron，1765—1815）为代表的“轮船发明”，以英国发明家斯第芬逊（George Stephenson，1781—1848）为代表的“火车发明”，以美国发明家贝尔（Bill，1847—?）为代表的“电话发明”，以美国发明家爱迪生为代表的“电灯发明”，以美国发明家莱特兄弟为代表的“飞机发明”。

当然，近代科学技术文化方面的进步是人类历史上最为辉煌的一页，不论是在其科技成果还是在其科技思想方面，都是不可能用几大革命和几大发明来加以概括与描述的。特别是在被称为科学时代的19世纪里，科学、技术、生产三者相互联合，相互推动，使生产和生活的面貌大为改观，也使科技文化有了大踏步地发展。这不仅体现在科技成果的大量涌现，也体现在科学研究方法的广泛使用，还体现在人文科学与自然科学的融合。

（五）西方科技文化的代表人物

在西方科技文化的发展过程中，曾经出现了许多杰出的人物。尽管他们所生活的时代各有不同，他们的学说或发明还存在不少缺陷，但他们的名字和曾经起到的作用却是永载史册的。

1. 阿基米德

阿基米德是古希腊的一位杰出的科学家。他的名言“给我一个支点，我将翻转地球”，表达了他对科学威力的信心。他出生于西西里岛的叙拉古，11岁到亚历山大里亚城学习数学，学成后又回到叙拉古从事科学研究。由于他的成就出众，后成为亚历山大里亚城的通讯院士。阿基米德不仅在数学上而且在物理学上都取得了不小的成绩，像为人们所熟悉的浮力定律等。他也因此被西方誉为“物理学之父”。在数学上，他还是较早计算出圆周率的人。当罗马军队侵占叙拉古并冲进他的家门时，他还在进行着他的几何学研究，并要求不要打扰他的工作。他的举动被罗马士兵误解为他想搞什么阴谋，结果当场将他杀害。此事被罗马将领知道后，非常后悔，并下令将阿基米德安葬，并立碑纪念。

2. 哥白尼

哥白尼是一位波兰的天文学家。他 10 岁时父亲去世，由舅舅抚养大，并供他读完了中学和大学。他从 17 岁开始学习医学和数学，后来对天文学产生了浓厚的兴趣。1496～1506 年，他曾在意大利各地留学 10 年。在波洛尼亚期间，他与天文学教授诺瓦拉（Novara Domenicodi，1454—1504）相识，两人经常在一起观测星空，讨论托勒密的天文学著作——《大综合论》。起初：哥白尼学成回来后到波罗地海海边的佛劳恩堡担任牧师。由于他在意大利的求学期间，结识了许多文艺复兴时期的学者，使他受到了人文主义思想的影响，并对托勒密的"地心说"产生了怀疑。他在总结前人研究成果的基础上，经过自己 30 年的潜心观测和研究，于 1525 年写成了《天体运行论》一书。他在该书第一卷的引言中写道：托勒密"利用 400 多年期间的观测，把这门学科发展到几乎完美的境地，于是似乎再也没有任何他未曾填补的缺口了。就惊人的技巧和勤奋来说，托勒密都远远超过他人。可是我们察觉到，还有发展多的事实与从他的体系应当得出的结论并不相符。此外，还发现了一些他所不知道的运动。"[1] 由于他的刻苦研究和大胆质疑，使他在科学的基础上明确地提出了地动说和太阳中心说的主张，同教会支持的"地球中心说"相对立。因为担心该书的出版会受到宗教裁判所的迫害，故迟迟没有发表。一直到 1543 年，在朋友们的鼓励和支持下，才出版了这部具有划时代意义的著作。

3. 布鲁诺

布鲁诺是一位意大利著名的哲学家和天文学家。由于支持和宣传哥白尼的天文学说与主张，并且提出了宇宙无限的思想而被罗马教会视为"异端"，被迫流亡国外 15 年。1592 年当他被骗

---

[1] 转引自文池主编.《宇宙简史》. 第 5 页。

回意大利时，被异端裁判所逮捕入狱，在8年的监狱磨难中，他始终没有放弃自己的观点，1600年2月8日被教皇克莱芒八世下令处以火刑，同年2月17日被烧死在罗马的鲜花广场。他在临刑前不屈地高呼："火并不能把我征服，未来的世界会了解我，知道我的价值的！"[1] 1889年，人们在他殉难的地方为他建起了一座纪念雕像，以缅怀他为真理而无畏献身的精神。

在天文学上，布鲁诺不仅宣传哥白尼的学说，而且还突破了哥白尼宇宙观的局限，深入研究了无穷大的宇宙，认为这个宇宙中包括有无限多的太阳系，并且认为它们在无穷无尽的时间长河中兴衰变化，显示出了永恒的生命力。他在异端裁判所的法庭上仍然慷慨陈词地维护自己的主张，他说："整个说来，我的观点如下：存在着无限威力创造的宇宙。因为，我认为，有一种观点是跟上帝的仁慈不相称的，那种观点认为，上帝，虽具有除创造这个世界之外还能创造另一个和无限多个的世界的能力，似乎仅只创造了这个有限的世界。总之，我庄严宣布，存在着跟这个地球世界相似的无数个单独世界。我同毕达哥拉斯一起认为，地球是个天体，它好像月亮，好像其他行星，好像其他恒星，它们的数目是无限的。所有这些天体构成无数的世界。由此可见，有两种无限——宇宙的无限大和世界的无限多，由此也就间接地得出对那种以信仰为基础的真理的否定。"[2] 尽管他的观点中有不科学的地方，但是他思想在当时却是极具有远见和极富有革命性的。

4. 伽利略

伽利略是意大利的科学家和哲学家，在物理学、数学、天文学和哲学等方面，都取得了卓越的成就，被视为近代实验科学的

---

[1] 转引自冯承柏等编著.《西方文化精义》. 第100页。

[2] 转引自文池主编.《宇宙简史》. 第185页。

奠基人。他青年时期就对科学观察和实验十分感兴趣。1609年他在比萨斜塔上做了自由落体运动实验，发现了“自由落体定律”。1609年他研制了第一架天文望远镜，发现了木星、土星的卫星和金星的盈亏、太阳黑子等天文现象。不过他当时所做实验的意义并未被重视，倒是他的望远镜在军事及航海上的价值却被达官贵族所赏识，使他获得了“特等教授”、“首席科学家”的最高荣誉称号。然而，由于他拥护哥白尼的“日心说”，触及了宗教教义所宣扬的“地心说”，受到罗马教会宗教裁判所的残酷审讯并被判终生监禁。伽利略在一封著名的书信中写道：“在过去的许多年中，信奉和肯定哥白尼学说的人较少，所以他的意见也一直得到许可和容忍。后来，由于许多新的观测结果，由于许多博学之士研读他的著作，于是他的学说也日益得到了证实。既然如此，现在再来禁止他的著作，在我看来其结果适得其反，人们越是想要掩盖它和压制它，它越会清楚明白地显现出来。”❶1615年，异端裁判所在审判他的判词中写道：“认为太阳是宇宙的中心，它静止不动的观点，在哲学上是荒谬而错误的，是异端的表现，因为它与圣经显然不能相容。认为地球不是宇宙的中心，它不是静止不动，而是也有周期运动的观点，在哲学上同样是荒谬而错误的，从神学上考虑，在信仰上最少是异端邪说。”❷尽管他身受监禁，伽利略仍然致力于力学的研究工作，为接下来牛顿提出的力学“三大定律”奠定了基础。他在完成了《两种新科学的对话》一书后，便双目失明了，不久就离开了人世。直到20世纪80年代，他的反教罪名才予以平反。

5. 培根

弗兰西斯·培根是英国16世纪末至17世纪初期韵一位思想

---

❶ 文池主编.《宇宙简史》. 第9页。

❷ 转引自［美］G·F·穆尔著.《基督教简史》. 郭舜平等译. 第296页。

家、哲学家、历史家，也是一位著名的科学思想和倡导科学研究的鼓动家。他出生于英国一贵族之家，其父曾任伊丽莎白女王的掌玺大臣。培根12岁便进入剑桥大学读书，毕业后为英国驻法大使效力。回国后从事法律工作，23岁时便当选为下议院的议员，后担任过掌玺大臣，1613年被任命为首席检察官，1618年又被任命为英国国家大法官，后被指控受贿而丢掉职务。由于政治上的不得志，他在晚年遂转入对科学的研究上。1620年他出版了闻名的《新工具》（Novum Organum）一书，此前还出版上了《论科学的价值和发展》（又被译为《学术的促进》和《学术的复兴》，出版于1605年）一书。这两部著作给他带来了巨大的声誉。本来他曾经计划写一部百科全书式的巨著，书名定为《伟大的复兴》，试图将近代科学的发展成果进行分类整理和归纳总结，但他并未如愿，上面提到的只是计划中的两部分。培根自视甚高，认为自己生下来就是要为人类服务的，而他的服务则是通过发现真理、造福国家和改造宗教这三个目标来实现的。培根在去世前还在从事研究工作。他对自己的评价是："我发现最适合我的莫过于研究真理，因为我的心灵敏锐和多才，足以觉察事物的类似性（这是主要之点），同时我又很坚定，足以盯住与分辨事物之间的比较微妙的区别；因为我天生就有求索的愿望、怀疑的耐心、思考的爱好、慎于判断、敏于考察、留心于安排和建立秩序；并且因为我这个人既不爱好新事物也不羡慕旧事物，憎恨一切欺骗行为。慎于，我想我的天性与真理有一种亲近和关联。"。[1] 据记载，有一天天气非常寒冷，他在回家的路上买了一只鸡，将它杀了之后便用雪塞满了鸡的肚子，想观察低温能否延缓腐化。当他做完此事后便浑身发冷，被人抬到朋友的家中，一周后也就是1626年4月9日因病而亡。

---

[1] 转引自冯承柏等编著.《西方文化精义》. 第109页。

6. 笛卡儿

笛卡儿是17世纪法国著名的哲学家、数学家和物理学家。他出生于法国北部都兰城的一个地方议员家庭，童年时在著名的拉弗累舍公学读书。当时学校向学生灌输的是经院哲学那一套，要学生盲目服从以上帝为最终目的的严格的等级系统，主张理性服从信仰。对于党校所教授的这些知识，笛卡儿很早就表现出了怀疑，为此也遭到学校当局和一些教师的攻击。所以，当他毕业的时候，他感到在这样的学校“努力学习并没有得到别的好处。只不过是愈来愈发觉自己的无知”。那时欧洲处于资产阶级革命时期，不仅反封建的斗争风起云涌，而且科学在与神学的斗争中取得了进展。这一时期，笛卡儿从法国到荷兰、从丹麦到德国，以及奥地利、瑞士和意大利等国旅行，不仅接触了各国的社会实际，而且也了解了科学技术和生产的发展情况。1625年他回到法国，在巴黎从事科学研究。但由于当时法国封建专帛制度和教会仍然有着强大的势力，为了更安心地从事科学研究工作，1628年他搬到荷兰定居。所以他的所有著作，几乎都是在荷兰完成的。1649年，笛卡儿应瑞典女王的邀请，前去为她讲授哲学。1650年2月他受凉感冒，转成肺炎不治去世。法国大革命之后，1799年，他的遗骸被放进法国历史博物馆。

7. 牛顿

牛顿是一位杰出的英国物理学家、数学家，是经典力学、几何光学的奠基人，是微积分的发明者之一。1661年，他进了剑桥大学的三一学院学习。由于家境贫困他靠勤工俭学才完成了学业，先后获得了学士和硕士学位。1669年经他的导师巴罗（I. Barrow，1630—1677）推荐，牛顿接替巴罗在剑桥开设的拉伽斯数学讲座。然而他不是一个成功的教授，他所具有独创性的理论和实验，除了巴罗和天文学家哈雷（E. Hallev，1656—1724）等个别人外，并没有被人们所重视。不过，牛顿并未受到这些影响，而是潜心于力学、数学、光学和流体力学等方面的研究，并且取得了卓越的成就。1687 年他出版的巨著《自然哲学之数学原理》，给他带来了巨大的声望。1704 年他又出版了他的著作《光学》，还发表了有关微积分的论文。从 1703 年起，他便开始担任英国皇家学会会长，一直到他 1727 年去世。遗憾的是 1693 年以后，他便逐渐放弃了科学研究工作，担任了英国造币厂的厂长，并转而从事神学的研究。

8. 达尔文

英国生物学家达尔文出身于索尔兹伯里镇一个世代行医的家庭里。其祖父伊拉莫斯·达尔文是当地一位著名的医生、博物学家和诗人。少年时代达尔文就喜爱大自然，经常到野外去搜集各种昆虫、贝壳、鸟蛋等。为此他父亲非常不满，曾经生气地对他说："除了打猎、玩狗和逮兔子以外，你什么也不关心。你会给你自己和你的家庭丢脸的。"[1] 16 岁时进入爱丁堡大学学医，但他仍然衷于采集各类动植物标志。19 岁时进入剑桥大学去学习神学，同时坚持自学自然科学和采集标志。1831 年达尔文大学毕业后，剑桥大学生物学教授亨斯洛（John Stevens Henslow, 1796—1861）深知他在研究生物学方面的才能，便推荐他到"贝格尔"号军舰上随船进行欧美大陆和太平洋诸岛的科学考察。在此后的 5 年时间里，他搜集了大量第一手的考察资料。也使他从神学家转变为进化论者。回国后，他经过 20 多年的研究 1859 年 11 月出版了《物种起源》这部划时代的伟大著作，从而确立了进化论并使它成为 19 世纪的"三大发现"之一。恩格斯对此给予了极高的评价，他说："这里首先就应当指出达尔文，他极其有力地打击了形而上学自然观，因为他证明了今天的整个有机界，植物和动物，因而也包括人类在内，都是延续了几百万年的

---

[1] 转引自冯承柏等编著.《西方文化精义》. 第 199 页。

发展过程的产物。”❶ 1882 年 4 月 19 日，达尔文病逝，人们为了纪念他在科学史上的杰出贡献，将他葬在的威斯敏特教堂，与牛顿的墓并排安放。

9. 法拉第

法拉第出生于英国伦敦附近农村一个铁匠家庭，自幼家境贫寒，9 岁时因丧父被迫停学，12 岁上街卖报，13 岁去书店做了一名学徒。尽管生活坎坷，但法拉第对知识十分渴望。他利用装订书籍的机会，阅读了大量的书籍。当 8 年学徒期满时，他已经学到了不少自然科学方面的知识。所以他给当时英国皇家学会会长、著名化学家戴维写信求助，希望能从事与科学研究有关的工作。不久，戴维帮助他进入了皇家研究院化学实验室工作，并做了自己的助手。很快，法拉第就以出色的实验才能协助戴维解决了许多难题，后又随戴维去欧洲各国旅行，使他有机会结识了许多著名的科学家，同时也学到了不少科学知识。25 岁时法拉第开始独立从事科学研究工作，经过十多年的不懈努力，在 1831 年发现了电磁感应定律，为电磁理论的发展奠定了基础。后来麦克斯韦在他的研究基础上，建立了电磁理论，但他不图虚名，先后辞去了英国皇家学会会长等职，继续从事科学研究。

第二节　西方科技思想文化

科技思想文化是西方科技文化的重要组成部分，对促进西方科技事业的发展起着重要的作用。科技思想文化既包括对科技精神、科技作用的认识成果，也包括对科技方法、科技体系自身的认识成果。

---

❶ ［德］马克思，恩格斯著.《马克思恩格斯选集》第 3 卷. 第 420 页。

一、古代西方科技思想文化

（一）古希腊时期的科技思想文化

古希腊不仅在许多具体的科学技术领域内取得了辉煌的成就，而且在科技思想文化方面也留下了许多宝贵的遗产。古希腊思想家和哲学家所具有的朴素唯物主义和朴素辩证法的思想，尽管受到当时生产力和科技水平的限制，但在探索自然奥秘，认识事物发展规律方面体现出的方法论，却有着重要而深远的意义。

1. 表现在科学的理性上

在希腊文明之前曾经出现过诸如埃及、巴比伦等文明，但科学在这些地方并没有得到很好的发展，而古希腊的科学却取得了辉煌的成就。究其原因人们可以做出各种解释，但其中希腊人所具有的独特理性精神却是不容忽视重要原因。对此，学者伊迪丝·汉密尔顿曾指出："古代世界之所以没有促进科学的发展，其原因不仅仅在于客观事实越来越不受重视，……而且还有一个更加严重的不可忽视的原因，这就是古代世界是一个恐惧的场所，它受不可思议的巫术的统治。……许多有可能成为科学家的人，他们的智慧被禁锢在这种恐怖的监狱之中。因此，在希腊人的全部成就中，最最重要的贡献是他们正面地考察了这个可怕的巫术，对它进行了理性的分析。他们把理性的光芒投射在它的上面，应用聪明和才智摒弃了它。"[1] 正是这种理性使得古希腊的哲学家们，在探讨宇宙本原时多从自然的角度而不是从神的角度思考问题，这也使得科学与哲学紧密地结合起来。许多有成就的思想家，既是哲学家也是科学家。在早期科学尚未从哲学中脱颖而出时，这对哲学和科学的发展都起到了积极的作用。

---

[1] 转引自启良著.《西方文化概论》. 花城出版社，2000 年 1 月版，第 231 页。

古希腊人用理性的思辨精神来认识和解释自然界，由此也带来了其自然哲学的繁荣。诚如 E · 策勒尔所说的那样，尽管他们的“许多观点在我们看来可能多么天真和离奇，但它标志着对世界的解释从一种神话的观念向一种自然的，也就是科学的观念的一种有力的和根本的变化。”[1] 特别需要引起注意的是，古希腊人对于自然的思考与探讨，并不是以实用为目的的，并不在于要从这些探索中获得直接的益处，而是体现出对求知的本能，出于精神生活中的乐趣。所以，古希腊学者身上所体现出的闪烁理性光芒的科学精神，对后世科学技术文化的发展具有重要的深远意义。

2. 体现在逻辑方法上

当时的许多学者都十分重视科学的逻辑性和严谨性，例如在欧几里得的《几何原本》中，就是采用公理方法建立起演绎的数学体系。后来的亚里士多德对形式逻辑进行了系统地研究和总结，对概念、判断进行了分类，并对下定义的方法也进行了研究。同时他还总结概括出多种范畴，并探讨了它们彼此之间的关系；他还提出了同一律、矛盾律、排中律等逻辑思维的基本规律；制定了三段论的主要规则。他在主要研究演绎法的同时，也讨论了归纳、类比等逻辑方法。总之，亚里士多德所建立起来的一整套科学方法，对后来的科学发展产生了难以估量的积极影响。

（二）中世纪时期的科技思想文化

从总体上而言，在中世纪时期宗教对于科技文化的发展起着巨大的阻碍作用，特别是对所谓的“异端”，即对那些在教义上存有歧见的人，对那些可能在信仰上引起纷争的世俗科学，如天文学、数学及生物学等，一律加以惩罚甚至迫害。对此，奥古斯丁就曾经提出：“好的基督徒应该当心数学和那些制造空洞预言

---

[1] 转引自启良著.《西方文化概论》. 第 232 页。

的人们。数学家同魔鬼签订了盟约来毁灭灵魂，把人们束缚在地狱的桎梏之中。”[1] 但与此同时，基督教也需要某种形式上的科学技术，来支持与完善自己的教义，即需要某种形式的科学技术来为自己服务。另一方面，也有许多思想家和科学家，或是出于对宗教教义的不满，或是出于对教会黑暗统治的反抗，或是出于对科学和真理的热爱，而不顾基督教的惩罚和迫害，在极端困难的情况下，从事科学技术的研究和科技文化的传播。

1. 从出于完善教义的角度来看

宗教的本质就决定了它在根本上它与科学存在着矛盾和对立。因此，中世纪的教会要百般压制科学的发展，以防由于科学与信仰的不一致而危及信仰和动摇教会的地位。但另一方面，它也清楚地认识到，如果驾驭得好，科学也是可以为自己所用，为信仰所用的。基督教的传统经典《圣经》本身在解释上帝、人和自然等问题及现象时，常常暴露出许多理论上的缺陷。为了弥补这些漏洞，使其能更好地维持信仰，不少神学家都试图运用各种方法、各种证据来支持自己的信仰。其中，把亚里士多德的思想与学说引进教义中，就是借助于科学来为宗教服务，但同时也使得科学在信仰的外衣下悄然发展起来。这就使得过去神学家们认为人类的知识来自于上帝，变为知识既来自于基督教的信仰，即由圣经、神父及教会传自于神启与神授；又来自于人类的理性，即人类理性所认识和推导出的真理。这样一来，就使得人类的理性在神学的教义上具有了重要的意义。比如托马斯·阿奎那正是通过引人亚里士多德的学说，建立起了新的具有世俗学理性质的神学体系。这样就埋下了将知识视为信仰的必备条件，将理性置于信仰之先的重大变革的种子。用罗吉尔·培根的话来说，

---

[1] 转引自启良著.《西方文化概论》. 第239页。

上帝有两本书，一本是《圣经》. 一本是大自然，这两本书都是信徒们应该了解的，它们都是接近上帝的途径。

2. 从出于培养信仰的角度来看

既然认识到理性和对自然的了解，有助于帮助人认识信仰、接近上帝。大约在11世纪起教会开始在各地大力兴办学校，以便帮助信徒掌握自然知识。学校一般除开设神学课程外，还设有文法、逻辑、修辞、算术、几何、天文、音乐等课程。在11世纪末教会又开始兴办大学，到14世纪时，欧洲一共办起了40多种大学。就教会的本意来说，它是想通过教育来培养有利于自己的虔诚信徒，但它同时也成为了培育近代科学和文明的温床，许多近代的科学家就是通过教会大学而成才的。这一点却是当初教会办教育所始料不及的。

随着知识的传播，人们的思想也变得更加活跃，使人们的认识能力也大为增强。不过，由于时代和社会环境的限制，大多数人的思想还是很难脱离开宗教教义的束缚，多数学者从事科学研究的本意也还是出于认识上帝、坚信信仰的目的。正如学者拉法格在《上帝的信仰》一书中指出的那样："从事科学的人，除了少数的例外，都还在上帝的信仰的魔力之下。"[1] 例如，哥白尼的"日心说"理论对天主教的主张造成了极大地冲击，但就哥白尼本人而言，他对自己的所做出的成就除了认为是建立在前人的基础上以外，还把它归结成是"由于上帝的感召，而如果没有上帝，我们就会一事无成。"而晚他近百年的牛顿也认为，"我们必须得承认有一个上帝，他是无限的，永恒的，无所不在，无所不知，无所不能的；他是万物的创造者，最聪明，最公正，最善良，最神圣。"[2] 对于像哥白尼和牛顿这样的大科学家尚且如

[1] 转引自启良著.《西方文化概论》. 第251页。

[2] 文池主编.《宇宙简史》. 第23页。

此，宗教对于普通百姓来说其影响更不待言了。而且牛顿还把自己的后半生都用于证明上帝的存在和炼金术上了，使人们倍觉惋惜。

不过，随着科学的缓慢发展，随着人们对自然认识的逐步、深入，一些人开始对神学理论与自然面目本身之间的矛盾提出疑问，进而对神学理论产生了怀疑。为了解决这种困惑，这又促使人们更进一步地研究自然、研究科学，也使得中世纪成为了近代科学的摇篮。

（三）文艺复兴时期的科技思想文化

‘在文艺复兴时期科技文化也随着文学和艺术的复苏而重新活跃起来，这里我们仅就达·芬奇的科技思想作为一个代表来加以介绍。

1. 关于经验是知识的来源思想

达·芬奇被誉为文艺复兴时期的天才人物。他不仅在艺术领域而且在几乎所有他感兴趣的领域中都有着深入的研究，其中就包括对科学和技术的研究。他的科技思想文化也被他记在他那百科全书般的笔记上。作为一位早期的思想启蒙者，他对被当时人们视为一切知识来源根据的圣经和某些所谓的权威不屑一顾，认为只有经验才是智慧的源泉。他在笔记中写道："能创造发明的和在自然与人类之间做翻译的人，比起那些只会背诵旁人书本而大肆吹嘘的人，就如同一件对着镜子的东西比起它在镜子里所生的印象，一个本身是一件实在的东西，而另一个只是空幻的。"❶他还以艺术创造为例加以说明。他指出："画家如果拿旁人的作品做自己的标准或典范，他画出来的画就没有什么价位；如果努力从自然事物学习，他就会得到很好的结果。"❷ 所以，他得出

❶ 文池主编.《宇宙简史》. 第167页。

❷ 文池主编.《宇宙简史》. 第170页。

结论说："在我看来，经验是一切可靠知识的母亲，那些不是从经验里产生、也不受经验检定的学问，是虚妄无实、充满谬误的。"[1] 进而提出"智慧是经验的产儿"。当然，他自己也认识到经验的局限性，认识到在自然界中还存在着无数不曾被人们所体验到的知识，所以他也说"真理才是时间的女儿"。同时我们也应注意到，他所说的"经验"与我们今天所说的"经验"是有所不同的，其中也包含着实践的含义。尽管达·芬奇的主张在现代人眼中存在着很多缺陷，但在当时却是十分难得的。

2. 关于科学的认识

达·芬奇有关科学的认识有以下几个方面是非常重要的：一是关于科学的探讨对象。他认为，"我们所谓科学，就是这样一种理性探讨：它以最根本的本原为出发点，除了这些本原之外，再也找不到别的东西构成这门科学的部分了。例如在研究连续量的几何学里，如果从形体的面开始，那就会发现面还有它的来源，这就是它的极限，就是点，点以外再没有更小的东西了。所以点是几何学上最根本的本原，无论在自然界还是人心中，都没有任何别的东西可以充当点的本原。"[2] 二是理论与实践的关系。他认为，"热衷于实践而不要理论的人好像一个水手上了一只没有舵和罗盘的船，拿不稳该往哪里航行。实践永远应当建立在正确的理论上，透视学就是正确理论的向导和门径，没有它，在绘画上就一事无成。"[3] 他甚至说"最大的不幸是理论脱离实践"。由此可见，达·芬奇对于理论与实践这两者的关系是有着深刻认识。毫无疑问，他的这些思想和主张对于我们今天仍然是十分宝贵的。

---

[1] 文池主编.《宇宙简史》. 第 170 页。

[2] 文池主编.《宇宙简史》. 第 171 ~ 172 页。

[3] 文池主编.《宇宙简史》第 172 页。

二、近代西方科技思想文化

随着文艺复兴运动近代自然科学的兴起，宗教神学和经院哲学受到了沉重的打击，这不仅促进了科技成果的大量涌现，而且也带来了科技思想的极大繁荣。其中培根和笛卡尔是西方科学方法论的首创者，其理论对近代科学技术的发展起到启蒙的和指导作用。这里便以弗朗西斯·培根、笛卡尔和牛顿为例加以介绍。

（一）培根的科技思想文化贡献

1. 对经院哲学研究方法的批判

在科学思想方面，培根批判了经院哲学所推崇的亚里士多德的专注推理的方法，提出了实验归纳的方法。所以，他所建立的方法被后人认为是近代科学实验方法的真正起源。他在自己的代表著作《学术的复兴》序言中写道："人之所以要求改进，主要原因在于对已有的知识有看法，如果满足现状，就无意于为将来作准备了。"但是由于受到陈旧思想和方法的限制，"科学几乎停滞不前，没有增加任何对人类有价值的东西，因此不仅过去说过的话现在还在说了又说，而且过去提出的问题现在还是问题，并未通过讨论得到解决，……哲学和精神科学却同神像一样受到人们的崇拜和赞颂，但是一点都不动，一步都不前进。不但如此，有时候它们在创始人手里繁荣，以后就一代不如一代了。因为人们一旦依从别人，自己不做判断（像那些号称'行走'的参议员一样），同样支持某个人的意见，从那时起，就不是发扬光大科学本身，而是低三下四，为个别的名家涂脂抹粉、扩大跟班队伍了。"[1] 培根在其著作中对于由此导致的各种问题和现象进行了分析，提出只有通过实验的方法才能从根本上解决这些问题。

---

[1] 文池主编.《宇宙简史》. 第 188 ~ 190 页。

2．在科学方法论方面

为了反对亚里士多德及其后来经院哲学的演绎法，培根提出了观察、实验、经验、归纳、总结、分析，发理真理，验证真理的新三段思想方法。他认为旧的三段论不能给人以新的知识，认为经院哲学忽视经验，只注重书本和教条，仅凭自己的臆想做出判断。他讥讽这种方法就像蜘蛛一样，只会从自己的肚子里抽丝结网。同时，他也反对只重视经验而轻视理论的做法。认为这种方法就如同蚂蚁一样，只会采集而不懂得加工。培根认为最为理想的科学方法应该像蜜蜂一样，从各种花卉中采集营养，然后用自己的力量改变它.、消化它。这样，培根就把经验一步步地上升为一种科学原则，并由此创立了新的归纳法。他说："不管行政上的法规有多少种，科学上的法规却只有一条，这就是通俗易懂；过去一直如此，将来也永远如此。"❶"在科学技术方面做出的那些发现，是可以通过实践、思考、观察、论证做出的，因为这些事情贴近感官，又直接处在共同的概念之下。我们必须首先给人类的心灵和理智介绍一种更完善的用法，然后才能达到自然界那些更遥远、更隐蔽的部分。"❷在培根的眼中，实验的方法对于人们从事科学研究是至关重要的。

3．在对科学重要性的认识方面

培根认为文明人与野蛮人之间的区别，就如神与人之间的区别一根。他认为造成这种区别的原因不是来自于气候、土壤和种族，而是科学。在培根看来，"科学的真正合法的目标就只是给人类生活提供新的发现和力量。"❸他认为人类要想支配、控制和改变自然，仅仅停留在对自然进行描述和分类的层次是远远不

❶ 文池主编.《宇宙简史》. 第190页。

❷ 文池主编.《宇宙简史》. 第193页。

❸ 转引自清华大学自然辩证法教研室编.《科学技术史讲义》. 第77页。

够的，科学的重要性就在于它能够“更改、变化并基本上改变自然。”培根进而认为，当时科学技术发展迟缓的主要原因就在于人们轻视实验研究的作用，忽视经验的作用。同时，他还认为当时学校中教学方法也是不利于科学技术进步的，甚至是反科学的。认为学校的学习上局限于对现有书本和名家著作，而容不得人们对它们提出不同的意见。

总之，尽管培根不是从事某一具体科学的科学家，他的科学思想和方法论也有其局限性，例如，他提倡归纳法和科学实验，轻视演绎推理和数学，但他在科学方法上的贡献却有着革命性的意义，特别是他重视科学在人类生活中的地位主张。因此，马克思曾给予培根很高的评价，认为他是英国唯物主义和整个现代实验科学的始祖。

（二）笛卡儿的科技思想文化贡献

1. 笛卡儿的科学成就

1629 年至 1633 年，笛卡儿以自己多年的研究成果写出了《论世界》一书。在这部著作中，他以哥白尼的学说为基础，对教会教义中违背科学的思想和理论提出了批判。因那时伽利略支持哥白尼的主张而受到教会的迫害，为避免麻烦，他并没有将《论世界》一书全部发表，而只是把主要部分整理成三篇文章——《屈光学》、《气象学》和《几何学》，并加写了一篇序言，即《科学中正确地运用理性和追求真理的方法论》（简称《方法论》，予以发表。1641 年他出版了《形而上学的沉思》一书。他书中所讲的形而上学是指研究感官所不可达到的一切东西，即超经验的东西的哲学，这种哲学的研究对象是神、灵魂和自由意志等。1644 年他又出版了《哲学原理》一书，书中以一多半的篇幅论述了他在物理学和生理学上的研究成果。这两部著作招来了教会的攻击与禁止。他的学说被禁止在大学讲授和讨论，他的著作也被教皇列人“禁书目录”。

2．在哲学方面

笛卡儿是唯理论的代表，他认为理性不仅与感性知觉相比是认识世界的最高阶段，而且是人类感官所不能直接感受到的一切知识的源泉。他推崇理性，反对信仰高于一切的宗教观点，提出哲学的任务就是用知识代替信仰，用理性代替非理性，用逻辑证据来代替权威。笛卡儿在《形而上学沉思录》中写道："我在好多年以前就已经觉察到，我从早年以来，曾经把大量错误的意见当做真实的加以接受，而我以后建立在一些这样不可靠的原则上的东西，也只能是极其可疑，极不确实的；从那时起，我就已经断定，如果我要想在科学上建立一些牢固的、经久的东西，就必须在我的一一生中有一次严肃地把我从前心中的一切意见一齐去掉，重新开始从根本做起。"❶ 笛卡儿反对经院哲学和主张怀疑现存知识的思想，在当时和后来的历史上都是具有进步意义的。他在《方法谈》中就公开宣称："那种正确地做判断和辨别真假的能力，实际上也就是我们所称之为良知或理性的那种东西，是人人天然地均等的；因此，我们的意见之所以不同，并不是由于一些人所具有的理性比另一些人更多，而只是由于我们通过不同的途径来运用我们的思想，以及考察的不是同样的东西。因为单有良好的心智是不够的，主要在于正确地运用它。"❷ 也正是他的这些思想，深深地触到了教会的痛处。

3．在科学方法论方面

笛卡儿的思想正好弥补了培根的不足之处，他提出了唯理论的演绎法，并且重视数学在科学中的重要地位。他的方法是对古希腊演绎法的发展。在笛卡儿看来，作为演绎法出发点的命题与数学的公理相似，是直观可靠的真理。所以，他通过逻辑的途径

---

❶ 转引自清华大学自然辩证法教研室编.《科学技术史讲义》. 第80页。

❷ 文池主编.《宇宙简史》. 第195页。

和带有数学特色的讨论，建立起自己的科学体系。因此，他提出了建立科学体系，发扬科学原理的“四项原则”：“第一条是：决不把任何我没有明确地认识其为真的东西当做真的加以接受，也就是说，小心避免仓促的判断和偏见，只把那些十分清楚明白地呈现在我的心智之前，使我根本无法怀疑的东西放进我的判断之中。第二条是：把我所考察的每一个难题，都尽可能地分成细小的部分，直到可以而且适于加以圆满解决的程度为止。第三条是：按照次序引导我的思想，以便从最简单、最容易认识的对象开始，一点一点逐步上升到对复杂的对象的认识，即便是那些彼此之间并没有自然的先后次序的对象，我也给他们设定一个次序。最后一条是：把一切情形尽量完全地列举出来，尽量普遍地加以审视，使我确信毫无遗漏。”❶ 从他所确立的这四项原则来看，笛卡儿既非常重视科学观察和实验，也非常重视在观察和实验基础上的归纳和演绎。不仅如此，他还十分重视哲学在科学研究中的重要地位，认为一切科学的原则都应该建立在哲学的基础之上。只有这样，科学研究才是有意义和可靠的。

（三）牛顿对西方科技思想文化的贡献

牛顿除了在近代西方科学技术研究方面取得重大的成就之外，他在西方科技思想和科学方法论上，也留下了不可磨灭的功绩。

1．牛顿科学思想的基础

牛顿的科学思想是建立在他对空间、时间、质量及其力学的研究成果之上，以力学三大定律为核心，以万有引力定律为最高综合，并且以数学方法来描述的完整的力学理论体系。在这样一个科学思想的指导下，牛顿创造性地把过去人们尚未意识到的天体运行规律与地球上物体运动的规律统一起来，从而实现了科学

---

❶ 文池主编.《宇宙简史》. 第201～202页。

史上第一次科学理论和科学体系间的大综合。因此，他才道出了自己的成功秘诀："我是站在巨人肩膀上，才能比巨人看得更远。"

2. 在科学方法论方面

牛顿在科学方法论上的主要贡献，是他发展了自伽利略开始系统提出的从经验事实和科学实验中概括自然科学理论的方法。他就科学研究中的推理方法概括为以下四项法则："法则1，除那些真实而已足够说明其现象者外，不必去寻求自然界事物的其他原因。因此哲学家说，自然界不做无用之事，只要少做一点就成了，多做了却是无用；因为自然界喜欢简单化，而不爱用多余'的原因以夸耀自己。""法则2，所以对于自然界中同一类结果，必须尽可能归之于同一种原因。例如人和牲畜的呼吸；陨石在欧洲和在美洲的下落；炉火和太阳的光；光线在地球和行星上的反射。""法则3，物体属性，凡既不能增强也不能减弱者又为我们实验所能及的范围内的一切物体所具有者，就应视为所有物体的普遍属性。物体的属性只有通过实验才能为我们所了解，所以，凡是与实验完全符合而又既不会减少更不会消失的那些属性，我们就把它们看做是物体的普遍属性。""法则4，在实验物理学中，我们必须把那些从各种现象中运用一般归纳而导出的命题看做是完全正确的，或者是非常接近于正确的，虽然可以想像出仅仅与之相反的假说，但是没有出现其他现象足以使此更为正确或者出现例外以前，仍归应当给以如此的对待。这条法则，我们必须遵守，以便不至于用假说来回避归纳的结论。"❶ 简单地说，他的这四条法则为：简单性原理、自然界统一性原理、科学研究的客观普遍性原理和科研经验基础原理。就科学研究中的建立假说的方法，他提出："进行哲学研究的最好和最可靠的方法，看来第一是，勤恳地去探索事物的属性，并用实验来证明这些属

❶ 转引文池主编.《宇宙简史》. 第18、19页

性，然后进而建立一些假说，用以解释这些事物本身。因为假说只应该用于解释事物的一些属性，而不能用以决定它们，除非它能为之提供一些实验。”❶ 在他看来，假说既是研究工作的起点，也为研究指出了方向。

3. 在具体科学方法论上

就具体方法而言，牛顿曾提出：“在自然科学里，应该像在数学里一样，在研究困难的事物时，总是应当先用分析的方法，然后才用综合的方法。这种分析方法包括做实验和观察，用归纳法去从中做出普遍结论。并且不使这些结论遭到异议，除非这些异议来自实验或者其他可靠的真理方面。……用这样的分析方法，我们就可以从复合物论证到他们的成分，从运动到产生运动的力，一般地说，从结论到原因，从特殊原因到普遍原因，一直论证以最普通的原因为止。这就是分析的方法；而综合的方法则假定原因已经找到，并且已把它们立为原理，再用这些去解释由它们发生的现象，并证明这些解释的正确性。”❷ 牛顿的这些思想为现代科学方法论的形成提供了重要的基础，对指导后来的科学家取得成功有着重要意义。可惜的是由于受历史条件的限制，牛顿只是一个朴素的唯物论者，而且是不彻底的唯物论者，因此，当他无法解释太阳系最初的运动是如何产生时，他又回上帝那里，把神当做第一推动。在他的后半生时间里，他把主要精力都放在炼金术和证明上帝的存在上了。

第三节　西方科技成果文化

从古代到近代，西方的科学技术取得了丰硕的成果。在这些

❶ 转引文池主编.《宇宙简史》. 第19页。

❷ 转引自清华大学自然辩证法教研室编.《科学技术史讲义》. 第43页。

成果中，除了包括以思想观念和科学方法为主要特色的科技思想文化外，还包括大量的、具体的科技成果文化。它们有的是以科学理论体系的形式表现的；它们有的是顺应科学技术自身发展规律而产生的，有的则是适应社会生产发展需要而发明的。这里主要介绍一下近代西方科学上的五大革命和技术上的五大发明。

一、五大科学革命

这五大科学革命分别是物理学革命、生理学革命、化学革命、电磁学革命和生物学革命。

（一）物理学革命

物理学革命是最早发生的，它的主要人物是牛顿。其实，物理学在西方有着较长的发展史。仅在牛顿出生之前，就出现了伽利略和开普勒这样杰出的科学家。伽利略揭示了地球上的物体在不受阻挠时以均速直线运动着；而开普勒则提出了行星运动的三定律。此后，不少科学家，都试图用力学来解释天体运动的问题，来回答行星沿椭圆轨道运动的受力情况。可是他们都无终而果。而牛顿的贡献是把伽利略和开普勒的成果综合起来，从而使问题得到了圆满的解决。英国学者斯蒂劳·F·梅森在其所著的《自然科学史》中写道：牛顿“把行星轨道比作抛射体的轨迹时，在两者之间建立了一种伽利略所没有能建立的联系。他写道：‘如果我们想一想抛射体的运动，就可以很容易地理解到为什么行星可以保持在某种轨道上：因为一个射出的石子是由于他本身重的压力而逼得离开直线轨迹……并在空间描出一条曲线，经过这条弯曲的路线最后落到地上；而且射出的速度愈快，它在落地前就射出愈远。所以我们可以设想它的速度增加得非常之快，以致非要经过好多里的一段弧线才会落在地上，而且最后还会超出地球的界限，从地球上就掠过去了’。”[1] 就这样，牛顿在汲取前人和同一时代人研究的成果的基础上，发现了万有引力定律和力学三定律。在哈雷的大力鼓励和支持下，牛顿将自己的这些发现写成了《自然哲学之数学原理》一书。

在这部著作中，牛顿以深刻的阐述、严谨的结构，对宇宙体系进行了令同时代人惊叹不已的分析。牛顿通过这部著作完成了经典力学体系的建立，所以，这部著作被人赞誉为 17 世纪物理学和数学的百科全书。就其数学成就而言，这部著作可以与欧几里德的《几何原本》相比；就其思想影响而言，只有达尔文的《物种起源》与它相提并论。

牛顿在《自然哲学数学原理》一书中的序言中，首先阐明了研究理论物理学的目的和方法，这就是“从运动的现象去研究自然界中的力，然后以这些力去说明其他现象。牛顿在该书的前两编中，分别对惯性、质量、力、向心力、时间、空间等基本概念进行了定义。然后，他分别论述了运动的基本定律，即牛顿力学三定律，以及用演绎法推理出的万有引力定律、流体静力学和流体动力学的各种定律。牛顿在第三编中运用已经发现的力学规律去解释世界体系，以及地球潮汐的成因和慧星轨道等问题。

经牛顿之手完成的、由伽利略奠基的物理学革命，不仅为物理今后的发展开拓了更为辉煌的前景，而且也为其他科学的发展创造了条件，提供了原则和方法。牛顿的发现为近代科学的发展奠定了全面的基础，但他本人对此却保持谦逊的本色，他在临终前回顾自己的一生时曾说，他不知道在世人的眼里他是什么样的人，但就他自己来看，只不过像是在海边玩耍的孩子，为不时捡起的一块比较光滑的卵石、一只比较漂亮的贝壳而喜悦，而真理的大海在他面前，一点也没有被发现。在谈到牛顿所取得的成就

---

[1] 转引自清华大学自然辩证法教研室编.《科学技术史讲义》. 第 41 页。

时，爱因斯坦曾评价说，牛顿之所以成为这样的人物，还有比他的天才所许可的更为重要的东西，那就是因为命运使他处在人类理智的历史转折上。应该说，这一评价是十分中肯的。

（二）生理学革命

近代生理学的革命出现在 16 世纪，完成于 17 世纪。它的代表人物是英国生理学家威廉·哈维。

1. 哈维之前的生理学

在古罗马时代，C·盖伦（130—200）就曾经提出了“肝为血液循环中心”的学说，他关于人体生理结构的主张得到了罗马教会的认可，并视为生理学和医学的权威。盖伦的理论有其合理的一面。他纠正了动脉和左心室含有空气的错误观念，提出了血液的系统的知识。他认为在动脉和左心室里也含有血液，并从元气中获得鲜红色，元气是从空气中通过吸气输送到动脉血，并从肺到左心室的。而那些没有元气的血液——静脉血是以肝脏为中心，由消化道的食物形成。这种血液从肝脏通过静脉，有一部分被送到体内各部分，有一部分则回到左心室。可是，盖伦的人体学说主要是根据对动物的解剖提出来的，因为宗教上的原因，人体解剖在西方长期受到阻挠，所以他的理论存在有许多错误的地方。

到了 16 世纪，已经有许多医生和学者从医学实验中发现了盖伦学说的矛盾，首先纠正他错误的是比利时的解剖学家维萨留斯（Andreas Vesalius，1514—1564）。他出生在布鲁塞尔一个宫廷药剂师家，起初他在布鲁塞尔的卢万大学读书，后到巴黎大学学习。1537 年他又到当时在欧洲最有名的帕多瓦大学学习，后获得博士学位，并留校任教，讲授外科学和解剖学。经过长时间的细心研究和大量的亲自解剖实践，使他发现了盖伦的著作中存在着 200 多处错误。1543 年维萨留斯出版自己的成名之作——《人体结构》一书，全书共 600 多页，其中包括了 17 张解剖图和许多插图。书中分别介绍了人体的骨骼系统、肌肉系统、血液系统、神经系统、消化系统和内脏系统等。不过关于血液运动规律的研究，则是由维萨留斯的在巴黎大学的同学——西班牙解剖学家塞尔维特（Michael Servetus，1511—1553）开始的。塞尔维特在研究中得到了一个重要的发现——血液的肺循环。即血液并不是通过心脏中的隔膜由右心室直接流人左心室，而是经由肺动脉进人肺静脉，与这里的空气相混合后再流人左心室。这是导向发现血液全身循环的重要一步，为否定了盖伦的理论奠定了基础。可惜的是，由于他所持的宗教观点不同于正统神学，他被加尔文教会活活烧死。

2. 哈维的生理学

生理学并没有因此而停步，哈维继承了塞尔维特的研究工作。哈维早年就读于剑桥大学医学院，后来获得博士学位后又去意大利帕多瓦大学医学院随法布里夏斯（Fabricius，1537—1619）学习。法布里夏斯在1603年就曾发现静脉中有瓣膜，但由于受盖伦学说的影响，不敢承认血液循环，只认为瓣膜的作用是养活血液的流动，以防止血液积聚在身体肢端。而哈维却敏锐地意识到，静脉中的瓣膜仅起到使血液由静脉流人心脏的作用，而心脏的瓣膜则仅起使血液流人动脉，并由此确定血液只可能由静脉通过心脏而流人动脉的赣运动。经过对心脏结构和功能的进一步研究，哈维发现心脏的每半边实际上是由上下两个腔构成的，它们之间有一个瓣膜相隔，而且只允许上腔（即心房）的血液流到下腔（即心室），不允许倒流。大动脉与左心室相连，静脉与右心房相连，而肺动脉和肺静脉则将右心室和左心房相通。他还发现，心脏是一块中空的肌肉，不停地做收缩和扩张运动。当它收缩时将血液压出去，扩张时则将血液吸进来；它只能吸收来自静脉的血液，也只能将血液压往动脉。

为了推翻盖伦的动脉性理论，他结合解剖发现作了一个数学计算。他假定人的心脏含有56．7克血，每分钟跳动72次，每小时就会有245千克（540磅）血液从心脏流到身体的各部位，这个数字相当于人体重的3倍。这样大量的血液无论如何不可能在很短的时间内迅速由食物消化产生，也不可能在动脉的末端被消耗掉。合理的解释只能是体内的血液是单向流动的，通过动脉流出并经静脉回流。由此，哈维提出了血液循环学说。为了证实自己的理论，哈维还通过解剖考察了血液循环的大部分过程，并于1628年出版了《论心脏与血液循环的运动》一书。书中阐述了心脏的肌肉收缩是血液循环的机械原因，系统地总结了他所发现的血液循环运动规律及其实验依据。

（三）化学革命

由于长期受炼金术的影响，化学在相当长的时间内处于裹足不前的处境。到了17世纪后末叶，由于英国化学家波义耳（Rober Boyle，1627—1691）提出了化学元素的概念，使近代化学的发展进人了孕育期。此后，以法国化学家拉瓦锡（A. L. Lavoisier，1743—1794）为代表，兴起了“化学革命”，从而奠定了近代化学的基础。

1．拉瓦锡之前的化学

早在古希腊时期，亚里士多德曾认为物质是由四种元素水、土、火、气组成的，后来十五六世纪的学者曾认为物质是由盐、硫、汞三种元素组成的。到了17世纪中期，英国化学家波义耳通过对一系列新的实验的总结，认为物质的构成和性质是十分复杂的，远非人们所列举的上述这种简单地分类。他在自己的《怀疑派化学家》一书中，对化学元素等基本问题进行了论述。波义耳给元素下了一个科学的定义：“元素应当是某些不由任何其他物质所构成的原始和简单的物质或完全纯净的物质”，“是具有一定的确定的、实在的、可察觉到的实物，他们应该是用一般化学方法不能再分解为某些更简单的实物”。[1] 此外，波义耳还对燃烧现象进行了研究，而这正是引发化学革命的一个重要起因。

对于燃烧现象，人们已经进行了各种研究。在十六七世纪，燃素一说在欧洲占据着统治地位。在那个时期，人们从燃烧的过程发现，木柴烧尽后的灰烬比原来的木柴轻了许多，并认为在燃烧过程中一定有某种物质离开了燃烧物。这种在燃烧消灭的物质被称为“燃素”，这种观点就被称为“燃素说”。波义耳认为，火应当是一种实实在在的由具有“火微粒”所构成的物质元素。

正式提出燃素理论的是德国化学家施塔尔（G. E. Stahl, 1660—1734），他的这一理论是在1703年提出的。他认为：火是由无数个细小而又活泼的微粒构成的物质实体，这些火微粒既可以同其他元素结合形成化合物，也可以游离方式单独存在；当大量游离的火微粒聚集在一起时，就形成了明显的火焰；由这种火微粒构成火的元素就称为燃素。不过，不论是波义耳的“火微粒”说，还是施塔尔的燃素说，都只能解释燃烧现象的表象可已，而不能解释燃烧现象的本质。

2. 拉瓦锡对化学的贡献

彻底推翻了“燃素说”并引发化学领域革命的是拉瓦锡。1774年，拉瓦锡利用锡和铅做了著名的金属锻烧试验，他在实验研究中，非常注重定量测量的重要性，从而使他比前人和同时代人取得了更令人瞩目的成就。

在实验中，他首先把经过精心称过的锡和铅分别放在曲颈瓶中，封闭后再准确称量金属与试瓶的总重量。当锡铅加热变成灰烬的时候，他再次称量煅炼物时，发现重量增加了。如何解释这一现象呢？拉瓦锡经过思考认为燃烧重量的增加，既不是来自于

---

[1] 转引自清华大学自然辩证法教研室编.《科学技术史讲义》. 第56页。

火本身，也不是来自于试瓶外，因此重量的来源只能是试瓶中所失去的部分空气。如果是这样的话，那么一旦打开试瓶，空气就会马上冲进去，容器的重量也便会马上增加，与金属经锻烧后增加的总量相等。为了进一步证实自己的想法，他又先后做了大量的实验。但当时拉瓦锡还不清楚空气是由多种气体的混合物，直到1774年10月，英国化学家普利斯特列（J. Priestley，1733—1804）来巴黎，将自己已经发现的“脱燃素空气”一事告诉了拉瓦锡，于是拉瓦锡又按照普利斯特列的方法重复了普利斯特列的实验，并得出了明确的结论，即燃烧量物体与空气中的较纯净部分相化合的过程。1779年，拉瓦锡将这种“较纯净部分的空气”称为“氧气”，从而在根本上揭开了燃烧的本质。1777年，他向巴黎科学院提交了一篇名为《燃烧概论》的报告，建立了科学的氧化燃烧学说，从根本上推翻了燃素论，完成了划时代的“化学革命”。

除了推翻“燃烧说”以外，拉瓦锡的贡献还体现在其他一些方面。1787年，他与化学家德莫瓦·贝托莱等人合作，出版了《化学命名法》一书，使近代化学第一次有了严格、统一、科学的化学物命名方法。1789年，拉瓦锡还出版了《化学纲要》一书，它系统而全面地阐述了他的化学思想和理论，并为化学的未来发展提供了有益的思路。拉瓦锡的《化学纲要》在化学领域的贡献，可以与牛顿的《自然哲学的数学原理》对物理学的贡献一样，他也因此被称为“近代化学之父”，可惜的是，在法国大革命中，由于拉瓦锡是旧政权税务总局的一名官员，1794年5月，他在“革命不需要科学家，革命只需要正义”的错误口号下，被送上了断头台，这不能不说是化学领域的一个重大损失。

3. 拉瓦锡之后的化学

在拉瓦锡之后化学的一个重要发现是原子论的形成。事实上早在古希腊时期，德谟克利特就提出过原子和虚空是一切物质本源的说法。在17世纪中期英国化学家波义耳（Robert Boyle，1627—1691）和法国物理学家帕斯卡尔（Blaise Pascal，1623—1662）又重新提出了原子的设想，直到1803年英国化学家道尔顿（John Dalton，1766—1844）提出了化学元素原子量的概念，才使得原子论得到了确立。这一理论的确立，为化学的发展开辟了新的前景。紧接着，19世纪在化学领域里取得的另一项新成就就是元素周期规律的发现。基于原子-分子理论的建立，人们便开始对元素进行分类。1829年德国化学家多贝尔赖纳（Johann Wolfang Dobereiner，1780—1849）根据元素的原子量和它们的性质，对当时人们以知的54种元素进行了分类。此后，其他科学家们也做了大量的研究工作。最终完成此项工作的是俄国著名的化学家门捷列夫（Mendeleyev，1834—1907），他在总结前人工作的基础上，将元素按原子量的大小进行排列，并经过深人地研究，于1869年正式提出了“元素周期律”。

（四）电磁学革命

1. 早期的电磁思想

有关电和磁的现象在很早就引起了西方学者的注意。公元前6世纪古希腊学者泰勒斯就曾经发现，用琥珀与毛皮摩擦能够产生出吸引轻微物体的能力。后来，到了公元前16世纪，英国学者吉尔伯特（William Gilbert，1540—1603）发现琥珀不是惟一能够起电的物质，玻璃、火潦、硫磺、宝石经过摩擦后，也能产生同样的作用。于是，他首先提出了“电”这一概念。而有关磁的现象，哥伦布在1492年首航美洲时发现了地磁偏角现象。这一发现要比我国北时期科学家沈括对磁学现象研究成果晚400年。也是这位吉尔伯特提出地球本身就是一个大磁体的主张，并且对磁学进行了系统地实验和理论研究，写出了《论磁铁、磁体及地球是一个大磁体》一书。它也成为了近代磁学研究奠基之作。不过一直到18世纪末，西方许多科学家都认为，电和磁是两回事。到了19世纪，物理学家们逐渐揭示了电与磁之间的奇妙关系，进而建立起电磁学。

2. 近代的电磁理论

在电磁学发现史上，最早发现电磁关系的是丹麦哥本哈根大学的物理学家奥斯特（H. C. Oersted，1787—1851）。他是德国自然哲学的信奉者，这派哲学认为在自然界中存在着一种统一的精神，使光、电、磁、化学力等都是相互联系的，它们不过是同一事物的不同侧面而已。这一思想对他的研究起到了重要的指导作用。从1807年起，奥斯特便专心于研究电和磁的关系问题。1820年7月1日，奥斯特在给学生做电学演示实验时，偶然发现一根导线通电时，与导线平行放置的磁针发生了偏转。会绕着磁极旋转，而且一块磁铁也会绕一根固定的通电导线旋转。奥斯特的这一发现与当时人们已知的力的作用方式是不同的，即磁力既不与电流方向相同也不与之相反，而是与电流方向相垂直。

在奥斯特之后，法国物理学家安培（A. M. Ampere，1775—1836）在奥斯特实验的基础上，于1820～1825年进行了一系列的实验。在安培之前，科学家们早已习惯于用研究静电场的方法来研究磁场，而安培则摆脱了采用天然磁石或人造磁铁的方式，直接对电流间的作用力进行了定量的研究，提出了电流激发磁场及电磁在磁场中受力的概念。

3. 法拉第和麦克斯韦的贡献。

真正把电和磁统一起来的是法拉第。在奥斯特发现的鼓舞下，法拉第也像其他许多科学家一样，相信在自然界中不仅存在着电流的磁效应，而且也一定会有相应的磁的电流效应。从1822年起，他便着手研究磁产生电的效应。1824年，他曾设计了一个，试图验证这种效应的存在。起初他设想，既然磁铁能使附近的铁块感应带磁，静电荷能在附近的物体中感应出符号相反的电荷，那么一个导体的电流也能使附近的导体内引起电流。由于他希望看到导线中能够产生稳定的电流，结果瞬间的电流感应未被他注意，致使多次实验失败。1831 年 8 月法拉第设计了一个新的实验。这次他把两个紧挨着的线圈中间用绝缘体隔开，其中一段线圈与电流计相连，另一段线圈则与电流相通。当电流通过时，电流计产生轻微扰动，断开时也有一定地轻微扰动。10 月他在实验中进一步发现，用一根磁棒插人或拔出线圈，就能从线圈与线圈相连的电流计中发现指针偏转的现象，从而证明，感应电流的存在。接着又揭开了电和磁相互转换的奥秘。他提出了场的概念，认为电荷与电荷、磁极与磁极之间的作用，是通过带电体或磁性物质周围的场而发生的，并且用电力线和磁力线来表示电场和磁场的空间分布。

虽然法拉第奠定了电磁学的概念基础，但由于他本人对数学并不精通，所以他还不能用精确的数学语言来表达自己的科学思想。他的这一缺憾，被后来的英国物理学家麦克斯韦（James Clerk Maxwell，1831—1879）所弥补。1855 年麦克斯韦完成了《论法拉第的力线》一文，首次用数学的形式表达了法拉第的力线概念，从而初步建立了电和磁之间的数学关系。接着从 1858 年起，他系统地研究了自库伦、奥斯特等物理学家们的成果，认为人们应该把电流的规律与电场和磁场的规律统一起来。1862 年他发表了第二篇重要文章，即《论物理学的力线》. 在文中他第一次提出了“位移电流”和“电磁场”等新的概念。1865 年他发表了《电磁场的动力理论》. 文中不仅提出了电磁场方程即“麦克斯韦”方程组，而且还提出了电磁波的概念。1873 年，麦克斯韦在继承法拉第工作的基础上，总结了 19 世纪中叶以前人们对电磁理论的研究成果，同时结合自己多年研究的工作，出版了集电磁理论之大成的经典著作——《电学和磁学论》。这部著作被誉为“19 世纪电磁学百科全书”，也被誉为可以同牛顿的《自然哲学的数学原理》、达尔文的《物种起源》和赖尔（Sir

Charles Lyell，1797—1875）的《地质学原理》相提并论的里程碑式的著作。

尽管麦克斯韦在科学上的主要贡献体现在电磁学领域，但他在天体物理学、气体分子运动学、热力学、统计物理学等许多方面，都取得了杰出的成就。难怪后来的量子论的创立者普朗克（Max Plank，1858—1947）曾经赞叹说："麦克斯韦的光辉名字将永远镌刻在经典物理学的门扉上，永放光芒。从生地来说，他属于爱丁堡；从个性来说，他属于剑桥大学；从功绩来说，他属于全世界。"。[1]

总之，由法拉第开始、麦克斯韦推向高潮的近代电磁学革命，为现代的电力学、电子学等许多科学的发展奠定了基础。

（五）生物学革命

西方近代生物学革命的标志是细胞学说系进化论思想的确立，其代表人物就是施莱登（M. Schleiden，1804—1881）和达尔文。

1. 施莱登对生物学的贡献

早在施莱登之前，不少科学家虽然也都注意过木栓中的"小室"，但他们还没有意识到正是这些"小室"是构成植物世界的独立的、活的结构单位。生物细胞结构理论是在17世纪时开始形成。英国物理学家、化学家胡克（Robert Hooke，1635—1703）就曾在显微镜下看到了植物中的"小室"——即细胞。到了19世纪30年代，随着显微镜技术细胞切片技术的发展，使得显微解剖学取得了较大的进步，细胞理论也逐渐得到了完善。意大利的亚米齐（G. Amici）在1827年观察到了肌肉是长形细胞，神经是更为细长的细胞。183 1年英国植物学家布朗（Robert

---

[1] 转引自清华大学自然辩证法教研搴编.《科学技术史讲义》. 第144页。

Brown，1773—1858）在兰科植物叶表面细胞中发现了细胞核。捷克的普金叶（J. E. Purkingie，1787—1869）观察到每次卵中的胚核，并提出动物的组织在胚胎中，是由紧密裹在一起的细胞块组成的。

有了前人的这些研究积累，德国的植物学家施莱登于1838年提出了植物的细胞构造理论。他在1838年发表了《论植物发生》一文。文中首先系统而全面地阐述了细胞理论，提出了细胞是一切植物结构的基本的活的单位和一切植物得以发展为根本实体的学说。1839年，他的理论又被其同胞动物学家施旺（T. Schwann，1810—1882）推广到了动物界。1839年施旺发表了《动植结构和生长相似性的显微研究》一文。他认为不管动植物的基本形态存在着怎样的差异，但它们有着一个总的、普遍的发育原则，这便是细胞的形成。他们在细胞理论中提出，细胞是构成动物和植物的基础，一切有机体都是由细胞按照一定的规律发育和生长的结果。他们的理论还揭示了生物有机体产生、成长和构造的规律以及整个生物界的内在联系。

对于细胞学说的意义，恩格斯曾给予了很高的评价："发现了细胞，发现细胞是这样一个单位，整个植物体和动物体都是从它的繁殖和分化中发育起来的。由于这一发现，我们不仅知道一切高等有机体都是按照一个共同规律发育和生长的，而且通过细胞的变异能力指出了使有机体能改变自己的物种并从而能实现一个比个体发育更高的发育的道路。"❶

2. 达尔文对生物学的贡献

达尔文的进化论学说是生物学上的一次重大飞跃，他第一次对整个生物界的发生、发展做出了规律性的阐述，是对以往进化

---

❶ ［德］恩格斯著.《路德维希·费尔巴哈和德国古典哲学的终结》. 人民出版社. 1972年版. 第36页。

论学说的革命性发展。

有关进化论的思想最初是由法国生物学家拉马克（J. B. Lamarck，1744—1829）提出的。1809 年，他在《动物哲学》一书中，批判了当时流行的特创论、物种不变论等主张，提出了生物进化学说。拉马克认为生物进化的主要原因有两个，一是来自于生物发展的内在因素，二是来自于环境的影响。而且还提出了生物界的两条重要法则，即用进废退和获得性遗传。尽管他的理论存在着不足，但他的开创性研究工作，对后人有着积极的借鉴意义。

达尔文的祖父伊拉斯莫·达尔文是英国 18 世纪的著名博物学家，曾出版过《动物学》等多种生物学著作，他也是英国早期进化论的先驱之一。虽然有这样一个家庭背景，但达尔文的父亲却不同意他从事博物学方面的研究，将他送到爱丁堡大学学习医学。可达尔文依旧热衷于采取各类标本，热心于拉马克的进化学说，而他的这些举动都被他的父亲视为“游手好闲”、“荒废学业”，于是在 1828 年又把达尔文送进了剑桥的神学院，希望他将来能成为一个“尊贵的牧师”。不过，这依然阻挡不住他对大自然的强烈兴趣，阻挡不住他学习自然科学的热情。在大学的最后一年，他阅读了德国博物学家洪堡（Alexander von Humboldt，1769—1859）的《自传》和英国天文学家赫舍尔（Sir John William Herschel，1792—1871）的《自然哲学研究导论》两本书，称这两本书激起了他要为自然科学做点贡献的热情。

1836 年 10 月，在经历了随“贝格尔号”5 年的环球考察旅行之后，达尔文已经成为一个训练有的博物学家。后来他曾回忆说，随船航行是我一生中极其重要的一件事，它决定了我的整个事业。考察开阔了他的视野，采集了很多地质、植物和动物的标本，亲自考察了大量生物进化的事实。同时，他时时被各种新鲜事物所吸引，各种类型的植物、动物和昆虫促使他不断进行深入地思考。在考察的初期，达尔文对神奇大自然中万物的起源，还是试图用神创论来解释。但后来他在成千上万物种变异事实的启发下，逐渐对主张物种不变的神创论产生了怀疑。特别是他在南美洲看到的许多事实，对他产生了深刻的影响。一是他发现当时的一种动物化石与现存的犰狳很相似；二是整个南美洲自北向南同类动物的形貌都相不同；三是加拉帕戈斯群岛的大多数生物都具有南美洲大陆的特征，而各个小岛上的同种动物又略有不同。除了所见所闻事实对达尔文的教育之外，赖尔所著的《地质学原理》对达尔文的影响也非常大。在航行期间，达尔文一直反复阅读此书，并作为自己考察工作的理论指南。

达尔文回到了英国之后，便着手整理自己在旅行期间所写的日记和采集的标本。1837 年 7 月，他开始把自己关于物种起源的想法写在笔记本上。到了 1842 年他写成了 35 页的提纲，后来又扩展为 130 页，这便是《物种起源》的雏形。此后他又进行了长时期的研究和实验工作，同时又收集了更多地材料和证据，并于开始写作《物种起源》一书。一直到 1858 年达尔文听到英国另一位生物学家华莱士（Alfred Russell Wallace，1823—1913）也独立地提出了自然选择的理论时，才将自己的原稿摘要和华莱士的论文一同在林耐学会上宣读。1859 年 11 月，达尔文终于完成并出版了《论通过自然选择的物种起源，或生存斗争中最适者生存》（即简称《物种起源》一书。由于学术界中的不少人事前已经知道了以事的写作情况，所以该书一面世，初版的 1250 册在第一天就被抢购一空。该书旁征博引，用大量的事实和证据说明了在自然选择的作用之下，物种自然进化的规律。

后来，达尔文还出版了其他一些重要著作。如 1868 年的《动物和植物在家养下的变异》、1871 年的《人类的由来及其性选择》（又被译为《人类原始及类择》）、1872 年的《人和动物的表情》、1881 年的《经过蚯蚓作用的腐殖土的形成》等。《人类的由来及其性选择》一书中，达尔文在结论部分中写道：“人类起源于某种体制较低的类型。……这一结论的根据决不会动摇，因人类和低于人类的动物间在胚胎发育方面的密切相似，以及它们在结构和体质……的无数之点上的密切相似，还有，人类所保持的残迹（退化）器官，他们不时发生的畸形返祖的倾向都是一些无可争辩的事实。”[1] 他接着写道：“人类最初并不具有现在这样的地位，而是后来升上去的，这一事实对于人类在遥远的未来注定还可以登上更高的地位给予了希望。但我们在这里所关注的并不是未来的希望和恐惧，我们所关注的只是理性允许我们所能发现的真理；我已经尽我的最大力量提出了有关的证据，然而在我看来，我们必须承认，人类虽然具有一切高尚的品质，对卑劣者寄予同情，……虽然他具有一切高贵的能力——但在人类的身体构造上依然打上就永远擦不掉的起源于低等级生物的标志。”[2] 由于这本书和《物种起源》对对基督教的教义是一个灾难性的打击，因此也受到各方面的攻击，但毕竟时代不同了，所以他也没有像中世纪和文艺复兴时期的科学家那样受到严重的迫害。

虽然他后来体弱多病，但正如他自己所说：“对于科学的热心使我忘却，或者赶走了我日常的不适。”仍然坚持科学实验和著书。他在《自传》中谦虚地说自己既没有敏锐的理解力也没有什么机智，只是承认自己比一般水平的人更能够看到那些常常容易被别人忽略的事物，并且能进行比较细心地观察。他写道：“我在观察和收集事实方面，勤奋努力，真是无以复加的了。尤其重要的是：我热爱自然科学，始终坚定不移，旺盛不衰。”[3]

---

[1] 达尔文著.《人类的由来及其性选择》. 科学出版社，1982 年版，第 732—733 页。

[2] ［英］达尔文著. 《人类的由来及其性选择》. 科学出版社，1982 年版，第 746～747页。

[3] 文池主编.《宇宙简史》. 第 29 页。

他还写道："根据我所做出的判断，作为科学家，我的成功，不管它有多大，是取决于种种复杂的思想品质和条件的。其中最为重要的是：热爱科学；在长期思考任何问题方面，有无限的耐心；在观察和收集事实资料方面，勤奋努力；还有相当好的创造发明本领和合理的想法。"❶

二、五大技术发明

随着近代科学革命的出现，近代技术领域也相应地出现了一系列地革命性的变化，它集中表现为一大批技术发明的涌现。这些发明的出现，不仅又进一步促进了科学的向前发展，而且也极大地改善了人们的生活和世界的面貌。所以，弗朗西斯·培根说："在所有能为人类造福的财富中，我发觉再没有什么能比改善人类生活的新技术、新贡献和新发现更加伟大了，因此我觉得在原始的野蛮人中间，被人奉若神明的人，恐怕是一些发明家和创造家。"❷

（一）蒸汽机的发明

过去人们常说，由于受到水壶水开时蒸汽冲开壶盖的启发，瓦特（James Watt，1736—1819）发明了蒸汽机。其实，早在公元前2世纪时，古希腊发明家希罗（Hero）就曾经注意到蒸汽的推动力，并制造出一种按照喷射反作用原理推动的雏型蒸汽发动机，被称为"蒸汽球"。1690年，法国人巴本（Denis Papin，1647—1712）在德国发明了第一台活塞式蒸汽机。巴本曾是荷兰物理学家惠更斯（Christian Huygens，1629—1695）的学生和助手，而在蒸汽机中应用汽缸和活塞这一思想则来自于莱布尼兹

❶ 文池主编.《宇宙简史》. 第32页。

❷ 转引自刘文荣著.《西方文化之旅》. 文汇出版社，2003年8月版，第206页。

（G. W. Leibniz，德国数学家，1640—1716）对他的提醒。在他所发明的蒸汽机中，竖式管子完成了锅炉、汽缸和凝汽器三重功能。虽然巴本的试验没有成功，但他却成了第一位应用蒸汽在汽缸中推动活塞，并指出了蒸汽机工作循环原理的人，为以后活塞式蒸汽机的发展开辟了道路。

继巴本之后，英国皇家工程队的军事工程师塞维利（Thomas Savery，1650—1715）也积极地进行了蒸汽水泵的发明工作。他在蒸汽水泵的结构上去掉了巴本活塞式蒸汽机的活塞，而是直接依靠真空把水吸上来，再用蒸汽的压力把水挤出去。其特点是把蒸汽压力和大气压力的利用结合起来。可以说，塞维利发明的是人类历史上第一部能够实用的蒸汽机。另一位英国发明家纽可门（Tomas Newcomen，1683—1729）于 1712 年发明了一种更为成功、更为实用的发动机。该机的特点是综合了巴本的蒸汽火塞和塞维利形成真空的凝器装置的长外，制成了名为“大气机”的抽水机器。纽可门机具有其突出的优点，因此在当时受到工业界特别是煤矿主的欢迎。其优点主要为，一是这种装置可以安放在地面上，而不必像塞维利机那样，只能安装在井下面，且容易被水淹没；二是避免了塞维利机用较大的压力的蒸汽来排水，使汽缸有爆炸的危险；三是效率有所提高。但纽可门机还是存在着严重的不足，主要是效益很低，只能做往复运动，使用的范围较窄。

真正对纽可门机进行根本性改进的是英国的瓦特（James，Watt，1736—1819）。瓦特当时是格拉斯哥大学的一名修理工。1763 年格大从伦敦买回了一台纽可门机模型，因该机运转不好，瓦特便着手修理这台机器。他发现这台蒸汽机在工作时热量损失很大，于是便着手加以改进。他为此还专门仿造了几部纽可门机，研究它的优缺点，同时还查阅了大量有关蒸汽机发展历史的书。瓦特通过分析和实验，发现纽可门机为了产生真空，每一个冲程都要用冷水将汽缸冷却一次，这样就造成了热量的巨大损失，也导致了机器效率的低下和运转不好。经过多年持续的研究和实验，瓦特对纽可门机的结构进行彻底的改变，即把蒸汽压力直接作用于活塞而取代了纽可门机所用的大气压力。这样，瓦特完成了对以前蒸汽机的改造，发明了真正的蒸汽机。瓦特发明的蒸汽机同前人相比，不但功率增大了，而且效率也有所提高。塞维利机每小时每马力的耗煤量为 80 千克，纽可门机为 25 千克，而瓦特机却只有 4.3 千克。

1769 年瓦特在获得蒸汽机的专利后，1782 年，瓦特在蒸汽机上又取得两项非常重要的专利，一是使发动机从单动变为双动，这样可以使同一汽缸的容积产生两倍的功率；二是为蒸汽的膨胀作用得到充分地利用，他在活塞运动到 1/2 的冲程时停止输人蒸汽，使活塞的后半程运动再完全利用输入蒸汽的膨胀作用来作功，进而节约了蒸汽的消耗。总之，由于瓦特发明的蒸汽机效率较高，被广泛得到了应用。

(二) 轮船的发明

随着蒸汽机的不断改进和大范围的应用，形成了以蒸汽机为主要动力的技术革命。

早在 1690 年巴本就设想并提出了建造有浆轮的蒸汽动力船，1702 年塞维利也认为将蒸汽机应用在船舶上是有广阔前景的。1787 年，美国发明家菲奇（John Firch）还曾制造出了一条蒸汽船，每小时的航速只有 65 千米。后来他又造出了一条时速为 13 千米的航，但由于这一发明在当时并未被人们看好，所以他的发明也就不了了之了。此后英国人辛时顿在 1803 年也造出了一条蒸汽式划分船，但后来因种种原因却被英国政府给禁止了。就这样，第一艘用于实用航行轮船的桂冠，就落到了美国发明家罗伯特·富尔顿（Robert Fulton，1765—1815）的头上。

1786 年富尔顿受当时产业革命的影响来到了伦敦，向瓦特请教，后又去向辛明顿请教，同时又到法国看了菲奇在法国申请专利时的图纸。1803 年，富尔顿在法国的塞纳河上试航他发明的第一艘汽船，但由于机器过重，航行不久便沉没了。1807 年他利用在英国购买的一台瓦特蒸汽机，在美国建造了明轮船“克勒蒙特”号（Clermont）。在汽船的发展史上，曾经出现过两种推进方式，一种是浆轮，即在船的两则安装明轮打水推进，另一种是螺旋浆，即在船尾推进的方式。“克勒蒙特”号在纽约市的哈德逊河下水，长为 46 米（150 英尺），宽为 9 米（30 英尺），排水量为 1 000 吨，比当时的帆船快了 1/3。它的试航成功，标志着以蒸汽动力船取代帆船时代的开始。

在富尔顿首航成功之后，1812 年英国也制成了明轮船“彗星”号，1838 年英国轮船“天狼星”号和“大西方”号又完成了依靠蒸汽机动力横渡大西洋。值得一提的是，在明轮驱动和螺旋桨驱动的较量中，1845 年英国海军的巡洋舰“响尾蛇”与明轮气船“爱里克托”号的比赛。比赛前两方的船尾被系牢，当两方开足马力时，“爱里克托”号竟被“响尾蛇”号以 25 节的速度拖着前进。这场水上“拔河”的螺旋桨的胜利告终，它也标志着明轮螺旋桨所取代。

（三）火车的发明

当水上船只开始酝酿蒸汽革命时，陆上的运输还是以马车为主。到了 1800 年英国的特雷维希克开始尝试将蒸汽机用于陆地上。他首先研制了第一台高压双动力发动机，并在威尔士的佩尼德兰铺设了一条长 16 千米的煤矿铁路，从而诞生了世界上第一列货车。与瓦特的蒸汽机相比，他研制的蒸汽机重量轻、体积小、效率高，适宜于火车的特殊要求。1809 年，特雷维希克在伦敦广场上铺设了一条环形铁路，用他新造的机车拉着一串马车在铁轨上行驶，这便是世界上第一列客车。

针对特雷维希克机车的缺点，1814 年英国的另一位发明家史蒂芬逊（George Stephenson，1781—1848）在总结前人经验教训的基础上，造出了第一辆具有实际用途的蒸汽机车。这台机车能够牵引30多吨货物，而且也成功地解决了机车经常脱轨的问题。他也因此被誉为火车的发明者。为了减轻火车行驶中的震动，1818年他又与人合作研究轨道的阻力和载量之间的关系，进一步改进了火车的性能，做到了既省煤又快速。1823年，史蒂芬逊被聘为总工程师，主持修建英格兰北部斯多克斯和达林顿之间的第一条商业铁路。为了建造好这条铁路，他设计了新型的铁轨和路面，铁轨由原来的生铁改为熟铁，并且在枕木下铺了小石块，这样铁轨就因此就避免了因震动而出现断裂的现象。1825年9月27日史蒂芬逊亲自驾驶牵引有12节货车和载有450名乘客的客车所组成的列车，举行了隆重的通车仪式。在这之后，他又主持建造了多条铁路，还参加为比利时、西班牙和瑞士等国的铁路建设工作。

（四）电话的发明

当年丹麦物理学家奥斯特发现电流可以影响磁针偏转后，法国物理学家安培（A. M. Ampere，1775—1836）就曾经建议用26根导线对应26个字母，并把磁针放在接收一端的字母旁边，希望用电流引起磁针偏转来指示需要传递的字母。直到1825年人们发明了电磁铁，1831年也有人建议电流引起电磁打铃的方式来传递信息。1832年，美国艺术家莫尔斯（S. F. B. Morse，1791—1872）到欧洲旅行，了解到了电磁学方面的新发展，便产生了利用电磁原理研制有线电报的想法。由此，莫尔斯放弃了艺术，走上了发明电报的道路。1837年，他利用名字命了电码编法。后来经过多年的实验，终于在他年近50岁的时候，制成了实用电报机。1844年，在美国政府的资助下，莫尔斯在华盛顿和巴尔的摩之间，架设了第一条全长40千米的有线电报线路。有线电报出现之后，立刻在通信领域引起了人们的极大关注。其中亚历山大·贝尔（A. G. Bell，1847—1922）就成为了成功发明电话的幸运者。

贝尔是美国波士顿大学的一位教授，原出生在英国，后移居到美国。17 岁时进入爱丁堡大学，受其父亲和祖父的影响，他选择语音作为自己的专业，曾经作为聋哑学校的教师。1873 年，贝尔辞去了大学教授的职务，专心研制电话。要研制电话，先要把声音信号变成电信号，然后再把电信号变做声音信号。即“要传送人的声音，必须创造出一种能随语言的音调而振动的连续电流。换句话说，必须以电波来替代我们面前面对传送语声的空气波。”[1] 贝尔是一位虚心学习的人，他缺乏电学方面的知识，就向电学大师华生（Thomas Watson）请教，并为此于 1875 年 3 月专程去华盛顿，向美国当时著名的物理学家约瑟夫·亨利（Joseph Henry）请教。同年，贝尔还在波士顿电报装置旁边，观看电报中应用能够把电信号和机械运动相互转换的电磁铁的工作情况，受到很大的启发，并开始研制电磁式电话。起初，贝尔把音义放在带铁蕊的线圈前，音叉推动引起铁蕊做相应的运动，并产生感觉电流。然后电流信号再传到导线的另一端做相反转换，还原成声音信号。后来，贝尔又改进了设计，把音叉改为随声音振动的金属片，把铁蕊改为磁棒。经过无数次的实验，l876 年 3 月 10 日，贝尔终于研制成了可用于实用的电话，并于同年获得了美国的电话专利，然后还成立了第一个电话公司。

后来，在爱迪生（1847—1931）的改进下，贝尔的电话机才得以更好地普及和发展。

（五）电灯的发明

自从 19 世纪后期电机的出现和电力的广泛应用，带动了西方第二次技术革命的产生。用恩格斯的话来说：“这实际是一次巨大的革命。蒸汽机教我们把热变成机械运动，而电的利用将为

---

[1] 转引自清大华大自然辩证法教研室编.《科学技术史讲义》. 第 162 页。

我们开辟一条道路，使一切形式的能——热、机械运动、电、磁、光——互相转化，并在工业中加以利用。”❶ 正是在这样一个时代背景下，才涌现出了爱迪生这样的伟大发明家。

爱迪生早年家境贫寒，少年时就不得不外出谋生。他做过报童、当过电报员。难能可贵地是他在工作之余，刻苦读书，热心于各种科学实验。一生中共有 1 000 多项发明，被誉为“发明大王”。

在爱迪生一生中的众多发明中，电灯这项发明给人类造福最大。在受迪生发明电灯以前，1809 年英国发明家戴维发明了利用碳棒之间电弧光明的电弧灯，后来他还曾实验利用白金丝产生的光来照明，但由于白金丝的昂贵使研究中断下来。之后，又有不少人进行了这方面的研究，而且到 1878 年时灯泡抽真空的问题也基本上得到了解决，剩下的就是解决灯丝所遇到的难题。为此，爱迪生试用了上千种材料来做灯丝，但都没有找到好的办法。一直到 1879 年 10 月，他看到《科学的美国人》杂志上报道英国人斯万（1828—1914）用碳丝做灯丝的消息，才重新研制碳线灯泡，并很快得到了成功。爱迪生由椰子叶茎上的纤维，经碳化后做灯丝，从而找到了一种比较廉价的灯丝，即碳化木棉线，于是两人为专利权发生了争议，因为斯万已经花了 30 年的时间研制电灯。最后，他们两人达成妥协，合办“爱迪生—斯万公司”，生产灯泡。

到了 20 世纪初，由美国人库里奇发明了钨丝电灯，不仅使灯丝的寿命达到了延长，而且亮度也有了很大的提高。

❶ ［德］马克思，恩格斯著.《马克思恩格斯选集》第 4 卷. 第 436 页。

第五章　西方艺术文化

艺术在西方文化中也占据了十分重要的地位。西方艺术文化同样是以古希腊和古罗马的艺术为源头，历经中世纪、文艺复兴和近代等几个发展变化阶段，形成了罗马式、哥特式、巴洛克式、尼可可式、新古典主义等艺术风格和形式，产生了一大批杰出的艺术家和不朽的艺术作品，在人类艺术史上写下了宝贵的一笔，也成为人类共有的精神财产。虽然西方艺术的发展也走过了一条不平坦的路，但就总体而言基本上还是一脉相传的。而且由于各国、各民族的不同创造，使其更为绚丽多彩。

第一节　西方艺术文化发展概况

西方艺术的发展，既离不开其自身文化的传统和根基，也离不开它与世界其他地区和民族的交流。在历史上我们可以经常看到，当一个国家处于经济繁荣、社会安定、人民乐业的时候，它的文化也必然是具有活力和创造力的，艺术也必然是丰富多彩的。这一点我们在西方艺术文化的发展中也能够再次看到。

一、何谓艺术和艺术文化

不懂得美的人是不完善的人，而不懂得美的民族则是没有希望的民族。艺术是与美有着密切关系的一门文化，也是与真与善紧密相连的一门文化。正如苏珊·朗格所说：“艺术的每一种类都是美的，生活之全体皆美一样，它们有大部部相同的理由。艺术包容了所有感受，从最基本的生命活力、个体存在以及连绵不断的感觉，直到人类知觉的充分舒展，人的爱与恨、狂喜与痛苦、启蒙、智慧等。”[1]

（一）何谓艺术

1. 艺术的概念

当人们提起艺术时便会联想起一个丰富、美好而令人向往的世界。艺术是绚丽多彩的，艺术是千变万化的。自远古以来，人类就对艺术产生了浓厚的兴趣，并以各种形式来装饰自己的生活。虽然人们可以以各种方式来欣赏艺术、创造艺术，但是要想给艺术下一个定义，却不是一件容易的事。可谓是仁者见仁，智者见智。

有些人从社会生活的角度来定义艺术。比如，列夫·托尔斯泰在《什么是艺术》中认为：“艺术是一种人类的活动，其目的在于传递人们所获得的最高尚、最美好的感情。”[2] 苏珊·朗格则认为“艺术的概念，与神话虚构的概念甚至梦，有许多相似之处；它不是心理进化的一个转变阶段，而是一种最终的符号象征形式，这种形式展示了现实生活的真实。”[3] 总体上说，持这一类观点的艺术家认为，艺术是人们社会生活的反映与写照，艺术是源于社会、源于生活的。19 世纪的艺术家罗金斯就曾为艺术创作定了三条原则：“1. 绝对不要鼓励写作任何没有绝对必要的文章，在那些东西中，创造力没有立足之地；2. 绝对不要为了作品本身，而仅仅只能为一些实际的和高尚的目的，去要求完成一件作品；3. 除非为了保存记录伟大作品，决不要鼓励模仿或复制任何类型的作品。”[4] 所以，学者桑塔亚那说：“艺术的功能是使生活更美好。一个艺术家可能发现现实生活经验落入不谐

[1] ［美］莫蒂斯·艾德勒等编.《西方思想宝库》. 第 1212 页。

[2] ［美］莫蒂斯·艾德勒等编.《西方思想宝库》. 第 1206 页。

[3] ［美］莫蒂斯·艾德勒等编.《西方思想宝库》. 第 1212 页。

[4] ［美］莫蒂斯·艾德勒等编.《西方思想宝库》. 第 1206 页。

和、混乱不堪的境地，这种不谐和与混乱的深度并不是他特别关注的问题；他关心的是如何在一定程度上跳出经验。艺术家所处的时代越野蛮，他所要做的工作越严厉和激烈。”❶ 巴尔扎克在谈到自己的文学创作时说：“根据事实、根据观察、根据亲眼看到的生活中的图画，根据生活中得出来的结论写的书，都享有永恒的光荣。”❷ 它表明艺术家应该有一定的社会责任感，不应只是陶醉于个人的情感之中。

也有些人则从艺术本身来谈艺术。如艺术家贝尔认为艺术是一种“有意味的形式”；利普斯认为艺术是“人的情感和力量的位移”；艺术家卡西尔认为艺术不过是“自由活动的产物”；艺术家马利坦就曾经指出：“艺术，因为规定了必须是创作而不是制作，就超越了人类自身范围；它有一个终极目标，创造其作品的规则、作品的价值，而不是人的规则与价值。对艺术而言，作品就是一切；艺术有，也仅仅有一条法则，那就是对这一作品的苛求，对这一作品必须优秀的要求。……生活的无聊和希望的厌倦，统统驻脚在每一间创作室的门外。”❸ 有的艺术家认为：“美的艺术跳出了种类艺术之外，正如人类跳出了种类的动物之外一样。就像人类自身一样，美的艺术像一条地平线，在那里物质与精神交会。它们具有活的内在灵魂。于是它们拥有许多区别性的显著特征。它们尊重艺术的规律，但它们与美的联系，显著改变了它们作为一般艺术所具有的确定特征，就像我将试图展示的那样。另一方面，这种与美的联系，提示和带来了艺术优点的另一类附加的一般特征，首要的就是它的知识特点，以及与思辨的优

❶ ［美］奥蒂斯·艾德勒等编《西方思想宝库》第 1211 页。
❷ 冯承柏等编著《西方文化精义》第 208 页。
❸ ［美］奥蒂斯·艾德勒等编.《西方思想宝库》第 1211 页。

点丁一致的特征。”❶ 在这类艺术家的眼睛中，艺术成了艺术家纯个人的精神活动或情感活动，艺术作品也仅仅是个人某种情感的表露，而与社会生活的关系不大。应该说，在复杂的社会生活面前，每个人都会有自己不同的理解，不论这种理解正确与否、全面与否，都必然会通过艺术家的创作得到体现，所以说所谓的“纯艺术”的东西是不存在的。

凡此种种，不胜枚举。所以，法国美学家、法国美学学会主席杜夫海纳曾经说过这样的话：“艺术这个概念变得如此令人困惑，它的涵盖范围很不清晰：在艺术杰作与草图，成熟艺术家的作品与儿童涂鸦，美声唱法与声嘶力竭的叫喊，乐音与噪音，舞蹈与手舞足蹈的动作，艺术与非艺术之间，人们把艺术的边界设置在何处呢?”❷ 也难怪我国学者张延风风趣地说：“给艺术下定义，好像在寻找宇宙的边界，做的是有中心但没有终点的圆周运动。”❸

尽管人们对艺术的理解各有不同，但艺术作为意识形态的一部分，作为文化的一个组成部分，还是有其基本特点和规律的。我国《辞海》中将艺术解释为：“人类以情感和想像为特性的把握和反映世界的一种特殊方式。即通过审美创造活动再现现实和表现情感理想，在想像中实现审美客体的互相对象化。具体说，它是人们现实生活和精神世界的形象反映，也是艺术家知识、情感、理想、意念综合心理活动的有机产物。作为一种意识形态，艺术主要是满足人们多方面的审美需要，从而在社会生活尤其是

❶ ［美］莫蒂斯·艾德勒等编.《西方思想宝库》. 第1211页。

❷ 转引自张延风著.《西方文化艺术巡礼》. 中国青年出版社，1998年12月版，第3页。

❸ 张延风著.《西方文化艺术巡礼》. 中国青年出版社，1998年12月版，第3页。

人类精神领域内起着潜移默化的作用。”❶ 这一解释，既指明了艺术与生活的关系，揭示了艺术的本质，也肯定了艺术家的作用与价值。

所以，我们可以将艺术定义为，它是指通过各种表现形式，形象而具体地表达生活，并且具有广泛社会影响力的一种意识形态。社会生活是艺术创造的唯一源泉，而艺术则是社会生活通过艺术家头脑加工而形成的产物，它比社会生活更具集中性、典型性和普遍性。因此，艺术的特征是形象性，通过完善的艺术形式来满足人们欣赏、审美和愉悦等多方面的需要。

2．艺术的起源与发展

关于艺术的起源人们提出了三种不同的解释，即外因说、内因说和折中说。持外因说的人们认为，艺术的发展与变化的主要原因在于艺术的外部，它是受时代、社会、政治、经济以及宗教等个方面影响的。每一个时代有每个时代的精神与要求，艺术就会随这种精神和要求而变化，并通过自己特有的形式来加以表现。主张内因说的人认为，艺术发展和变化的主要原因不在于外部条件的影响，而是由艺术自身的发展规律决定的。因为艺术是人类的一种特殊精神活动，与其他因素无关。采取折中说的人认为，外因说和内因说都各有道理，但又都不完整。在他们看来，艺术的发展与变化，既与外因有关也与内因相连，是在内外因的终合作用下而起作用的。

艺术的发展是受多方面因素制约的。正如英国著名的宗教史学者托马斯·M·林塞（Thomas M. Lindsay，1843—1914）在谈到宗教改革原因时指出的那样，他认为那不是与当时社会环境无关的突然爆发的运动，而是一场“肇始于政治、文化和经济结构变

❶ 《辞海》. 1989 年版，第 627 页。

化”的伟大的宗教运动。❶ 艺术的发展未尝不是如此呢？西方学者们在谈到文艺复兴时也持同样的观点，“并没有任何一个突出的事件或历史事实来发达我们所说的文艺复兴。它乃是在14世纪的意大利便可分辨出来的一场波澜壮阔的文化运动。”❷ 由此我们可以看出，艺术的发展除了自身的原因以外，对它的更多影响则来自于它所处的历史环境和社会条件。总体来说，当社会处于安定、人们生活富裕、文化繁荣的情况下，艺术才有一个良好的发展氛围。

艺术的种类。从艺术的表现手段和方式上看，它可分为表演艺术（如音乐、舞蹈等）、语言艺术（如文学等）和综合艺术（如戏剧、影视等）；从艺术的表现的时空性质上看，它又可分为时间艺术（如音乐等）、空间艺术（如绘画、雕塑等）和综合艺术（如戏剧、影视等）。从历史上看，艺术所包含的门类是非常广的。不仅包括建筑、园林、雕塑、绘画、家具、陶瓷、首饰和服饰等，还包括音乐、舞蹈等。不过，随着许多艺术领域自身的发展和人们对艺术的重新分类，现在艺术所包含的内容要窄得多。一般仅限定在造型艺术的范围内，即指建筑、雕塑和绘画。在本书的介绍中，我们把艺术也仅限定在建筑、雕塑和绘画这三个方面。

一般来说，就一个民族或地区而言，在某一个特定的时期，它在艺术各个门类上的发展是不均衡的，是各有其长短的。但总体而言，人们常把艺术水准的高低看成是一个国家文化水平的象征，是我们了解一个民族或一个地区和国家文化的一把钥匙。因此，英国学者肯尼斯·克拉克在《文明史》中曾提到艺术家罗斯金（Ruskin）的一段话：“（那些）伟大的国家是通过三种‘书’

---

❶ 转引自冯承柏等编著.《西方文化精义》. 第80～81页。

❷ ［法］雅克·德比奇等著。《西方艺术史》. 徐庆平译. 第168页。

的形式来写就自己历史的：即他们用自己的作为所书写的历史，以自己的文字所书写的历史，以及通过自己的艺术所书写的历史。相对于前两种书而言，除非我们能够读懂，否则我们是没有办法来理解的。而只有这第三种‘书’，才是最值得人们信赖的。”❶ 这段话是值得人们回味的。

（二）何谓艺术文化

艺术文化包含的范围也是很广泛的。它既包括艺术作品的创作，也包括对艺术作品的欣赏。

1. 艺术与文化的关系

艺术与文化的关系可以从两个方面来理解。从广义的角度来说，艺术只是文化中的一个组成部分；从狭义的角度来说，艺术与文化既有区别又是相互依存的。文化的进步可以促进艺术的繁荣，而艺术的繁荣又会促进文化的发展。从这个意义上说，“艺术是文化的结晶，艺术是文化的精华，文化在艺术中聚散分合，给艺术以生命和活力。艺术以自己的形态和动态把浩瀚无边、变化无穷的文化场标示出来。”❷ 当然，艺术与文化的发展有时并不是同步的。正如马克思所说：“关于艺术，大家知道，它的一定的繁胜时期决不是同社会的一般发展成比例的。”❸ 尽管艺术的发展受到多方面条件制约的，但其中文化的因素还是主要的。因此，一定的艺术风格既折射出了社会的时尚，也体现了文化的倾向性；一定的艺术意蕴既包含了人们的精神追求，也包含了社会的价值和文化的精髓；艺术的发展既揭示了人们的审美历程，也披露了文化的变迁过程；艺术的创新既是人们对追求的探索，

---

❶ Kennet ~ l Clark：Civilisatiotl（《文明》）. Iaxadon，1971，P. 1。

❷ 张延风著.《西方文化艺术巡礼》. 中国青年出版社，1998 年 12 月版，第 8 页。

❸ ［德］马克思，恩格斯著.《马克思恩格斯全集》第 46 卷. 第 37 页。

也常常是文化跃进的征兆。

2．艺术的功能

艺术作为一种社会现象，具有特有的社会功能。它的社会功能首先表现在审美的作用上。艺术是以的塑造美为目的的，并通过美的形式来感化人、熏陶人。虽然人们受自身学识、经历和生活等因素所限，审美能力有高低之分、强弱之别，但人们对于艺术形式的美，都会有所悟、有所感。这种对艺术形象的审美感受，会使人们联系到现实生活的美与丑、善与恶。同时通过对艺术形象的审美，还会使人感受到自的创造能力，认识到自身的无穷潜力，从而有助于人们更加珍视美，更加珍惜美的生活。当然，人们的审美能力是在审美的过程中不断通过实践来得到提高的。

其表现在教育的作用上。人们对于艺术对象的审美感受和体验，常常不会仅停留在对审美对象自身“美”的形式的赞叹上。人们还会通过对艺术形象和艺术情节的塑美上，通过对审美对象所要表达的主题、传递的信息，获得某种启示，从而受到潜移默化的教育和影响。因此，艺术的教育功能在于通过一定的艺术形式，把社会现象中某些抽象的道德观念、某些思想理论等再现出来，使人们便于理解和接受。所以，我国著名的艺术家丰子恺曾经讲到：“浅见的人误解艺术，原是难怪的。因为艺术这件东西，内容严肃，而外貌很和蔼。不像道德、法律等似的内外形状一致。因此眼光短浅的人就上了它的当，以为它不过是一种消遣的玩意儿罢了。……美好比健康，艺术好比卫生。卫生使人身体健康，艺术使精神美化。……健康的身体无时不健，艺术的精神无时不美。可知艺术给人一种美的精神，这种精神支配人的全部生活。故直说一句，艺术就是道德，感情的道德。”❶ 俄国的列·托尔斯泰则说得更具体：“艺术的任务是使兄弟之情和对邻人的爱，成为全人类习惯的情感，甚至本能。”❷ 法国新古典主义画家大卫在谈到绘画的功能时就特别强调，“美术是公民教育的一部分，它必须帮助人民获幸福和灌输必要的道德。在他看来，艺术不是目的而是为了援助某一政治概念获得胜利的手段，因而必须宣传政治概念。”❸

第三表现在娱乐的作用上。人们之所以爱艺术，就是因为艺术具有使人感受轻松和娱乐的功能。不同的艺术形式、完美的艺术形象，都使人感到赏心悦目，从而达到愉悦心的目的。

总之，艺术的功能就如同艺术家罗金斯概括的那样：“我希望艺术有一个宽泛的界定，足以包容它的一切多样化的目的。但我并不因此说艺术带来最大的愉悦，因为，或许有些艺术的目的是教育，而不是带来愉悦。我不是说艺术富于最高的教育意义，因为，或许有些艺术的目的在于娱乐而不是教育。我不是说艺术是最好的模仿者，因为，或许有些艺术的目的是创造而非模仿。但是，我说艺术是最伟大的，它无论用何种方式，将难以计数的伟大观念送入观众心底。我称一个观念伟大，依据它为那些高尚心灵所接受，以及被更广泛接受而定；依据它征服、实践和提高那些接受者的心灵而定。假使这就是伟大艺术的界定，那么伟大艺术家自然也应该如此界定。一个艺术家只要在其全部作品中，具体体现了难以尽数的最伟大的观念，他就是最伟大的艺术家。”❹

---

❶ 转引自张道一等著.《精神的美食——艺术与人生》北京教育出版社，1999年1月版，第9~10页。

❷ ［美］莫蒂斯·艾德勒等编.《西方思想宝库》. 第1206页。

❸ （裔昭印主编.《世界文化史》. 第421页。）

❹ ［美］莫蒂斯·艾德勒等编.《西方思想宝库》第1206页。

3. 艺术的境界

艺术有高低之别、成败之分，其主要的衡量标准就是看其境界的有无与高低。所谓艺术的境界就是艺术创造者心中追求的目标，就是欣赏者眼中期待获得的满足。在艺术的境界中，首先应包含有真善美的要素。真善美既是人类追求的最高精神境界，也应该是艺术追求的理想境界，是艺术的灵魂所在。“真，是客观世界在其运动、变化和发展中表现出来的规律性；善，是人的实践活动的合目的性；美，是在合目的的实践活动过程和结果上表现出来的对人改造世界的能动的创造性和智慧、才能和力量的现实的肯定，人以自身的实践对自身的精神的肯定以及这种肯定的对象化，就是美的。”❶ 在这一点上，许多西方艺术家也持有相同或相似的观点。例如，马利坦也指出：“艺术的一般目的，是创造作品。但是，一些特定艺术的目标是创造美的作品，在这一点上，它们与所有其他艺术划出了基本界线。其他艺术所要求的作品本身，被规定为满足人的需要，因此它们只有一种手段，并且被完全限定在一种既定的材料种类之中。诗歌、音乐、绘画等美的艺术要求的作品，其目标定为美。作为美，它是目的，是绝对，它满足自身。假使作为必须完成的作品，它是材料，并限于某一种类；作为美，它属于精神的王国，并深深跨人超存在和无限。”❷

尽管追求真需要科学态度，衡量善需要道德评价，探索美则需要审美判断，而且真善美所涉及的领域不同，评判的标准与尺度也各异，但它们的彼此关系是密不可分的。因此在艺术创作中，如何处理这三者的关系，是关乎创造成败的关键，也是能否

---

❶ 张道一等著.《精神的美食——艺术与人生》. 北京教育出版社，1999 年 1 月版，第 258 页。

❷ ［美］莫蒂斯·艾德勒等编.《西方思想宝库》. 第 1211 页。

引起人们心理共鸣的关键。所以只有把真的内容、善的情感与美的形式有机地结合起来，才能使艺术获得生命力。而这三者的结合形式、结合程度，则取决于创造者的审美理想与追求，取决于他的才能与阅历。只有那些精神高尚、才华出众的艺术家，才能创造出意境深遂、境界超凡的艺术作品来。同时对于欣赏者而言，也有着审美主体与审美客体之间融合的问题。这就要求欣赏者不仅要会看热闹，更要会看门道。苏姗·朗格说："艺术像科学一样可以被理解，但要用它自己的语言。"❶ 比如，"只有音乐才能激起人的音乐感；对于没有音乐感的耳朵说来，最美的音乐也毫无意义。"❷ 至于审美能力的提高，则是一个需要审美活动和长期审美实践的过程。因此，马克思曾经写道："艺术对象创造出懂得艺术和能够欣赏美的大众"。❸

当然，由于人们的知识修养、生活阅历和个人立场及兴趣的不同，对同一艺术作品肯定会有不同的见解，甚至存在争论。对此，我们应持理解和宽容的态度，应坚持"百花齐放"和"百家争鸣"的原则，使人们在争鸣中提高自己的鉴赏水平和审美水平。法国19世纪艺术家泰纳（Hippolyte Adolphe Taine，1828—1893）曾经写道："同情各种艺术形式和各种艺术流派，对完全相反的形式与派别一视同仁，把它们看做人类精神不同的表现。认为形式与派别越多越相反，人类的精神面貌就表现得越多越新颖。植物学用同样的兴趣时而研究橘树和桦树；美学的态度也一样；美学本身就是一种实用植物学，不过对象不是植物，而是人的作品。"❹ 他的话是有一定道理的。所以对于艺术上的问题，

---

❶ ［美］莫蒂斯·艾德勒等编.《西方思想宝库》. 第1212页。

❷ ［德］马克思，恩格斯著.《马克思恩格斯全集》第42卷. 第124页。

❸ ［德］马克思，恩格斯著.《马克思恩格斯全集》第12卷. 第742页。

❹ 冯承柏等编著.《西方文化精义》. 第209页。

我们应该多采用些平等讨论的方式，而不应用其他诸如行政干预的方式来进行。

二、西方艺术文化发展概况

（一）西方史前艺术文化的源头

1. 史前的绘画艺术

史前绘画艺术的形式主要是洞穴壁画。根据考古研究发现，在法国南部的拉斯科（Lascaux）、法国与西班牙边界的阿尔塔米拉（Altamira）等地，至今仍然保存有大量地史前人类在洞穴中遗留下的壁画。它们距今已有2万~3万年的时间。

根据法国学者勒卢阿统计，在66个史前人类绘有壁画的岩洞中，共绘有野马610匹、野牛（Bison）510头、猛犸象205只、赤鹿112只、驯鹿（Reideer）84只、熊36头、犀牛16头。在这些绘画中不仅有动物们的静态场面，而且有动态场面。它们的形体大多与真实大小相仿，它们或是独自漫步、或是群体相依。画面上野牛双目炯炯有神、性格倔强，野马则四蹄生风、奔腾急驰，而猛犸象长牙细眼、蹒跚独行。这些画是史前艺术家们使用空心的羽毛或兽骨做笔，以脂肪里混加颜料为彩，通过笔吹喷到岩壁上的。这种方式无意间恰倒好处地表现出野生动物毛皮的蓬松质感，使人能够感受到层次上的变化，而且他们所运用的灰黄、褐黄等颜色，又能较好地表现出动物的骨骼和肌肉。此外，史前的艺术家们采用固定动物形象的方式来加以绘画，用全侧面的形式来表现动物的四肢，但同时又对蹄子和犄角等部位采取全正面的形式进行表现。他们这种多视角的透视方法，可以更好地对所要描绘的动物进行刻画。

除了各种动物之外，画面上很少有植物出现。这可能与当时原始人类主要以狩猎为生有关。同时，画面上人的形象也很少，这也与史前人类主要关心以动物为食物来源有关。遗憾地是在这些壁画之后，迄今人们还没有发现后续与之相连节的艺术形式出现。这期间的中断或断代，可能与某种文化上的大倒退有关。它可能也使得西方艺术失去了自身发展的链条，从而使其后来的艺术不得不从东方借来新的火种。

2. 史前的雕刻艺术

除了壁画以外，史前艺术还有另一类更为有意义的作品，那就是在欧洲境内的许多地方都发现了类似的女石像，它们被现代人们称为“史前的维纳斯”。例如，在奥地利发现的《维朗多尔夫维纳斯》、法国的《莱毕格》、意大利的《格尔马尔蒂》等。据测定它们大约被制作于25 000年，之所以都是女性造型可能与把妇女作为丰产和丰收的象征。因为它们的形象大多是宽大的骨盆、丰满的乳房和滚圆的腹部，史前人类把这些与女性的生育能力联系在一起，甚至可能与某种宗教有关，从而与自己的生活联系起来。而这些则可以被视为是人类早期雕塑的萌芽。

3. 史前的建筑艺术

就建筑方面而言，大约在新石器时期，也就是公元前3000年时，在欧洲出现了建筑的原始形式。与世界上其他地区相比，欧洲文明的起步阶段较晚，在公元前2000年时尚处于巨石建筑时期。当时的巨石建筑有两种形式，一种被称为“多尔曼”，它是最简单的形式，即在水平方向上摆放两块巨石，然后在两块巨石的上面再放上地三块较为扁平的石板；如果将多个并排连在一起的多尔曼，这种就形成了带有遮盖的小径，即形成了所谓的“厅室”。第二形式被称为“曼赫尔”，它与前者的不同之处在于，起支撑横石板作用的两块石板改为竖立起来，这样就使“厅室”内的空间得到了扩大，人们甚至可以在里面直立起来。

（二）西方艺术文化的东方源头

在历史上，希腊人习惯于把小亚细亚以东的地方称为东方。它包括西亚的两河流域及北非的尼罗河下游地区。这两个地区和南欧地区一样，都是世界文明的发源地之一。而且这两个地区的文明发展进程始终没有被中断过。它们在大约 7 000 年前就已经进入了奴隶社会。特别是这两个地区中的美索不达米亚和埃及，文化和艺术比较发达，对后来的希腊文明和文化发展都起到了启蒙的作用。

1. 索不达米亚和埃及的艺术

在艺术方面，两河流域和埃及的建筑主要是神庙和宫殿。为了防止洪水的侵蚀，两河流域的建筑一般都建造在高大的台基上，由生砖砌成。其中以多级方形寺塔最具特色。它一般分为数层，总体呈梯形——基部宽大、向上逐渐缩小，顶层为神庙的祭室。寺塔除了作为祭神的场所外，在苏美尔人那里还是观测天象的地方，他们通过观察天象来解释天神的旨意。而当时巴比伦人、所建造的城墙则长达 15 千米，宽为 28 米，并有 250 个塔楼。埃及的神庙主要是以石头为材料，因而比两河流域的砖砌建筑更宏伟壮观。尤其是它所使用的巨大圆柱，使神庙的塔门、厅堂显得更加挺拔、更加气势辉煌。它应用的巨大的建筑石料，都是经过精心的打磨，使其能够严丝合缝，并历时几千年而不倒。在埃及有记载的第一位使用石头来建造陵墓的是建筑师伊姆霍特普，他也被认为是石砌建筑的发明者。

这两个王国建筑的宏伟与体积的庞大，反映了他们对审美和对国家强盛的某种追求。建筑要想保持永恒，就需要有一定的体量，并且具有简洁明快的线条轮廓。但就功能而言，美索不达米亚人注重世俗生活，和对君主们的歌颂；而在埃及人那里，则主要是出于对宗教的考虑，和热衷于对神灵及死者的崇拜。

埃及的金字塔建筑（Pyramid）主要是用于安放已故国王灵柩的。它源于古埃及人的迷信观念。他们认为人死后灵魂是不灭的，只要保护好尸体，3 000 年后就会在极乐世界里复活并得到永生。所以对建造陵墓非常重视。起初陵墓的形式只是模仿帝王生前的宫殿，地面部分呈长方台式，后来在它们的基础上发展起来了金字塔的形式。早期的金字塔被称为马斯塔巴（Mastaba），位于萨卡拉的昭赛尔（Zoser），大约建于公元前3000年。它的底边东西长126米，南北长106米，高为60米，分为6层，呈梯形样式，也是第一个石头用建造的金字塔。从第四世纪之后，即公元前2575～前2464年，它又发展成为壁面平坦的金字塔，有代表性的是位于开罗市郊吉萨（Giza）的库夫王（Kufu）金字塔、阿弗拉王（Khafra，又译为海夫拉王）金字塔和门卡乌拉（Menkaura，又译为曼卡拉王）金字塔。其中，库夫王金字塔的体积最为宏大，塔高146. 6米，底边长230. 35米。除了金字塔的形式以外，还有石窟陵墓的形式。它主要出现在中王朝时期。当时王国将首都迁到上埃及的底比斯（Thebes），那里峡谷幽深，峭壁林立，过去金字塔的形式全无用武之地，于是便采取在岩壁上凿掘石窟的方式来建造墓室。其中，尤以位于德尔一埃尔巴哈里（Deir el—Bahari）的哈特什帕苏女王（Queen Hatshepsut，前1525—前1503）陵墓最为壮观。

为了表示对已故国王的敬意，一般在墓室内都绘有壁画，墓室内还安放有他的浮雕。壁画的内容通常主要有三个方面：一是已故者生前在人世间的生活，二是为已故者所举行的葬礼仪式，三是已故者在人世间以外的生活。在浮雕和绘画中，人物的造型都保持神圣和高贵的姿势。在早期的壁画中，人物都是严格按照骨盆和头部正侧面，双目和双肩全正面的模式来刻画的。到了后期又出现了一种新的模式："双肩为全正面，头部为全侧面，但眼为全正，骨盆为3/4侧面，下肢为全侧。"[1] 在底比斯的纳赫特墓壁画中，《三位女乐师》就是这一时期的代表作。

---

[1] ［法］雅克·德比奇等著.《西方艺术史》. 徐庆平译. 海南出版社，2001年9月版. 第21页。

除了金字塔以外，埃及的神庙也是其古代建筑中比较有特色的一种。神庙的样式大体上在中王国时期就已经形成了。一般设计为，在一条纵向轴线上依次排列着高大的庙门、围柱式院落、大殿以及一连串的寝室。神庙的外表都显得庞大而威严，庙宇的大门富丽堂皇，以便适应大规模的宗教仪式需要，烘托戏剧性的场面。庙宇的内部即大殿，采用林立的粗大石柱，用以阻断人们的视线，增强其神秘感，中央处则用来安放神的雕像。例如，在凯尔奈克阿蒙一瑞神庙，它的多柱式大厅长 103 米，宽 52 米，234 根立柱支起了高达 23 米的屋顶。

克里特艺术。在两河流域和埃及艺术的影响下，位于地中海东部的克里特岛也形成了别具一格的文化和艺术，它对古希腊的文明产生了更为直接的影响。独特的地理位置使它既能接受到美索不达米亚和埃及的文化影响，同时又能以大海为屏障保护自身的安全。克里特文化被称为米诺斯文化，它最为辉煌的时期是公兀前 1700 ~ 前 1450 年。克里特人对赞美神祇和君王缺少热情，所以他们既不热衷于建造高大的神庙，也不花费太多的时间为神祇造像，而是建造巨大的宫殿，并专心于日常生活中的器物和在室内墙壁上描绘自己熟悉的生活场景。此外，他们还擅长于制作首饰和金银器具。

在宫殿中，克诺索斯宫和马利亚宫最为有名。这些宫殿都是由众多宫室环绕在一起，形成一个长方形的院落。其中建于公元前 2100 年的克诺索斯宫殿最有代表性。它的建筑物密集，中央有一个长 60 米、宽 29 米的长方形院落。此外还有数量众多的小天井，且每处天井周围又形成了各种的小建筑群。由于地势起伏不平，各组建筑多顺地势错落有序，形成 1 ~ 4 层不等高差，故宫殿内遍布走廊和豪华的大门。公元前 1450 年左右，米诺斯的宫殿被夷为平地，克里特岛的平静生活被来自于希腊半岛的迈锡尼人所打破。

迈锡尼艺术。迈锡尼人所关注的也是如何美化自己的生活，享受自己的生活。它的艺术风格也是以写实为主流的。同时，它也有表现自己风格的巨大建筑物。比如，在克里特被摧毁之后，在公兀前1400年左右，他们建造起巨大的防御城堡，其墙壁是用巨大的石头砌成的，厚度为6米，有的地方为8~10米。在一处用巨石做成的城门三角楣上，刻有两只直立的雄狮，极具感染力和震慑力，而城堡内部宫殿的规模则非常小。

三、西方艺术文化发展的历程

（一）古希腊和罗马时期的艺术

1. 古希腊的艺术

一般认为，以公元前9世纪左右出现的几何图案为代表，标志着希腊艺术的开始。它于公元前5世纪时达到顶峰，并一直延续到公元前31年的亚克兴角之战，即罗马征服位于埃及境内隶属希腊世界的托密勒。这一时期是西方艺术的萌芽期。古希腊艺术一般被划分为三个阶段：一是模仿东方艺术风格阶段（也被称为古风时期），二是古典艺术阶段，三是希腊化阶段。

模仿东方艺术风格阶段，主要是指希腊艺术在原始社会中逐渐形成的时期。它表现在最初陶罐上的装饰上，仅仅是简单的几何图案，而到了公元前850年左右人物的形象也出现在几何图案之中。到了公元前8世纪，几何图案消失，取而代之的是更为现实主义的内容。大约在公元前7世纪，希腊艺术家通过与东方艺术的接触，陶器艺术变得更为丰富。在这段东方化的时期，陶罐上不仅有人物的形象，主要是神话和史诗方面的内容；而且还出现了动物的形象。陶罐上的色彩也由原来的“黑绘”发展为“红绘”。古典时期是指希腊文化开始成熟的时期。这一时期的艺术基本上是受希腊本土精神的主宰，表现了比例与规范的确立。希腊化时期的艺术，是指随着希腊世界的扩大，艺术的中心开始向东方转移，并与东方文化进行交流、融合。由于融人了更多民族和地域的文化，这一时期的艺术比前两个阶段更为成熟。

在建筑领域里，古希腊的建筑一方面来自于埃及的启示，另一方面则受到来自小亚细亚的影响。例如，古希腊神庙中的巨大圆柱，就与埃及人的极为相似；而爱奥尼式建筑则是小亚细亚较为盛行的宫殿式样，它后来成为最初古典艺术时期占据主导地位的建筑形式。古典艺术时期的最大成就主要体现在神庙和雕塑上，特别是那些雕塑作品对后来西方艺术产生了巨大的影响。

在古希腊建筑中，柱式是其一大特色。古希腊的柱式可分为三种：即爱奥尼式（Ionic，又译为奥尼亚式）、多立克式（Doric，又被译为多立亚式）和科林斯式（Corinthian）。爱奥尼式起先流行于小亚细亚城邦的爱奥尼。它婷婷清秀，比例轻盈，柱头上带对称的一对涡卷，底部配以柱基。由于柱身显得轻盈秀丽，它被古希腊人视为女性美的象征。伊瑞克提翁神庙是这一柱式的代表。多立克式最早起于意大利和西西里一带的城邦。它柱身粗壮墩实，刚健有力，柱头呈倒圆锥台，没有多余的装饰，柱底没有基座，被古希腊人誉为男性美的化身。奥林匹亚神庙（Temple of Olympia）、宙斯庙（Temple of Zeus）和雅典帕特农神庙的柱式，都是多立克式的出色代表。科林斯式则出现稍晚，柱身与爱奥尼式相仿，只是它的柱头装饰得更为华丽，宛如一个花篮。在希腊和意大利地区忍冬草是较受人们喜爱的一种植物。因为它生命力特别顽强，尤其在冬季生长得更为茂盛，所以，它被人们用来作为柱头的装饰材料。后来它也被罗马人所广泛采用。

2. 罗马的艺术

从狭义的角度来说，罗马艺术是指在公元前 2 世纪到公元 4 世纪期间，在罗马帝国内形成和发展起来的艺术。从广义的角度来说，它还包括东罗马帝国的艺术，由于它所延续的时间要比西罗马帝国长，所以在时间的跨度上也相应地要长。在公元前 7 世纪埃特鲁坎人来到罗马之前，那里还只是一个小村庄。在他们到达那里之后，使得罗马地区的 7 个丘陵变成了一座城市。由于埃特鲁坎人与希腊人有着密切的联系，他们把自己和希腊的文化一起传给了罗马人。埃特鲁坎艺术在公元前 6 世纪至公元前 5 世纪时达到顶盛时期。它的神庙建筑是从希腊获得的启发，只是比例短粗一些，墙壁带有壁龛，通常由三个厅室和一个门厅组成。此外，在墓葬建筑和雕塑上埃特鲁坎人也都有自己的一些特点。大约在三个世纪之后，罗马艺术才从希腊和埃特鲁坎艺术的阴影下走出来。

在罗马艺术中建筑艺术占据了十分重要的地位，并为西方建筑后来的发展奠定了基础。“公元 1 ~ 3 世纪是古罗马帝国最强大的时期，也是建筑最为繁荣的时期。重大的建筑活动遍及帝国各地，最重要的集中在罗马东城。古罗马建筑规模之大，数量之多，分布之广，类型之丰富，形制之成熟以及艺术形式和手法之多样，旷古未有。”[1] 尽管岁月流逝了千百年，但人们至今仍然能够在它当年的疆域上看到它所遗留下来的痕迹。

与古希腊建筑的柱式艺术相比，古罗马建筑在柱式上也有许多创新，但更重要成就是它在券拱技术方面。“正是出色的券拱结构技术才使罗马无比宏伟壮丽的建筑有了实现的可能，使罗马建筑那种空前大胆的创造精神有了物质的根据。”[2] 起初，罗马人的券拱技术是从它的北邻伊达拉里亚人（Etrurian）那里继承来的。伊达拉里亚人很早就开始采用石头砌筑叠涩假券，在公元前 4 世纪时，罗马城的地下排水系统就采用了真正的发券技术。后来，在公元前 2 世纪时，混凝土材料和技术的发现与发展，为

---

[1] 陈志华著.《外国建筑史》. 中国建筑工业出版社，1997 年 6 月第二版，第 50 页。

[2] 陈志华著.《外国建筑史》. 第 51 页。

券拱技术的发展提供了有利的条件。在此之前，石块是券拱技术的主要材料，而到了公园前1世纪中期，天然混凝土在券拱结构中已完全取代了石块。拱顶了由较为简单的筒形拱、四瓣空顶和十字拱一步步发展成为拱顶系统。所谓拱顶系统，就是在纵向上采用一系列的相互串联的十字拱来平衡纵向侧推力，而在横向上则通过运用两侧的若干筒形拱，抵消来自十字拱的推力，因为筒形拱采用了与十字拱轴线相垂直的轴线，这样就只需在建筑物的外侧建造厚重的墙体。以后，在4世纪又发明了肋架拱，使墙体变得更加轻盈美观。

罗马人还从希腊人那里学会了城市建设的方式，并且继古埃及之后，把城市建设的规模又推到了前所未有的高度。据记载，仅在当时的西班牙一省内，规模较大的城市就达400多座中小规模的城市也有300座。而罗马本身则更是令人羡慕的天堂。它不仅有雄伟的建筑、宽阔的广场，还有繁华的商店、舒适的剧场。罗马人从约旦和利比亚运来沙石，从埃及运来花岗岩，从希腊等地运来了白色的大理石。他们驱使成千上万的达契亚、高卢、迦太基等地的奴隶，实现了罗马统治者们要把罗马建成“大理石城市”的勃勃野心。当时罗马建有30座城门、420座神庙、9座大剧场、5座剧场、2座圆形剧场、16座公共浴池以及难以计数的宫殿、府邸、别墅等建筑等。所以，从某种意义上说，罗马的艺术就体现在它的城市建设上，体现在建筑物的设计和建造上。它的壁画艺术、雕刻艺术等也都是为建筑服务的。

（二）中世纪时期的艺术

1. 西罗马帝国的艺术

这是西方艺术发展的特殊时期。它始于公元5世纪，即以479年西罗马帝国灭亡为标志，到公元15世纪意大利出现文艺复兴运动的曙光时为止。由于这一时期是基督教教会权力最为强大、统治最为严厉的阶段，一切艺术形式都成为了教会的工具，一切艺术主题都成为了歌颂上帝的内容，成为洗刷人类罪恶和向上帝表达敬意的形式。但由此就认为“中世纪完全忘却了对古代的继承，那将是一种谬误。恰恰相反，它曾通过修道院中的修士的临摹，试图把古人的知识保存下来，并且还尝试过复辟西罗马帝国和长久地坚持它的艺术形式。不过文艺复兴所要攻击的恰恰就是这种带有加洛林和日尔曼因素的歪曲式的‘腐朽’。坚持。”[1]

由于西罗马帝国先后受到了其他不同民族的人侵，其艺术的发展也受到了严重的影响，出现了停步甚至倒退的现象。而东罗马帝国的艺术在它周围多种多样因素的相互作用下，即希腊、罗马和东方文化与艺术的共同影响下，不但有了进一步的发展，而且还形成了独特的拜占廷艺术风格。同时，由于拜占廷位于地中海世界海上商路的交叉点上，也帮助它能够获得滚滚的财源，以促进其文化和艺术的发展。所以，它对西罗马帝国的艺术发展也给予了积极的影响。中世纪艺术发展的另一个因素是穆斯林艺术的影响。在基督教与穆斯林的较量过程中，双方在文化和艺术方面也得到了交流。特别是在建筑方面，穆斯林的建筑风格与技术，对欧洲人起到了很大地借鉴作用。

作为欧洲文化和艺术的中心，罗马先后出现了罗曼式和哥特式的艺术风格与形式。其中，罗曼式艺术是由古罗马艺术发展而来的，而哥特艺术则用来形容与罗曼艺术相异的一种艺术形式。

2. 拜占廷帝国的艺术

拜占廷帝国在4世纪至6世纪时曾风光一时，其疆域包括了巴尔干、小亚细亚、叙利亚、埃及、北非及意大利等地区。它的艺术尤以建筑达到了最为繁荣的程度，其主要成就体现在穹顶技术上的创新和玛塞克在内部装饰的运用上。拜占廷式的穹顶是支撑在4个或更多的独立支柱上。常见的做法是中央的大穹顶坐落

---

[1] ［法］雅克·德比奇等著.《西方艺术史》. 徐庆平译. 第169页。

在由 4 个发券构成的帆拱托起的圆柱形鼓座上，从而既解决了方形建筑与圆形穹顶之间的矛盾，使两者之间的过渡更为自然流畅，同时也使各方向的侧推力得到了平衡，使承重墙得以变轻。此外，拜占廷的众多重要建筑物中，都采用彩色大理石进行内墙面的装饰，而在一些不便贴上大理石的地方，则运用贴玛赛克的方式进行美化，这一装饰手法最早是由埃及和希腊流传过来的。在 6 世纪之前，多用蓝色作为镶嵌玛塞克的底色，而在 6 世纪以后则改用金箔为底，使本身就色彩亮丽的玛塞克更显得金碧辉煌。在这期间由于双方人员和文化的交流，拜占廷的文化和艺术也对意大利产生过重要的影响，加上它周围的许多斯拉夫国家的基督教化，拜占廷艺术也向这些国家进行了大量的扩散。

(三) 文艺复兴的艺术

"文艺复兴的人在历史上首次完完全全地意识到自己属于一个特殊的历史时代：一方面与中世纪一刀两断，另一方面又与古代一脉相承。这种觉悟导致了对古代学问的热情，它与最新科学发明的较量，以及建立一个人文世界的愿望。中世纪文化的基本。观念被摧古拉朽，它的所有表达方式都被从根本上予以改变。"[1] 经过中世纪长达千年的压抑，艺术由主要为神服务转变为人的服务上来。在文艺复兴时期，由于社会发展和社会结构的巨大变化，艺术不仅开始有了自己更为广阔的发展空间，而且还处在这一复兴进程的核心地位。

不过，与中世纪艺术的最大不同则是人成了艺术的真正主人。艺术家们开始把自己的思想和感情融入到现实生活中去，使艺术创作本身也更为丰富多彩。这一时期，是艺术家们在充满乐观精神的氛围内进行大胆探索的时期，是人类充满自信精神的表现。但在其发展的进程中，由于文艺复兴运动本身的发展很不均

---

[1] ［法］雅克・德比奇等著.《西方艺术史》. 徐庆平译. 第 168 页。

衡，所以在不同的地区和民族，人们的思想与追求也不尽相同，艺术文化的形式和内容也就产生了很大的差距。所以，这一时期的艺术发展也不是一帆风顺的。

总体而言，在文艺复兴期间所出现的艺术被称为“样式主义”（Mannerrism，又被译为风格主义），它是一种复杂的社会和艺术现象。所谓样式，16 世纪意大利艺术史家瓦萨里的话来解释，就是一位艺术家艺术表达的总特点，而不是其他的东西。因为，当时的艺术家都有自己的样式。“样式主义被我们用来确指从 1520 年左右到 16 世纪末的艺术创作，……它主要是指绘画（后来扩展到美学的其他领域），大概意思是指该时代画家们模仿前人样式，即前人特有的手法。”[1] 当然，并不是所有的艺术家都追求样式主义，也不是所有的艺术家都固守某一种样式。同时，由于样式主义的因素，也限制了艺术家们的作品特性，也导致了文艺复兴后期艺术的衰落。不过，艺术家们在这一时期所做出的种种探索和所积累下来的经验，都为近代艺术的发展奠定了一定的基础。

（四）近代的西方艺术

这一时期是西方艺术走向多样化的阶段。在这一时期，西方社会经过文艺复兴、宗教改革和启蒙运动的一系列变化之后，在艺术方面也有了很大的发展，其中影响比较大的有巴洛克艺术、罗可可艺术、新古典主义和浪漫主义艺术等风格的流行，它们不仅体现在建筑、雕塑和绘画上，而且还体现在文学、音乐等领域。

1. 巴洛克艺术

“巴洛克”（Baroque）一词来源于葡萄牙语，原意是指形状奇特而色泽异常的珍珠，后来它的含义被扩大了，用以泛指 16

---

[1] ［法］雅克·德比奇等著.《西方艺术史》. 徐庆平译. 第 203 页。

世纪后半期出现于意大利，后流行于欧洲各国的各种艺术形式，包括文学、建筑、雕塑、绘画、戏剧以及舞台布景等方面，泛指一种刻意追求装饰美的风格。“巴洛克风格的主要特点是：华丽性、激情性、运动性、空间性、综合性和浓厚的宗教神秘色彩，多采用宗教题材。”[1] 巴洛克作为一种艺术现象的出现，最初是源于天主教对宗教改革运动的反攻。这一方面是由于一系列的社会变革，导致了人们思想的空前活跃，天主教的影响大为减小；另一方面是由于天主教不甘心失去自己的权力和影响力，希望以鼓励和倡导新的艺术形式来重塑自己的辉煌。而巴洛克艺术本身，则以与过去形式不同的表现形式，产生了极大的吸引力。如果说文艺复兴的样式主义，是诞生于人文主义者之中的阳春白雪的话；那么巴洛克则是为使广大信徒们感到神奇与晕眩的下里巴人。它以令人喜爱的曲线、斜线、扭曲等形式，以各种不同物质材料综合应用的方式，创造出了一种“完全的艺术作品”。用克拉克的话来说：“我们称为巴洛克的艺术是一种大众艺术。文艺复兴的艺术通过知识的手段——几何、透视、古代的知识——依赖于一小部分人文主义者。巴洛克则是通过情感依赖于尽可能广泛的观众。题材通常是含混的，依赖于神学家的解释：但交流的手段是大众的，会使人想到今天的电影。”[2] 当然，巴洛克艺术的发展并不完全是人们对天主教的一种响应，而是由多种因素促成的。其中，就既有艺术本身发展的要求，也有世俗权力为追求自己的荣耀和享乐而进行的种种尝试。

2. 罗可可艺术

随着人们对巴洛克和古典主义那豪华、奢侈风格的厌倦，从18世纪初在法国率先兴起了一种新的艺术形式——罗可可艺术

---

[1] 冯承柏等编著.《西方文化精义》. 第133页。

[2] ［英］肯尼斯·克拉克著.《艺术与文明》. 易英译. 第207页。

(Rococo，又译为洛可可)。原意是指法国一种宫廷室内装饰，即采用贝壳和小石子构成的涡旋形花纹。它是对巴洛克艺术的精细化，其特征是更为优雅、纤细和轻巧，但它不是像巴洛克艺术那样讲求对称与均衡，而且以波浪线为主。它首先是从室内装饰艺术上发展起来的，后扩展到其他艺术领域。这种艺术在当时迎合了贵族们的审美情趣，也反映了当时法国宫廷穷奢极欲的风气。在绘画方面，宗教题材的作品大为减少，而反映世俗生活尤其是女性题材则大行其道，特别是女性裸体画成为了主要内容。所以，有的学者称："被称为罗可可的艳情艺术主宰着18世纪的前半期。它以上流社会男女享乐生活为对象，描绘全裸或半裸的妇女和精美华丽的装饰。路易十五的情妇蓬巴杜夫人、杜巴利夫人的情趣左右着宫廷，致使美化妇女成为压倒一切的艺术风尚。"❶随着19世纪社会的巨大变化，随着资产阶级的崛起和各种社会思潮的出现，它也和巴洛克艺术一道被人们所扬弃，取而代之的是新的艺术形式和新的艺术语言。

3. 新古典主义艺术

新古典主义（Neoelassicism）从广义上说，它是相对于古罗马时期在屋大维（前63—前14）统治时期，所出现的学习与崇拜古希腊文学艺术基础上所形成的古典主义而言的，是指17世纪在欧洲所出现的一种文艺思潮，它在17世纪初叶发端于法国，后流行于其他国家，初期是与巴洛克艺术同时流行的一种艺术风格，其影响一直延续到19世纪初期。从狭义上说，它是指流行于18世纪末、19世纪上半叶的艺术思潮与风格，是相对于它前期的古典主义而言的。所以，也有学者把新古典主义的前期称为古典主义，而把新古典主义只用来指18世纪末的古典主义艺术风格。它主要是针对当时尚在流行的罗可可艺术中所反映出来的

❶ 裔昭印主编.《世界文化史》. 第419页。

注重享乐、讲究奢华、精神颓废等倾向提出质疑，主张艺术不应只注重空洞的形式，而注意应体现其思想上的追求。因此，早期的新古典主义者们，主张艺术应从古代吸取营养。比如，作为古典主义倡导者的德国艺术史家、艺术理论家温克尔曼（1717—1768）就认为："希腊杰作有一种普遍和主要的特点，这便是高贵的单纯和静穆的伟大"，"正如海水表面波涛汹涌，但深处总是静止一样，希腊艺术家所塑造的形象，在一切剧烈情感中都表现出一种伟大和平衡的心灵"。[1]

广义的新古典主义在文学、戏剧、音乐等领域都取得了巨大的成就。特别是在建筑艺术方面，它崇尚古罗马建筑的宏伟气势和庄严的造型，在设计上讲究轴线突出、注重对称严谨、体现比例协调和主从有序，同时重视柱式的应用。凡尔塞宫被视为其代表作。在雕塑和绘画艺术方面，则采用古希腊和罗马的风格与形式，注重形式与内容的规范、注重整体与统一的美、注重稳定与均衡。狭义的新古典主义的成就则主要集中在绘画艺术领域，而在建筑和雕塑方面则区别不大。

4．浪漫主义

浪漫主义（Romaticism）从广义上说，它是指在文艺创作上的一种基本方法，其侧重于表现创作者的主观感受和理想追求，是与现实主义的方法和倾向相对而言的。亚里士多德就曾对这两种风格进行过现象的表述。他在《诗字》中写道："正像索福克勒斯所说，他按照人应当有的样子来描写，欧里衣得斯（应为欧里彼德斯，Euripides，前484—前406——作者注）则按照人本来的样子来描写。"[2] 从狭义上说，它是与古典主义相对立的，出现于18世纪末、19世纪初的一种文艺思潮。它首先始于德国，

---

[1] 冯承柏等编著.《西方文化精义》. 第152页。

[2] 转引自冯承柏等编著.《西方文化精义》. 第154页。

进而兴于英国和法国，后传到欧洲各地。浪漫主义在文学、音乐和艺术上都取得了较大的成就。它与古典主义的主要区别在于："古典主义重理性描写和类型化表现，遵循古典的法规与形式，以及雕塑般的造型和强调描写的作用；而浪漫主义则是重感情的传达，人性化的描写，喜欢热烈而奔放的性情抒发，以及饱满的色素所显示的渴望情绪。简言之，浪漫主义重视感情、重视色彩、重视刺激。"❶ 浪漫主义的创作题材多取自现实生活、中世纪传说等。

此外，继新古典主义和浪漫主义之后，又先后出现了现实主义和印象主义等艺术形式，也涌现出了一大批追求不同、气质不同的艺术家，出现了风格各异的艺术作品。

第二节　西方的建筑艺术

从某种角度上说，建筑应该是人类创造出的最早的艺术形式之一。尽管它最初的功能是以使用为主，但随着建筑物形式和用途的发展，随着建筑材料和工艺的发展，它的功能也逐渐丰富起来。特别是不同风格的建筑，更是时代的产物。正如克拉克所说："如果不能满足时代的需要，一种建筑风格就不能生根。"❷ 这里我们仅就教堂建筑、帝王建筑和公共建筑三个方面加以介绍。当然，在西方建筑中，大量的民用建筑特别是许多达官显贵们的私人建筑，不乏精美之作，也是重要的组成部分之一，只是由于篇幅所限就不加介绍了。

---

❶ 刘文荣著.《西方文化之旅》. 文汇出版社，2003 年 8 月，第 270 页。

❷ ［英］肯尼斯. 克拉克著.《文明与艺术》. 易英译. 第 108 页。

一、教堂建筑艺术

教堂建筑在西方建筑艺术史中占有十分重要的地位，这不仅因为其在历史上曾经起到过的独特作用，而且也因为其数量巨大、形式繁多、工艺精湛格外引人注目。它既是时代发展的见证，也是人类建筑历史发展的一个体现。毫无疑问，教堂建筑的出现是与基督教在西方的兴起与发展密不可分的，它是西方基督教文化的一种外在的物质化的形式。教堂的出现既是当时社会的产物，也是满足人们宗教信仰需要的必然结果。

（一）神庙建筑——教堂建筑艺术的前身

在基督教落户西方之前，古希腊和罗马都有自己的神圣，而且也都是泛神的民族，所以神庙对他们来说是非常重要的圣事，这也为后来的教堂发展奠定了基础。

1．古希腊的神庙建筑

（1）古希腊神庙的样式

最初的神庙是只有一间圣堂的独立建筑，且位于贵族们的建筑群之中。后来才从王室和贵族们的私人附属物中独立出来，变成公共性纪念物，且多位于建筑群的高处，以便引人瞩目。早期的神庙为木架结构并用土坯砌成，为保护墙体便在墙体的外面形成了柱廊。出于同样的考虑，希腊人将屋顶两坡起脊，并在屋脊两端建成了三角形的山墙。此后，在这一型的基础上，发展起了设计更加匀称和谐、建造更加精湛精细、装饰更加优美华丽的围廊式神庙。

开始时神庙只是一个带有大门的正厅，大约在公元前 6 世纪才逐渐演变为三部分的建筑式样。即位于最前面的前厅，然后是分为三条甬道的正厅，最后面是后殿。神庙柱子的数量由两根发展为十几根或二十几根，排列方式也由一排发展为两排或多排。当神庙的四周有一圈柱子时，被称为“立柱式”；当立柱为多行排列时则被称为“多柱式”。神庙的柱子，一般正面为偶数，侧面为奇数。也是从那时起，建筑被确定为两种样式，一种是于公元前11世纪由多利安人人侵带人的“多利亚式”，它在希腊大陆上得到了传播；另一种是“爱奥尼式”，它则在希腊的各个岛屿上流行。柱子的式样也由一种演变为三种。而且通常都是把建筑物放在长方形的地基上。

（2）古希腊神庙的范例

在古希腊神庙中，雅典的帕特农神庙和伊瑞克提翁神庙是非常具有代表性的。雅典的帕特农神庙是希腊古典艺术时期建筑的顶峰之作。它是在公元前480年遭到大劫掠之后，由波里克利决定重建的。工程由伊克底努（Iktinus）负责设计，由菲底亚斯任总监，公元前447年开工，公元前438年完成。它坐落在雅典卫城中央的一个孤立突起的山冈上。山冈东西长28米，南北向最宽自为130米，高出平地70—80米。帕特农神庙原意为“处女宫”，是为雅典的守护神——雅典娜而建的。公元前447年开始动工，431年全部完工。帕特农神庙整座建筑都是用大理石建造的，并采用了大量的雕刻作品进行装饰。此外，铜制的庙门上还镀有黄金。它坐落在由三层高阶梯构成的30．80米宽，69．47米长的平台之上。它采用四周带有柱廊的立柱式，并将多利亚式和爱奥尼式的各自一些特点结合起来，使它融力量和优雅为一体。神殿为一间长100古尺的长方形大殿，正中央是出自菲底亚斯之手的、12米高的镶有黄金和象牙的雅典娜雕像。后殿则是存放雅典领导的“提洛同盟”的财产。帕特农以它简洁的线条、蓬勃的气势、优美的雕塑、丰富的想像，创造了古典艺术的最高成就。

伊瑞克提翁神庙（Erechtheon）是雅典卫城上另一处重要的神庙，也是雅典由盛到衰的古典时期的最后一个优秀作品。传说伊瑞克提翁是雅典人的始祖，此庙是为纪念他而建。它始建于

421 年，完工于 406 年，由建筑师皮忒欧（Pytheos）设计。它位于帕特农神庙的北面，庙址正处在南北向的一个断层上，落差达 3 米。它的引人注目之处在于它有 6 根高为 2.1 米的女像立柱形成的柱廊。与帕特农神庙相比，它采用了非对称的复合形体，使整座建筑显得轻巧活泼。

2. 古罗马的神庙建筑

（1）古罗马神庙的形式

罗马的神庙建筑主要有两种形式。一是早期的神庙，二是后来的教堂。在基督教成为罗马正式宗教之前，罗马人所信奉的是多神教。所以在早期的神庙建造中，一方面是用来祭祀罗马原有的各种神灵，另一方面也是为了神化皇帝和用于表达对皇帝的崇拜。神庙的形式有长方形和圆形两种。长方形的神庙借鉴了埃特。鲁坎建筑的某些形式，通常被建在一个高高的墩座墙上，以象征它的崇高地位。而圆形神庙则借鉴了希腊圆形小神庙的形式，并把它发展为圆形穹隆。神庙的正门-般都采用希腊式的三角形山墙加柱廊的形式，所不同的是神庙的两侧采用了壁柱的形式，即四周是假柱廊式。所以，罗马神庙的外表并不华丽，但它的内部则是十分壮观。

2. 古罗马神庙的范例

哈德良神庙（又被称为万神庙）是现存罗马圆形神庙的最佳代表。它是由哈德良皇帝统治时期所建造的。建造的时间为公元 118～128 年。万神庙的原址上本有一个庙宇，后被一场大火烧毁。它的正门是一个由希腊式样的立柱，托起的三角形山墙。神庙的中央是一个直径为 43.3 米的圆形大厅，大厅上面罩有一个穹隆。穹隆的建造采用了较为简单的传统方法。首先在一个木模子上面一层层地铺上鹅卵石和沙浆，待干后再撤下模子。为了美观，同时也为了分解穹隆的重量，它上面被设计了 145 个小藻井，并将它们的大小按照数学上的递减规律向上排列，以吸引人们的目光。在穹隆的上面则是一个直径达 8．92 米的巨型天窗，使光线射进庙中。在神庙内部，则按照方位把神龛和小殿安排在轴线上，使诸神不分厚薄，一律按圆心排列。希腊人喜欢一神一庙，而罗马当时作为统治西方世界的中心，则将各路神仙招至罗马聚集一堂，供之于一庙。希腊人设计的神庙是为了从外面观看；而罗马人的神庙则是着眼于建筑的内部使用，使它隔断人们同外界的联系，专注于与诸神的心灵相通。

（二）教堂建筑艺术

当基督教被视为罗马的国教之后，古希腊和罗马原有的香客盈门的神庙，便被数量日增，规模日宏的教堂所取代。不仅是里面供奉的对象变了，而且建筑的形式和风格也在不断地变化。

1．教堂建筑的发展情况

（1）教堂的出现

教堂的出现不是偶然的。其原因之一，它是教会发展的产物。基督教与古希腊和罗马原有宗教的一个重要不同之点，就是它有自己系统的教义。这样就要求教职人员不但要经常组织信徒进行各种宗教活动，而且也要定期给教徒讲解教义，以强化他们的宗教信仰。原因之二，它是城市发展的产物。城市是一个地区的政治、文化、经济的中心，它的教堂也是它繁荣和富足的象征。同时教堂也是天然的交际场所和商业中心，是市民的会堂和避难所。原因之三，它是封建社会社会矛盾的产物。由于市民和城市周围的封建地主在经济利益上，既相互依赖又矛盾重重。于是，他们双方都希望得到教会的支持，便争先恐后地向教会表示效忠。在经济上他们则纷纷捐钱捐物，资助教堂的建设。特别是在 12 世纪和 13 世纪，由于教权和王权的激烈斗争，使得教堂建设也出现了发展复杂的情况。教会主张领导王权，建立由教皇和主教统治的上帝之国；而王室则要控制教会，恢复往昔恺撒式的一统帝国。这样各种政治势力都把目光汇集到教堂的建设上，而教堂的建设也不再单纯是建筑问题了。教会建造教堂是为了表明自己的神圣与正统，王室贵族修教堂是为了炫耀实力，商人建造教堂是为了显示财富，而民众建教堂则是出于表达对上帝的忠诚。在这些因素的作用下，教堂也如雨后春笋般地在城市和乡村建造起来。

此外，它与当时人们文化生活的单调也是有关系的。克拉克在谈到中世纪时的教堂建筑时曾经写道："至于12世纪的男人和女人，虽然不必再为基本的生存而劳累，但他（她）们的精神生活和情感生活却受教会的启示和指导。我想那只会导致狭义和单调的生活，只有岁月的流失带来节奏的变化。年复一年地生活在黑暗中，生活在难以理解的条件中。只有不可想像的壮丽能带来感情的冲击，当人们走进大修道院或大教堂时，会感到压倒一切的力量，那种壮丽比流传至今的任何东西都要丰富得多。"❶可见，教堂在满足人们宗教方面要求的同时，对于满足了人们情感方面的需要也有一定的作用。

(2) 教堂的最初形式

罗马的神庙虽然雄伟庄严，但对于基督教的信徒们来说却不太适用，而罗马的那些长方形的会堂却极适用于集会。公元313年，君士坦丁大帝把一座宫殿赠给了基督教的大主教，同时将一块土地送给教会供建教堂之用。这座最早的教堂就是拉特蓝教堂。它的建造采用了巴西利卡式建筑形式。"巴西利卡"在拉丁语中为长方形会堂的意思。拉特蓝教堂的设计为一个长方形的大房子，房顶为木质结构。它的中间分别有两排柱子，一起支撑作用，二将屋内空间分割。柱子中间为中殿，柱子两侧各为一个侧廊。房子的后面是一个后殿，设有主教宝座和教士的座位。

2. 教堂建筑的类型

---

❶ [英] 肯尼斯·克拉克著.《文明与艺术》. 易英译. 第42页。

（1）拜占廷教堂建筑艺术

拜占廷建筑所使用的材料与希腊和罗马不同，它大量地使用黏土烧制的砖和陶管。他们用砖砌筑建筑的外面，在内部则应用陶管，把它们一个接一个的套接起来，再灌上砂浆，这样就使得建筑显得非常轻巧别致。希腊十字架平面教堂形式是拜占廷的创造。它是从中央的正方形大厅内，向大厅外的四个不同方向延伸出相等的四个耳厅。中央大厅上面是一座穹隆，起着驾驭教堂的作用。教堂内部与外部所表现出的统一，是拜占廷象征主义精神与实际使用目的的统一。

大约从9世纪时起，拜占廷人把教堂内部的装饰与它的每一部分的象征意义都结合起来。穹隆中央象征着天国，是上帝的宝座所在；半圆形的后殿是专为圣母所设的位子；而后殿前面的宝座，则是基督的座位，象征和预示着基督将亲临此宝座进行最后的审判。最后，在大殿的其他地方，则是用于以壁画形式表现人世间神圣人物的地方。

（2）加洛林式教堂建筑艺术

加洛林王朝期间，文化和艺术都出现了向古代回归。在教堂上也采用了以前的长方形会堂的形式，不过，这期间根据新的形势与要求，教堂除了按照拜占廷式设有祭坛外，还增加了类似的第二祭坛，从而出现了双祭坛的形式。在教堂的外部，又建有塔和钟楼以突出建筑物的宏伟气势。西方学者在评价这一时期的艺术时说："随着加洛林王朝的开始，基督教在西方才重新获得政治团结，伴随而来的是知识、文化和艺术的复兴。尽管这一复兴似乎太短暂（近80年），但它标志着在基督教西方艺术传统中的深刻变化，宣告了另一种持久的改变已经开始。"[1]

（3）罗马式教堂建筑艺术

---

[1] ［法］雅克·德比奇等著.《西方艺术史》. 徐庆平译. 第70～71页。

由于早期的巴西利卡式教堂内部过于空旷，只适宜举办大型集会和活动，而不利于小型和家庭宗教活动。同时，木质屋顶既容易引起火灾，也缺乏气势。大约在10世纪末时，开始出现了罗马式的建筑形式。在加洛林式的基础上，建筑师们经过长时间的探索，创造出了“拉丁十字架”式教堂。它在原有教堂模式的基础上，在半圆形中殿的交接处左右两端各加了一个耳堂，使原来平面呈“I字”形的教堂变成了“十字”形。两个耳堂成为了相对独立的空间，可以供小型弥撒之用。在12世纪，这种长方形会堂的形式和“拉丁十字架”一式教堂，成为了罗马式教堂的主要形式。在屋顶的形式上，尽管也出现了石拱结构的屋顶，它一来可以避免火灾，二来也使教堂更为富有气势，但是由一些支柱托起的木制屋顶，在意大利、以及诺曼底和英国等地区仍占主导地位。由于石拱结构的采用加重了墙体承载的重量，这样一来不得不加厚墙壁，加粗支柱，使得教堂显得粗笨。后来，在阿拉伯建筑的影响下，建筑师们设计出了轻巧的拱肋结构。拱肋呈“X”形交叉，架在四根立柱上。由几个拱肋就组成了穹顶骨架，在拱肋之间填充一些轻型建筑材料就构成了屋顶。于是，在没有钢筋的年代，在建筑师们和工匠的努力下，创造出了伞架式结构，翻开了建筑史上新的一页。此后，在欧洲的其他地区，石材的使用已从屋顶扩大到了整座建筑上。而且屋顶技术也逐渐发展成为三种样式：摇篮式、斜坡式和穹隆式。摇篮式屋顶是一种建在大厅上面的石制半圆形屋顶。其特点是通过支柱撑起的扶拱，来托起屋顶形成空间跨度。斜坡式屋顶由两个成直角切割的摇篮式半屋顶，它的主要推力落在犄角处的立柱上。穹隆式屋顶常常用于耳堂的交叉部，以便加强教堂的空间变化。

（4）哥特式教堂建筑艺术

随着科学技术的发展和大众的新要求，教堂的建造技术和工艺，以及所使用的材料也都在不断地改进和突破，教堂的外表也越来越华丽气派，内部装饰也越来越精细优美。作为后来居上者，法国在罗马式教堂的基础上，又大胆尝试，开创了哥特式（Goth）建筑的新局面。

为了使教堂更加气势非凡，建筑师们挖空心思地想办法将教堂尽可能地建得更高一些。于是，拱肋演变成了尖拱和交叉拱，而厚重的墙体则变成了轻巧秀丽的飞扶垛。这种新式的尖拱能够将房顶的重量沿斜线方向分解，并通过飞扶垛将一部分重力引向地面。而交叉拱则通过对称下垂的拱肋与墙柱联接，把一部分重量引向墙体的石柱。经过这一系列的创新，教堂的屋顶变得更加轻盈，整体结构也变得纤细柔韧，纵横交错，井然有序，教堂本身也越耸越高。而且粗笨的石柱让位于纤纤细柱，封闭的墙体也被安上了高大的彩色玻璃。这种新式风格的教堂被誉为哥特式的建筑。由于哥特式教堂应用了彩色玻璃和雕刻装饰，使它不仅成为了人们与上帝联系的通道，也成为立体的圣经，是理想与现实的桥梁。

（5）文艺复兴时期教堂建筑艺术

在文艺复兴时期，教堂仍是建筑师们用武的主要场所。这时的教堂形式已经有了很大的发展。仅就教堂的正立面形式而言，它们中有希腊神庙式、罗马凯旋门式、罗马竞技场式、拜占廷式、哥特式以及阿拉伯式等。教堂的平面形状除了有传统的巴西利卡式、拉丁十字架式以外，还有正方形、圆形以及不同几何体的混合形状。在谈到这一时期建筑的特点时，克拉克曾经评述到：“毫无疑问，早期文艺复兴建筑是以对数学的感情为基础，特别是几何学。当然中世纪的建筑师已奠定了数学的基础，但显得过于复杂，就像经院哲学那样繁琐。文艺复兴的建筑师运用简洁得多的几何学形象——正方、圆，他们相信具有某种终极之美的形式，他们接受了这些形式必须适合与人体的观念：即彼此保证彼此的完美。这是古代建筑理论家维特鲁韦乌斯（古罗马建筑师——引者注）提出的思想。[1]

(6) 巴洛克教堂建筑艺术

巴洛克式建筑的崛起，为西方的教堂建筑又增加了新的活力。17 世纪后半期的巴洛克式艺术形式，是教会和世俗权力为了追求各自的利益，特别是教会为了炫耀自身的力量，吸引人们接受教会的统治，而鼓励艺术家们进行创新的结果。这种以华丽多变为主要特色的艺术形式，首先被用在了教堂的建筑上。它不仅使教堂的外表更加富丽堂皇，而且在内部的装饰方面也使用各种材料和表现手法，如具有震撼力的雕塑、气势辉煌的油画、变换复杂的图案等，以营造出充满激情、绚丽迷人的氛围。因为教堂是教会权威的象征，是一个被用于激励和调动教徒情绪的场所。就此一点而言，巴洛克艺术是一种大众的艺术。

3. 教堂建筑的范例

(1) 圣索菲亚大教堂

圣索菲亚大教堂（Hagia Sophia）是东罗马帝国拜占廷时期最有代表性的一所教堂建筑，也是西方建筑与阿拉伯建筑结合的一个最佳范例。在查士丁尼大帝（527~565）统治时期，是东罗马帝国最为强盛的时期。它是由查士丁尼下令在该教堂的原址上重建的。为此，他“从小亚细亚召集来两名最有名的建筑师安提米乌斯和伊西多进行设计和监督，动用了 1 万名能工巧匠，耗资 32 万磅黄金（相当于 134 亿美元），历时 5 年零 10 个月才最终完成。”[2]

建筑师们以万神庙为原型，建起了这座高达 60 米，直径 33 米的带有一个大型穹顶的圆形建筑。与万神庙不同的是，它的墙体不是圆形而是方形，而且它的建筑难度和工艺也都有了很大的

---

[1] 肯尼斯·克拉克著.《文明与艺术》. 易英译. 第 113 页。

[2] 裔昭印主编.《世界文化史》. 第 277 页。

提高。在四个墙角处修建了四个户间壁，在每个户间壁上又托起四个小圆顶，然后再在它们的上面建起一个大穹顶。为了使教堂内的采光效果更为理想，建筑师们还在圆顶下方留了一圈共计40个采光窗，它们如40个光环把穹顶轻轻举起。为了装饰教堂的内部，查士丁尼又派人从埃及运来花岗岩，从利比亚运来绿色大理石从拉科尼亚运来蓝色大理石等。此外，祭坛上还使用了大量的黄金、象牙、琥珀等材料，使大教堂熠熠生辉。不仅显示了对上帝的虔诚，而且也炫耀了拜占廷的富有。圣索菲亚教堂的内部装饰也是非常灿烂夺目的，这主要源于它的柱子、墙体都采用了彩色大理石进行贴面，形成了绚丽的色彩。难怪当时拜占廷历史学家普洛可比乌斯（Procopius，490—562年）写道："人们觉得自己好像来到了一个可爱的百花盛开的草地，可以欣赏紫色的花、绿色的花；有些艳红的，有些闪着白光。大自然像画家一样把其余的染成斑驳的色彩。一个人到这里来祈祷的时候，立即会相信，并非人力，并非艺术，而是只有上帝的恩泽才能使教堂成为这样。他的心飞向上帝，飘飘荡荡，觉得离上帝不远……"❶

（2）比萨教堂

比萨教堂（Pisa Cathedral），是罗马式教堂代表性建筑。它建于11世纪至12世纪，由教堂、洗礼堂和钟塔三部分组成。教堂是巴西利卡式的，平面十字交叉处的上面有一个椭圆形穹窿。它的塔高为50多米，直径为15．8米。三座建筑的外墙均用红白两色的云石相间砌成，而且用连列券进行装饰。

（3）圣德尼修道院

它是在12世纪初由苏热教士倡导重建的，也是哥特式建筑

---

❶ 陈志华著.《外国建筑史>．中国建筑工业出版社，1997年6月第二版，第84页。

的开山之作。该修道院教堂的屋顶将交叉穹隆与尖拱联系起来，穹隆被安放在一些细柱上面，使建筑出现了前所未有的轻盈感；墙壁所承担的支撑重量也相应地减轻了，在它的上面还开出一些窗洞，以增加内部的采光。并由此开创了在教堂安装彩色玻璃的先例。他认为，“这样做是为了获得更多的光线，但他发现玻璃的区域被转变为一种感动和教导信徒的手段——远胜过壁画，因为有一种鸣；一种感觉的效果，无光泽的壁画表面决不会有这些效果。‘人可以通过感觉升华对神圣的沉思’。”[1] 从此，建筑师们把扩大教堂的出口，增加它的高度和寻求均匀的内部空间作为哥特式建筑的三大目标。

(4) 巴黎圣母院

巴黎圣母院（Notre—Dame，）法国哥特式建筑的一个重要代表。它始建于1155 年，完成于1250 年。位于巴黎城中的岛上，人口朝向西面，前面有一个可用于市民活动的小广场。教堂的中央通廊宽12. 5 米，纵深125 米，高约33 米，是两侧通廊的3. 5 倍。教堂的正面是一对高60 米的钟楼，它的后部是座高达90 米的尖塔。教堂的内部，光线幽暗，透过彩色玻璃的光线照在地上，再配以摇曳的烛光，使它显得更加神秘，象征着位于通廊里端的神坛便是“彼岸”。在这座教堂的建造上，建筑师使用了尖塔、尖券、尖形拱顶、拱扶垛、束柱等形式，使教堂建设又出现了一次飞跃。通，过把屋顶的推力掷于外面，从而去掉了纯为增加支柱对屋顶的承受力而设的盲楼，最终减轻了沉重的墙体。同时，它的绘有精彩图案的玻璃窗，更是给人以耳目一新的感觉。

(5) 威尔士大教堂

英国哥特式教堂是在把法国技术与自己传统相结合的基础上形成的，威尔士大教堂就是典型的一例。它建于13 世纪后半期，

---

[1] ［英］肯尼斯·克拉克著.《文明与艺术》. 易英译. 第70 页。

其内部的设计新颖大胆，装饰丰富，已经表现出了变化多端和过分装饰的倾向。如它采用了枝肋、居间肋、悬垂式拱顶石和大量的花饰等手段。

（6）腾彼埃托小教堂

腾彼埃托小教堂（The Tempietto）是1520年由布拉曼特（Donoto Bramante，又被译为勃拉曼特，1444—1514）设计建造的。它建在罗马蒙托利罗的圣腾彼埃特罗修道院之中，内部直径虽然只有4．5米，但它近乎于完美的比例关系使它显得格外宏伟。它建在一个三层圆形台阶的地基上，小教堂的外围是一圆形柱廊，它由托斯卡纳柱式组成，里面是一圆形礼拜堂。在第一层柱廊之上是一个圆形回廊，回廊的中央又是一圆形鼓座，鼓座上再安放一个半球形的圆穹顶，它的顶端则会令人想起一盏明灯。如此圆上加圆，圆中套圆，使这五个同心圆表现出了不同的韵律感，使它既有开放的空间，又有典雅活泼的风度。布拉曼特是位在建筑设计从不满足的设计师，他的成名之作则当属他为梵第冈教堂与教皇府邸所作的设计。

（7）圣彼得大教堂

圣彼得大教堂（St Peter）最初是由教皇尤利乌斯二世（Julius，Ⅱ）提议兴建的。他当政时拆除了旧的圣彼得教堂，这可能是他所做出的最大的决定。关于新教堂的建想，尤利乌斯二世也许受到了“两个文艺复兴的理想的影响。它必须以完美的形式为基础——广场与回廊；它在规模与风格上都必须超越巨大的古代废墟”。❶

起初它也是由布拉曼特设计的，他采用了希腊十字架形式，主体的周围是四塔环绕，中间托起一个巨大的圆形穹隆。他的这一设计后来被米开朗基罗（Michelangelo，1475—1564）做了一些

---

❶ ［英］肯尼斯·克拉克著．《文明与艺术》．易英译．第139页。

修改，使其体积更为简化。在布拉曼特之后，米开朗基罗、拉斐尔等多位艺术家和建筑师们，也都先后参与设计和建造这一浩大的工程。可以说，它是集文艺复兴建筑艺术与技术之大成的最为宏伟、壮观、非凡的建筑。它的建造从 1506 年开始，完工于 1626 年历时一个多世纪。期间设计方案几经修改，风格也一再变化。它的体量巨大，长约 212 米，最宽处为 140 米，最高点为 138 米。它的平面像中世纪的教堂一样，呈拉丁十字形。教堂的上方是一个直径为 42 米的双层大穹隆，内部则装饰得金碧辉煌。教堂的正面总高 51 米，门廊上的壁柱高 27．6 米，上面装饰有山花，两面是一对冠以穹隆的变相的钟塔。当它建成后，使得许多过去曾经辉煌一时的其他宗教建筑都黯然失色。现在的圣彼得大教堂圆形穹顶就是米开朗基罗的杰作，此外大教堂的西侧面也还保留着他当年的设计。

在巴洛克艺术风潮的影响下，17 世纪的建筑师们对圣彼德大教堂进行了一次又一次的改造和装饰。受耶稣教堂的启发，卡尔洛·马代尔诺通过增加一个巨大的前厅和全新的正立面设计，为大教堂的前面添加了三层宽大的台阶，使教堂新增加的五扇大门有如剧院般效果。它使得教堂的宏伟气势更加辉煌，使人们在教堂高大的门前显得更加渺小与轻微。这样改造的结果也把布拉曼特和米开朗基罗原来的设计，由希腊十字形变成了一个长方形，也大大增加了教堂内部的容量。后来贝贝尼（Gianlorenzo，1598—1680）还在广场的两侧，各修建了一个由 284 根立柱组成的 4 个一组，共计 88 根壁柱构成的巨大弧型柱廊，象征着教会像母亲一样拥抱自己的信徒、拥抱世界。

（8）马格乔尔教堂

威尼斯圣乔尔乔·马格乔尔教堂（Church of S. Giorgio Maggiore，Venice），是由 16 世纪最有影响力的意大利建筑师帕拉第奥（Andera Palladio，1508—1580）于 1565 年设计的。这座教堂面水而建。在教堂的正立面上，帕拉第奥采用了纯古典的纪念碑似的设计。他开创式的将两个古典神庙式的立面叠加在一起，并使用半截式的立柱和古典式的窗户，教堂的中央还设有圆形穹顶。他还独树一帜地采用了纯白色为立面的颜色。对此，他在1570年自己所著的《建筑四书》（Four Books of. Architecture）中解释到："在所有的颜色中，没有一种比白色更适合于教堂了，因为纯洁的颜色就像生命本身一样，是最能满足上帝（对我们的）期待的。"[1] 帕拉第奥对古希腊和罗马的建筑有着非常深人的研究，因此他所做的民用建筑和公共建筑都是从古代建筑中获得的启发，他所设计的建筑既体现了古典主义的美，又迎合了新兴资产阶级的审美要求，他在挖掘和发扬古代建筑形式，在开辟和创造新的建筑形式方面起到了非常重要的作用。所以，他的设计风格被誉为"帕拉第奥式"。

（9）威斯大教堂

威斯大教堂是罗可可艺术的典型代表。该教堂位于德国巴伐利亚以南的施泰加登，建于1745年至1754年，是乔墨尔曼兄弟的作品，多米尼克斯（1685—1766）为建筑家，约翰·巴蒂斯特（1680—1756）为画家。他们将主殿设计成一椭圆形，它的后面是一个较深的祭祀席和一个半圆形的后殿，正殿前面也是一个半圆形的门厅。环绕大殿是一排同圆心的双层栏杆，它隔出一条侧道，与椭圆形的边墙结合在一起。在祭祀席周围，由高高的科林斯式立柱托起一个拱孔，四周筑起廊台，底下则是便于信徒行走的通道。在这里，传统的拉丁十字架形布局消失了，代之以一个大长方形的主教席。与巴洛克式不同，它的外表仅简单地用石灰抹成白色，而它的内部则大量应用藤蔓、涡纹、繁花等装饰的花

---

[1] （Edited by Denise Hooker, Art of Westem World（《西方世界的艺术》），London, 1998, P. 213）

团锦簇。它与巴洛克的另一个不同在于，它的建筑结构消失在装饰的后面，而巴洛克式虽有装饰，但其建筑结构依然可见。

二、帝王建筑艺术

帝王们历来都十分热衷于修建自己的行宫，一是为了展示自己的权威，二是为了自己的享受。在动荡不安的年代里，行宫也成了保护他们自己身家性命的堡垒。到了中世纪作为世俗统治者，他们在与教会的较量和对抗过程中，也增加了为自己建筑宫殿的理由。不仅如此，不少帝王还热衷于为自己歌功颂德和树碑立传，也为帝王建筑增添了新的形式。由于这诸多因素，使得帝王建筑也成为西方建筑艺术中的重要财富。

（一）意大利的帝王建筑

1. 哈德良宫苑

尽管罗马帝国的皇帝们都十分热衷于建造个人的行宫和别墅，但由于战乱及帝王们的频繁更替，所保留下来的却非常少。在众多行宫和别墅中，哈德良皇帝的宫苑堪称是罗马帝国时期，规模最为庞大、建筑最为复杂、装饰最为奢华的一个。该宫苑位于罗马郊区的蒂沃利的山脚下，从118年动工兴建，到134年建成，历时16年。它的原址是一片农场，后建有宫殿、神庙、露天剧场长廊、水池等30多处建筑。罗马帝国之后，由于政治和宗教等多方面的原因，意大利一直处于分崩离析、各自为政的分裂状态，再也没出现比哈德良宫苑更具代表性的帝王建筑。不过，现在人们所能看到的哈德良宫苑，已远无昔日的面目，面积仅为原来的1/5。只剩下一些残垣断壁。但人们还是可以从遗址中，看到它当年的气势。

2. 凯旋门

凯旋门是罗马人发明的一种独特的帝王建筑形式，主要是为了歌颂帝王们的征战业绩，是纯粹用来美化帝王的建筑。一般被建在城市中比较瞩目的地方，以便人们观看和崇拜。“它的形式十分简单：一个或三个拱门托起一块屋顶，上面立有一尊得胜的皇帝像。”❶ 一般还在门面的两侧，装饰有浮雕和隽刻有记载皇帝功绩的文字。罗马城内现存的君士坦丁凯旋门就是有代表性的一个，它大约建于 312 年，是为纪念击败马克森大帝而建。它的正面有君士坦丁的雕像，以及歌颂其战功的铭文。

3. 纪念柱

纪念柱也是罗马人的一个创造。它与凯旋门的功能是相同的，都是为了美化帝王和为帝王们歌功颂德的。图拉真纪念柱就是一个代表，建于 113 年。通过柱身上的浮雕，记录了图拉真皇帝在位时的主要业绩。当然，这些浮雕上的所谓业绩都是已经被神话了的，已并非是历史上的真实情景。

4. 威尼斯总督府

威尼斯总督府（Palazzo Ducale，1309～1424）是欧洲中世纪最为代表的建筑之一。该建筑选址极佳，它南面临海，东面邻河，西面朝向广场，整座建筑呈四合院式。它西、南两面的立面约 25 米市，分为三层。底层采用券廊的形式，圆柱墙体，墙面是用白色与玫瑰色相间的大理石片贴成的图案，这一形式带有伊斯兰建筑的烙印。中层是底层与顶层的过渡，也采用了券廊的形式。不过它的廊柱比底层恰当多出 1 倍，所以，柱间距更小，柱子也更纤细。此外，在中层的券廊之间还开有圆形窗，使它显得更为华丽。

（二）法国的帝王建筑

法国帝王建筑的主要成就是在文艺复兴时期取得的。与意大利的私人别墅不同，法国的建筑主要是由国家出钱，名义上是归国家所用，但事实上却只供王室和少数权贵们所享受。起初的这

---

❶ ［法］雅克·德比奇等著.《西方艺术史》. 徐庆平译. 第 59 页。

类建筑都是在意大利建筑师和意大利风格的影响下进行的，充其量是对意大利建筑艺术的模仿。到了16世纪中期，法国的设计师开始超越意大利人的指导和教条，结合法国的情况进行自己的探索。

1. 枫丹白露宫苑

在法国和英国百年战争之后，法国在政治、经济和军事上逐渐强大起来。当时的国王是法兰西斯一世（1515—1547）他在与意大利的战争中虽然失利了，但意大利的艺术，特别是建筑艺术给他留下了深刻的印象。于是，当他返回法国后便开始大兴土木。其他贵族们也上行下效，纷纷从意大利聘请建筑师和画家，为自己大造府邸和别墅。以罗索（1495—1540）、普利马蒂乔（1504—1570）、阿巴泰（1509—1540）为代表的意大利艺术家们，负责建造枫丹白露宫苑（Fontainebleau，1533—1537）。他们不仅把意大利的艺术带到了法国，而且还培养了一大批掌握了意大利绘画方法的新一代艺术家。这些人被称为枫丹白露画派。枫丹白露是一座典型的文艺复兴时期的建筑。

2. 凡尔赛宫苑

巴洛克时期帝王建筑中最有代表性的是路易十四的凡尔赛宫苑。这座规模庞大的宫苑，是在原路易十三的一座小狩猎行宫的基础上，从1640年开始经过几十年的建设，耗费了无数的人力、物力和财力才得以完成的。它的王宫是一个规整对称的巨型建筑。主体部分除了在南北两个方向上各有一个翼楼外，在东西向上还分列有两个附楼。王宫的主体是一个三层建筑，在它的各个立面上都进行了精心的设计，用立柱、拱窗、栏杆、雕像等装饰得异彩分呈。它的内部也更是极显奢华之能事，使用金银、大理石、壁画、家具等各种方式和手段进行装扮。特别是它的镜廊，使用十几快巨大的镜子装饰墙体，将室内的壁画、雕像、吊灯等物加以反射，给人以鎏金异彩、金碧辉煌之感。而路易十四的居室正好位于宫殿中央的二楼上，面向东方，象征着他太阳王的地位。同时，他的居室也正好是整座宫苑的中轴线上，象征着他统治一切的权力。宫殿的前面是一个宽阔的广场。宫殿的后面则是一个占地数千公顷的规则式苑园，在修剪整齐的绿树之中掩映有，许多喷泉、水池、花坛、亭台、长廊、棚架等建筑小品，以及长达数公里的纵横交错的两条运河。此外，苑园中还安放有无数精美的雕塑作品，使整座苑园美伦美幻，令人流连忘返。凡尔赛宫苑建成之后，一时间成为了君主和诸侯们效法的样板。于是乎，在欧洲各地陆续建成了许多大大小小的“凡尔赛”。

(三) 英国的帝王建筑。

汉普顿宫。汉普顿宫（Hampton）最初是由红衣主教托马斯·沃尔西于1515年为自己建造的府邸，设计师是意大利人。府邸的设计气势恢宏，装饰豪华，仅为宾客使用的房间就达280个。伊拉斯莫曾赞叹说，它是为愉悦而建设的。可是沃尔西在此仅住了10年便被迫搬离了，因为当时的英国国王亨利八世相中了这座美丽的府邸。在他之后，又先后有多位国王曾在此下榻，也对它进行了多次扩建和改建，使它最终被誉为17世纪英格兰最辉煌和雄伟的王宫。后来，王室对它逐渐失去了热情，乔治四世（George Ⅳ，1762—1830）时将宫苑中的许多雕塑搬到了温莎宫。1838年，在维多利亚女王主政时期，将该王宫对公众开放。

白金汉宫。起初它被称为“白金汉馆”，是由白金汉公爵（Duke of Buckingham）于1703年建成。1762年，它被国王乔治三世买下。设计师纳仕（Nash）在1 825年又根据国王乔治四式的要求把宫殿进行了重新设计和改建，自这时起这座豪华的宫殿才被改称为“白金汉宫”（Buckingham）。一直在1837年维多利亚女王继承王位后，王室才正式迁居至此，作为正式的行宫，这里也便成为了英国王室的伦敦之家。而在这之前，宫殿则很少被使用。现在对公众开放的那一侧——宫殿东侧，是1847年扩建的，

1913 年时整个东正面又被重新设计了。宫殿的西侧面则保留了纳什设计的大部分。但他所设计的大门，即原来耸立在大厅（Mall）尾端的入口，对四轮马车来说则显得过于狭窄了。所以，宫殿的正大门被移到了它现在的所在的位置，被称为“大理石门”（Marble Arch）。宫殿的内部，设有许多极其华丽的房间，这些对公众是不开放的。

（四）其他国家的帝王建筑艺术

1. 西班牙的帝王建筑

由于长时期受阿拉伯人的统治，阿拉伯文化在西班牙有着很深的影响。15 世纪时的王宫建筑，就反映和保留下了受莫尔艺术的这种影响。王宫的墙面上建有各种形式的凸状花纹，使光线在墙面上呈现出不同的光影变化，这种建筑也因此被称为“银器式”建筑。当西班牙人打败了阿拉伯人之后，基督教文化又占据了统治地位。在 16 世纪意大利文艺复兴运动大到高峰时期，西班牙人又被意大利的文化和艺术所醉倒，两国也扩大了彼此的交往。许多意大利的艺术家被请去传经送宝，而西班牙的艺术家们也纷纷到意大利去取经学艺。其中最具有代表性的是艾勒汉卜拉宫（Alhambra）狮院。它位于格林纳达的艾勒汉卜拉宫内，是一处典型的穆斯林建筑，也被誉为穆斯林建筑的一颗明珠。它建于 14 世纪，是穆罕穆德五世（1362—1391）在位时所建。狮院为长方形，取自罗马贵族府邸的柱廊式院落传统。在建筑的装饰上，突出了奇特、轻盈、变幻、精美的考虑，使优美而严谨的图案，形成了精细的几何网络。优美的柱廊环绕着两个亭子，院子的中央为一个底座由 12 头黑色大理石雕刻的狮子组成，上面托起一个 11 世纪的大理石承水盘。清凉的水沿着十字形的细小水渠，流进房间，给人清爽之感。

2. 德国的帝王建筑

乔治·凡·诺贝尔托夫为普鲁士国王菲德列二世设计的波茨坦

《无忧宫》是一座罗可可风格宫殿。在这座建筑上，曲线、直线的巧妙结合，和它的自然主义的装饰都达到了极高的境界。它兴建于1745～1747年。无忧宫位于高坡之上。坡地的底部是一巨大的圆形喷泉池，维纳斯的大理石雕像位于水池中央。沿坡而上是由六层葡萄园圃构成的台地，其间由130级台阶相连。王宫的正面宫墙上装饰有36尊神态各异的花神和葡萄神像柱头，宫顶为绿色半球状圆穹。王宫的后院是仿梵蒂冈的柱廊式小广场；它的北面则是仿建罗马广场的古迹。王宫正厅是一个圆形大理石厅，中庭天窗仿罗马的万神庙，阳光自上照射在室内。天窗四周的壁顶，则以葡萄藤叶、金甲武器和丘比特天使等装饰。王宫在周围绿树、草地、小河和池水的映照下，显得格外妩媚。

此外，在俄罗斯圣彼得堡，沙皇的冬宫就是一座具有巴洛克艺术风格的王宫；在丹麦，由弗朗索瓦·德·居维利埃设计的哥本哈根《阿美琳堡》王宫，是一座具有18世纪罗可可特点的建筑。

三、公共建筑艺术

严格地说，教堂也应属于公共建筑的范围，但由于它在西方建筑艺术中的独特功能和地位，我们将它单独加以介绍。这里只简单介绍一下其他形式的公共建筑。

（一）古希腊的公共建筑艺术

除了富有特色的神庙和祭坛建筑形式外，在希腊的各城邦内还有许多其他形式的公共建筑。剧场便是其中最重要的一种，供市民们观看戏剧演出使用。它在希腊古典时期就已初具雏型，尤其在公元前4世纪至前3世纪较为流行。它比较成熟的形制为半圆形的形式，剧场多是依丘陵地势，就地取材而建。多利用平缓的山坡修建成了一半圆形的观众席，每排席位顺地势依次升高，以纵向过道为主，圆弧形横过道为辅，形成缜密有序的网状形式。而舞台则设在观众席底层前面的平台上。剧场的规模大小不等，有的可容纳万人，有的则可容纳千人。最为著名的一座是埃及道鲁斯的医药神艾斯克里比奥斯（Asclepios）圣地的一座。它建于公园前3世纪初，后经扩建形成55排座位，可容纳12 000名观众。而供表演的舞台长22米，宽3．17米。在雅典卫城的东南角上，也有一处建于公元前342～326年的著名酒神（Dionysos）剧场。

在公共建筑中还有广场、市场等形式。如雅典市中心广场（Agova），其内侧带有敞廊，进深达18米，既有公众集会、举行活动的地方，也是颁布法令的场所。在古典时期的末期，市场建筑也较为普遍。它们通常位于城市繁华街道的一侧，地段规划得方方正正，并在周围建有敞廊。一般越是在商业繁华的地方，敞廊越是建得宽敞。如建于公元前2世纪雅典市场上的敞廊，长度为111．90米，面阔达23间，进深为20米，全部用白色大理石建造。

此外，运动场也是古希腊重要的公共建筑与场所之一。例如，著名的雅典奥匹克运动场。

（二）罗马的公共建筑艺术

竞技场、广场、剧场、浴池等形式，是罗马帝国时期的主要公共建筑形式。

1．竞技场

它是罗马发明的产物，主要被用来演出杂技和角斗。“竞技场”一词意为半圆形，它是将希腊式的两个半圆形的剧场合起来而成的。科洛塞（Colosseum）就是现存竞技场的一个最好范例。科洛塞，即弗拉维安竞技场，又被称为罗马斗兽场。弗拉维安王朝的三位皇帝先后都对这项巨大的工程倾注了大量的热情。威斯叶西安于公元70年开始动工，接着其子提图斯于公元80年为竞技场的主体揭幕，其后托米齐安又为它最后再加一把力，使其得以于公元81年竣工。它坐落在原托雷宫花园中为尼禄皇帝消遣而挖的人工湖的原址上。它的外尺寸长是 188 米，短径为 156 米，最高处为48. 5 米，可容纳 5 万人。正面为三层连拱廊，一层壁柱为多利亚式，二层壁柱为爱奥尼式，三层壁柱则为科林斯式。它们的上面是设有窗户的顶楼。楼面上所使用的拱廊，使墙面既富余变化增加了美观，又起到了分解建筑受力，避免墙体裂缝的作用。每层有连续不断的 80 个半圆形拱门，拱门之间为高 2. 4 米、深2. 1 米的立柱，下层是通道，二、三层是照明窗。在当中两层的拱洞下面还设有栏杆，拱洞中间安放有一尊大理石雕像，这样两层共有雕像 160 尊。场地中央的椭圆形表演场地长为 86 米，宽为 54 米。它还可以灌水为湖，以表演海战场面。在椭圆形的每端都设有一个大门，它们是竞技场的主要进出通道。科洛塞是用来为皇帝极其随从观看节目和戏剧表演而建造的。

2. 广场

罗马城的广场（Forum）是其公共建筑中较为气派的一类，它是罗马城市生活中最重要的地方，被视为是罗马社会政治、经济和世俗生活的中心。一般位于两条主要道路的交叉处。它通常是长方形的，周围设有大门。在广场的周围建有庙宇、政府大厦、法庭和会议厅以及商店、作坊，等等。其中较为有名的有位于巴拉丁山和长比多山山脚下的罗曼努姆广场（Forum Ronamum），位于它旁边的恺撒广场（Forum of Caesar），还有位于恺撒广场边上的奥古斯都广场（Forum Of Augustus）和图拉真广场（Forum of Trajan）。图拉真广场是这些广场中规模最为宏大的一个。它不仅采用了对称式的布局，而且广场四周建筑物的布局也纵横有度。该广场长约 120 米，宽约 90 米。它的正面是入口处是图拉真凯旋门，在广场纵横轴线的交点上，竖立着图拉真的骑马铜像。其他大小建筑物了都是围绕着为图拉真皇帝歌功颂德而建的。它是由叙利亚建筑师阿波洛道鲁斯（Apollodorus of Damascus）设计的，所以，广场在设计上吸纳了不少东方帝王建筑的特色。

3. 剧场

希腊人的剧场是依山而建的，且为露天的形式。在罗马帝国内，剧场也是较为流行的。不过与希腊剧场的规模相比就要小得多了，而且它在建造上了摒弃了依山势进行建造的做法。从形式上看，它也还是取半圆形、放射状的观众席布局，但它是用筒形拱把观众席一层层架起来的。在罗马城内比较著名的是马采鲁斯剧场（Theatre of Marcellus，前44—前13）观众席的最大直径为130米，能容纳观众10 000～14 000人。舞台长约90米，宽约80米。后来罗马人也把它搬到了平地，有的还建为独立的室内剧场。

4. 公共浴池

它是典型的罗马创造物。通常是被人们用来沐浴和会面社交的场所。它在人们的日常生活中占有重要的位置。建筑公共浴场也是罗马人从古希腊建筑中继承政来的，不过，罗马人又把运动场、图书馆、音乐厅和商店等建筑都与浴场结合在一起，形成了多用途的庞大建筑群，使它成为城市中十分重要的公共建筑。在公元2～3世纪，仅在罗马城内，就建有大型浴场11处，小型浴场800多处。其中卡拉卡拉浴场（Thermae of Caracalla，211～217）和戴克利提乌姆浴场（Thermae of Diocletium，305～306）最具代表性。

（三）文艺复兴时期的公共建筑

随着社会生活的发展，建筑也已经由过去只为宗教和帝王们服务，开始面向大众，因此公共建筑也逐渐增多。当时修建市政办公、学校、医院等建筑也开始盛行。

米开朗基罗作为建筑设计师除了参与设计了圣彼得大教堂外，1538年他还为罗马的元老院做了精心的设计。如今这一设计也成了古代的经典设计之一。所以，在比较中世纪和现代建筑时，克拉克认为，“为什么中世纪与文艺复兴的建筑比我们现代的建筑要好得多，其理由之一就是那时的建筑师都是艺术家。”❶这话是有一定道理的。

威尼斯圣马可广场的马西亚纳图书馆是当地最为优美的建筑之一，是由亚各泊·桑索维诺（1486—1570）设计的。它是一座长 80 米的二层建筑。一、二楼的正立面为柱廊，楼顶层则为装饰带。一楼的柱廊采用坚固朴实的多里安柱式，柱子之间装饰有尖拱门。二楼采用的是爱奥尼柱式，在每根柱子的两侧设有四根细柱，用以支撑凹进去的雕花拱门。楼顶的装饰带上设有小栏杆，栏杆上面安有雕像。整座建筑的设计变化多样、活泼精巧，同时又严谨整齐，象征着知识世界的丰富与多彩。

维琴察大会堂是由帕拉第奥 1545 年设计的，其实它是维琴察的市府宫，只是人们习惯于称它为“会堂”。它的原址是一座 13 世纪哥特式建筑，15 世纪进行了重建。帕拉第奥以威尼斯马西亚纳图书馆为参考，设计了两条重叠的走廊。在底层他采用了托斯卡纳的建筑风格柱廊，在二层则应用了伊奥尼亚风格的柱廊。在每一层柱廊的细节上，他都采用同一序列但粗细不同的两类立柱结合一起，并在小立柱上面建有一圆形拱孔。这样通过实柱与装饰柱对比，粗柱与细柱对比，高柱与矮柱对比，使会堂既高雅华丽又轻巧多变。此外，在会堂的顶部还建有一个人物雕像平台，丰富了建筑立面的变化，增加建筑的美感。

除古罗马时期的广场建筑以外，在文艺复兴时期意大利还建有许多广场。对于公共广场的重要性，阿尔伯蒂（Albergati）在他论建筑的著作中曾写道：“年轻人在那儿可能会转移他们在那个年龄的胡闹和荒唐的天性；在漂亮的门廊下面，老人可以在那乘凉，两方面都能得到益处。”❷ 克拉克认为，那时的佛罗伦萨

---

❶ ［英］肯尼斯·克拉克著.《文明与艺术》. 易英译. 199 页。

❷ 克拉克著.《艺术与文明》. 易英译. 第 115 页。

文化是一种城市文化，也是一种广场文化，因为当时的人们即所谓的中产阶级把时间都消磨在街道和广场上了。在当时的广场。中，罗马市政广场和威尼斯圣可马广场较有特色。其中罗马市政广场由米开朗基罗设计，位于卡比多山（The Capitol）上。它的正面是元老院，右侧为一档案馆。1644～1655 年，在它的左侧按照档案馆式样对称地建了一座博物馆。由于考虑到原有建筑的因素，米开朗基罗将广场设计成为一个倒梯字形。宽底为元老院，对面开放，直对山下的平坦草地，其间由一条笔直的宽大台阶相联。

在意大利以外，欧洲的许多国家随着社会生活的发展和市民需要的扩大，公共建筑也大量涌现。主要有广场、医院、图书馆、博物馆等。它们当中有的是新建的，有的则是由原来王室建筑改造而来的。例如，卢浮宫原是法王在巴黎的一座宫殿，后改为博物馆。

（四）近代的公共建筑

1. 古典主义建筑

在公共建筑中最有气派的还要属那些大型的广场。比如，法国就建有许多城市广场。如巴黎的和谐广场（又译为调和广场，Place de la Concorde，1755—1763）。它原名为路易十五广场，最初的方案为雅一昂·迦贝里爱尔的方案，后经多次改造，广场为长方形，南北向 245 米长，东西向 175 米宽。在东西向的轴线上，广场东接丢勒里化园，西连爱丽全大道（Champs Elysees）；南北向轴线上，北端为气势宏伟的军功庙，南侧是一座横跨赛纳河的桥梁。在两条轴线的交叉处原立有一座路易十五的骑马铜雕像，它的两侧各建有一对对称的圆形喷泉。在法国大革命之后，1792 铜像被拆除，1 836 年在原址上安放了从埃及掠来的一座方尘碑。

雄狮凯旋门（I'Arc de I'Etoile）是为宣扬拿破仑的功绩所建。

它位于明星广场的中央与东部的和谐广场遥遥相对，建于 1806 ~1836 年，由查格斯（Jean—Francois Chalgrin，1739—1811）设计。该凯旋门体量非常宏大，高达 49. 4 米，宽达 44. 8 米，厚为 22. 3 米。虽然它体量很大，但设计上却非常简捷明快。在整座近似正方形的建筑物上，除了檐部、墙身和基座上，没有多余的划分。它的正面只有一个高达 36. 6 米、宽 14. 6 米的券门。门的两侧装饰有高大的浮雕，使整座浮雕更显得庄严肃穆。

在德国的柏林有建于 1788 年至 1791 年间的勃兰登堡门（Brandevburger Tor），它由建筑师朗汉斯（Karl Gottfride Langhans，1733—1808）设计。它的主体模仿古希腊雅典卫城的山门式样，而上部却用了罗马式的女儿墙形式代替了希腊式的山花，这了是为了便于在上面安装象征光荣与胜利的“四驾马车”的铜雕。

2. 新古典主义建筑

新古典主义者所追求的目标是希腊和罗马的形式，但他们并不是死板地效仿古代或意大利文艺复兴运动时期的作品，而是根据新形势的要求和原则进行新的发展。这些原则在建筑设计上主要体现为明确的构思、和谐的对称、准确的比例、简洁的结构等。

英国的国会大厦也是古典复兴时期的建筑，由巴雷（C. Barry）设计。始建于 1836 年（一说为 1840 年），完工于 1868 年（一说为 1865 年）。原有的国会大厦是在已有数百年历史的皇家威尼斯敏特宫的基础上不断扩展而成的，可惜被 1834 年的一场大火烧毁了，只残存了 14 世纪末所建的威尼斯敏特大厅。新建筑采用了英王亨利五世时期（1387—1422）的英国哥特式风格，原因是亨利五世曾一度征服过法国，借此以炫耀英国曾经有过的荣耀。国会大厦包括上、众议院的两个大厅，国王、王后的房间，会客厅和图书馆等，占地 3 公顷多。正立面长约 280 米，西南角的维多利亚塔楼高约 104 米，收藏了 200 多万份的文件；

中央人口塔楼高约 90 米；而北面的钟楼高约 100 米，上面安放了一架巨大的时钟，因此它常被人们称为“大本楼”。

在英国，新典主义建筑也向它的海外殖民地传播。在美国的建筑中，自 18 世纪后期也受复古主义的影响，在许多主要的公共建筑物上，都采用了古希腊和古罗马的建设要素。例如，由杰弗逊设计佛基尼亚州议会大厦和由渥尔特（Thomas U. Walter, 1804—1887）设计重建的国会大厦。杰弗逊虽然是位著名的思想家和政治家，但他同时也是一位建筑师。他所设计的佛基尼亚州议会大厦，采用了古罗马的围廊式神庙的形式。建筑的正面由 6 根巨柱托举起山墙，既简捷又开阔。而重建于 1814 年的国会大厦，大厦的两翼和中央大厅也都采用了罗马式建筑风格。中央的大穹顶和它的鼓座则是模仿巴黎万神庙的，只不过是更加雄伟而已。

在德国，大量新建的新典主义建筑，使柏林变得更为壮观。如卡尔·弗里德里希·申克尔设计的《老博物馆》、《新卫队大厦》等。而雷奥·凡·克伦泽则为墨尼黑设计了《雕刻陈列馆》(1816—1830)、《老美术馆》(1826—1836) 等。

在法国，雅克·热尔曼·苏夫洛（1713—1780）设计了巴黎的《先贤祠》。由于经费原因，该工程虽然于 1758 年就已经动工了，但到苏热曼去世时工程仅完成了一大半，后由他学生于 1789 年完成。它原是座修道院，1791 年经制宪会议决定改为“先贤祠”，用以接受伟人们的骨灰。它正面由一个门厅组成，带有一个科林斯式柱廊，上面托起一三角门楣，上面于 1831 年刻上了“祖国向伟人们颁发自由女神送给她的桂冠”。

此外，在 19 世纪又出现了大量的被称为“折中主义”的建筑。在这些建筑上，设计师们把过去时代的各种成分和形式进行中和，然后按照自己的审美理念进行设计。例如，查理·巴里设计的伦敦议会建筑，夏尔·加尼埃设计的巴黎歌剧院、彼得·库帕斯设计的阿姆斯特丹国家博物馆等。

第三节　西方的雕塑艺术

雕塑艺术在西方艺术中占有重要的位置。这种位置一方面来自于它在社会上所起的功用，在早期的古希腊它主要是用于崇拜神明，在罗马则是歌颂帝王；到了中世纪主要是出于对宗教和教会的美化与赞颂，后来也被世俗政权及达官显贵们用于各自的需要。另一方面来看，特别是文艺复兴和思想启蒙运动之后，雕塑艺术也日益被更多的人所接触，不仅成为艺术家们表现个人理想追求和艺术表现的形式，也成为满足人们精神和情感上的审美需要。

一、古代雕塑艺术

在西方古代雕塑艺术中，希腊的雕塑可谓是独占鳌头。它的雕塑也是其艺术成就中最主要的部分之一。希腊的雕塑艺术集中地体现了希腊人对美的理想和对人体美的精深研究，也体现了其非凡的艺术创造才华。罗马作为希腊艺术的继承者，在雕塑艺术上也有自己的独特贡献。

（一）古希腊雕塑艺术

1．希腊的浮雕艺术

希腊人是从埃及人那里学到雕刻艺术的。大体上也是从浮雕开始的。起初的浮雕，也都是附属于建筑的。巴特农神庙上的浮雕就是最好的范例，被认为菲底亚斯和他两个学生的杰作。它的浮雕分为柱壁、饰带和三角楣三大部分。其中尤以饰带上的浮雕为代表。在长约 160 米，高 1 米的檐壁浮雕带上，刻有 400 多个人体和 200 多个动物形象。它记述了雅典每 4 年一次的泛雅典娜节游行的场面。场面从神庙的西南角开始。首先刻画了游行队伍整装待发的场面，有骑士洗马、牵马、上马，有队伍集合。接下来是游行开始。既有人物这有男女老少，也有男女祭司和诸神天使等。场面壮观宏大，气势非凡。特别是通过对人像衣褶的巧妙处理使人物的造型生动而热烈，同时在保持动感时又避免了单调重复。在东部的三角楣上（日出方向上）刻有表现雅典娜神奇诞生的浮雕，在西部的三角楣上则刻有描写波塞冬与雅典娜之争的浮雕。

希腊的浮雕艺术在希腊化时期也有了进一步的发展。例如，在帕加马的宇斯与雅典娜大祭坛上的浮雕带上，以人物众多场面宏大而闻名。该浮雕取自神话传说，以高浮雕的手法刻画了诸神与巨人搏斗的场面，弘扬了正义战胜邪恶的英雄主义精神。浮雕上几百个栩栩如生的神话人物，相互对峙，或撕扯、或扭打、或拼杀，使人感受到巨大的视觉冲击，感到心灵震撼。

2. 希腊的圆雕艺术

除了浮雕艺术以外，立体表现人物造型的圆雕艺术也已经产生。公元前5世纪的雕塑作品被称为是“严肃风格”。原因是在这一时期希腊艺术家在雕刻艺术的大量创作中，逐渐形成了一个完美头部形象的定式：椭圆型的面容，笔直的鼻梁，平阔的额头，弧型的眉毛，扁桃型的眼睛，微鼓起的嘴唇，以及宁静严肃而略带思索的表情。这一脸型与表情具有高贵而庄严的特点，它也构成了希腊人物雕像创作的样板。不过，它与丰富多彩、千姿百态的人物身体造型相比，就显得比较呆板和僵硬了。

在古希腊雕塑艺术家中，米隆、波利克里托斯（又被译为波力克莱塔）和菲底亚斯三人就是这一时期的代表。他们留下了许多堪称是完美之作。如米隆的《掷铁饼者》（Discus Thrower，B. C. 450）创作于希腊艺术的繁荣时期，是表现力与美和谐的经典之作。雕刻家选取了运动员鼓起全身之力，欲将铁饼掷出前的瞬间姿态。为了使铁饼获得较大的动能，运动员侧弯着腰，右臂向后高抬，尽量把铁饼向身体的后方甩动。他的腰腹处于收缩状态，左腿弯曲放松，右腿支撑欲做蹬地发力的准备。波利克里托斯的代表作被认为是《持标枪者》，重要的是该作品体现出 1∶7 的所谓“黄金律”。如果说这些作品表现了青年男子的健康阳刚之美的话，那么，《米洛的维纳斯》（The Venus of Milo）则是表现青年女子的清新纯净之美。这件作品完成于公元前 3 世纪，属希腊化时期的艺术，是 600 年间希腊艺术的高峰和集大成者，也被认为是人类雕刻史上最为完美的女性雕像。由于她是断臂，人们只能从维纳斯微微扭动的身体，来欣赏她的美态。这种轻微的扭动来自于艺术家对人体的完美理解和出神人化般的表现能力。维纳斯从头到脚，通过颈、肩、胸、腰、腹、臀、腿等 7 个部位不同方向的扭动，展现了年轻女性洋溢着青春的妩媚之美。这 7 个部位各呈 S 型的扭动，表现了人体各部位的压缩与提拉，肌肤的弹性与张力。

而带有浓厚悲剧色彩的《拉奥孔》（Laocoon and his Sons）群雕则表现了一个凄楚的故事。这件作品取材于特洛伊之战，传说拉奥孔因为违背神意泄露天机，而遭受神的惩罚。整件作品高达2. 42 米，呈一网状造型。在这张“网”里，两只可怕的毒蛇好似巨绳来回穿梭，将拉奥孔父子三人紧紧缠住，欲置他们于死地。父子三人表情惊恐万状、痛苦不堪。雕像传递了神力无边的信息。

（二）古罗马雕塑艺术

在雕塑方面，罗马继承了埃特鲁斯坎和希腊人的艺术传统，同时在浮雕和圆雕方面也有一些自己的发展。但总体而言，与希腊人的成就相比，它就显得有些逊色。这或许也是由于战乱造成的破坏所至，使人们无法全面了解他们的成就。

1. 罗马的浮雕艺术

在浮雕上，罗马人也有不俗的表现。从图拉真纪念柱上，人们可以在螺旋形浮雕带上看到2 500个人物的形象。它记述了罗马人战胜达契亚人的那段历史。画面上攻城、驻扎等场面惊心动魄，人物、兵器、服装等形象逼真。除了这些历史题材以外，还出现了神话方面的题材。此外，从公元2世纪起，由于人们大量采用大理石石棺，因此，在石棺上雕刻死者形象的葬礼浮雕也大量涌现，这也促进了罗马浮雕艺术的发展。

2. 罗马的雕塑艺术

罗马人继承了希腊人的雕刻艺术，并且创造出自己的辉煌。首先是人像雕刻。古罗马人非常热衷于为自己造像。所以，在古罗马的大量雕像中，既有帝王将相、达官显贵，也有黎民百姓。他们赋予了雕像审美和社会两个方面的意义。就帝王雕像而言，它的意义不仅在于其纪念性上，更在于其被赋予的宣传意义上。不过，与希腊人不同的是，希腊人在造像时注重的是人物理想的共性方面，而罗马人则注重于体现雕像的个性化特征，注重于雕像的形似与神似。这也可能是于埃特鲁斯坎人的影响有关。例如，在现存的帝王雕像中，屋大为皇帝的雕像表现出了很高的造诣，表现出了艺术家们娴熟的技巧。他神形兼备，气宇宣昂，体现出了这位统治者的独特气质。埃特鲁斯坎人就非常注重雕像与真人形象的逼真，他们在为死者制作石棺雕像时，为了达到真实，甚至还采取在死者脸上先用蜡制作套模，然后再把面容复制下来。罗马人通常先将人像的身体部分成批地制作出来，然后再安上雕好的具有个性特征的头部。

此外，在雕像的形式上，罗马人也有创新之处。以前古希腊只有全身像和胸像柱的形式，而罗马人则发展出半身像的形式。最初所使用的材料只有石膏和蜡，后来又改换为石头和青铜。在雕刻材料的使用方面，除了使用传统的大理石外，罗马人也非常擅长使用青铜作为自己雕刻的材料。其最有名的应属《青铜母狼》这件作品。

二、中世纪雕塑艺术

在基督教一统天下的中世纪，雕塑艺术和其他一切艺术形式一样，都是为宗教和神学服务的。其题材也多以《圣经》故事为题材，脱离现实生活，人物形象呆板并且公式化。因此，当时的罗马式雕刻，具有较强的程式化和概念化的缺陷。正如有的学者所说："忽视正常人体的各部位而强调精神上的特质的做法，是这个时期的艺术风格。"但在中期，特别是在十字军东征之后情况有了一些变化。用克拉克的话说："十字军对西方文明有什么影响呢？我不太清楚。但它对艺术的影响是相当大的。它大量解释了在我们称为罗马式的风格中那些神秘的方面。在11世纪的纪念性雕塑中，以罗马的遗迹为代表，最初的企图是呆滞和僵死的。在十多年后，这种呆板的古代风格被一种创造力的涡纹所激活。"❶他的话或许用来可以说明中世纪后期雕塑艺术所发生的种种变化。

（一）罗马式雕塑艺术

拜占廷的雕塑主要体现在浮雕上。它与罗马人所崇尚的圆雕不同，它是一种较浅的浮雕，它更接近于装饰艺术而不是浮雕艺术。它的这种浮雕艺术对罗马式雕塑艺术的形成，起到了一定的启蒙作用。

1. 罗马式雕塑艺术

这一时期的雕塑艺术主要还注重于建筑物的装饰上，以基督教的内容为题材。它们通常被雕刻在教堂内部的柱头上和外部的浮雕上。特别是罗马雕塑，更是注重雕塑在建筑上的画龙点睛作用。通常把这种浮雕应用在柱头和神龛上，应用到外面的门廊和门楣上。由于这些地方空间有限，所以迫使艺术家们采用扭曲的

---

❶［英］肯尼斯．克拉克著．《艺术与文明》．易英译．第50页。

方式对画面进行处理，尽管如此，这些人物像柱更为逼真地表现了人体，而且人物的表情也出现了个性化的趋势。

由于西欧地区的幅员辽阔，罗马艺术在各地也呈现出不同的形式。在勃艮第的教堂，门楣上的浮雕以拉长的体形和生动的服饰处理，表现出了画面的较强叙事性手法。这期间的雕刻艺术的代表，就是建于1115～1131年的莫依萨克圣彼埃尔修道院的门楣。它的门楣雕刻原位于修道院的西门上，在1125～1131年被移到现在的南面正门上。该门楣宽6. 55米，它与拱脚柱上和门厅的各个面上的雕刻形成呼应，构成统一的整体。画面取材于《启示录》上的一个内容，圣约翰宣告世界末日来临的情景：基督坐在正中央的神位上，被福音书上的四个象征物所簇拥。在他左边是圣路加的公牛和圣约翰的苍鹰，在他右边的是圣马可的雄师和圣马太的天使。在他们的周围是24位老者，他们在赞美上帝的荣饶。而在基督的脚下，有两条波浪状的饰带，象征着海水的起伏。

（二）哥特式雕塑艺术

哥特式雕塑起先也是附属于哥特式建筑的，一直到14世纪时发展成为独立的雕塑作品。它繁荣时期的作品，仍然是大门两侧立柱上的雕像。

1. 法国的哥特式雕塑

巴黎圣母院正门两侧及上方门楣的浮雕是这一时期的代表性作品。在它内部门廊雕刻的《耶稣受难》和《最后的审判》，无论在构图上，还在人物的刻画上都有许多新意。尤其是院中的圣母雕像，更是这一时期的杰作。

此外，13世纪哥特式雕刻尤以兰斯主教堂值得人们关注。它的雕刻装饰非常丰富，宛如一座琳琅满目的雕刻博物馆。其中，中央人口处的《圣母访问》和《圣母领报》两组雕刻技艺十分精湛，表现出了极高的艺术水准。

14世纪之后，法国的雕刻艺术，在人物姿势、表情和动作等方面又有许多变化，出现了过分夸张和造作之感，表明它已失去了哥特艺术早期的那种生动朴素的风格。

德国的哥特式雕塑。德国的雕塑在中世纪时也是独树一帜，并且以它为中心形成了所谓的“国际哥特式”风格。其作品尤以雕刻家克洛斯·斯吕特的雕塑的《摩西井》为代表。斯吕特在1395～1405年，为尚普尔的卡特尔修道院创作了喷泉雕像——《摩西井》。他在井口的四壁雕塑了四尊站立像，其中摩西像最为人们所推崇，他表情生动且富有感染力。同时，值得注意的是，他作品中的雕像已近乎于独立成为圆雕，为后来雕像独立的先导。而且，他的创作方法也远远超出了他同时代的艺术家。所以，他的这一风格很快就传遍了欧洲各地。

除了斯吕特以外，雕刻家维特·施托斯1477～1489年，为克·拉科夫圣母院祭坛所作的木雕被认为是为中世纪的雕塑艺术划上了句号。在这幅可以折叠的三扇、总高13米、宽11米的巨型《祭坛浮雕》中，他以近乎圆雕的手法栩栩如生地刻画了耶稣和玛利亚以及众多的人物形象。在浮雕的中央部分，是《圣母之死和圣母的胜利——她在天界得到儿子的迎接》. 人物高达3米。他用精湛的技法，把人物的面部、手、头发以及衣褶等细节，都刻画的非常逼真，同时也把人物的情绪与心理状态进行了写实般的再现。在其他两扇对折的浮雕架上，他把每一扇又分为三个场面，分别以《欢乐圣母》和《悲痛圣母》为题，表现了圣母的悲欢离合。

三、文艺复兴时期的雕塑艺术

文艺复兴时期的雕塑艺术是意大利人的舞台，不仅涌现出了许多杰出的雕塑大师，而且也创造出了一大批的不朽的作品。所以，有学者评论说：“人们有时会不明白为什么文艺复兴的意大利，有其对知识的追求却没有为思想史做出更大贡献。原因就是，当时最深刻的思想不是表现在词语，而是表现在视觉形象上。”❶ 这段话可谓一针见血。意大利人在雕塑上不仅独领风骚，同时也成为雕塑艺术的圣地。

（一）文艺复兴初期的雕塑艺术

在文艺复兴运动的影响下，雕塑艺术也产生了很大的变化，但与建筑和绘画领域上的变化相比，就显得不是那么突出，而且它的辉煌也比建筑来得要晚。这期间是代表人物是罗伦佐·吉贝尔蒂（1378—1455）和多那太罗（Donatello，1386—1466）。

1425 年罗伦佐·吉贝尔蒂为佛罗伦萨洗礼堂所创作的《天堂之门》被视为是雕塑艺术走向辉煌的开端。在这件作品上，他应用浅浮雕的手法，将《圣经》中的故事再现在画面上。在每一幅画面上，他都创造了一个戏剧性的场面，表现出圣经故事所独有的气氛。当米开朗基罗看到它时，曾赞叹道：这“真是天堂之门！”为了这幅作品，他花费了 27 年的心血。

1445 年多那太罗受帕多瓦当局的委托，为雇佣兵的队长塔梅拉塔制作一尊雕像。在接受委托之后，多那太罗首先想起了古罗马著名的奥里欧斯皇帝的骑马雕像。这种形式的雕像，只有皇帝才能享用，普通人则是根本不可能的。但在当时文艺复兴时期，他大胆地将塔梅拉塔也塑造成了全身披挂、端坐战马的统帅形象。他在 1430～1440 年所创作青铜雕塑《大卫》时，则把这位传说中的犹太民族英雄，塑造成了英姿勃勃的少年形象。大卫是以色列第二位国王，公元前 1000 年左右在位时曾与哥利亚人对阵，以石子击毙对手，从而为以色列赢得了一次关键性的胜利。作品中的大卫赤身裸体，头戴一顶草帽，左手叉腰，右手持刀。身上洋溢着青春的朝气，脸上流露出得意的神情。多那太罗

---

❶ ［英］肯尼斯·克拉克著.《艺术与文明》.易英译.第 148 页。

巧妙地运用帽、靴、剑、盔、桂冠之间的对比，营造出大卫那年轻的英姿，而人物身体所展现的S形曲线则体现出哥特式雕刻的风格。总之，他在作品中着力作表的是人物真情实感的流露，是人物生活化的尝试。通过塑造这位年轻的英雄，多那太罗歌颂了个性与知识，歌颂了人的精神与美的魅力。

（二）文艺复兴盛期雕塑艺术

米开朗基罗是文艺复兴时期意大利雕塑艺术最为有影响力和代表性的艺术家之一。用克拉克的话说："真正吸收古代艺术，并以其表现力更生动和更强烈地复兴了古代艺术的人是米开朗基罗。"[1] 他把古典艺术和基督教艺术有机地结合起来，同时又体现出了文艺复兴的人文主义精神。在长达89年的生命历程中，米开朗基罗以其在雕塑、建筑和绘画等领域的巨大成就，以其作品完美形式与深刻内涵，使自己成为处于文艺复兴时期顶峰的艺术大师。

1496年当米开朗基罗初出茅庐来到罗马时，便创作了《哀悼基督》。在这一作品中，他把圣母与基督的形象完美地表现出来，使人们第一次看到了具有慈爱情怀的圣母形象。后来，他又回到故乡佛罗伦萨，创作了《大卫》（David，1501—1504）。以犹太民族传说中的英雄——"大卫"为题材的雕塑作品多不胜举，可谓是各具特色，各有千秋。而米开朗基罗独自完成的《大卫》却更有风采。这位裸体的英雄，身材健壮，双眼炯炯有神，一副顶天立地、成就伟业的形象。"孤立地看，大卫的身体可能有古代作品的那种不同寻常的张力和生动；但一旦我们走近他的头部，就会意识到那种古代世界绝不知道的精神力量。我想，这种性质，我们可以称为英雄的性质……"[2] 他所创作的另一位犹

[1] ［英］肯尼斯·克拉克著.《文明与艺术》. 易英译. 第141页。
[2] ［英］肯尼斯. 克拉克著.《艺术与文明》. 易英译. 第144页。

太民族英雄——《摩西》（Moses，1513—1516）雕像，也同样达到了惊天地、泣鬼神的艺术魅力。这座雕像高2.5米，取材于《旧约》中摩西痛斥逆贼的故事。在米开朗基罗的刻刀下，摩西被刻画得非常生动。通过他那紧锁的眉头、怒睁的双眼、狠揪的长髯等表情和动作，有力地表现了摩西那疾恶如仇、威风凛凛、力挽狂澜的形象。他还以《被束缚的奴隶》、《垂死的奴隶》（Dying Slave，About 1516）为题，刻画了失去自由的人们的悲惨境地，揭示了社会不公和不平等的现象，表达了艺术家对人生和社会问题的思考。米开朗基罗在为美第奇家族陵墓创作的题为《昼》、《夜》、《晨》、《暮》雕像，也同样表达艺术家对这些问题的思考。《昼》、《夜》为一组，表现了人的愠怒与昏睡；《晨》、《暮》为一组，表现了人的沉思与厌倦。

四、近代雕塑艺术

近代的意大利的雕塑艺术在米开朗基罗和贝尼尼之后，尽管也出现了许多有才华的艺术家，但他们的作品和影响却一直无法超越前者，从而使雕塑艺术显得既无法与过去的辉煌相提并论，而且也无法与同一时期绘画艺术所取得的巨大成就相媲美。到了18世纪，情况又出现了新的变化。法国的雕塑艺术崛起，成了这一时期雕塑艺术的领导者。因为当时法国的许多雕刻家都是从师于意大利人，加之有法国王室的大力扶持，所以有人戏称贝尼尼的继承人不是他的弟子而是法国人。

（一）意大利的雕塑

贝尼尼可以称得上是继米开朗基罗之后，意大利涌现出的另一位雕塑大师，也是巴洛克时期一位最著名的艺术家之一。贝尼尼不仅精通文艺复兴运动之后雕刻艺术的各种表现方法，而且才思敏捷、技艺高超。他擅长各种雕刻题材，从规模巨大的组合雕塑喷泉到小型雕塑，他都得心应手。不仅形象生动造型优雅，而且仿佛被赋予了生命力一般。他在 1644—1647 年（又一说为 1656～1652 年），[1] 为罗马的圣马利亚·维托利亚大教堂（S. Maria della Vittoria，Rome）雕刻了《圣徒特雷莎像》（又译为《圣德列萨的恍惚》）（St Teresa）。这座雕像是威尼斯红衣主教费德利科. 柯纳罗（Fedrico Comao）邀请贝尼尼为纪念自己的家族而献给圣徒特雷莎的。贝尼尼以极为传神的精湛技艺，再现了特雷莎梦中的一个神态。传说西班牙圣徒特雷莎笃信天主教已达到了入迷的程度，并深信自己已经在精神上嫁给了天主。她自己曾经在 1622 年的回忆中说道，恍惚间好像有一位天使用一支金箭射向她的心窝，随着一阵巨痛之后，她便感到极度地快乐。特雷莎双目微闭，头部偏向一侧，嘴微微张开，流露出既愉悦又痛苦的神秘表情。为了表现这一梦境，他将特雷莎置于云端之上，使长袍与云朵连为一体。一位少年天使正面带微笑，手持金箭刺向雷莎笃。而从上方照射下来的象征金色光线的浮雕，将整个作品衬托得更为神圣。不仅如此，为了表达对圣女的敬意，贝尼尼还把整个作品布置在一个类似巴洛克式的舞台上，它很自然地会令人想起教堂的正面情形。人物两边各有两根科林斯式的立柱，它们的上面则是一个尖顶门楣。不过，贝尼尼对自己的这件作品并不满意。据他儿子后来的介绍，贝尼尼认为这是自己所作的作品中最差的一个，是无法与自己为梵蒂冈圣彼德大教堂（St Peter，Vatican）中的“祭珐铜华盖”（The Baldacchino and The Petri，1624—1633）相比的。的确，圣彼德大教堂中的“祭坛铜华盖”，不论就规模还是造型都是前所未有的，展示了他超人的想像力和极高的艺术才华。

他的另一件著名的作品是《阿波罗与达芙妮》。在这座雕塑中，他以自己卓越的才华创作了这件天才般的作品。为此，克拉

---

[1] 见雅克·德比奇等著.《西方艺术史》. 第 259 页。

克曾写道："《阿波罗与达芙妮》是一个较极端的例子，大理石怎样被做得有如流动和飞掠的感觉，因为它表现了达芙妮呼喊她父亲帮她的时候变成月桂树的瞬间。她的手指已经变成了树叶。阿波罗开始明白他正在失去她，如果他往下看的话，就会看到她美丽的大腿正变成树干，她的脚趾正变成树根和根须。"❶ 这件作品再次展示了他非凡的想像力。他作于1625年的《大卫》也别具特色。主人公那强烈扭动的躯体，极具表情的面孔，使它成为巴洛克时期雕塑的一个高峰。此外，他的大型雕塑《四河喷泉》(Fountain of the Four River) 也气势壮观，在喷泉的衬托下极富动感，给人以力量和美的享受。

在意大利，由于把洛克的巨大影响，使罗可可风格的发展受到了很大的限制。不过，从一些雕刻家的作品上，人们依然可以看到罗可可风格的影子。例如，在菲里浦·瓦列为罗马圣依涅亚斯大教堂所作的高浮雕《天神报喜》上，看到不同于以往的构图与手法。

(二) 法国的雕塑

与17、18世纪的绘画艺术相比，法国的雕塑艺术就显得比较保守与沉闷了。他们在创作基本上还是延续着学院派的传统，只是在刻画人物的细枝末节上下功夫，而没有大的突破。他们刻刀下的女神几乎都千篇一律地拥有苗条的身材，细腻的肌肤；而男性雕像也全无阳刚之气和英雄气概。这主要是由于罗可可风格与雕塑艺术在本质上的格格不入有关，因此不少艺术家有回过头来向古人学习，也就出现了古典主义的倾向。不过在这样的背景下，法国也涌现了一批有才华的雕塑艺术家，他们创造出了不少具有鲜明特色的作品。

皮慈 (1620—1694) 就是其中的一位。他的作品《克洛东纳

---

❶ [英] 肯尼斯·克拉克著.《艺术与文明》. 易英译. 第212页。

的米隆》取材于希腊神话，刻画了一位英雄米隆的遭遇。米隆的一只手被一截劈开的树桩夹住，动弹不得，而此时他的腿又被身后扑来的狮子咬住。雕像再现了他受难之时，因疼痛而绷紧的肌肉和他痛苦的表情。它所体现的悲剧气氛堪与《拉奥孔》相媲美，它更突出了人与命运搏斗的主题。

弗朗索瓦·吉拉尔东和安东尼·库瓦斯沃克斯（1640—1720）是法国巴洛克时期雕刻家的代表人物。吉拉尔东（又被译为热拉尔东）雕刻了凡尔赛宫苑提斯洞前的组雕《被仙女们侍奉的阿波罗》和《沐浴的女神》。库瓦斯沃克斯（又被译为柯斯福克斯）则以擅长雕刻名人的半身胸像，如《维纳斯》和《路易十四像》等，他的作品既生动传神又大方庄重。

让·安东尼·乌东（又译为乌桐）（1741—1828）是另一位富有个性的雕塑家，也是受罗可可风格影响较小的一位。他以雕刻名人雕像而闻名，其作品既有全身像也有胸像。他所雕刻的人物不仅形似而且也极为神似，并且善于通过雕刻人物的神态来表现人物的独特性格与气质。他所创作的《伏尔泰》就是一例。这尊伏尔泰的坐像，身穿长袍，两眼炯炯有神直视前方，嘴角还略带一丝冷笑，表现了他毫不妥协的斗争精神和与过去一切旧传统的叛逆，使人物机智、犀利的性格得到了淋漓尽致的再现。除了这尊雕像以外，乌东还为卢梭、狄德罗和华盛顿等思想家、政治家及科学家们塑像，以表达自己对启蒙运动的支持。同时，由于时代的原因，他也雕刻了不少帝王和贵夫人的雕像。

在浪漫主义风格时期，法国也出现了一些有成就的艺术家。例如吕德（Francois Rude，1784—1855）的作品既有古典主义的严谨，也充满了浪漫主义的激情。他1836年完成的代表作品《马赛曲》被高悬在凯旋门右侧，用以纪念法国人民1792年抵抗普奥侵略的历史事件。该作品以高浮雕的形式，刻画了一群在自由女神带领下为争取自由和解放而斗争的人们形象。又如艺术家卡尔波，他为巴黎歌剧院所创作的《舞蹈》，则是典型的浪漫主义作品。除他之外，还有詹姆斯·普拉狄尔、大卫·丹热等人也都取得了突出的成就。

第四节 西方的绘画艺术

绘画是西方艺术中的一个重要门类。不过，与建筑和雕塑艺术相比，由于绘画自身的特殊性，使它无法像别的艺术那样易于保存。人们现在所能够欣赏到的绘画作品，大多也都是中世纪以来的作品。西方绘画艺术在文艺复兴的旗帜指引下，经过众多艺术家们的艰辛探索与努力，开始走向辉煌的阶段，并为后来绘画艺术的发展开辟了道路。

一、中世纪绘画艺术

（一）中世纪之前的绘画艺术

中世纪之前的绘画艺术，一直是处于从属的地位。从古希腊时算起，主要形式以壁画和器物上的绘画为主。所以，能够保存下来的并不多见。现在人们只能通过绘制在泥瓶或瓷器上的各种图案和造型来加以领略。最初的壁画形式，也是希腊人从埃及人、迈锡尼人那里继承下来的。

对于罗马的壁画，人们可以从公元前 79 年被维苏维火山所埋没的庞贝古城遗址上得到很好的了解。通常墙壁被分成若干块，在它们的周围用绘制的立柱等形式进行精美的装饰，同时也起到画框的作用。然后再在这些被框起的板块上，绘制各种图画。绘画的题材既有风景、动物、植物等，也有神话故事和日常生活场景，比希腊人的壁画要丰富得多。

除了壁画艺术外，罗马人还通过拜占廷帝国，从阿拉伯人那里学会了镶嵌画艺术，它对后来的教堂壁画起到了启迪的作用。

（二）中世纪早期的绘画艺术

1. 罗马基督教绘画艺术的出现

最初罗马的基督教艺术，完全是从罗马的绘画和文化中借鉴而来的，是用罗马的内容与形式来解释和阐述基督教的。比如将罗马神话中的俄耳普斯变成了基督，把熟睡的恩底弥昂变为约纳斯。当在罗马艺术中找不到相应的形象时，基督徒们便创造出新的适合自己要求的形象。起初的这些形象，并没有包含特别强烈的艺术色彩，而是强调它的象征意义。像下跪、举臂等都是表现灵魂在祈祷。

2. 拜占廷的绘画艺术

在建筑物内部，拜占廷人喜欢使用丰富的色彩来进行装饰，所以它的镶嵌画和壁画艺术得到了较大的发展。与早期的镶嵌画不同，拜占廷人在后来较多地使用金色代替过去蓝、绿为主的自然主义风格。这一色彩的变化，象征着它所要表现的不是现实生活，而是把人与天上的精神世界联系起来。镶嵌画是使用各种各样的“小石块”，按照设计好的图案排在一起，然后再用砂浆加以固定。所使用的材料有大理石的、玻璃的、还有陶土烧制的，以及金属线和金属箔。在拜占廷人那里，壁画与镶嵌画的功能是一样的，都是以图画的形式向人们宣传基督教的教义和神的精神。后来，拜占廷还把这种艺术用于歌颂查士丁尼皇帝和狄奥多拉皇后的镶嵌画。在表现查士丁尼皇帝的镶嵌画上，皇帝手中拿着圣饼盘，他的左边是贵族和武士的形象，右边是主教们的形象；在表现狄奥多拉皇后的画上，皇后手持圣餐杯，她与皇帝头上的光环都象征着他们的权力和地位。只是后来制作镶嵌画的成本越来越高，人们开始更多地使用壁画的形式。

此外，拜占廷人还发展了制作和绘画圣像的艺术。起初圣像只是用于教堂，后来人们把它制作成便于携带的形式。

意大利的绘画艺术。引起中世纪绘画革命的要首推乔托

(1266—1337)，其艺术被视为文艺复兴的序幕。他被认为和诗人但丁一样，都是中世纪与文艺复兴时期之间的桥梁。他也因此被誉为“欧洲绘画之父”。

作为艺术家，乔托不仅深入研究了物体在空间的表现方式，而且还研究了人体的特点以及绘画构图的形式。他的代表性作品是他为帕都亚柯洛沃尼礼拜堂画的壁画。大约在1305年，他接受了帕都亚城斯柯洛沃尼大教堂向他订购一组壁画的要求，为他们创作了这幅空前的壁画。乔托把大厅两侧的墙壁划分为四层38个小空间。首先，他在最下面的一层空间里以单色的人物形象描绘了象征着人世间的一切美德与恶习；接着他在最上面的一层空间内以《安妮、约纳希姆和玛利亚的故事》为题，讲述了他们的故事；最后他在下面的两层里以《耶稣的一生》为题，介绍了耶稣的生平。其中《下架图》就是《耶稣的一生》中的一幅。在这幅作品中，他把场面设计在一个坡地周围，以耶稣和玛利亚及周围的人物形成了一个椭圆形，而在他们的上方天使们也形成了一个椭圆形与之相对应。耶稣和玛利亚的面容是全画的焦点，是画面悲剧性效果的集中体现。在绘画技法上，他采用的是湿壁画方式，即在作画之前，先在墙面上抹上一层灰泥，趁灰泥尚未干的时候将画绘到上面去，待灰泥干透时颜色也就固定在依托面上了。因此，这种作画方式要求绘画者有比较高的技巧，必须准确无误，动作迅速。从画面的设计上看，乔托是第一位试图用画笔去深人揭示人物内心活动的画家，同时他还把建筑和自然风景引人画面来作为背景，以便突出画面的感人力量。正是这些特点，使乔托比其他人早一个世纪进入了文艺复兴时期。

二、文艺复兴时期的绘画艺术

文艺复兴运动对于西方艺术的影响在绘画上表现的更为热烈，它不仅体现在绘画的技法上更体现在选材上。意大利艺术史家、画家、建筑家乔治奥·瓦萨里（Giorgio Vasari，1511—1574）在他1550年出版的的《最杰出的画家、雕塑家、建筑师传记》的序言中曾写道，艺术产生于埃及，繁荣于希腊、罗马，但自野蛮民族在世界各地发动对罗马人的进攻，并使得罗马帝国陷落后，最杰出艺术家、雕塑家、画家和建筑家以及他们的作品也随之被埋没在著名城市的废墟下。在基督教诞生后，一些狂热的基督徒在肃清异教的过程中，对古代的雕塑、绘画又进行了进一步毁坏，使艺术出现了倒退。从13世纪开始艺术又逐渐得到复苏、再生并“在我们的时代达到完美的进程”。[1]

（一）意大利的绘画艺术

15世纪末到16世纪初的意大利，正处在文艺复兴的高潮时期。虽然它在政治上混乱不断，在经济上也表现出颓势，但艺术却在半个世纪内达到了前所未有的高度。画家们以各自所生活的文化城市为中心，形成了佛罗伦萨、威尼斯、罗马、米兰等众多画派。各画派也都涌现出了一大批极赋天才的艺术家，他们的许多作品都成为了后世的典范。

1. 人性的复归

文艺复兴运动对艺术家们的创作产生了极大的影响。在他们的笔下，一方面人的形象大量跃然纸上，另一方面过去《圣经》和传说中的神话人物，也被更多地赋予了人性。桑德罗·波提切利（Sandro Botticelli，1445—1510）是佛罗伦萨的一位杰出画家。完成于1486年的传世名画《维纳斯的诞生》（Birth of Venus，1484～1486），预示着一个新时代的到来，这也是第一幅真正的女裸体画。1475年他所画的《东方三贤的朝拜》（Adoration of the Magi）就已经初步奠定了他在画坛上的地位。这幅画取材于《圣经》中三位来自东方的贤士朝拜刚出生不久的耶稣的故事。在这幅画中，

[1] 参见冯承柏等著.《西方文化精义》. 第50页。

他运用金字塔形的结构布置人物和设置场景，使画面和人物都有一种稳定感，同时又使得画面中央与周围保持了平衡。此后完成于1483年的《维纳斯的诞生》(Primavera，1478~1483）更为他赢得了好评。这幅画是为洛伦佐·迪·皮亚夫兰塞斯柯(Lorenzo diPierfrancesco）所作。正是由于洛伦佐和他叔叔的引见，波提切利才得以有机会与当时佛罗伦萨人文主义者们相识，并受到他们的极大影响。在《维纳斯的诞生》这幅画中，维纳斯从海中的泡沫中出世。她脚踏海贝，面带羞涩，借助风力向海边飘来。她飘逸的长发，婀娜的身姿，细腻的肌肤，忧思的面庞，既是女神更像是多情的少女。他的作品以人体优美的曲线而达到了超凡人圣的境界。

继波提切利之后，威尼斯画家乔尔乔纳（Giorgine，1478—1510）于1507~1508年完成了他的《沉睡的维纳斯》(Sleeping Venus)。在这幅画中，他更是勇敢地向前又迈出了一步，以表明自己对文艺复兴运动的支持。画中的维纳斯安详地卧睡在田边，远处是起伏的草地，恬静的乡村，飘云的天空。而沉睡中的女神，则体态丰满，姿势优美，显得格外纯洁高雅，使人肃然起敬。画家通过画笔，展示了人与自然的和谐，歌颂了人性的可爱与伟大。他还发明了新式的颜料混合油，使光影的效果更加奇妙。

提香（Titian，1488—1576）也是一位出生于威尼斯的画家，被誉为肖像画天才，也是裸女画的头号大师。受波提切利所画的维纳斯启发，1538年他完成了自己的维纳斯——《乌比诺的维纳斯》(Venus of Urbino)。在这幅画中，提香把这位女神由室外请到了室内，也将沉睡中的美人唤醒。女神卧靠在睡塌上，手中拿着玫瑰，似乎在等待女仆为她寻找合适的衣服。床上还有一熟睡的小狗，背景的窗台上还有生长的植物，两位仆人正在翻箱倒柜地找衣服。有人说他把女神画成了裸体的贵妇，也有人说他把仙女画成了奢华阔绰的妓女。其实，提香不过是借用维纳斯之名而已。所要表现的则是日常生活中那些健康、美好的女性，是对洋溢着青春活力的女性赞美。

不过，提香绘画的题材并不仅仅局限在裸体画上。作为一位才华出众的艺术家，他也画了大量的圣经和神话中的人物与故事，以及应新权贵们之邀作画。他晚年所作的《忏悔的马格达林》就是一幅杰作之一。这幅画取材于《圣经》中的故事。马格达林原是一名妓女，后弃恶归善，皈依基督教。她的铭文上说："你不必沮丧，虽然曾经堕入罪恶的深渊，以我和上帝为榜样，洗刷你的罪吧。"画中的马格达林，体态健美，身姿丰满，深沉宁静。提香用大块黑色的背景来衬托马格达林虔诚的神态，尤其是她的仰望上天的双眼，使她的忏悔更加具有打动人心的力量。提香所发明的多层薄涂法，使得色彩能够层层相扣，使得画面更加生动逼真。与提香生活在同一时代的乔治奥·瓦萨里曾对提香有过这样的评价：他的技法"是以一种印象的方式粗略地完成的、雄劲的笔触和小点，从远处看来才收到效果。不要以为它不费力气，其实是不断修整而完成的。这使得画面栩栩如生。"❶

2. 绘画艺术中的三杰

16 世纪被誉为意大利文艺复兴运动的高潮时期，这期间涌现了许多杰出的艺术家。乔治奥·瓦萨里在他的《艺术家们的生平》(Lives of The Artists) 一书中将意大利文艺复兴运动划分为三个发展阶段。第一个阶段为酝酿阶段，它始于 13 世纪后期，持续到 14 世纪。第二阶段始于 15 世纪，在这个世纪里艺术家们对裸体艺术的探索得到了回报，立体透视结构和运动描绘方式的发展，使得艺术以从未有过的真实来再现自然的本来面目成为可

---

❶ 迟柯主编.《西方名画里的历史与神话》. 湖北美术出版社，2001 年 2 月版，第 117 页。

能。第三阶段始于16世纪，它以利奥纳多·达·芬奇（Lonardo Da Vinci，1452—1519）的开拓为标志，艺术在比例、分寸和雅致等方面都达到了新的高度，并且超越了自然，挑战了古代艺术家们的杰作。这一时期在米开朗基罗（Michelangelo，1475—1564）那里达到了顶点。[1] 三杰中最后一位是拉斐尔（Raphael，1483—1522）。有人把他们三人做了对比，认为如果达·芬奇的艺术境界似深邃的峡谷，那么米开朗基罗则似挺拔的高山，而拉菲尔则像辽阔的平原。这一比喻非常形象。

利奥纳多·达·芬奇是文艺复兴时期的一位杰出艺术家，也是人类历史上一位罕见的天才人物。利奥纳多出生在佛罗伦萨的芬奇村，父亲是一位律师。早年他在佛罗伦萨成名，此后一直生活在米兰。晚年他应法国国王法兰西斯一世的邀请到巴黎生活。利奥纳多不仅在艺术上才华横溢，而且在数学、力学、物理学、天文学、植物学、解剖学、生理学、动物学等方面都做过深人的研究，并留下了7 000页的手稿。作为艺术家的利奥纳多，他不仅是一位人体解剖学家、动植物家和建筑学家，而且还是一位光学家和色彩学家。仅人体素描，他就留下了几百幅。他是把艺术和科学完美结合起来的一个代表。在他早期一幅未完成的作品《东方三贤的朝拜》（Adoration of The Magi，1481）中，他就探索构图上的新尝试。在这幅画中，他运用了金字塔形的构图，将圣母与圣婴置于画的中央，三贤士则分跪两侧。而画面的背景则分别画有建筑废墟和拼杀的战场。

在作品《蒙娜丽莎》（Mona Lisa，约1502）中，人们领略了他神奇画笔的魅力。这幅画面不大的肖像画（长77厘米，宽53厘米）上，仅有一位少妇的半身画像和空间不大的田园风光。她面部饱满，长发垂肩，双手在身前相搭，头部和身体略侧。蒙娜

---

[1] （Edited by Denise Hooker，Arf the Westem World，London，1988，P. 174）

丽莎看似一位平常的女子，既无圣母的伟大，也无贵妇的华丽，更无少女的俊俏。她衣着朴素，相貌无奇，但她的微笑却非同寻常。这微笑之中似乎包含了宽容、善良，似乎也包含了一点凄凉、一份怜悯，似乎还包含了一丝嘲笑。蒙娜丽莎的面部表情如此的丰富，既令人回味无穷，也成为难解之谜。

在作品《最后的晚餐》（Last supper，1495～1497）中，他把透视方法运用得得心应手。画面上耶稣位于餐桌的中央，12位门徒分列两边。他们并没有被平列在桌前，而是三人一组，且表情各异，充满了戏剧效果。画面再现了圣经故事中那惊心动魄的一幕，当耶稣说出你们当中有人已经出卖了我时，门徒们所表现的吃惊和悲痛的心情，当然也包括了犹大那惊恐和慌乱的表情。利奥纳多以他出神人化般的笔，刻画了门徒们的内心世界，使他们的所思所想、所感所动跃然纸上。利奥纳多的这幅画，与尼德兰画家博茨（Dieric Bouts，1415—1475）在1464～1468年所作的《最后的晚餐》相比，无论是在画面的构图上还在对人物个性特点的刻画上，都要远胜一筹。这也显示了利奥纳多天才的绘画能力。

米开朗基罗是文艺复兴时期的另一位艺术天才。在他的绘画作品中，尤其以梵蒂冈（Vatican）西斯廷教堂（Sistine Chapel）内的天棚壁画——《创世纪》（Scholarly interpretations of the Sistine ceiling，1508～1512）为代表。在这幅规模宏大的壁画上，米开朗基罗用自己的笔重新演绎了圣经中《创世纪》的故事。他将画厕分为33个画面，9个画区，即《创造亚当》《创造夏娃》《创造水陆》《创造日夜和万物》《创造光明和黑暗》《亚当夏娃失乐园》《诺亚与洪水》《诺亚之死》和《诺亚之醉》。他刻画了众多充满个性而又栩栩如生的人物。无论是对至高无尚的上帝，还是对芸芸众生，他都倾注了无限的热情和爱心，使每一个人物都富有感染力。其中尤以《创造亚当》令人惊叹。为此，他花费了4年的心血，才完成了这幅长48米、宽13米的巨幅绘画。20多年后，他又应邀为西斯廷教堂的祭坛后面的山墙作画。他用了5年的心血完成了《最后的审判》（Last Judgement, 1536～1541），从而使顶棚画的《创世记》与《最后的审判》融为一体，也使圣经中的这一故事既有了开头也有了结尾，两幅画形成了和谐的整体。

拉斐尔是三杰中年龄最小的一位，也是生命最短暂的一位。他以绘画圣母为题材的画像而出名。1514年，他在写给朋友卡斯特里奥的一封信中写道："为了创造一个完美的女性形象，我不得不观察许多美丽的妇女，然后选出那最美的一个作为我的模特儿……但由于选择模特儿是困难的，因此在创作时，我不得不求助我头脑中已形成的和我正在尽力索求的理想美的形象。它是否就是那样美，我不知道，但我正努力达到完美的程度。"❶事实上也正是这样。在拉斐尔之前，曾经有无数的艺术家们都描绘过圣母的画像，要想超越前人是非常困难的。但是，拉斐尔还是知难而上，经过勤奋刻苦的学习和努力，终于创造出具有自己风格的圣母画像。在他的笔下，一扫过去圣母像那悲痛欲绝或凄楚憔悴的形象。拉斐尔笔下的圣母年轻丰满、眉清目秀、慈爱温柔、稳重端庄，在给人以神圣的同时，更给人以亲切和蔼的温暖感觉。在画面上，他常采用达·芬奇的金字塔式的构图，圣母常与婴儿基督和幼小的约翰在一起。在着色上，他喜欢运用清新柔和的色彩，使画面亮而有度，美而不艳。《西斯廷圣母》就是他圣母画中最为出色的一个代表。这幅作品是为西斯廷教堂所作的祭坛画。画面上，圣母怀抱圣婴立于画的上方，教皇与圣女则位于两侧，使得画面左右平衡；而年长教皇的虔诚与年轻圣女的活泼又使画面富于变化。作品中更为引人人胜的神来之笔在于，圣

❶ 张延风著.《西方文化艺术巡礼》. 第120、121页。

母那似神非神、似走非走、似悲非悲的表情，既体现了圣母的慈爱之心，也体现了她的博大情怀。正如普列汉诺夫所说："拉斐尔的圣母像是世俗的理想战胜基督教的修道院的理想的最突出的艺术表现之一。"❶

拉斐尔不仅擅长画圣母像，而且也善于画场面宏大的作品。这方面在他 1509～1517 年为教皇办公室所绘的壁画中得到了充分地表现。在此期间，米开朗基罗已经完成了历时 4 年的《创世记》。在这同一教堂里，两位巨人之间的较量无疑是激动人心的，也无疑会激起他们巨大的创作激情。这两位巨人毫无争议地留下了各自供后人观之不够、赏之不尽的传世佳作。拉斐尔在这间办公室的四壁上创作了《圣典辩论》（Conversation on the Blessed Sacrament，1509）、《雅典学院》（The School of Athens，1510～1511）、《巴纳斯山》和《智慧与毅力》四幅佳作。这四幅作品分别表现了人类精神活动的四个领域，那就是神学、哲学、诗学和法学。其中尤以《雅典学院》最负盛名。在这幅画中，拉斐尔以前无古人的气魄，把古希腊不同时期的各派思想家和哲学家们聚于一堂，使他们能够跨越时空的阻隔，跨越流派的纷争，在一起自由地探讨问题和交流思想。因为，"拉斐尔知道乌尔宾诺图书馆的书架上面是画着诗人、哲学家和神学家的画，书架上则放满了他们的书，他决定在同样的想法上再进一步。他不仅要画书架上有其著作的人物，还要描绘他们彼此的关系，以及他们与整个学科的关系，他们正是作为其学科的一部分。"❷ 在这里，拉斐尔以自己的画笔歌颂了文艺复兴给人类带来的新希望，借歌颂古希腊的思想家们来赞颂人类理性的光辉。

3．三杰之后的艺术家

---

❶ 冯承柏等编著.《西方文化精义》. 第 80 页。

❷ ［英］肯尼斯·克拉克著.《艺术与文明》. 易英译. 第 151 页.

丁托莱托（Jacopo Tintoreto，1518—1594）是威尼斯画派的最后一位大师级的人物。虽然他不具有利奥纳多那样的天才，也不具有委罗奈斯那样的奇才，但他可称得上是一位怪才。他提出“要把提香的色彩和米开朗基罗的形体结合起来”[1]，创造出新的艺术来。利奥纳多所作的《最后的晚餐》堪称这一题材的佳作，丁托莱托却不为所动地画出了具有自己特点的《最后的晚餐》(Last Supper，1592～1594)。他把晚餐由明亮的厅堂搬到了破旧的地下室，画面由正面平视改为侧面的俯视，人物除基督和12个门徒外，又增加了许多为晚餐忙碌的人们以及空中飞翔的天使。他与利奥纳多最大的不同之处在于，利奥纳多着力于刻画人物的内心世界和人物的个性，而丁托莱托则侧重于故事场面和戏剧般的情节，而且他所刻画的人物也没有了神性，把一个神圣的主题设计在民俗环境之中，基督与他的门徒们仿佛是流浪汉一般。从他的画中人们也可以感觉到文艺复兴的影响。丁托莱托在他的《苏珊娜入浴》中，进一步地揭露了教会长老们的虚伪和道貌岸然。画面上苏珊娜那白皙而丰满的肌肤与长老们那偷窥而猥琐肮脏的行为形成了鲜明的对比，表达了他对真善美的追求，和对假恶丑的鞭挞。

委罗奈斯（Paolo Veronese，1528—1588）是当时威尼斯画派的另一位掌门人物。他与帕拉第奥合作负责为巴尔巴罗别墅做壁画装饰。他所绘的顶棚壁画——奥林匹亚诸神（Olympian Deities)，颇具米开朗基罗画风的神韵。在该别墅中，他还为巴尔巴罗家族的成员绘制了壁画。在这些壁画中，他还从像维特鲁维乌斯（Vitruvius）这样的古代作家的作品中对别墅在装饰上，应采用象征性的手法来表现“港口、海湾、海滩、河流、喷泉、海峡、树丛、山峦、羊群、牛群……”的建议中获得灵感，把古

[1] 转引自张延风著.《西方文化艺术巡礼》. 第130页。

典风景与古罗马多变的壁画艺术结合起来。[1] 他的成名之作是为一些比较富裕的修道院餐厅所绘制的大型基督教节日庆典油画。其中，1573 年他为莱维修道院所画的《莱维的家宴》（Feast inHouse of Levi）就是一个代表。这座教堂曾有一幅提香所绘的《最后的晚餐》，可惜被 1571 年的一场大火烧毁了。所以修道院原想请委罗奈斯另绘一幅《最后的晚餐》，但委罗奈斯发现自己被夹在了权力的争执之中。一方以罗马教廷为首，他们希望宗教主题的画应该是圣洁的，应是反对新教的，而威尼斯一方则不希望罗马在自己所管辖的地方指手画脚。提香原作中有小丑、饮滔过度的人、日尔曼人、侏儒等形象，而委罗奈斯则不想惹起麻烦。他说："我不想（使我的画）引起任何混淆，特别是像小丑这类的形象，是应该被排除在我们的画中。"[2] 而出资方也希望画家能够以适当的方式修改自己的作品，在这种情形下，委罗奈斯只好把画改名为《莱维的家宴》。不过在这张画中，我们现在依然可以在画的中央部分看到《最后的晚餐》的影子。

总之，委罗奈斯与丁托莱托成为了 16 世纪末威尼斯画派的两位领军人物。委罗奈斯的画风人物更优美一些，场面更恢弘一些；而丁托莱托的风格则内涵更深刻一些，画面的戏剧冲突更激烈一些。他们相得益彰的画风使威尼斯画派更具特色。

（二）西欧地区的绘画

除了意大利画家们的大胆尝试外，西欧其他国家的画家们也在进行着不断的创新。从 15 世纪起，北欧地区也进入了文艺复兴的初期。与意大利的艺术家们相比，他们没有那样得天独厚的条件，能够直接从对古代艺术的挖掘中获得灵感，而只能从自身的环境中去获得灵感，从而形成自己的艺术风格，它包括从绘

---

[1] （Edited by Denise Hooker：Art of The Western World，p. 215）

[2] （Edited by Denise Hooker：Art of The Western World，p217.）

画、雕塑、绣帷（挂毯）、铁艺以及建筑等。特别是他们的绘画艺术不仅自成一体，而且还传播到了波罗的海和斯堪的纳维亚半岛。在这其中，尼德兰的画家们则走在了前面。在历史上，尼德兰是现在荷兰、比利时和丹麦等地的统称。他们对艺术的理解不及意大利人那样深刻，而是让艺术为自己日常的生活服务。他们不仅画圣母、画基督、画付钱购买他们作品的人，而且还把自己家乡的风景请进了画面，他们的视野不是落在理想主义上，而是落在现实主义上。

凡·艾克（Jan Van Eyck，1390—1440）则成了一位先驱。他不仅是北欧绘画艺术的奠基人，而且也是油画的发明人（有的学者则不承认是他发明的油画，[1] 他和他哥哥胡波特[2]在为根特市（St Bavo' s Cathedrel，Ghent）所创作的巨幅祭坛画《神秘的羔羊》（Adoration of the Lamb，1432）成为他艺术成就的代表。在这幅画上，他虽然采取了和中世纪细密画相似的手法，但他对自然的观察更为细致，描绘得也更加精湛。画面背景上的山冈与树林充满了生机，而人物身上的服饰则尽显珠光宝气。除此之外，凡·艾克还完成了油画的发明。采用这种方法做画，既可以更完美地表现所绘物品的质感、纹理、光泽等，还可以使色彩间相互渗透，形成和谐的过渡。同时，也有利于在潮湿的条件下保存和欣赏绘画作品。而在此之前，画家们只是将植物和矿物原料研磨成粉，然后加入液体搅拌成糊状做颜料。到中世纪时，所使用的调和液也还是蛋清。凡·艾克则发明了新的调和油，使绘画的表现力更加丰富。应用这种新颜料，1434 年他为商人阿尔诺芬尼和他的未婚妻画了一幅《阿尔诺芬尼夫妇》（Giovanni Arnolfini andhis Wife）。在这幅画中，他力图真实地记录下生活中的一切细

---

[1] 如见［法］雅克·德比奇等著.《西方艺术史》. 第 189 页。

[2] （Hubert Van Eyck，P. 1426）

节。从房间的布置与摆设到主人公夫妇的服饰，都可以折射出当时新兴中产阶级的日常生活。

丢勒（Albrecht Durer，1471—1528）是位德国艺术家。他年轻时对意大利艺术非常向往。1494～1495 年到威尼斯进行了第一次访问，并受到了极大的尊敬。他在给家人的一封信中曾经写道："在这里我是老爷，在家里我是食客"，"为这荣耀我该怎样颤抖"。[1] 丢勒从意大利艺术中和艺术之外学到了如何深入观察和研究自然与人，这使他对花草、树木、动物和人类的描绘更为深入、准确、细致，远远超过了临摹的程度，特别是他对人体描绘已经达到了科学和理性的境界。他不仅深入研究了数学、测量学和透视学，而且还在 1505 年出版了透视法和比例教科书。他把这两门技法提高到了一个更为科学的高度。1504 年，丢勒创作了铜版画《亚当和夏娃》（Adam and Eve）。在这幅画中，亚当和夏娃身体健美，体态匀称，充满活力，一扫过去这类作品中的苍白和病态。特别是夏娃，她精神焕发，全无偷吃禁果的罪恶感。在丢勒的绘画作品中，除了展示出他娴熟而高超的绘画才能外，也揭示了他对宗教纯洁性的追求。这也使得他的作品具有较强的哲理性。在作品《骑士、死亡和魔鬼》（The Knight，Death and Devil，1513）中，他清楚地表达了只有直面死亡，抵御住魔鬼的诱惑，真正的骑士才能完成上帝所赋予神圣使命的理想境界。

勃吕盖尔（Pieter Brueghel the elder，1525—1569）是一位荷兰画家。因为在他的作品中有许多是以农民生活为题材的，也有人认为他本人可能就是一位农民，所以被人称为农民画家。勃吕盖尔的画有很强的生活气息，过去许多被一些人所耻于入画的内容，如春种秋收、婚丧嫁娶等生活场面，在他的眼中都成为了做

[1] 转引自张延风著.《西方文化艺术巡礼》. 第 135 页。

画的素材，统统被他收入画中。他常常用鸟瞰的方式把一个生活场面描绘下来，有时甚至是把一个镇子都浓缩到画面上。他描绘的庭院、小巷、田野、草垛等，就好像你身边的景物；他描绘的农民，无论是劳动时的热火朝天，还是娱乐时的手舞足蹈，都会使你仿佛闻到他们的气息，听到他们的声音一样。他的《乡间的婚礼》（又被译为《农民的婚礼》）（A Country wedding，约1565）就是这样的一幅作品。而他的作品《盲人》则像是一个寓言故事。画面上的6个盲人，相貌丑陋，行动迟缓，带路的那位盲人已经跌进水坑中，而后面的人还未觉察，还依然向前走着。这幅画是在警醒人们，不要再犯这样的错误了。因为人们常常自以为是，犹如盲人一般，有眼无珠，不辨是非，结果跌入一个又一个的深渊。总之，勃吕盖尔的画风朴实，着笔浓重，人物造型浑圆厚实。

法国16世纪的绘画艺术则应归功于罗索和普利马蒂乔。他们向法国艺术家们传授了意大利最新的绘画技巧和绘画风格。

（三）西班牙的绘画艺术

格列柯（E. Greco，1541—1614）是西班牙文艺复兴时期的一位杰出的画家。他出生于克里特岛，在西班牙度过了自己的艺术生涯。格列柯年轻时受拜占廷艺术的影响，后来又游学于威尼斯，19岁时进入了威尼斯画派大师提香的画室。1570年侨居罗马，1576年又返回西班牙。在这期间，他体会了拜占廷艺术的意境，学到了米开朗基罗、拉斐尔和丁托莱托的绘画技巧，感悟了提香等威尼斯艺术家们五彩斑斓的色彩。这种厚积薄发，加上西班牙人炽热的宗教精神，使他创作出西班牙人心目中的神圣绘画。在他的作品中，天地融为一体，世间万物都如水中影像，随风而动，随波而变。

在《奥尔加斯伯爵的葬礼》中，人们苍白的面孔、虔诚的神态、拉长的身影，配上阴沉的色调，渲染了不安的氛围，使人们由画面上那变形的世界联想到了现实世界中的种种丑陋和罪恶，清楚地表达了他希望人类摆脱这浑浊的世界，进入到圣洁的天国世界。在《园中祈祷》中，他用自己的画风讲述了圣经上那令人心碎的故事。这幅画他从1590年便开始创作，但由于中间其他一些画的创作，使他不得不几度中断下来。根据《圣经》上的记载，耶稣在与门徒们共进晚餐后，曾带领彼得、雅各和约翰前往客西马尼花园进行祈祷。到达花园后，他将三人留在原地，自己则继续前行一会儿，然后独自进行祈祷。在希腊语中，“祈祷”一词含有斗争的意思。它表明当时耶稣的思想很矛盾，一方面他希望自己能够舍身拯救人类，另一方面他对死亡又有些畏惧。所以，他祈祷说：“父亲啊，如果你愿意，请你挪走这苦酒吧。但不要照我的意思，只要成全你的意旨。”他说完之后，便有一个天使显现，给他以信心和力量，并取走杯子。这样，耶稣便决定留下来。而当他返回时，却发现三个门徒已经睡着了。格列柯运用独特的构图和强烈的色彩来表现这一场面。画面上的人物与景物都按照他特有的方式变形和扭曲，制造了一种不安、神秘的紧张氛围，渲染出了耶稣面对生与死、现实与幻想所表现出的彷徨和思索。如果说他那强烈的色彩和夸张变形的人体是一种样式主义的话，那么他在绘画时拒绝采用透视原则和文艺复兴时期的构图形式的做法，则表明他的艺术是属于拜占廷和哥特式的。

三、近代绘画艺术

（一）17世纪的绘画艺术

当16世纪意大利的绘画艺术在欧洲其他国家开花结果时，意大利自身的绘画艺术却由于宗教题材和神话题材的长时间使用与挖掘，历史题材选择上又受到教会方面的干预，而世俗题材和风景题材则受社会风俗和文化结构的限制，而使得艺术家们只能对原有的东西进行修修补补，或在某些方面精雕细刻，或只顾迎合雇主和少数人的口味，艺术创作开始步人下坡。人们把这一时期的艺术称为风格主义（Mannerism）。而这种徒具优美形式并无实际内涵的艺术，是注定不会长久的。到了17世纪，经过一段时间的沉寂之后，艺术家们针对风格主义的浮华空洞提出了朴实自然的新主张。卡拉瓦乔（Michelangelo da Caravaggio，1573—1610）就是这一主张的大胆实践者。

卡拉瓦乔一生都生活在社会的底层，他非常熟悉普通民众的生活。对于他们的喜怒哀乐、举止言行和生活习惯等都了如指掌，并对他们的艰辛生活非常理解和同情。因此，他把对社会下层普通民众的形象都搬到了自己的画面上。在卡拉瓦乔的笔下，一改过去耶稣、圣徒等人的庄严形象为风尘仆仆、生活窘迫的普通百姓形象。在《多疑的托马斯》（有人译为《多疑的圣多马》）（Doubting Thomas，约1 600）一画中，为了更好地表现托马斯的多疑与固执，他把耶稣画成一个像刚遭人欺负的穷人，正解开衣服让人查看伤口。三位圣徒则眉头紧蹙，弯腰仔细看着。固执的托马斯伸出指头却欲探又止，而耶稣则握着他的手，鼓励他探察究竟。除了圣经题材以外，卡拉瓦乔还怀着对现实生活的浓厚兴趣，创作了大量的世俗题材的作品。在他的影响下，一时间在欧洲各国兴起了一股骑士画、欢宴画的风气。在绘画技巧和风格上，卡拉瓦乔也颇有作为。他发明了所谓的“酒窖光线画法”，并以此形成了卡拉瓦乔主义。这种绘画方法十分强调光线的明暗对比，把描绘的对象完全置于黑暗之中，好像处在地窖一般。然后，再以集中的光线突出在绘画对象的主要部分。它使人物刻画更为突出、有力，同时又使多余的东西完全隐入黑暗之中，画面也由此更为简洁。

与此同时，17世纪法国在路易十四国王的治理下，各方面都大为后来居上。路易十四自誉为太阳王，他雄心勃勃，欲成为欧洲新的主宰。为了实现自己的抱负，使法国在文化和艺术上超过意大利，他大力扶持文化和艺术的发展，希望能培养出一大批欧洲一流的作家、学者和艺术家等，因此他不惜工本。虽然他所做的一切都是为了使自己功载史册，英名长存，但在客观上也起到了推动法国文化事业发展的作用，也使法国在 17 世纪成为西方文化的中心和领路人。这一期间也涌现出了许多优秀的艺术家，他们中有受巴洛克影响的早期画家勒南兄弟，即安东尼（1588—1648）、路易（1593—1648）和马修（1607—1677）。他们多以农村生活为题材，画了《干草车》、《农民的午餐》等作品。此外还有乔治·德拉图尔，他则更多地接受了卡拉瓦乔风格的影响，把浓郁的阴影投向人物背影周围，如他所作的《木匠圣约瑟夫》。而具有古典主义倾向的画家则有普桑（Nicolas Poussin，1594—1665）、洛兰（Claude Lorrain，1600—1682）等。

普桑堪称法国第一位世界级的大师，他的出现被看做是法国艺术走向欧洲艺术前列的一个标志。普桑长期生活在意大利，对古希腊和意大利的文化、艺术有着深深的热爱和透彻的认识。同时他喜欢博览群书，具有很高的艺术修养，所以他的作品充满了理性的魅力。他对卡拉瓦乔风格则不感兴趣，而是像文艺复兴时期的画家一样，在自己的画面上平均地使用光线。他常把人物设计在具有某种废墟或怀旧气氛的风景之中。在《阿卡迪的牧人》（“Et in Arcadia ego”，约1638）中，四个古代装饰的牧人正站在一座坟墓的前面，似乎在推测着墓碑上的文字，也似乎在讨论着由墓碑所引起的有关生与死的话题。墓碑象征着死亡，代表着死神，但在普桑的画中却没有丢勒笔下那般可怕、那般阴森，而是显得十分自然与平常。在绿草、古树和云朵的映衬下，四位牧人在坦然地探究着死亡的话题。它表明了艺术家对待死亡的豁达胸怀。他所画的《佛西安墓地》（The Funeral of Phocian，1646）将墓地画成了一个田园诗般的美景。

洛兰对大自然情有独钟。他以满腔的热情讴歌朝阳与晚霞，赞美青山与绿水。他也以同样地激情表达着自己对人类创造力的赞颂。在他的画中，人与自然是那样的和谐，自然是那样的瑰丽无比，尤其是他对各种自然天象的描绘，更是令人赞叹不已。他不仅擅长描绘绮丽的风景，而且也善于描绘场面宏大的史诗般的景物。洛兰的（View of Delos with Aeneas，1672）是他的一幅代表之作。画面上古罗马样式的神庙、城堡巍峨壮观，岸边的古树枝繁叶茂，树下坐着悠闲的牧羊人，港湾中停泊的几只小船随波起伏，海天一色延伸到不尽的远方，天空中飘着淡淡的云朵，好一幅具有浓郁古代风情的作品！

除了法国艺术家所取得的成就外，荷兰的画家也表现不俗。他们在宗教题材、世俗题材、风景题材等方面都取得了很大成就。题材的多样性也导致了创作方法和艺术风格的多样化，艺术家们自身也分化为对绘画题材的专一化、专业化的特点。鲁本斯（Peter Paul Rubens，1577—1640）就是早期的代表之一。

鲁本斯一生都生活在富裕之中，生活在社会上层之中。他不仅有着出色的绘画才能，而且有着出众的社交能力。他曾以艺术家的身分充当外交使节，往来于欧洲的各国宫廷。鲁本斯的绘画一般场面都比较宏大，而且造型生动，戏剧性强。他所绘的《抢劫柳帕斯的女儿》就是最具代表性的一幅，这一年他正好40岁。它是根据色萨利国王的女儿福柏、泰拉依两位公主被勒达与宇斯所生的双胞胎儿子卡特托尔、坡吕克斯掠去的故事创作的。在这幅宽2.09米、高2.28米的画面上，他没有画公主们的侍从，也没有画武士们的随员，而是直接画两男、两女和两匹战马扭在一起的场面，给人以惊心动魄的视觉效果。两位体魄强健的武士正在劫持两位丰满的女性，女性的身体正好构成了一个“X”形，使画面充满了紧张激烈的感觉。而与此同时，画面上还出现了两位看似天使的顽童，又给人一种轻松的感觉。这种近似矛盾的画面冲突，恰恰表达了艺术家所要传递的人们在精神上获得解放之后所向往的自然的生活。在鲁本斯所画的大量作品中，他为法国王后玛丽生平所绘的系列组画也堪称是西方绘画史上的一大创举。在这组由30多幅画组成的宏篇巨作中，他采取了神话般的手法，用女神、仙女、妖姬等形象来为政治题材服务。这些幻境中的诸多人物，为女王摇旗呐喊、鸣锣开道，以烘托女王的地位。

鲁本斯的学生凡·代克（1599—1641）是继他之后另一位很有成就的荷兰艺术家。他在英国度过了自己的大部分时光，后来他在意大利旅行期间受到很大的艺术熏陶和启发，并且结识了不少威尼斯的画家，使他自己成为了一位肖像画画家。他为英国王室中的许多成员作过画。如他所画的《英国查理一世国王》，就是他的一幅出色作品。

伦勃朗（Rembrandt，1606 — 1669）是荷兰艺术史上具有重要影响力的艺术家，也是一位用笔触关注平凡人、平凡事的艺术家。克拉克对他给予了极高的评价："很难想像——对历史学家来说也相当便利——荷兰艺术没有伦勃朗；在荷兰也完全没有其他人可以和他相比——不像在莎士比亚之间和与他同时有一群诗人和戏剧家。伦勃朗是那样迅速地、不可抗拒地获得了成功，而且一直获得成功——他的铜版画和素描总是独领风骚，在20多年中几乎每个荷兰画家都是他的学生，这说明荷兰的精神生活需要他，在某种程度上也创造了他。"❶ 他一生留下了约500幅油画、300多幅铜版画和1 500多幅素描。伦勃朗一生从20岁开始，一直到1668年去世，为自己描绘了60幅自画像，此外还有20多幅版画和10余幅素描。这种多年连续为自己作画的画家，在艺术史上也是绝无仅有的。这些自画像记录下了生活是如何把一个英姿勃发的青年，变成为怀才不遇的中年，再变成悲惨凄凉的

---

❶ ［英］肯尼斯. 克拉克著.《艺术与文明》. 易英译. 第232页。

老人的历程。伦勃朗是一位对艺术有着执著追求的艺术家，这也正是他生前不幸、身后哀荣的一个原因。事情的起因源于1642年一幅油画——《夜巡》(The Night Watch)。这一年阿姆斯特丹哈勒姆射手公会邀请他为公会成员绘制一幅画。照过去的惯例，画家应该把每个成员都大小相当地绘在画面上。但伦勃朗接受委托之后并没有按照模式来画，而是对画面的布局进行了大胆的创新。把人物按照准备出发的情节，进行了疏密有度、远近交错的设计，他们提刀持枪、擂鼓挥旗，特别是队员们表情各异，神态跃然纸上，使画面更为生动和生活化。没想到这样一幅艺术精品却给画家带来了厄运。一些队员为自己出了同样数目的钱，却没有在画面上得到同样的表现地位而不满。他们不仅拒绝接受绘画，而且还把伦勃朗告上了法庭，使他的声誉和事业受到很大的打击，并从此由盛转衰。中年以后的伦勃朗尽管艺术上已经达到了炉火纯青的程度，还以绘画为生，但命运之神已经不再光顾他了。

如果说某些古典主义的画家如普桑、洛兰等人，也把自然风景作为绘画题材的话，他们所画的自然还都带有着意修饰和刻画，还带有理想美和崇高美的色彩的话，那么荷兰的风景画家们则完全去掉了人为的加在自然上的痕迹。在这方面鲁伊斯达尔(1628—1682)和他的学生霍贝玛(1638—1709)开创了荷兰风景画的新时代。鲁伊斯达尔喜欢画气势磅礴的山水画，他笔下的森林、沼泽、溪流、乌云等都具有深沉的美感。而霍贝玛的画风则以平凡、朴实、恬静见长。

他们同一时期的画家维米尔(Jan Vermer，1632—1675)则以描绘日常生活题材的画为主。他笔下的民间女子，没有锦衣华服，没有珠光宝气，但她们有着对生活的热爱，有着对爱情的追求。在《读信的妇女》中，我们就能感受到画家笔下的这种温馨。她那专注的神态，明亮的窗户，暗示着她那澎湃的心潮，暗示着她对远方亲人的爱恋。他的另一幅画《称天平的女人》(Woman with a Balance，1662—1665) 与上一幅画的布局类似，也是一位女性站在窗前的桌子旁，正用手中的天平称量东西。桌上的项链暗示人们她或许正在称项链上的珍珠。同前一幅画一样，画面上的光线也是由窗户射进来的，照在她们的脸上和身上，仿佛为她们镀上了一层金色的光。所不同的是后一幅画的光线对比更为鲜明，衬托出了了这位年轻女人陶醉在自己的幸福之中的神态。

在西班牙，继格列柯之后的迪埃戈·委拉斯贵支（1599—1660）是又一位出色的画家，其极有影响力的作品是《宫娥》（又被译为《侍从们》）。画面上几个小宫女已被深宫大院的生活摧残得面无表情、动作呆滞，从她们的神情中人们可以看到其内心所充满的辛酸。

（二）18 世纪的绘画艺术

在巴洛克风潮的影响下，绘画艺术也出现了一些变化。就巴洛克风格本身而言，它既有华丽优美的一面也有轻浮多变的另一面。这两个方面都是相互联系的。在不同的文化土壤上，它会结出不同的果实来。

1. 18 世纪的法国绘画艺术

18 世纪的法国艺术可以大体上分为两个时期。在 18 世纪的前半期，与法国路易十四国王的追求奢华、享乐相吻合，巴洛克艺术在法国则完全表现出了它的轻浮的一面，成为了为王室和达官显贵们寻欢作乐服务的工具，使巴洛克演变出一种新的艺术形式——罗可可艺术。当然，与此同时其他的绘画风格也还是有市场的，而且绘画韵题材和画的种类也是多种多样的。就罗可可风格而言，其主要代表人物有以下几位画家。

瓦托（又被译为华托，1684—1721）是罗可可绘画的早期代表人物，被誉为“敏感的色彩诗人”。他热衷于为上层社会妇人们的客厅和沙龙作装饰，所绘制的画小巧精致，主要是为名媛贵妇服务的。作品多是歌颂上流社会生活中求爱、嬉戏等场景，代表作为《发舟西苔岛》。

弗朗索瓦·布歇（1703—1770）是法国罗可可艺术鼎盛时期的真正代表，是路易十五的宫廷画家。19 世纪就有人对他进行过这样的评价：他“代表了整个 18 世纪法国的艺术趣味。他不仅是那个时代的主要画家，也是它的主要见证人，主要代表，以及 18 世纪的标准典型”。[1] 他不仅绘画技艺精湛，而且也十分懂得如何迎合上流社会的要求，因此深受贵妇人们的喜爱。宫廷贵妇和名媛香女们都愿意为他做模特。他的作品给人以强烈的感官刺激，甚至给人以轻浮和色情之感。《狄安娜沐浴》就是他的一幅代表作。在山野之间，在水泽之侧，那些娇滴滴的仙女们洁白细腻的玉体，左顾右盼的神情，全无神圣庄重的气质，仿佛是贵妇人们出游寻欢一般。

让·奥诺雷·弗拉戈纳尔（1732—1806）是布歇的弟子，也是一位深受罗可可风格影响的画家，也是一位擅长风流题材的画家。他笔下的《浴女》、《秋千》等作品，就反映了这一时期画家们在社会变革中的精神状态。

第二阶段是从 18 世纪后半期开始的。在思想启蒙运动的影响下，法国的绘画艺术又出现了新的变化。如果说文艺复兴所强调的是人的个性解放的话，那么启蒙运动则侧重于新型资本主义国家和与之相适应的新型文化的建设上。在这样一个背景上，受到封建王室和贵族们青睐的罗可可风格，也理所当然地受到了思想家们的批判。狄德罗就认为艺术应该起到鼓舞人们蓬勃向上的作用，应该为表现平民百姓的生活服务。他尤其反对布歇的绘画艺术，认为他的艺术是精神垃圾，对青年有害无益。狄德罗对夏

---

[1] 转引自刘文荣著.《西方文化之旅》. 第 257 页。

丹尔（1699—1779）的艺术则倍加推崇，认为他的作品具有较高的思想性和艺术性。

夏丹尔出身于城市平民之家，他对社会的平民生活非常熟悉，这也成为了他日后艺术生涯的创作源泉，所以在他的绘画中多是平民生活的反映。他笔下的人物是那样的纯朴，家庭陈设也是那样的简朴，全无罗可可风格浮华、艳丽的痕迹。如他的《饭前祈祷》一画，女主人衣着朴素、慈爱温柔，为女儿们端上饭菜。在孩子们用餐之前，则督促她们背诵一段圣经，以感谢上帝的仁爱与怜悯。整幅作品的色彩较为朴实、平和，给人以宁静与安详之感。除了人物画以外，他还擅长画静物。与尼德兰画家的静物画不同，他不去刻意描绘那些绚丽的金银器皿和水晶陶瓷的精美，也不去描绘美酒佳肴，而是把现实中的物品描绘出来以供人们欣赏。尽管夏丹尔的绘画没有罗可可那样辉煌耀眼，但他的艺术却比那些作品更具有生命力。正如法国作家普鲁斯特在时隔百年后写道："在看夏丹尔的绘画作品之前，我没有意识到在我的周围，在我父母的屋子里，在未收拾干净的桌子上，在没有铺平的台布的一角上，以及在空牡蛎壳的刀子上也有着动人的美的存在。"❶

2. 18世纪的英国绘画艺术

在18世纪之前，英国的绘画艺术与欧洲大陆相比显得有些跟不上潮流，这主要是由于英国当时正忙于政治上和产业的革命，忙于建立殖民地和世界范围的贸易网，因此还无暇更多地顾及艺术的发展。而到了17世纪，它开始认识到艺术的重要性，到了18世纪这种努力已经见到了成效。英国作为一个新教为主的国家，比较崇尚勤俭反对奢华，因此对欧洲大陆盛行的巴洛克式和罗可可式艺术并不十分欣赏，而是比较喜欢更为反映现实生

❶ 转引自张延风著.《西方文化艺术巡礼》. 第177页。

活的内容和更为自然的艺术形式。在这样的背景下，艺术家们也就更为积极地用自己的笔来反映现实生活。因而，也涌现出一大批现实主义的画家。

荷加兹（William Hogarth，1697—1764）就是一位有影响力的讽刺画家，也是一位美学家。讽刺画是英国人创造的一种艺术形式，是其民族所具有的幽默性格的写照。画家们利用这一艺术形式，通过典型场面的设计，借助夸张的笔调，突出人物的性格和精神面貌。荷加兹在他的许多作品中都运用这一形式，无情地针砭时弊，揭露社会的阴暗面，如《妓女生涯》、《浪子行径》、《时髦的婚姻》（Marriage à la Mode Ⅱ，1743）等。在《时髦的婚姻》中，荷加兹作品的力量来自于他对高尚道德的追求，来自于他对健康、自然生活的向往，所以他的作品没有空洞说教和标榜之感，能够引起人们的共鸣。

除了讽刺画之外，其他画种的画家也非常活跃。雷诺兹（1723—1792）和庚斯勃罗（Thomas Cainsbough，1727—1788）是这一时期著名的人物肖像画画家。由于宗教在英国的影响比起大陆上的其他一些国家要小一些，因此画家们把描绘神像的精神转移到了画人物像上来。特别是在没有照相技术的年代，一些王室贵族和富贾大亨们都希望画家们为自己作像，以供后代们瞻仰与纪念。

这一时期，画家们还把水彩画发展成了一个独立的画种，用以表现英国潮湿多雾的风景。画家桑德比（1725—1809）则被视为水彩画之父，他所绘制的水彩画被视为古典主义的开山之作。继他之后，又有一大批人也加入了这一画种的行列，并将它进一步向前发展了。老科普斯（1717—1786）发明了点染的技法；格尔丁（1775—1802）则把单色水彩画发展为多色水彩画。特纳（Tumer，1775—1851）则更是集各家之所长，成为水彩画的大家。他最善于色块的氤氲与渗透来捕捉光线和云彩的变化，也善于用把雨雾的朦胧搬入画内。他的《暴风雪中的斯迪莫号》(Steamer in Snowstorm，1842)，以梦幻般的笔触描绘了战舰同暴风雪搏斗的情景，使观者有如身临其境之感。特纳为了画好大海，67 岁的他还叫人把自己绑在桅杆上；为了观察雨雾中的列车，他冒雨把头伸向窗外。正是凭着这种精神他的风景画达到了极高的境界。

（三）18 世纪末期至 19 世纪中期的绘画艺术

18 世纪末期到 19 世纪中期是欧洲大陆风起云涌、变幻莫测的时期。在激烈的政治斗争和血与火拼争的战场较量中，艺术也受到了极大地影响。一些艺术家则深受革命理想的鼓舞，为革命而欢呼，为新政而助威。因此，这一时期也涌现出了许多杰出的艺术家和一大批艺术佳作。

1. 法国的绘画艺术

在欧洲大陆上演的这场革命的暴风雨中，法国成了重要的角色。从 1789 ~ 1871 年，革命的暴风雨不仅为法国的政治家和军事家们，甚至是野心家们提供了舞台，而且也为艺术家们提供了大展宏图的机会。

路易·大卫（Jacques - Louse David，1748—1825）就是这一期间涌现出的第一位大师。所以有人称他是手拿画板的伏尔泰，是以笔为枪保卫革命成功的雅各宾党人；也有人认为他是法国美术史上的大手笔；还有人认为正是由于有了大卫，才使法国美术的发展比文学快了整整 20 年。由这些评价中，我们不难看出他的作品的影响力，和他的画笔在当时对鼓动人民方面所发挥的威力。大卫早在法国巴黎美术学院学习绘画期间就受过良好的训练。1775 ~ 1780 年，他又到罗马的法国美术学院深造。在罗马期间，他深深地被古典美所征服。1814 年波旁王朝复辟，大卫曾因在议会中投票赞成处死路易十六，而被迫流亡到布鲁塞尔，11 年后去世。1784 年，当他从罗马归来之后，即法国大革命前夕便着手创作其成名之作《荷拉斯兄弟的宣誓》（Oach of the Horatii）。他用了11个月的时间，才完成了这幅高3．3米、宽4．25米的作品。这是一个罗马的历史题材，讲述的是荷拉斯兄弟被选拔出来代表罗马与阿尔泊城的古利亚斯三兄弟进行决斗。画面表现的是三兄弟临出发之前，父亲要求他们立下誓言，要把城邦的荣誉置于家庭和个人的利益之上这一惊心动魄的时刻。大卫把事件场景设置在一个大厅里，背景中的三座多利亚式的拱门把画面上的人物分为三组：三兄弟、年迈的父亲和女人们。从三兄弟与父亲的表情和动作上，人们可以看到他们的坚毅与果敢，让人肃然起敬。他还通过勇士们身上亮丽的红色，与女人们服装的柔和色彩，加强了主要人物与次要人物、阳刚与阴柔之间的对比。而背景深处的暗色象征着死亡与旧势力，人物身上的亮色则代表了光明与希望。英雄们视死如归的气概和英姿，成为了法国人民冲击巴士底监狱的榜样。他这幅画的成功，也宣布了新古典主义的诞生。继这幅作品之后，大卫又于1789年法国大革命的前夜创作了《处死自己儿子的布鲁图斯》。它同样是取材于古罗马的历史故事。歌颂了不徇私情，坚持共和，主持正义的古罗马第一任执政官之一布鲁图斯的形象，为当时即将到来的大革命摇旗呐喊。在大革命爆发之后，他又创作了《马拉之死》（The Death of Marat）。让·保罗·马拉是法国革命时期的杰出人物之一，是当时著名的活动家、政论家及学者，是雅各宾派的领袖之一。他对革命一直满怀激情，要求处死革命的敌人，结果自己却在1793年7月13日被保皇派女贵族玛丽·夏洛蒂·哥代刺杀身亡。正巧在出事的前夜，大卫曾经拜访过马拉。出事后他又赶到现场，目睹了发生的一切。因为马拉患有皮肤病，不得不长时间地泡在水中工作，以减轻痛苦。大卫决心用手中的画笔来为马拉报仇，于3个月之后完成了这幅作品。这幅画与他以往的作品不同，他以写实的手法再现了马拉死后的场景。马拉手中的纸上写着："暗杀，1793 年 7 月 13 日，玛丽·夏洛蒂·哥代致公民马拉：'我以我的不幸求得您的宽容。'"在书桌的木箱的纸片上写着："请将这份财产证券交给那位有 5 个孩子的母亲，她的丈夫是为保卫祖国而死的。"大卫在画面上还着力刻画了马拉那宁静的面容，使人不禁想起殉难的耶稣。令人遗憾的是大卫的革命原则和精神并没有从一而终，在革命党内部出现矛盾，雅各宾派失败，拿破仑称帝后，大卫又成了拿破仑的御用画家。1804 年 12 月 2 日拿破仑称帝后，要求大卫再现他在圣母院称帝时的盛况。大卫为此绘制了高 6 m、宽 10 m 的《拿破仑加冕式》。这幅画共有 100 多位人物，画面的空间感很强，人群的疏密变化有序，长烛和柱子的排列，更营造了庄严肃穆的气氛。

大卫的学生安格尔（Jean - Auguste - Dominique Ingres，1780—1867）是这一时期新古典主义的代表人物之一，也被视为古典主义的最后一位大师。他主张画家应该向古代画家学习，反对浪漫主义画派，认为以永恒的美和自然为基础的艺术才是真正的艺术。他把线条从古希腊艺术中挖掘出来，并加以发扬和光大。他的《大宫女》（Gtande Odalisque，1814）和《泉》两幅作品，就是以展示线条的美感而胜于人体美本身。所以备受西方艺术家们的称赞。他们认为，"他的作品充满美的严肃性的特征，就他而言，美产生于形式的诗意……他的技艺在于表现安宁、尊敬与沉思。因此他是一个真正的古典派"。[1]

大卫的另一位学生格罗（Antoine - Jean Gros，1771—1835）则步他的后尘，继续歌颂和美化拿破仑。在作品《拿破仑在雅法医院探望鼠疫患者》（Napoleon in the Plague - house at Jaffa，1804）中，把拿破仑美化成为救死扶伤的圣徒；在《拿破仑在艾劳战场》中，又把残酷的战争描绘成正义与邪恶决斗的圣战。格罗把

[1] 裔昭印主编.《世界文化史》. 第 421 页。

自己的情感与想像融进画卷之中，已经无意之间成为了浪漫主义的先声，但又受到非难。然而，他的古典主义又得不到大卫的认可。最后在左右为难中自杀身亡。

继大卫师徒之后，一代新的艺术家又成长起来。虽然他们没有经过大的革命洗礼，但他们同样以革命般的激情追求着自由与理想。

泰奥多尔·席里柯（又被译为热里柯）（Théodore Géricault，1791—1824，又一说为1821年。）是浪漫主义的首位大师。1819年他所绘的《梅杜萨之筏》（The Medusa）是一件传世之作。这件作品取材于一个真实的海难事件。“梅杜萨”是当时政府军的一艘炮舰，运载士兵和定居者前往斯内哥（Senegal），一位前保皇党人被任命为船长。1816年7月2日，他驾驶的船触礁搁浅，船上人被迫弃船逃生，官员和多数士兵挤在仅有的6条小救生船上，而其他149名船员和百姓只好逃到匆忙扎成的木筏上。经过13天惊心动魄、令人难熬的暴风雨和木筏上逃生人们的自相残杀，当海军的一艘名为阿古斯号（Argus）战舰前来救援时，木筏上只有15人侥幸生还。其中有一位军医回忆了当时的经过，并发表在报纸上，引起了人们的愤慨和震惊。它也成为当时政府的一件丑闻。席里柯决心用他的笔描绘海难的情形。他设计的画面是当木筏上的人们看到营救船的影子时，那一激动人心的场面。它在1819年的沙龙上一展出，便立即引起了极大的轰动。历史学家Jules Michelet看到这幅作品时说，“所有的法国人都感受到，仿佛他们就在那只木筏上”。❶ 它激励人们只有团结起来，才能战胜困难。

欧仁·德拉克洛瓦（Eugiène Delacroix，1798—1863）是一位浪漫主义的画家，也是一位用画笔来讴歌资产阶级思想理念的艺术

---

❶ （E（1ited by Denile Hooker：Art of abe Western World，P. 298）

家，被人称为“浪漫主义的狮子”。他的作品《自由女神引导人民》（Liberty Leading the People，1830），是法国革命的最高艺术象征之一。这幅作品取材于1830年巴黎起义中的街垒战，德拉克洛瓦以自由女神的形象来象征人民所追求的自由、平等的理想，用三色国旗来象征着共和国的事业与精神永存。法国革命在经历了半个世纪之后，有了自己最具有感召力的形象。德拉克洛瓦也完成了大卫半途而废的事业。在这幅画中，画家把自己也绘到了画面中，他站在自由女神的右边，双手持枪，表明了他对革命的支持。德拉克洛瓦1824年完成的《希奥岛的屠杀》Scenes from the Massacres at Chios）则是另一风格的代表作。它以惨烈的景象重现了邪恶战胜善良，野蛮蹂躏文明的人间悲剧，揭示了文明和进步不会是一帆风顺的。在这幅画中，他对过去强调线条的清晰和画面布局和谐等清规戒律进行了突破，以一种现实主义的方式描绘了这一悲剧题材。他的这幅作品被视为浪漫主义的宣言，他也因此画被誉为浪漫主义的首领，他本人却拒绝接受这一称号。此外，在1827年的沙龙美展上，他的《萨达纳巴之死》也是一幅非常有名的作品。这副作品是为纪念三年前去世的拜伦而作的。

法国的真正的现实主义画家主要是以杜米尔（Honorè Dacmier，1808—1879）、库尔贝（Gustave Courbet，1819—1877）和米勒（Jean - Fran ois Millet，1814—1875）等人为代表。现实主义在法国的出现并非偶然。当时法国官方所热衷的绘画艺术应是新古典主义。这一艺术形式擅长于歌颂帝王的丰功伟业，主题总是被局限在描绘希腊的女神和罗马的英雄，而对不顺从他们的艺术家们则加以打击和限制，从而引起了越来越多的艺术家们的不满。现实主义风格的出现就是对新古典主义保守僵化、脱离现实的挑战和反叛。

其中，库尔贝不仅是位艺术家而且也是一位积极的革命家，他参与了巴黎公社的革命活动，并被任命为公社文艺方面的最高负责人。他以绘画作武器来表达自己的革命理想。他不画古人、圣人和神人，也不画神话和历史，而是专注于普通百姓的喜怒哀乐。库尔贝以过去专用来刻画所谓杰出人物的巨大画幅，来描绘劳动人民的生活。在《打石工》中，他描绘了烈日下汗流浃背的石匠；在《筛麦女》中，他描绘了疲惫不堪的农妇；在《画室》(Artist' s Studio，1855)中，他更以巨大的反叛精神，表达了自己强烈的平等观念。他写道："我在中间作画。左边是我的同道，我的朋友们，工人们，热爱世界和热爱艺术的人们。右边是另一个世界，人民、忧愁、贫困，被损害者和损害他们的人们。"[1]

米勒也是一位关注社会现实生活的画家。他的《农夫嫁接树木》(Peasant Grafting a Tree，1855)、《拾穗》(The Cleaners. 1857)等许多作品表达了对生活在社会底层的劳动人民的同情。他以赞美的笔触精心地描绘农民们的粗衣布裤、笨重的农具、破旧的农屋、收获的土地等。歌颂了他们的勤劳、淳朴和对社会的贡献。

2. 英国绘画艺术

早在法国出现现实主义画风时，英国在18世纪风景画兴起的时候，现实主义就已经崭露了头角。英国人喜爱风景画除了他们热爱自然的原因之外，还有一个重要的原因，就是贵族与富人们热衷于用风景画的形式来展示他们的财富。被收入画面上的农田、森林、牛羊和庄园等，都是他们向人炫耀的资本。因此，他们喜欢邀请画家为自己和自己的庄园等做画。例如，庚斯勃罗的绞德鲁斯夫妇》(Mr and Mrs Robert Andrews，1749) 就是这样一幅作品。他们夫妇二人一站、一坐位于画面的一侧，而另半个画面则是丰收的麦田、茂密的树林和宽阔的农田。画面既画出了他们的踌躇满志的尊容，也画出了他们的财富。

---

[1] 冯承柏等编著.《西方文化精义》. 第226页。

3. 西班牙绘画艺术

戈雅（Francisco Goya，1746—1828）是继格列柯等人之后又一位杰出的画家，也是浪漫主义的先驱。他出生于农村，成名后被王室聘为宫廷画家。但他深受思想启蒙运动的影响，向往自由反对专制，特别是对那些昏庸腐败的统治者们疾恶如仇。他在《查理四世全家像》中，用辛辣的画笔把傲慢无知的国王、阴险狡诈的王后、愚笨无能的王子公主描绘的活灵活现。他为国王一家绘制了华丽灿烂的衣服，可所有的人物都没有生气，暗示他们不过是一群“锦绣的垃圾”。难怪19世纪法国作家戈蒂叶看了这幅画后说：“戈雅真是了不起，他画了一群用勋章绶带、珠宝绸缎装点起来的白痴和暴发户。”❶ 他在1814年所绘的《西班牙国王菲尔德南七世》（King Ferdinand Ⅶ）中，也采用了同样嘲讽的方式描绘了这位装模做样的统治者。1792年起因患病，耳聋越来越严重，最后成为一个孤独的悲剧性的人物。这对他的绘画事业也造成了很大的影响。

1814年他所画的《1808年5月3日》是他另一幅传世之作问世。1808年5月拿破仑挥兵人侵西班牙，西班牙人民进行了坚决地反抗，他们在大街小巷里同拿破仑的军队进行搏斗。当时年逾60的戈雅，目睹了所发生的一切。6年后，即1814年拿破仑以失败告终而撤军后，戈雅给西班牙当局写信表示：“我要用自己的画笔，使反抗欧洲暴君的这次伟大而英勇的光荣起义永垂不朽。”❷ 由于他当时非常贫困，因此当局为他提供了画布、画具和颜料，并付给他可观的酬金。戈雅以极大的热情去创作这幅作品，歌颂了民族反抗的精神，揭露了侵略者的骇人暴行。

---

❶ 迟柯主编.《西方名画里的历史与神话》. 第209页。

❷ 迟柯主编.《西方名画里的历史与神话》. 第207页。

参 考 文 献

[1] 裔昭印. 世界文化史［M］. 武汉；华东师范大学出版社，2001.
[2] 冯承柏. 西方文化精义［M］. 武汉：华东理工大学出版社，1998.
[3] 刘文荣. 西方文化之旅——从阿波罗到“阿波罗”［M］. 上海：文汇出版社，2003.
[4] 董小燕. 西方文明史纲［M］. 杭州：浙江大学出版社，2001.
[5] 莫蒂斯·艾德勒等编. 西方思想宝库. 长春：吉林人民出版社，1988.
[6] 文池. 宇宙简史［M］. 北京：线装书局，2003.
[7] 基辛（R. Keesing）. 文化人类学［M］. 张恭启等译. （台湾）巨流图书公司，1989.
[8] 唐士其. 西方政治思想史［M］. 北京：北京大学出版社，2002.
[9] 徐大同. 西方政治思想史［M］. 天津：天津教育出版社，2002.
[10] 高金海. 当代西方政治制度［M］. 北京：中共中央党校出版社，1995.
[11] 袁华音. 西方社会思想史［M］. 天津：南开大学出版社，1988.
[12] 徐怀启. 古代基督教史，武汉：华东师范大学出版社，1988.
[13] G·F·穆尔，基督教简史［M］. 郭舜平等译. 北京：商务印书馆，1931.
[14] 康志杰. 基督教的礼仪节目［M］. 北京：宗教文化出版社，2000.
[15] 夏禹龙. 科学学基础［M］. 北京：科学出版社，1983.
[16] 清华大学自然辩证法教研组编. 科学技术史讲义［M］. 北京：清华大学出版社，1992.
[17] 宋健. 现代科学技术基础知识［M］. 北京：科学出版社，1994.
[18] 张延风. 西方文化艺术巡礼［M］. 北京：中国青年出版社，1998.
[19] 肯尼斯·克拉克. 艺术与文明——欧洲艺术文化史［M］. 易英译. 北京：东方出版中心，2001.
[20] 雅克. 德比奇. 西方艺术史［M］. 徐庆平译. 三亚：海南出版

社，2001.
[21] 迟柯. 西方名画里的历史与神话 [M]. 武汉：湖北美术出版社，2001.
[22] 陈志华. 外国建筑史 [M]. 北京：中国建筑工业出版社，1997.

后　　记

写后记总是令人高兴的事，因为它标志着前一段工作的完成。

编写这本讲义既是一件非常艰苦的工作，又是一项新的挑战。原因在于，一是书中所提及的内容从纵向上来说时间跨度大，包括从古代到近代方面的内容；二是从横向上说它涉及的学科多，既有历史和政治，也有宗教、科技和艺术等；三是自己才疏学浅，学识有限。

虽说它是一件艰苦的工作，但它也是一件愉快和有意义的事。说到愉快，是因为它不但使我温故了以往所积累的相关方面知识。同时也使我有机会学习和研究了过去没有接触的领域，思考了一些过去未曾想过的问题，尽管这一过程是十分艰辛的。说到有意义，是因为我个人认为这门新课程在帮助学生加深对西方的了解，开阔他们的视野，完善他们的知识结构方面是会有帮助的。这也是我2000年向学校建议开设此课的初衷。

笔者认为，学习和研究西方文化光停留在书本上是远远不够的，还必须利用一切可能的机会，走进西方社会，接触西方人士，了解他们日常的物质生活和精神活动。这样才能更多地了解西方人的思维方式、生活习惯，以及社会生活的方方面面，才能更好地体会和感受西方文化的实质与魅力。借用文化人类学的概念来说就是“实地考察方法”（Fieldwork，有人将它译为“田野工作”）。其本意是指人类学家深入到实地，“对一（个）社区及其生活方式从事长期的研究”。[1] 所幸的是笔者得到了这样的机会，可以近距离地观察和了解他们的生活，这为准备此课提供了极大的便利。虽然这种机会对一般人来说是比较困难的，但我们还是可以借助信息时代为我们提供的便利条件，通过各种途径获得所需要的各种知识。同时，还可以通过与西方旅游者的接触，和与在西方国家学习、工作过人们的交流，来了解和补充书本以外的知识。2004 年 5 月 18 日，我有机会参加了两次与中国有关的活动。上午是丹麦企业界举行的“投资中国”论坛，下午是在哥本哈根商业大学举行的“十字路口上的中国”讲座。从这两个活动看，现在在西方不论是企业界还是学术界，对中国都表现出了浓厚的兴趣。从他们的演讲中，我发现西方人对中国的国情和文化还是有比较深入的了解，反之，我们对人家的了解远远不够了。说这个例子是希望我们的学生在了解和掌握自己文化的同时，应更好地了解外面的世界，了解西方社会与文化。这不仅对我们国家的发展是件好事，同时对丰富和发展中华民族的文化也是有益处的。

现在的这部书稿，是我在 2003 年秋季讲义基础上重新整理和编写而成的。借此机会，我非常感谢学校“优秀专著和教材评审委员会”给予的出版资助，感谢本书的责任编辑姜俊清副编审的工作，由于在此书出版编辑期间我尚在丹麦，这给姜老师的工作带来诸多不便。但他克服了许多困难，使本书得以顺利出版。也感谢我父母及爱人对我的支持与帮助，感谢王婷及姜云龙等朋友的无私帮助。我也要向我的女儿杨梦奇表示感谢，她利用课余时间帮我输入了部分文字，使我能节省一些时间，以便能集中精力阅读和写作。最后，我也借此机会，向在书中所使用的参考书

[1] 基辛（R. Keesing）著.《文化人类学》. 张恭启等译.（台湾）巨流图书公司，1989 年 9 月版，第 25 页。

和作者们表示深深的谢意。正是由于他们的辛勤工作，不仅使本人受益匪浅，也使得文化的薪火得以传承。

总之，现在呈现给大家的这本教材，就是在过去3年多的时间里阅读、思考、研究，以及与丹麦同事、朋友交流的一点成果。我知道目前这本书一定会有许多不完善的地方，需要进一步的修改和提高。所以，真诚欢迎读者朋友们不吝赐教，以便将它不断加以完善。

作　者

2003年10月初稿于哈尔滨

2004年5月定稿于哥本哈根